ACCESO GRATIS *a la Lectura en la Nube*

Para visualizar el libro electrónico en la nube de lectura envíe junto a su nombre y apellidos una fotografía del código de barras situado en la contraportada del libro y otra del ticket de compra a la dirección:

ebooktirant@tirant.com

En un máximo de 72 horas laborables le enviaremos el código de acceso con sus instrucciones.

EL IMPUESTO ESPECIAL SOBRE LOS ENVASES DE PLÁSTICO NO REUTILIZABLES

EL IMPUESTO ESPECIAL SOBRE LOS ENVASES DE PLÁSTICO NO REUTILIZABLES

JOSÉ MARÍA COBOS GÓMEZ
BELÉN GARCÍA CARRETERO

tirant lo blanch
Valencia, 2024

En caso de erratas y actualizaciones, la Editorial Tirant lo Blanch publicará la pertinente corrección en la página web www.tirant.com.

La presente obra ha sido sometida a la revisión de pares ciegos según el protocolo de publicación de la editorial a efectos de ofrecer el rigor y calidad correspondiente tanto en su contenido como en su forma, aplicándose los criterios específicos aprobados por la Comisión Nacional E 016 (BOE num. 286, de 26 de noviembre de 2016).

Proyecto CIRCULECON III, Título "Reforma fiscal y economía circular: factores clave para la transición ecológica y el cumplimiento de los objetivos ambientales", Ref.: PID2022-138149NB-100, financiado por MCIN /AEI /10.13039/501100011033 / FEDER, UE".

EDITA: TIRANT LO BLANCH
C/ Artes Gráficas, 14 - 46010 - Valencia
TELFS.: 96/361 00 48 - 50
FAX: 96/369 41 51
Email: tlb@tirant.com
www.tirant.com
Librería virtual: www.tirant.es
DEPÓSITO LEGAL: V-701-2024
ISBN: 978-84-1056-448-0
Maquetación: Innovatext

Si tiene alguna queja o sugerencia, envíenos un mail a: *atencioncliente@tirant.com*. En caso de no ser atendida su sugerencia, por favor, lea en *www.tirant.net/index.php/empresa/politicas-de-empresa* nuestro procedimiento de quejas.

Responsabilidad Social Corporativa: http://www.tirant.net/Docs/RSCTirant.pdf

Índice

Capítulo III
NATURALEZA Y ASPECTOS TERRITORIALES Y TEMPORALES DEL IMPUESTO

Capítulo IV
OBJETO DEL IMPUESTO

Capítulo V
CUANTIFICACIÓN DEL IMPUESTO

Capítulo VI
ELEMENTOS TRIBUTARIOS EN FUNCIÓN DEL HECHO IMPONIBLE

Capítulo VII
BENEFICIOS FISCALES Y OTROS SUPUESTOS DE EXONERACIÓN

Capítulo VIII

NORMAS GENERALES DE GESTIÓN Y RÉGIMEN SANCIONADOR

Capítulo IX

POSIBLES INCENTIVOS PARA LA ADAPTACIÓN Y MEJORA TECNOLÓGICA

Capítulo X
REFLEXIONES FINALES

ABREVIATURAS

AEAT	Agencia Estatal de Administración Tributaria
AEMA	Agencia Europea del Medio Ambiente
CC.AA.	Comunidades Autónomas
CC	Código Civil
CE	Constitución Española
CNMC	Comisión Nacional de los Mercados y la Competencia
DGT	Dirección General de Tributos
Directiva 94/62/CE	Directiva 94/62/CE, del Parlamento Europeo y del Consejo, de 20 de diciembre, relativa a los envases y residuos de envases
Directiva (UE) 2019/904	Directiva (UE) 2019/904 del Parlamento Europeo y del Consejo de 5 de junio de 2019 relativa a la reducción del impacto de determinados productos de plástico en el medio ambiente
DUA	Documento Único Administrativo
EEEC	Estrategia Española de Economía Circular
ENAC	Entidad Nacional de Acreditación
IGIC	Impuesto General Indirecto Canario
IPSI	Impuesto sobre la Producción, los Servicios y la Importación
IRPF	Impuesto sobre la Renta de las Personas Físicas
IS	Impuesto sobre Sociedades

IVA	Impuesto sobre el Valor Añadido
Ley 7/2022	Ley 7/2022, de 8 de abril, de residuos y suelos contaminados para una economía circular
Ley 37/1992	Ley 37/1992, de 28 de diciembre, del Impuesto sobre el Valor Añadido
LGT	Ley 58/2003, de 17 de diciembre, General Tributaria
LPGE	Ley de Presupuestos Generales del Estado
Memoria	Memoria de Análisis de Impacto Normativo del Anteproyecto de Ley de residuos y suelos contaminados
OCDE	Organización para la Cooperación y el Desarrollo Económico
ONU	Organización de las Naciones Unidas
Orden HFP/1314/2022	Orden HFP/1314/2022, de 28 de diciembre, por la que se aprueba el modelo 592 «Impuesto especial sobre los envases de plástico no reutilizables. Autoliquidación» y el modelo A22 «Impuesto especial sobre los envases de plástico no reutilizables. Solicitud de devolución», se determinan la forma y procedimiento para su presentación, y se regulan la inscripción en el Registro territorial, la llevanza de la contabilidad y la presentación del libro registro de existencias.
PERTE	Proyecto Estratégico para la Recuperación y Transformación Económica
Real Decreto de Envases	Real Decreto 1055/2022, de 27 de diciembre, de envases y residuos de envases.
Reglamento de Facturación	Real Decreto 1619/2012, de 30 de noviembre, por el que se aprueba el Reglamento por el que se regulan las obligaciones de facturación.
UE	Unión Europea

Capítulo I

EL CONTEXTO EN EL QUE SE APRUEBA EL NUEVO IMPUESTO ESPECIAL SOBRE ENVASES DE PLÁSTICO NO REUTILIZABLES

1. EL PROBLEMA DEL PLÁSTICO Y LA ECONOMÍA CIRCULAR

El contexto en el que se aprueba la Ley de residuos y suelos contaminados, en la que se recoge el nuevo impuesto especial sobre los envases de plástico no reutilizables, viene esencialmente marcado por la problemática existente en torno al plástico y por la principal solución que se platea ante esa problemática, la economía circular, en concreto su proyección en el sector de los residuos y, especialmente, respecto al material plástico.

Por lo que al problema del plástico se refiere, es importante hacer referencia a los siguientes datos relacionados con la producción, el consumo, el origen de los mismos y su destino:

— La producción de plásticos ha sufrido un crecimiento que podría ser calificado como exponencial en los últimos 70 años, en los que se ha pasado de 2 millones de toneladas en el año 1950 a 368 millones de toneladas en el año 2019, de las cuales 50 millones toneladas corresponden a Europa y de ellas, 4,2 millones toneladas a nuestro país[1] [2].

— Tras el hormigón y el acero, es el tercer producto más consumido a nivel mundial. El uso mundial de plásticos se ha cuadriplicado en 30 años, impulsado principalmente por las economías emergentes[3]. En 2021, China incrementó su cuota de mercado hasta representar casi un tercio de la producción mundial de plásticos con un 32 por ciento, seguida del resto de Asia con un 17 por ciento, América del Norte con

---

1 ESPLÁSTICOS https://esplasticos.es/wp-content/uploads/2021/02/Folleto_Estudio Caracterizacio%CC%81n-VF.pdf (documento consultado el 26 de abril de 2023).

2 PLASTIC EUROPE.: *Plastics the Facts 2020. An analysis of European plastics production, demand and waste data,* https://plasticseurope.org/es/wp-content/uploads/sites/4/2021/11/Plastics_the_facts-WEB-2020_versionJun21_final-1.pdf (documento consultado el 8 de julio de 2023).

3 OCDE.: *Global Plastics Outlook,* 2022: *Economic Drivers, Environmental Impacts and Policy Options,*https://www.oecd-ilibrary.org/sites/de747aef-en/1/1/index.html?itemId=/content/publication/de747aef-en&_csp_=e9020c542dd024467e7600 66b0abe328&itemIGO=oecd&itemContentType=book, (documento consultado el 8 de julio de 2023).

un 18 por ciento y de Europa con un 15 por ciento (que ha reducido su nivel respecto a 2019 que estaba en el 19 por ciento).

— En 2021, el 90,2 por ciento de la producción mundial de plásticos era de origen fósil[4]. Los plásticos reciclados post-consumo y los plásticos de origen biológico representaron, respectivamente, el 8,3 por ciento y el 1,5 por ciento de la producción mundial de plásticos y, respectivamente también, el 10,1 por ciento y el 2,3 por ciento de la producción europea de plásticos.

— La mayor parte de los plásticos son demandados desde el sector de envases (39,6 por ciento) seguido por el sector de edificios y construcción (20,4 por ciento).

— En 2020, la tasa global europea de reciclaje de envases plásticos post-consumo alcanzó el 46 por ciento (según la antigua metodología de cálculo de la Directiva de Envases y Residuos de Envases), frente al 42 por ciento de 2018, lo que supone un aumento de aproximadamente el 9,5 por ciento. En el ámbito de la Unión Europea (UE), entre 2006 y 2020, las cantidades enviadas a reciclar aumentaron un 137 por ciento, la recuperación energética se incrementó un 73 por ciento y el depósito en vertedero disminuyó un 45 por ciento[5]. No obstante, según datos de la Organización para la Cooperación y el Desarrollo Económico (OCDE) gran parte de los residuos plásticos terminan en vertederos (60 por ciento), otros son objeto de incineración (23 por ciento) y sólo el 9 por ciento se recicla con éxito[6].

---

4 Hay que tener en cuenta que los plásticos no son una única materia, sino una amplia familia de materiales diferentes. Se pueden producir a partir de fuentes fósiles (petróleo, gas, etc,), renovables (caña de azúcar, almidón, maíz, etc.) o incluso minerales (sal). En todos los casos pueden ser biodegradables y compostables. ESPLÁSTICOS https://esplasticos.es/wp-content/uploads/2021/02/Folleto_EstudioCaracterizacio%CC%81n-VF.pdf *op.cit.*

5 PLASTIC EUROPE.: *Plásticos. Situación en 2022,* octubre de 2022, https://plasticseurope.org/es/wp-content/uploads/sites/4/2023/02/PLASTICOS-SITUACION-2022-esp.pdf (documento consultado el 8 de julio de 2023).

6 OCDE.: *Global Plastics Outlook: Economic Drivers, Environmental Impacts and Policy Options, op cit.*

> En el caso de España, según las últimas cifras oficiales del año 2019, se recicla el 51,5 por ciento de los envases de plástico y se valoriza energéticamente el 15,3 por ciento, pero un 33,2 por ciento de los envases aún acaba en vertedero o, en el peor de los casos, abandonado en el medio[7].

Los plásticos tienen una importante incidencia en el medio ambiente, representan el 3,4 por ciento de las emisiones mundiales de gases de efectos invernadero. La problemática fundamental de los plásticos desde la perspectiva medioambiental la encontramos en materia de residuos, gran parte de los cuales van a parar a los océanos (aproximadamente unas 8 toneladas al año)[8] generando concentraciones, también conocidas como islas de plástico, de grandes dimensiones[9], La OCDE en su Informe *Global Plastics Outlook: Economic Drivers, Environmental Impacts and Policy Options*, de 22 de febrero de 2022, indica que si no se produce un cambio al respecto en 2025 nuestros océanos tendrán una tonelada de plástico por cada tres toneladas de pescado, y en 2050 habrá más plásticos que peces[10].

Ante la problemática apuntada se impone la necesidad de adoptar medidas. En la elección de esas medidas debemos tener en cuenta distintos factores como las importantes propiedades que presenta este material (las cuales, incluso, se traducen en beneficios ambientales a lo largo del ciclo de vida de los productos y envases de plástico), la relevancia económica del sector y la

---

7 PERTE en Economía Circular, Marzo 2022, pág. 26.

8 OCDE.: *Global Plastics Outlook: Economic Drivers, Environmental Impacts and Policy Options, op cit.*

9 La más grande de ellas se encuentra en el Pacífico Norte (entre la costa de California y Hawái) y es conocida como el "Gran Parche de Basura del Pacífico" (*Great Pacific Garbage Patch*). Tiene más de un millón de kilómetros cuadrados, lo que supera la superficie de España, Francia, Alemania juntas.

10 Expresamente en este informe la OCDE identifica cuatro palancas clave para hacer frente al problema de los plásticos: un mayor apoyo para los mercados de plásticos reciclados (secundarios); políticas para impulsar la innovación tecnológica en plásticos; medidas de política interna más ambiciosas; y una mayor cooperación internacional. https://www.oecd-ilibrary.org/sites/de747aef-en/index.html?itemId=/content/publication/de747aef-en (documento consultado el 8 de julio de 2023).

inexistencia de un material alternativo que genere un menor impacto ambiental.

Por lo que a las propiedades del plástico se refiere, cabe destacar su ligereza, durabilidad y eficiencia energética que ayuda a reducir de forma notable las emisiones de CO2 y la huella ambiental de los productos plásticos[11]. Se ha indicado que el uso del plástico puede llegar a reducir el peso de un vehículo en 100 kilogramos, lo cual se traduce en una reducción del consumo de combustible y de emisiones de CO2, en concreto un coche puede ahorrar hasta 750 litros de combustible a lo largo de su vida útil gracias a los plásticos[12]. También cabe mencionar sus facultades desde la perspectiva de higiene y seguridad alimentaria que, desde el punto de vista ambiental de la generación de residuos, supone un menor desperdicio de alimentos porque, gracias a los envases de plástico, éstos pueden durar más tiempo conservando toda su calidad[13]. Los plásticos, además, permiten la fabricación de palas eólicas y placas solares, por tanto, son un elemento clave en la producción de energías renovables.

También es importante, a la hora de adoptar medidas frente al problema del plástico, valorar la transcendencia económica del sector. Así, en el Proyecto Estratégico para la Recuperación y Transformación Económica (PERTE) en materia de economía circular se indica que, según los datos de 2018, el sector del plástico está compuesto por más de 4.000 empresas de las cuales el 98 por ciento son pequeñas y medianas empresas y tiene una cifra de negocios superior a los 21.000 millones de euros, cifra equivalente al 1,8 por ciento del producto interior bruto español (en adelante PIB) y al 14,3 por ciento del PIB industrial. El sector da empleo directo de calidad a más de 100.000 personas; el 92 por ciento de empleos son indefinidos, siendo el impacto total de 340.000 empleos directos, indirectos e inducidos, contribuyendo al empleo

11 ESPLÁSTICOS https://esplasticos.es/wp-content/uploads/2021/02/Folleto_EstudioCaracteriza cio%CC%81n-VF.pdf, *op.cit.*

12 ESPLÁSTICOS https://esplasticos.es/wp-content/uploads/2021/02/Folleto_EstudioCaracteriza cio%CC%81n-VF.pdf, *op.cit.*

13 FORÉTICA, *La realidad de los plásticos: mitos y verdades,* 2020, url: https://foretica.org/publicacion/la-realidad-de-los-plasticos-mitos-y-verdades/ (documento consultado el 8 de julio de 2023).

en la España menos poblada, ya que muchas de las empresas se localizan en zonas rurales. Es un sector con alta capacidad de exportación, alcanzando en 2019 los 11.000 millones de euros. Las exportaciones del sector representan el 3,8 por ciento de las exportaciones de España.

Finalmente, debe tenerse en cuenta que, en la actualidad, no existen evidencias claras sobre si los materiales que se plantean como alternativas de sustitución al plástico (vidrio, papel, acero o aluminio) provocan un coste ambiental neto inferior[14].

Todo lo indicado conduce a centrar el foco de atención respecto a las medidas a adoptar, al menos de forma inicial, en una clase concreta de plásticos, los plásticos de un solo uso, que son los que más probabilidades tienen de convertirse en residuo y, en un tipo concreto de productos, los envases, ya que es el sector en el que se utiliza en un porcentaje superior el plástico.

Fijado ya el foco de actuación, el siguiente paso consistirá en la búsqueda de medidas o soluciones. En este sentido, en la Estrategia europea para el plástico en una economía circular[15] se advierte sobre la necesidad urgente de abordar los problemas medioambientales derivados de la producción, el uso y el consumo de plástico, de acuerdo con una visión estratégica que establezca una "economía circular" del plástico y que promueva la inversión en soluciones innovadoras y convierta en oportunidades los retos de hoy.

La economía circular[16] es un modelo económico que, con carácter general, atiende al siguiente objetivo: "cerrar el ciclo de vida" de los recursos mediante un mayor reciclaje y reutilización, de tal forma que se consigan producir los bienes y servicios necesarios al mismo tiempo que se reduce el consumo, e incluso, desperdicio de energía, agua y materias primas, logrando

---

14 FORÉTICA (2020), *La realidad de los plásticos: mitos y verdades, op cit.*

15 Comunicación de la Comisión al Parlamento Europeo, al Consejo, al Comité Económico y Social Europeo y al Comité de las Regiones, Una estrategia europea para el plástico en una economía circular, de 16 de enero de 2019. COM (2018) 28 final.

16 Este concepto se introduce en 1989 por dos autores Pearce y Turner. Vid. PEARCE, D.W, y TURNER, R.K.: *Economía de los Recursos Naturales y del Medio Ambiente,* Traducción al español del Colegio de Economistas de Madrid, Celeste Ediciones, Madrid, 1995.

así alcanzar un equilibrio adecuado entre la economía y el medio ambiente[17]. La Fundación Ellen MacArthur ha definido la economía circular como "un sistema industrial que es restaurador y regenerativo por diseño. Reemplaza el concepto de final de vida útil con restauración, cambia hacia el uso de energías renovables, elimina el uso de químicos tóxicos que impiden la reutiliza-

---

[17] La Fundación CoTEC para la innovación en su documento *Situación y evolución de la economía circular en España*, Madrid, 2017, nos indica que la economía circular está basada en los siguientes principios rectores:
— Diseño de la prevención de residuos. Productos y servicios se pueden concebir y diseñar de manera que se reduzca radicalmente la creación de desechos a través de una mejor integración con los ciclos materiales biológicos y tecnológicos.
— Construcción de resiliencia a través de la diversidad. Productos y servicios tienen que adaptarse a distintas utilidades a lo largo de su ciclo de vida. La resiliencia de los productos propone reducir la obsolescencia e incrementar drásticamente la funcionalidad y el uso.
— Uso de energías renovables. La producción, el consumo y el uso de un producto necesita recursos energéticos. La Economía Circular propone utilizar solamente recursos renovables, por su disponibilidad virtualmente ilimitada, para reducir drásticamente el impacto negativo en el medioambiente (emisiones de gases invernadero, vertidos tóxicos en ríos y mares, etc.) y la salud humana.
— Los residuos son comida. Este es un principio importante en la medida que supone un cambio radical respecto a la manera de entender los desechos, que ya no son rechazados, sino que se pueden transformar en un recurso muy importante de los ciclos biológicos.
— Pensamiento en sistemas. Donde las diferentes partes se relacionan entre sí y con el sistema, a diferentes escalas espacio-temporales y en relaciones con variables múltiples. Todo esto, utilizando un enfoque de flujos y reservas, orientado a la circularidad y la transformación social y del medio natural.
— Pensamiento local. Las organizaciones y las comunidades están influenciadas por su contexto y, por eso, tienen una relación dinámica de proximidad. En los ecosistemas ocurre de forma similar, y eso puede dar las pautas para que los grupos de personas puedan aprovechar al máximo los recursos y, al mismo tiempo, puedan favorecer y fortalecer la capacidad creativa e innovadora local.
— Pensamiento en cascadas. Se basa en la posibilidad de incrementar el valor de una materia prima o secundaria a través de la definición de sus funciones concretas, e intentar reintroducirla en una parte del ciclo de vida de su mismo uso o en la de otros usos distintos.
— Enfoque en el rendimiento. El rendimiento tiene que ser sinérgico y basado en la creación de beneficios múltiples, incluyendo la creación de valores añadidos, de puestos de trabajo y la reducción del consumo de recursos

ción y busca eliminar los residuos a través del diseño superior de materiales, productos, sistemas y, dentro de estos, modelos de negocio"[18]. Son diversos los ejes de actuación de la economía circular[19] y uno de los más importantes es el que afecta al sector residuos ya que la reducción de los mismos y su adecuada gestión se convierte en una de las grandes prioridades para alcanzar una economía más eficiente y competitiva en la que los materiales, recursos y productos se utilicen de manera más sostenible, manteniéndose en la economía durante el mayor tiempo posible y minimizándose, de este modo, la generación de residuos. El plástico es, sin duda, un material clave en el modelo de economía circular por su capacidad para ser recuperado y utilizado como recurso[20], teniendo en cuenta la situación actual en la que el mundo avanza a un ritmo imparable y que la demanda de productos y recursos es cada vez mayor.

---

18 ELLEN MACARTHUR FOUNDATION.: *Towards the circular economy,* 2013: Ellen-MacArthur-Foundation-Towards-the-Circular-Economy-vol.1.pdf.

19 Los principales ejes de actuación de la economía circular son:
— Energía, eficiencia y cambio climático.
— Movilidad, el objetivo es reducir el número de desplazamientos y que los mismos sean más eficientes.
— Renovación urbana mediante el reciclado de materiales de construcción y su reutilización.
— Desarrollo rural introduciendo productos biológicos renovables, impulsando el desarrollo y el empleo.
— Biodiversidad, lograr la protección y el cuidado de los ecosistemas y destacar la importancia de su conservación.
— Agua, se trata de conseguir su reutilización y su consumo responsable.
— Calidad ambiental mediante la reducción de las emisiones de gases de efecto invernadero.
— Residuos, reducir su producción.
— Economía y sociedad, concienciar a toda la sociedad de la importancia de alcanzar los anteriores objetivos.

20 Vid. en este sentido PLASTICS EUROPE.: *La economía circular de los plásticos. Una visión europea,* https://plasticseurope.org/es/wp-content/uploads/sites/4/2021/11/Economia_Circular_Plasticos-June2020_Spanish.pdf, *op. cit.* dónde se indica que "Los residuos plásticos son un recurso valioso que puede utilizarse para producir nuevas materias primas plásticas y fabricar productos y piezas de plástico, o bien para generar energía cuando el reciclaje no es viable".

La economía circular, su implementación y ejecución implican un verdadero cambio de mentalidad en todos los actores implicados: supone un auténtico cambio de paradigma, el tránsito de la economía lineal a la circular se convierte así en uno de los retos más importantes con los que se enfrenta nuestra sociedad. Incluso, se podría decir, va más allá de la protección del medio ambiente y de la lucha contra el cambio climático, se trata de una auténtica opción de desarrollo económico —y humano— y necesita del compromiso de todos los actores implicados[21]. En definitiva, una solución muy deseable ante el problema objeto de análisis, es utilizar todos los instrumentos necesarios que nos permitan lograr la circularidad de los plásticos.

2. MEDIDAS ADOPTADAS PARA EL DESARROLLO DE LA ECONOMÍA CIRCULAR DEL PLÁSTICO

2.1. MEDIDAS EN EL ÁMBITO DE LA UNIÓN EUROPEA

El 2015 es un año clave en el desarrollo de la Economía Circular; así, en el mes de diciembre de ese año, la Comisión adoptó un Plan de Acción de la UE para una Economía Circular en el que se señalaba la necesaria "transición a una economía más circular, en la cual el valor de los productos, los materiales y los recursos se mantenga en la economía el mayor tiempo posible, y en la que se reduzca al mínimo la generación de residuos", indicando que "constituye una contribución esencial a los esfuerzos de la UE encaminados a lograr una economía sostenible, hipocarbónica, eficiente en el uso de los recursos y competitiva"[22]. En este documento la Comisión Europea identifica distintos sectores de intervención —producción y procesos de producción, diseño del producto, consumo— en los que sería conveniente introducir métodos y

---

21 CANO MONTEJANO, J.C.: *Perspectivas de economía circular: tendencias y experiencias regulatorias,* Europa Ciudadana, https://www.europaciudadana.org/wp-content/uploads/2022/04/INFORME-ECONOM%C3%8DA-CIRCULAR-EUROPA-CIUDADANA.pdf (documento consultado el 8 de julio de 2023).

22 Comunicación de la Comisión al Parlamento Europeo, al Consejo, al Comité Económico y Social Europeo y al Comité de las Regiones "Cerrar el Círculo: un plan de acción de la UE para la economía circular", COM (2015) 614 final. (pág. 2)

sistemas que permitiesen implantar el principio que se podría enunciar con la expresión "de residuos a recursos"[23] y que parte de la premisa de la equiparación de los residuos y las materias primas, de forma que: "En una economía circular, los materiales que pueden reciclarse se reinvierten en la economía como nuevas materias primas, aumentando así la seguridad del suministro. Es posible comerciar con dichas materias primas secundarias y transportarlas exactamente igual que si se tratara de materias primas primarias procedentes de recursos extractivos tradicionales"[24]. En ese Plan de Acción, la Comisión ya identificó los plásticos como una prioridad clave y se comprometió a "preparar una estrategia que aborde los desafíos planteados por los plásticos a lo largo de la cadena de valor y teniendo en cuenta todo su ciclo de vida". En 2017, la Comisión confirmó que se centraría en la producción y utilización de los plásticos y que trabajaría en pro de garantizar que en 2030 todos los envases de plástico sean reciclables[25].

Como manifestación del compromiso asumido, se publica la Comunicación de la Comisión al Parlamento Europeo, al Consejo, al Comité Económico y Social Europeo y al Comité de las Regiones "Una estrategia europea para el plástico en una economía circular", el 16 de enero de 2018. Esta estrategia establece las bases para una nueva economía del plástico en la que el diseño y la producción de plásticos y productos de plástico respeten plenamente las necesidades de reutilización, reparación y reciclado, así como el desarrollo y la promoción de materiales más sostenibles. De este modo, se considera que se logrará un mayor valor añadido y prosperidad en Europa y se impulsará la innovación, reduciendo la contaminación por plásticos y su impacto adverso en el medio ambiente.

En el marco de dicha estrategia y como resultado del plan de acción de la UE para la economía circular se aprobaron diversas directivas, como la Di-

---

23 Comunicación de la Comisión al Parlamento Europeo, al Consejo, al Comité Económico y Social Europeo y al Comité de las Regiones "Cerrar el Círculo: un plan de acción de la UE para la economía circular", COM (2015) 614 final. (pág. 4)

24 Comunicación de la Comisión al Parlamento Europeo, al Consejo, al Comité Económico y Social Europeo y al Comité de las Regiones "Cerrar el Círculo: un plan de acción de la UE para la economía circular", COM (2015) 614 final. (pág. 12)

25 Programa de trabajo de la Comisión 2018-COM (2017) 650.

rectiva (UE) 2018/851/UE, de 30 de mayo de 2018, por la que se modifica la Directiva marco 2008/98/CE del Parlamento Europeo y del Consejo, de 19 de noviembre de 2008, sobre los residuos o la Directiva (UE) 2019/904 del Parlamento Europeo y del Consejo, de 5 de junio de 2019, relativa a la reducción del impacto de determinados productos de plástico en el medio ambiente, también conocida como Directiva SUP o Directiva de plásticos de un solo uso[26].

En consonancia con la estrategia de la Comisión Europea, PlasticsEurope lanzó el programa Plastics 2030[27], se trata del compromiso voluntario de los productores de materias primas, destinado a impulsar el potencial de los plásticos en una economía circular. Este programa fija su objeto de atención en la prevención de la fuga de plásticos al medioambiente, mejora de la eficiencia de recursos de las aplicaciones de los plásticos a través del enfoque de ciclo de vida y fomento de un cambio significativo para entender mejor las rutas de los residuos plásticos y transformarlos en nuevos recursos.

En el año 2019 la Comisión lanzó el Pacto Verde Europeo[28] que busca la promoción de una UE con menores riesgos medioambientales, la eficiencia en el uso de los recursos sin perder en competitividad, buscando disociar el crecimiento económico del uso de los recursos naturales[29]. En este documen-

26 Las medidas contenidas en esta Directiva obedecen a un doble objetivo: la reducción de productos elaborados con plásticos de un sol uso y la restricción-prohibición de productos que se incluyen en un elenco y que son productos que tienen sustitutivos (por ejemplo, productos hechos de plásticos oxodegradable, bastoncillos, cubiertos, platos, pajitas, excepto para uso médico, agitadores de bebidas, palos de globos, recipientes de alimentos, de bebidas y tazas y vasos de polietileno expandido).

27 Compromiso Voluntario Plastics 2030 de PlasticsEurope: https://www.plasticseurope.org/en/newsroom/press-releases/archive-press-releases-2018/plastics-2030-voluntary-commitment

28 COM (2019) 640 final.

29 COM (2019) 640 final "Se trata de una nueva estrategia de crecimiento destinada a transformar la UE en una sociedad equitativa y próspera, con una economía moderna, eficiente en el uso de los recursos y competitiva, en la que no habrá emisiones netas de gases de efecto invernadero en 2050 y el crecimiento económico estará disociado del uso de los recursos. El Pacto Verde aspira también a proteger, mantener y mejorar el capital natural de la UE, así como a proteger la salud y el bienestar de los ciudadanos frente a los riesgos y efectos medioambientales." (pág. 2).

to la Comisión incide en el hecho de que la economía circular puede suponer un motor para la mejora del empleo en la UE, con la creación de una política de "productos sostenibles", primando la reutilización sobre el reciclado.

Finalmente, el 11 de marzo de 2020 la Comisión Europea publicó la Comunicación "Nuevo Plan de acción para la economía circular— por una Europa más limpia y más competitiva"[30], en este documento la Comisión parte de la constatación científica de que en el 2050 el consumo mundial será el equivalente a tres planetas, con la duplicación del consumo de materias fósiles, metales, minerales y biomasa en los próximos cuarenta años, y en el que la generación de residuos se incrementará para esa fecha en un 70 por ciento. La Comisión lleva a cabo un análisis de los elementos más importantes que, desde su punto de vista, componen y engloban la economía circular. Destaca la importancia del diseño de productos sostenibles, el empoderamiento de los consumidores y de los compradores públicos, pasando por la promoción de la circularidad de los procesos de producción. Al mismo tiempo, desglosa por productos las cadenas de valor, para analizar la inclusión de criterios de reutilización, entre otros productos, en envases y embalajes y en plásticos[31]. Vuelve a incidir en la prioridad del plástico e introduce, tal y como señala CANO MONTEJANO, una nueva perspectiva que merece ser reseñada: la circularidad como requisito previo para la neutralidad climática. De esta forma se invierten los términos de la cuestión, la circularidad no es un objetivo de la política medioambiental, sino que es su premisa, su condición previa, la economía circular se establece así como el presupuesto para alcanzar los objetivos que se engloban en el Plan Verde Europeo, convirtiéndose en la herramienta que permite descarbonizar la economía, mejorando el empleo, y dotar a la UE de un tejido empresarial tecnológicamente avanzado, novedoso, y que asume los principios que promueven esta nueva economía, este novedoso paradigma productivo[32].

---

30 COM (2020) 98 final.

31 CANO MONTEJANO, J.C.: *Perspectivas de economía circular: tendencias y experiencias regulatorias, op. cit.*

32 CANO MONTEJANO, J.C.: *Perspectivas de economía circular: tendencias y experiencias regulatorias, op. cit.*

El último de los pasos que se ha dado, también en el marco de la estrategia europea, ha consistido en la presentación por parte de la Comisión Europea, el 30 de marzo de 2022, de un nuevo paquete de Economía Circular que, entre otras cosas, provoca un avance en materia de microplásticos. Dentro de este paquete de Economía Circular, destacan varias propuestas como el Reglamento de Ecodiseño para Productos Sostenibles[33], la Directiva sobre Empoderar a los consumidores en la transición verde[34] y la Estrategia de la UE para Textiles Sostenibles y Circulares[35].

Recientemente, en el ámbito internacional, los jefes de estado, los ministros de medio ambiente y otros representantes de los Estados miembros de la Organización de las Naciones Unidas (ONU) respaldaron una resolución histórica en la quinta sesión de la Asamblea de la ONU para el Medio Ambiente (UNEA-5), con el objetivo de poner fin a la contaminación plástica y elaborar un acuerdo internacional legalmente vinculante para el año 2024 que refleje diversas alternativas para abordar el ciclo de vida completo de los plásticos, el diseño de productos y materiales reutilizables y reciclables, y la necesidad de una mayor colaboración internacional para facilitar el acceso a la tecnología, el desarrollo de capacidades y la cooperación científica y téc-

33 Su objetivo es establecer el estándar para los requisitos de diseño ecológico impuestos en casi todos los productos vendidos en la UE. El reglamento propuesto ampliará el ámbito de aplicación de las normas para abordar su fase de diseño y, de esta forma, se conseguirá cubrir la gama de productos más amplia posible. Al mismo tiempo, se fijan requisitos adicionales para que las empresas y los consumidores puedan tomar decisiones de compra informadas las cuales estén basadas en información sobre el uso de energía, el contenido reciclado, la durabilidad y la reparabilidad de un producto. Con el objetivo de implementar estos requisitos, la Comisión Europea redactará una serie de actos delegados, basados en una lista de prioridades.

34 Con la misma se trata de incentivar la conciencia ambiental de los consumidores y prohibir el "lavado verde" o "marketing verde" y la obsolescencia programada. El texto de la Comisión establece nuevas prácticas comerciales desleales, como afirmaciones ambientales engañosas o vagas, que estarán prohibidas. En la misma línea se trata de reforzar los requisitos de información sobre la durabilidad y reparabilidad de un producto.

35 Se establecen prioridades para hacer que el sector textil sea más sostenible, solicitando nuevas reglas de diseño ecológico y evitando la destrucción de bienes no vendidos, mejorando el flujo de información (a través del pasaporte del producto), pero también la generalización de la responsabilidad ampliada del productor para los textiles.

nica. La resolución titulada "Poner fin a la contaminación plástica: hacia un instrumento legalmente vinculante a nivel internacional"[36] [37], cubre el ciclo de vida completo del plástico, incluida su producción, diseño y eliminación.

2.2. MEDIDAS NACIONALES

Nuestro país, siguiendo las directrices fijadas por la Comisión en el Nuevo Plan de Acción para la economía circular, adoptó en junio de 2020 la Estrategia Española de Economía Circular (EEEC)-España Circular 2030. La EEEC, insta a la elaboración de sucesivos planes de acción de carácter trienal que permitan concretar y coordinar las medidas estatales adoptadas con el objetivo de promocionar e incluir la economía circular en las distintas políticas sectoriales[38]. En este sentido, nos encontramos con el I Plan de Acción de Economía Circular (2021-2023), aprobado el 25 de mayo de 2021, en el que se recogen medidas relacionadas con los residuos plásticos como promover el diseño/rediseño de procesos y productos para optimizar el uso de recursos naturales de cara a obtener productos que sean más fácilmente reciclables y reparables, modificar las pautas hacia un consumo que evite el desperdicio y las materias primas no renovables, aplicar el principio de jerarquía de los residuos o reincorporar en el ciclo de producción los materiales contenidos en los residuos como materias primas secundarias.

---

36 https://www.unep.org/news-and-stories/press-release/historic-day-campaign-beat-plastic-pollution-nations-commit-develop (documento consultado el 8 de julio de 2023).

37 Esta resolución fue adoptada el 2 de marzo de 2022 en Nairobi durante la celebración de la asamblea de la ONU para el medio Ambiente. Sobre la misma, Inger Andersen, directora ejecutiva del Programa de Naciones Unidas para el Medio Ambiente dijo: "Hoy marca un triunfo del planeta tierra sobre los plásticos de un solo uso. Este es el acuerdo multilateral ambiental más importante desde el acuerdo de París. Es una póliza de seguro para esta generación y las futuras, para que vivan con el plástico y no se vean condenados por él".

38 El objetivo esencial de la EEEC es conseguir durante esta década en nuestro país la reducción en un 30 por ciento el consumo nacional de materiales, mejorar un 10 por ciento la eficiencia en el uso del agua y recortar un 15 por ciento la generación de residuos respecto a 2010. Todo ello permitirá situar las emisiones de gases de efecto invernadero del sector residuos por debajo de los 10 millones de toneladas en 2030.

En el marco del Plan de Recuperación, Transformación y Resiliencia (PRTR)[39], el impulso a la economía circular juega un papel fundamental, en concreto una de las reformas previstas en el componente doce[40], es la relacionada con la política de residuos e impulso a la economía circular y consiste en dar continuidad a la normativa aprobada, como la Estrategia Española de Economía Circular, e impulsar un nuevo modelo de producción y consumo en el que el valor de los productos, materiales y recursos se mantengan en la economía el mayor tiempo posible, reduciendo al mínimo la generación de los residuos y aprovechando al máximo los que no se puedan evitar. Estas medidas se complementan con las de naturaleza fiscal recogidas en el componente 29, de las que destacamos la creación de un impuesto sobre el depósito de residuos en vertedero y a la incineración y otro que grave los envases de plástico no reutilizables.

A todo lo anterior, en marzo de 2022, se sumó el Proyecto Estratégico para la Recuperación y Transformación Económica (PERTE) de Economía Circular con el que se apoya la implantación de esquemas circulares en tres industrias específicas: la industria textil, la industria del plástico y la industria asociada al despliegue de las energías renovables. En particular, se fijan como retos del sector del plástico, desde el ecodiseño para la óptima fabricación de nuevos productos, pasando por la reutilización y la reparación, hasta la mejora de procesos tanto de recogida como de tratamiento de residuos y su valorización, incluyendo, de esta forma, todas las etapas del proceso de economía circular de los plásticos[41].

---

39 Resolución de 29 de abril de 2021, de la Subsecretaría, por la que se publica el Acuerdo del Consejo de Ministros de 27 de abril de 2021, por el que se aprueba el Plan de Recuperación, Transformación y Resiliencia. Se trata de un documento programático de adopción de una política económica integradora de los enfoques social y ambiental que ha de provocar un crecimiento económico sin generar pérdida de competitividad, su objetivo es trazar una hoja de ruta para la reconstrucción económica sólida, inclusiva y resiliente tras la crisis de la COVID.

40 C12 R2 del Plan de Recuperación, Transformación y Resiliencia.

41 Así, se propone:
— Diseñar productos plásticos, para todas las aplicaciones, que sean más reciclables, que tengan mayor contenido en plástico reciclado, con menor contenido en sustancias

Junto a las medidas anteriores, en el ámbito normativo es imprescindible hacer referencia a la Ley 7/2022, de 8 de abril, de residuos y suelos contaminados para una economía circular dirigida a garantizar la protección del medio ambiente y la salud humana mediante la prevención y la reducción de la generación de residuos y de los impactos adversos de su generación y gestión. Esta ley incorpora a nuestro ordenamiento jurídico las Directivas (UE) 2018/851 y 2019/904 y además, tal y como se dispone en su preámbulo, revisa y clarifica ciertos aspectos de la Ley 22/2011, de 28 de julio, de residuos y suelos contaminados, a la luz de la experiencia adquirida durante los años de su aplicación para avanzar en los principios de la economía circular. Entre los aspectos de la Ley 22/2011 que son objeto de revisión, se encuentra la responsabilidad del productor del residuo, la aplicación de los conceptos de subproducto y fin de la condición de residuo, la actualización del régimen sancionador y el refuerzo de la recogida separada, cuya obligatoriedad para algunas fracciones de residuos se extiende a todos los ámbitos, no sólo a los hogares, sino también al sector servicios o comercios, con el fin de permitir un reciclado de alta calidad y estimular la utilización de materias primas se-

---

químicas preocupantes y que hayan sido fabricados reduciendo al máximo su huella de carbono en todo su ciclo de vida.

— Incorporar nuevas materias primas renovables procedentes de fuentes no fósiles.

— Conseguir que las PYME y micropymes se incorporen a la transformación de sus procesos y productos para avanzar hacia la economía circular y colaborando en cumplir los objetivos del sector. La digitalización, el uso de nuevas tecnologías, los procesos de calidad y la creación de sistemas de responsabilidad ampliada del productor son retos importantes para estas empresas.

— Mejorar la preparación para la reutilización y el reciclado de los residuos y evitar el abandono en el medio mediante sistemas de recogida y clasificación más eficientes, inteligentes y utilizando las mejores tecnologías disponibles. La aplicación de estas prácticas y tecnologías en todos los flujos de residuos de distintas tipologías para conseguir corrientes separadas reciclables más fácilmente, reducir las mermas de los procesos de reciclado e incrementar los ratios de reciclado de la totalidad de residuos plásticos.

— Ampliar las capacidades y mejorar la tecnología de los procesos de reciclado, incorporando las nuevas tecnologías como el reciclado químico, complementario al reciclado mecánico.

— Mejorar la educación ambiental de toda la población enfocada hacia la prevención de los residuos, la clasificación en los hogares, la utilización de los puntos limpios y evitar la basura abandonada y el vertido descontrolado de residuos.

PERTE en Economía circular, págs. 28 y 29.

cundarias de calidad. Esta recogida separada, en el ámbito de los residuos de competencia local, facilitará además el aumento de los índices de preparación para la reutilización y de reciclado y redundará en la consecución de beneficios ambientales, económicos y sociales sustanciales y en la aceleración de la transición hacia una economía circular.

Desde la perspectiva de los residuos plásticos, cabe hacer referencia a los títulos V y VII de la mencionada ley. El título V se dedica a las medidas para la reducción del consumo de determinados productos de plástico, así como a su correcta gestión como residuo; al respecto hay resaltar que es la primera vez que una ley estatal en materia de residuos dedica un título entero a esta fracción de residuos. Por su parte, el título VII bajo la rúbrica "Medidas fiscales para incentivar la economía circular", desarrolla dos instrumentos económicos en el marco de los residuos cuya finalidad es reducir la generación de residuos, especialmente los plásticos, y mejorar la gestión de aquellos residuos cuya generación no se pueda evitar, mediante la imposición sobre los tratamientos situados en posiciones inferiores de la jerarquía de residuos (depósito en vertedero, incineración y coincineración), con el objeto de disminuir estas opciones de gestión menos favorables desde el punto de vista del principio de jerarquía de residuos. El título VII, consta de dos capítulos dedicados, el primero de ellos, al impuesto especial sobre los envases de plástico no reutilizables, y, el segundo, al impuesto sobre el depósito de residuos en vertederos, la incineración y la coincineración de residuos[42].

Siguiendo con los avances producidos en el desarrollo normativo de la gestión de residuos, nos encontramos con el Real Decreto 1055/2022, de

42 Estas dos medidas de carácter fiscal se complementan con lo dispuesto en el artículo 11.3 de la Ley 7/2022 donde se establece que en el caso de los costes de gestión de los residuos de competencia local, las corporaciones deberán establecer, en el plazo de tres años a contar desde la entrada en vigor de la Ley "una tasa o, en su caso, una prestación patrimonial de carácter público no tributaria, específica, diferenciada y no deficitaria, que permita implantar sistemas de pago por generación y que refleje el coste real, directo o indirecto, de las operaciones de recogida, transporte y tratamiento de los residuos, incluidos la vigilancia de estas operaciones y el mantenimiento y vigilancia posterior al cierre de los vertederos, las campañas de concienciación y comunicación, así como los ingresos derivados de la aplicación de la responsabilidad ampliada del productor, de la venta de materiales y de energía".

27 de diciembre, de envases y residuos de envases, que sustituye a la Ley 11/1997, de 24 de abril, de envases y residuos de envases.

El Real Decreto 1055/2022 forma parte de la reforma C12.R2 del Plan de Recuperación, Transformación y Resiliencia español, relativa a la "Política de residuos e impulso de la economía circular", concretamente del hito 178, que incluye la aprobación de la Estrategia Española de Economía Circular: España Circular 2030, acompañada de un paquete normativo en el ámbito de los residuos, cuyo principal elemento era la aprobación de la nueva Ley de residuos y suelos contaminados para una economía circular, y entre otros, un nuevo Real Decreto en materia de envases y residuos de envases cuyo objetivo ha sido revisar la actual normativa de aplicación para cumplir con las disposiciones y objetivos establecidos en la Directiva UE/852/2018 del Paquete de Economía Circular llevando a cabo la transposición de la misma[43].

Este Real Decreto impulsa la prevención en la producción de residuos de envases[44], la reutilización especialmente de bebidas[45] y la recogida separada

43 Esta es la última de las Directivas que quedaba por transponer de las cuatro aprobadas en 2018.

44 En particular, con el objetivo de fomentar la venta a granel de los alimentos, se indica que los comercios minoristas de alimentación deberán adoptar las medidas necesarias para presentar a granel aquellas frutas y verduras frescas que se comercialicen enteras. Esta obligación no se aplicará a las frutas y hortalizas envasadas en lotes de 1,5 kilogramos o más, ni a las frutas y hortalizas que se envasen bajo una variedad protegida o registrada o cuenten con una indicación de calidad diferenciada o de agricultura ecológica, así como a las frutas y hortalizas que presentan un riesgo de deterioro o merma cuando se venden a granel, las cuales se determinarán por orden del Ministerio de Agricultura, Pesca y Alimentación, en coordinación con el Ministerio para la Transición Ecológica y el Reto Demográfico y la Agencia Española de Seguridad Alimentaria y Nutrición, en el plazo de seis meses desde la entrada en vigor del Real Decreto. Una vez publicada esta lista, los comercios dispondrán de un plazo de seis meses para adaptar la venta de las frutas y hortalizas que no entren en estos supuestos. Con el mismo objetivo de fomentar la venta a granel de alimentos, especialmente en aquellos casos en los que el envase no aporta ningún valor añadido al producto, los comercios minoristas de alimentación cuya superficie sea igual o mayor a 400 metros cuadrados destinarán al menos el 20 por ciento de su área de ventas a la oferta de productos presentados sin embalaje primario, incluida la venta a granel o mediante envases reutilizables. Por último, desde julio de 2023, los promotores de eventos festivos, culturales o deportivos deberán implantar al-

con vistas al reciclado[46], en especial para alcanzar los objetivos de recogida separada de botellas de plástico de un solo uso[47] establecidos en la Ley 7/2022, y confirmar su cumplimiento, de cara al establecimiento obligatorio del sistema de depósito, devolución y retorno en caso de incumplirse los objetivos. También desarrolla el régimen de responsabilidad ampliada del productor para todos los envases y residuos de envases, de forma que los productores afectados asuman el coste de la gestión de estos residuos, teniendo en cuenta que la financiación que aporten los productores debe hacerse con

---

ternativas a la venta de bebidas en envases y vasos de un solo uso, garantizando el acceso a agua potable no envasada.

45 También se incluyen medidas para fomentar el aumento de la reutilización en el sector bebidas, de la proporción de envases reutilizables comercializados y de los sistemas de reutilización de envases de forma respetuosa con el medio ambiente y de conformidad con el Tratado de la UE, sin comprometer la higiene de los alimentos ni la seguridad de los consumidores. Así, los comercios minoristas de alimentación que vendan a granel alimentos y bebidas deberán aceptar el uso de recipientes reutilizables por parte de los consumidores, que serán los responsables de su acondicionamiento y limpieza. Estos recipientes podrán ser rechazados por el comerciante si están manifiestamente sucios o no son adecuados, quedando exentos de la responsabilidad por los problemas de seguridad alimentaria que se pudieran derivar de la utilización de los recipientes aportados por los consumidores. Por su parte, los establecimientos minoristas de alimentación deberán ofrecer para los envases de bebida, un número de referencias en envases reutilizables desde 2025 o 2027, según su superficie.

46 De acuerdo con la directiva europea, el real decreto fomentará la utilización de materiales obtenidos a partir de residuos de envases en la fabricación de nuevos envases y otros productos. En este sentido, establece porcentajes de contenido en plástico reciclado en los envases para 2025 y 2030 que los productores deberán intentar alcanzar. Porcentaje que, por el contrario, sí es obligatorio por mandato comunitario, en el caso de las botellas de plástico de un solo uso. Por otro lado, la norma dispone obligaciones de marcado en relación al contenedor en que deben depositarse los residuos de envases, a partir del 1 de enero de 2025. Cabe señalar que la simbología del marcado no queda definida en el real decreto, por lo que queda a libre criterio del productor. Además, queda prohibido el marcado de envases con las palabras "respetuoso con el medio ambiente" o cualquier otro equivalente que pueda inducir a su abandono en el entorno. Con estos marcados se facilita al consumidor la separación de los residuos en origen y se evitan mensajes confusos que puedan conllevar conductas indeseadas como es el abandono de residuos en el medio.

47 En concreto se fija el objetivo para 2030 de reducción del 20 por ciento para las botellas de plástico de un solo uso respecto a los niveles de 2022.

criterios de economía circular[48]. Asimismo, se establecerán mecanismos para incrementar la transparencia en la información de envases y residuos de envases, y un adecuado seguimiento y control de las obligaciones sobre puesta en el mercado de productos y gestión de sus residuos por parte de los productores de productos y organizaciones del sector. Con este objetivo, se crea la sección de envases en el Registro de Productores de Producto, en el que todos los productores deberán inscribirse y al que deberán remitir anualmente información sobre la puesta en el mercado de envases.

Finalmente, cabe destacar que, en el Real Decreto analizado, la preocupación por el impacto ambiental de los envases se traslada también a las obligaciones de diseño. Así, en su artículo 12.1 se dispone que los envases deberán diseñarse de manera que a lo largo de todo su ciclo de vida se reduzca su impacto ambiental y la generación de residuos, tanto en su fabricación como en su uso posterior, y de forma que se asegure que la valorización y eliminación de los envases que se han convertido en residuos se desarrolle sin poner

48 En cuanto a la responsabilidad ampliada del productor, este real decreto establece la ampliación de las obligaciones financieras y organizativas a los productores que pongan en el mercado envases comerciales e industriales, hasta ahora exceptuados con carácter general según la Ley 11/1997, de Envases y Residuos de Envases, con carácter de real decreto desde la Ley 22/2011. Además, implicará distintas adaptaciones para los sistemas colectivos de la responsabilidad ampliada del productor de envases domésticos constituidos hasta la fecha. En concreto, en los casos de cumplimiento colectivo de las obligaciones del productor, la contribución deberá estar modulada para cada tipología de envases similares, teniendo en cuenta la naturaleza y cantidad de material utilizado en su fabricación, su durabilidad, que se puedan reparar, reutilizar y reciclar, su superfluidad, la cantidad de los materiales reciclados que contengan, la presencia de sustancias peligrosas u otros factores que afecten a la facilidad para la reutilización, al reciclado de los residuos de envases o a la incorporación de materiales reciclados, entre otros. Así, se deberá establecer en las contribuciones financieras a afrontar por los productores una bonificación cuando el producto cumpla criterios de eficiencia, o bien una penalización cuando el producto incumpla estos criterios. Asimismo, la norma dispone que los sistemas colectivos de la responsabilidad ampliada del productor en materia de envases domésticos financiarán, además de los costes de gestión de los envases recogidos separadamente, los costes derivados de los residuos de envases recuperados de la fracción resto, de la fracción inorgánica de los sistemas húmedo-seco (cuando no aplique la excepción prevista en la Ley 7/2022, de 8 de abril) y de la limpieza de vías públicas, zonas verdes, áreas recreativas y playas, coste que será mayor o menor según se cumplan los objetivos de recogida separada establecidos en la norma.

en peligro la salud humana y sin dañar al medio ambiente, y de conformidad con el principio de jerarquía de residuos. Dicho lo cual, se advierte que las medidas de diseño que se adopten para el cumplimiento de los objetivos previstos en el referido Real Decreto no comprometerán las funciones esenciales del envase, ni los niveles de seguridad e higiene necesarios para el producto envasado y el consumidor.

Esta combinación de aspectos ambientales y de seguridad e higiene se observa igualmente en los requisitos específicos sobre fabricación y composición de los envases que se recogen en el apartado 1 del Anexo III del Real Decreto de envases:

— Los envases estarán fabricados de forma tal que su volumen y peso sea el mínimo adecuado para mantener el nivel de seguridad, higiene y aceptación necesario para el producto envasado y el consumidor.

— Los envases deberán diseñarse, fabricarse y comercializarse en condiciones que permitan su reutilización o valorización, incluido el reciclaje, en consonancia con la jerarquía de residuos, y de forma que se minimice el impacto ambiental de la eliminación de sus residuos o de los restos que queden de las actividades de gestión de residuos de envases.

— Los envases estarán compuestos y fabricados de forma que se minimizará el uso de sustancias y materiales nocivos o peligrosos, previniendo así su presencia en las emisiones, cenizas, lixiviados y demás efluentes generados en las operaciones de gestión y eliminación de sus residuos y de los restos que queden después de las operaciones de gestión de residuos de envases.

— La utilización de ftalatos y bisfenol A en envases, cumplirá con las disposiciones del Reglamento (CE) número 1907/2006 del Parlamento Europeo y del Consejo, de 18 de diciembre de 2006, relativo al registro, la evaluación, la autorización y la restricción de las sustancias y preparados químicos (REACH) que sean aplicables. Todo ello en coherencia con lo establecido en el artículo 18.1.i) de la Ley 7/2022.

El marco estratégico descrito a nivel nacional se ha ido completando con diferentes estrategias de Economía Circular a nivel autonómico, entre otras las de Cataluña Extremadura, Andalucía, Galicia, Navarra, País Vasco, Canarias, Castilla y León y Castilla La Mancha. En el panorama autonómico es necesario hacer referencia a la Ley 7/2019 de Castilla La Mancha, ya que se trata de la primera Ley de Economía Circular autonómica objeto de aprobación. En fechas recientes, la Comunidad Autónoma de Andalucía también ha aprobado la Ley 3/2023, de 30 de marzo, de Economía Circular de Andalucía, en ella se dedica un capítulo concreto a los plásticos y envases y se fijan unos objetivos concretos relacionados con el reciclaje y la recogida por separado de los productos plásticos de un solo uso[49]. Otras Comunidades

---

49 En concreto en el artículo 45 de la ley 3/2023 se recogen los siguientes objetivos de reducción de plásticos y envases:

"1. Las Administraciones autonómica y local, en el ámbito de sus competencias, en función de los objetivos y criterios de la Unión Europea y de la normativa básica estatal, y sin perjuicio de lo dispuesto en esta, adoptarán, a través de los planes y programas de gestión de residuos y la promoción de la colaboración de los diferentes agentes implicados mediante convenio marco o los acuerdos que correspondan, las medidas necesarias para el tratamiento adecuado de envases que garantice su reciclado y el cumplimiento de los objetivos expuestos a continuación, referidos al ámbito territorial de Andalucía:

a) A más tardar el 31 de diciembre de 2025, se reciclará un mínimo del 65 % en peso de todos los residuos de envases, respecto a lo introducido en el mercado.

b) A más tardar el 31 de diciembre de 2025, se alcanzarán los siguientes objetivos mínimos en peso de reciclado, respecto a lo introducido en el mercado, de los materiales específicos que se indican seguidamente, contenidos en los residuos de envases:

1.º 50 % de plástico.

2.º 25 % de madera.

3.º 70 % de metales ferrosos.

4.º 50 % de aluminio.

5.º 70 % de vidrio.

6.º 75 % de papel y cartón.

c) A más tardar el 31 de diciembre de 2030, se reciclará un mínimo del 70 % en peso de todos los residuos de envases, respecto a lo introducido en el mercado.

d) A más tardar el 31 de diciembre de 2030, se alcanzarán los siguientes objetivos mínimos en peso de reciclado, respecto a lo introducido en el mercado, de los materiales específicos que se indican seguidamente, contenidos en los residuos de envases:

1.º 55 % de plástico.

2.º 30 % de madera.

3.º 80 % de metales ferrosos.

4.º 60 % de aluminio.

Autónomas (CC.AA.), como Madrid, recientemente han aprobado sus Proyectos de Ley de Economía Circular.

Finalmente, ya a nivel local, cabe citar la Estrategia Local de Economía Circular impulsada por la Federación Española de Municipios y Provincias en noviembre de 2019 en la que se recogen medidas concretas relacionadas con los envases de plástico.

3. LA FISCALIDAD AMBIENTAL COMO INSTRUMENTO AL SERVICIO DE LA ECONOMÍA CIRCULAR DEL PLÁSTICO

Las políticas ambientales se sirven de muy variados medios para lograr los objetivos generales y sectoriales de preservación del medio, entre los que se encuentran instrumentos reguladores, de control, sancionadores y tributarios[50]. En consecuencia, con el objetivo de reducir la generación de residuos plásticos e incrementar la reutilización de los envases, son diversos los instrumentos que se utilizan y, entre ellos, la fiscalidad ambiental cobra un especial

---

5.º 75 % de vidrio.
6.º 85 % de papel y cartón.
2. Las Administraciones autonómica y local, en el ámbito de sus competencias, adoptarán las medidas necesarias para garantizar una recogida por separado, para su reciclado, de los productos plásticos de un solo uso referidos en la parte F del anexo de la Directiva (UE) 2019/904, del Parlamento Europeo y del Consejo, de 5 de junio de 2019, relativa a la reducción del impacto de determinados productos de plástico en el medio ambiente:
a) A más tardar en 2025, de una cantidad de residuos de los productos de plástico de un solo uso equivalente al 77 % en peso de tales productos que hayan sido introducidos en el mercado.
b) A más tardar en 2029, la cantidad de residuos de los productos de plástico de un solo uso equivalente al 90 % en peso de tales productos que hayan sido introducidos en el mercado.
3. La introducción en el mercado de estos productos podrá considerarse equivalente a la cantidad de residuos generados procedentes de los mismos, incluidos los presentes en la basura dispersa, en ese mismo año."

50 Vid. en este sentido VILLAR EZCURRA, M.: "Desarrollo sostenible y tributos ambientales", Crónica Tributaria, núm. 107, Instituto de Estudios Fiscales, Madrid, 2003, pág. 124.

protagonismo. En este sentido, en la mayor parte de las normas indicadas en el apartado anterior se pone de manifiesto que, en el marco de los instrumentos a utilizar con el objetivo de reducir la generación de residuos plásticos, e incrementar la reutilización de los envases, debe contemplarse la posibilidad de adoptar medidas de naturaleza fiscal.

Así, por lo que al ámbito europeo se refiere, en la Comunicación "Una estrategia europea para el plástico en una economía circular", se destaca la relevancia de la utilización de los instrumentos económicos a efectos de dar prioridad a la prevención y el reciclado de residuos a nivel nacional y se indica expresamente que la internalización de los costes medioambientales del depósito en vertederos y la incineración mediante tasas o impuestos altos o que aumenten gradualmente, podría incrementar la rentabilidad del reciclado de plásticos. También, se hace referencia a una aplicación más amplia de instrumentos económicos bien diseñados, como impuestos medioambientales para promover actividades de economía circular dirigidas a consumidores finales. De la misma forma, en la Directiva (UE) 2019/904 relativa a la reducción del impacto de determinados productos de plástico en el medio ambiente, se mencionan los incentivos económicos como un instrumento efectivo para el logro de los objetivos fijados en la misma.

La referencia a las medidas de índole fiscal para la gestión de residuos no es extraña en nuestro ordenamiento interno. Por ejemplo, la ya derogada Ley 11/1997, de 24 de abril, de Envases y Residuos de envases, disponía en su artículo 18 que se podrán establecer instrumentos u otras medidas económicas, incluidas, en su caso, las fiscales, cuando algún material de envasado no consiguiera alcanzar el objetivo mínimo del 15 por ciento de reciclado establecido para cada material de envasado en dicha ley[51]. También en el artículo 25 de la antigua Ley 10/1998, de 21 de abril, de Residuos, se indicaba que "las Administraciones públicas, en el ámbito de sus respectivas competencias, podrán establecer las medidas económicas, financieras y fiscales adecuadas

---

51 Previsión que, siguiendo a GARCÍA NOVOA, estaría pensando tanto en el uso de estímulos fiscales como en la creación de tributos con fines ecológicos, con una autolimitación legal de escaso valor jurídico consistente en condicionar el instrumento fiscal a que no se hayan alcanzado determinados objetivos de reciclado, GARCÍA NOVOA, C., "Comentarios a los aspectos fiscales de la Ley de Envases", *Impuestos*, núm. 2, 1997.

para el fomento de la prevención, la aplicación de tecnologías limpias, la reutilización, el reciclado y otras formas de valorización de residuos, así como para promover las tecnologías menos contaminantes en la eliminación de residuos". Por su parte, la también derogada Ley 22/2011, de 28 de julio, de residuos y suelos contaminados señalaba en su artículo 16 que "las autoridades competentes podrán establecer medidas económicas, financieras y fiscales para fomentar la prevención de la generación de residuos, implantar la recogida separada, mejorar la gestión de los residuos, impulsar y fortalecer los mercados del reciclado, así como para que el sector de los residuos contribuya a la mitigación de las emisiones de gases de efecto invernadero. Con estas finalidades podrán establecerse cánones aplicables al vertido y a la incineración de residuos domésticos". Esta previsión, de forma muy similar, tiene su continuidad en el Real Decreto de Envases, al que nos hemos referido con anterioridad, al contemplar en su artículo 5 que "las autoridades competentes harán uso de instrumentos económicos, incluidos los fiscales, y de otras medidas como las contempladas en el anexo V de Ley 7/2022, de 8 de abril, a fin de proporcionar incentivos para la aplicación de la jerarquía de residuos y el cumplimiento de los objetivos fijados en este real decreto".

Finalmente, la Ley 7/2022 a que hace referencia el precepto citado en el párrafo anterior, igualmente se hace eco de la importancia de la fiscalidad medioambiental como un instrumento económico eficaz en la protección y defensa del medio ambiente al recoger en su Título VII, bajo la rúbrica "Medidas fiscales para incentivar la economía circular", dos impuestos: el impuesto especial sobre los envases de plástico no reutilizables y el impuesto sobre el depósito de residuos en vertederos, la incineración y la coincineración de residuos. Al mismo tiempo, en la Ley 7/2022 se contienen otra serie de medidas, y no de carácter fiscal, para la reducción del impacto de determinados productos de plástico en el medio ambiente, entre las que se incluyen objetivos de reducción del consumo de plástico de un solo uso (artículo 55), medidas de prohibición de introducción en el mercado de determinados productos de plástico (artículo 56), requisitos de diseño para recipientes de plástico para bebidas (artículo 57), requisitos de marcado de determinados productos de plásticos de un solo uso (artículo 58), objetivos de recogida separada de botellas de plástico (artículo 59), regímenes de responsabilidad ampliada del productor (artículo 60) y medidas de concienciación (artículo 61).

La Ley 7/2022 recoge además otras menciones a la utilización de los instrumentos fiscales para la consecución de sus objetivos. Entre las más relevantes, cabe citar el artículo 8, en el que se establece que las autoridades competentes, en el desarrollo de las políticas y de la legislación en materia de prevención y gestión de residuos, aplicarán, para conseguir el mejor resultado ambiental global, la jerarquía de residuos (prevención, preparación para la reutilización, reciclado, otro tipo de valorización, incluida la valorización energética y eliminación), debiéndose usar instrumentos económicos y otras medidas incentivadoras, entre las que se incluyen: las tasas y restricciones aplicables a las operaciones de depósito en vertederos e incineración de residuos que incentiven la prevención y el reciclado de residuos, manteniendo el depósito en vertederos como la opción de gestión de residuos menos deseable; los incentivos fiscales a la donación de productos, en particular alimentos; y el uso de medidas fiscales o de otros medios para promover la utilización de productos y materiales preparados para su reutilización o reciclado. Asimismo, el artículo 16 dispone que "las autoridades competentes deberán establecer medidas económicas, financieras y fiscales para fomentar la prevención de la generación de residuos, implantar la recogida separada, mejorar la gestión de los residuos, impulsar y fortalecer los mercados del reciclado, así como para que el sector de los residuos contribuya a la mitigación de las emisiones de gases de efecto invernadero. Con estas finalidades podrán establecerse cánones aplicables al depósito de residuos en vertedero y a la incineración"[52].

En toda la normativa recogida se hace referencia a la fiscalidad ambiental porque ésta se ha revelado como uno de los instrumentos económicos más eficientes y eficaces para la protección del Medio Ambiente y, en particular también, para la implementación de la estrategia de economía circular[53]. La

[52] Esta redacción es prácticamente idéntica a la contenida en el artículo 16 de la derogada Ley 22/2011, de 28 de julio, de residuos y suelos contaminados, pero con una diferencia importante, ya que esta ley recoge estas metidas como una facultad de las autoridades competentes ("podrán establecer") mientras que la Ley 7/2022 las prevé con carácter imperativo ("deberán establecer").

[53] En este sentido PATÓN GARCÍA hace referencia a la "inopinable funcionalidad del instrumento fiscal para incentivar la implementación de la estrategia de economía circular" e indica que ésta "transciende a la metodología del estudio y a la transversalidad que

principal característica de los instrumentos de mercado es que surten efectos a través de su incidencia directa sobre los precios, provocando una reacción de los consumidores según su elasticidad de consumo y modificando así las pautas de su comportamiento ambiental. Los contaminadores tratan de reducir los pagos (por permisos o impuestos) hasta igualar entre sí sus costos marginales de descontaminar garantizando así que los objetivos ambientales de la sociedad sean alcanzados al mínimo coste[54]. A esta eficiencia estática se une otra dinámica, puesto que los contaminadores tienen incentivos continuos a reducir sus emisiones para evitar así el coste adicional que les imponen estos mecanismos. Así pues, estos instrumentos son flexibles y descentralizan las decisiones sobre cuánto y cómo contaminar. Estas características tienen unas ventajas evidentes frente a la rigidez e ineficiencia económica de las regulaciones convencionales[55].

La Agencia Europea del Medio Ambiente (AEMA) ha indicado las siguientes razones como justificativas del uso de los impuestos ambientales:

— Son instrumentos especialmente eficaces para la internalización de las externalidades, es decir la incorporación directa de los costes de los servicios y perjuicios ambientales (y su reparación) al precio de los bienes, servicios y actividades que los producen; y para contribuir a

afecta a una revisión del ordenamiento tributario en su conjunto". PATÓN GARCÍA, G.: *Fiscalidad de residuos orientada a una Economía Circular. Análisis tras la Ley 7/2022, de 8 de abril,* Thomson Reuters Aranzadi, Navarra, 2022, pág. 23.

54 GAGO RODRIGUEZ, A y LABANDEIRA VILLOT, X.: *La reforma fiscal verde, Teoría y práctica de los impuestos ambientales*, Ediciones Mundi-Prensa, Madrid, 1999. En el mismo sentido la OCDE en su informe OECD Environmental Outlook to 2030 ha indicado la necesidad de hacer un uso generalizado de los enfoques basados en el mercado para permitir ganancias de eficiencia y ventajas de mercado por medio de la innovación. Los instrumentos basados en el mercado —como los impuestos, los permisos comercializables y la reforma o eliminación de subsidios perjudiciales— constituyen una poderosa herramienta para enviar indicadores de precios a las empresas y a los hogares para hacer más sostenibles su producción y consumo. https://www.oecd.org/env/indicators-modelling-outlooks/40224072.pdf (documento consultado el 8 de julio de 2023).

55 AA.VV.: "Cambio Climático, Mercado de Emisiones y Reformas Fiscales Verdes", en *Los Nuevos Retos de la Fiscalidad,* Dirigida por ALARCON GARCIA, Gloria y RUIZ-HUERTA CARBONELL, Jesús, Editorial Thomson-Civitas, 2006, págs. 112 y 113.

la aplicación del principio de pago por el contaminante y a la integración de las políticas económica y ambiental.

— Pueden proporcionar incentivos para que tanto consumidores como productores cambien de comportamiento hacia un uso de recursos más "eco-eficiente" para estimular la innovación y los cambios estructurales y para reforzar el cumplimiento de las disposiciones normativas.

— Pueden aumentar la renta fiscal que puede utilizarse para mejorar el gasto en medio ambiente; y/o para reducir los impuestos sobre el trabajo, el capital y el ahorro.

— Pueden ser instrumentos de política especialmente eficaces para abordar las prioridades ambientales actuales a partir de fuentes de contaminación tan difusas como las emisiones del transporte (incluido el transporte aéreo y marítimo), los residuos (p.ej., envases, baterías) y agentes químicos utilizados en agricultura (p.ej., pesticidas y fertilizantes).[56]

De entre las razones indicadas, cabe hacer una especial referencia a la relativa al incremento de la renta fiscal que da lugar a lo que se denomina como la teoría del doble dividendo, que se puede considerar como un factor de legitimación de la fiscalidad ambiental. La "teoría del doble dividendo" propone la aplicación de impuestos pigouvianos para corregir la ineficiencia producida por las externalidades, y que los ingresos obtenidos se utilicen para disminuir otros impuestos que distorsionan el papel del mercado en otros sectores. Con los mayores ingresos obtenidos gracias a la imposición ambiental se podría, por ejemplo, disminuir las cotizaciones sociales, con lo que disminuiría la distorsión creada por éstas en el mercado de trabajo; se generaría así un doble dividendo, que beneficiaría tanto al medio ambiente como al mercado de trabajo[57]. En definitiva, se trata de subrayar la utilidad de los tributos am-

[56] Informe AEMA https://www.eea.europa.eu/es/publications/92-9167-000-6-sum/page001.html (consultado el 8 de julio de 2023).

[57] Los fundamentos de la hipótesis del doble dividendo de la imposición ambiental deben situarse a mediados de los años 80, con la aparición del trabajo de TERKLA, D.: "The Efficiency Value of Effluent Tax Revenues" *Journal of Environmental Economics and*

bientales para reducir la carga tributaria de otros tributos, de tal forma que, en resumen, el primer dividendo sería la mejora del Medio Ambiente y el segundo, la mejora del sistema fiscal en su conjunto[58]. Al mismo tiempo, tal y como indica GARCÍA NOVOA, la "tesis del doble dividendo ha sido la gran baza argumental para defender la incorporación de los tributos ambientales en los modernos sistemas tributarios con tintes de modernidad"[59].

Management, núm. 11, 1984. En este trabajo, el autor hace referencia a la capacidad de los impuestos ambientales para mejorar la eficiencia del sistema fiscal cuando su recaudación es utilizada para financiar reducciones en otros tributos distorsionantes. El autor describe dos beneficios potenciales asociados a la introducción de impuestos ambientales de manera neutral en términos recaudatorios, es decir, manteniendo el presupuesto público inalterado. En primer lugar, el encareciendo de las actividades productivas y de consumo provocadas por un impuesto ambiental, sobre aquellas que generan una externalidad negativa, representa un desincentivo que permitirá reducir su incidencia negativa en el bienestar social. De esta manera, los impuestos ambientales permiten mejorar la asignación de los recursos, distorsionando intencionadamente el comportamiento de los agentes. En segundo lugar, en la medida en que los impuestos ambientales son capaces de generar ingresos públicos, como cualquier otro impuesto, podrían ayudar a la consecución de objetivos puramente económico-fiscales. En particular, la recaudación obtenida por los impuestos ambientales podría financiar reducciones en los tipos impositivos de otros tributos distorsionantes. Es decir, la recaudación obtenida por los impuestos ambientales posee lo que TERKLA denomina "valor de eficiencia". Si el gobierno utiliza la recaudación obtenida por los impuestos ambientales para reducir otros impuestos distorsionantes, en lugar de devolvérsela a los ciudadanos mediante transferencias de tanto alzado, será capaz de obtener mejoras en la eficiencia del sistema fiscal y, por tanto, en el bienestar social. Vid. RODRÍGUEZ MÉNDEZ, M.E.: "El doble dividendo de la imposición ambiental. Una puesta al día", *Papeles de trabajo,* núm. 23, 2005.

[58] En todo caso cabe hacer referencia al conocido como Informe Mirrlees (Reforming the Tax System for the 21st Century: The Mirrlees Review) para la racionalización del sistema fiscal británico. Este informe apostó de forma clara por la figura del doble dividendo y la introducción de impuestos ambientales como signo distintivo de un sistema fiscal moderno. Este informe se centraba en tres focos de imposición ambiental: energía, transporte y residuos. Para ello se ponían como ejemplo dos modelos de reformas fiscales: el modelo escandinavo de los años 90, basado en el gravamen de la renta y del carbono, y el modelo alemán a partir del año 2000, que apostaba por la reducción de la carga fiscal del trabajo y el aumento del gravamen de las energías no limpias.

[59] GARCÍA NOVOA, C.: "El impuesto sobre envases de plástico no retornables", en la obra colectiva dirigida por CESAR GARCÍA NOVOA y MILAGROS VIVÉL BÚA, *Digitalización, inteligencia artificial y economía circular,* Thomson Reuters Aranzadi, Pamplona, 2021.

Teniendo en cuenta todas las justificaciones ofrecidas por la AEMA, en el ámbito mundial, los programas marco de acción en materia medioambiental de la OCDE recomiendan el uso de impuestos de carácter ambiental, con el fin de mitigar el cambio climático y promover un uso sostenible de los residuos. En concreto la OCDE, respecto a los impuestos sobre los plásticos de un solo uso, ha indicado que pueden ayudar a incrementar el precio de dichos productos y, en consecuencia, dirigir la demanda hacia otros productos con un efecto sustitución, promoviendo el uso de alternativas con una vida más larga y más sostenibles ambientalmente, ya sea mediante el rediseño del plástico (por ejemplo, para facilitar su reciclaje o compostaje o hacerlo más duradero) o la opción por materiales distintos del plástico (madera, metal o cristal)[60].

Asimismo, desde un punto de vista doctrinal, se ha señalado que los impuestos sobre envases no reutilizables pueden ser un instrumento a considerar al tratarse de productos que dan lugar a una contaminación difusa y para los que existen sustitutos disponibles, con el objetivo de fomentar la innovación tecnología hacia una utilización ecoeficiente de los recursos empleados[61], de incentivar la producción de bienes más duraderos y reutilizables[62] o de sustituir el plástico por otros materiales cuyo ciclo de vida sea más largo o que puedan ser fácilmente reciclados o reutilizados[63].

Por tanto, como indica un estudio elaborado para RETHINK PLASTIC, el principal objetivo de los impuestos sobre el plástico debería ser fomentar tanto las reducciones del uso del plástico en la economía como incrementar la reutilización y reciclado del plástico que ya está siendo usado, todo ello con

---

60 OCDE.: "Policy approaches to incentivise sustainable plastic design", *Environment Working Paper*, núm. 149, 2019, pág. 29.

61 ROSEMBUJ, T.: *El Impuesto Ambiental*, El Fisco, Barcelona, 2009, pág. 61.

62 BUÑUEL GONZÁLEZ, M.: "Recomendaciones para la implantación exitosa de tributos medioambientales y propuestas para España", en M. Buñuel González (dir.): *Tributación medioambiental: Teoría, Práctica y Propuestas*, Thomson-Cívitas, Madrid, 2004, pág. 434.

63 SEDEÑO LÓPEZ, F. J.: "¿Hacia una economía circular en España? Situación actual y posibles líneas de acción", en A. García Martínez et al. (dir.): *Desafíos fiscales de actualidad*, Documentos de Trabajo, núm. 5, Instituto de Estudios Fiscales, Madrid, 2020, pág. 92.

la finalidad de construir una economía circular y reducir drásticamente la basura marina. Por el contrario, la recaudación que se pudiera derivar de estos tributos no debería ser el objetivo que orientara de forma principal la introducción del tributo ambiental, pues en tal caso, el impuesto podría crear un incentivo perverso al frenar otras medidas de tipo regulatorio y normalizar el uso del plástico por los ingresos tributarios que pudiera allegar[64].

Son numerosos los países que incorporan la fiscalidad ambiental a sus programas para la protección del medio ambiente. Un ejemplo en este sentido lo encontramos en los Países Bajos donde se ha aplicado la imposición ambiental desde los años setenta y donde ya en 1996 se adoptaron medidas para hacer más ecológico el sistema fiscal. La fiscalidad ambiental se configura como un instrumento clave en el logro del objetivo de la transición ecológica, sin una verdadera fiscalidad verde no habrá transición ecológica teniendo en cuenta su indudable capacidad para contribuir de forma muy relevante a la sostenibilidad del planeta mediante tributos e incentivos dirigidos a minimizar las emisiones, reducir el uso de combustibles fósiles, de residuos, potenciar inversiones verdes y desarrollar el modelo de economía circular. En todo caso, tal y como indica VAQUERA GARCÍA, "la fiscalidad ambiental va a evolucionar y de hecho ya lo está haciendo hacia esta nueva perspectiva que debe tener en cuenta la totalidad de los procesos productivos y de circulación de los bienes y procesos fundamentalmente contaminantes"[65].

En el ámbito de la fiscalidad son varias las medidas que pueden ser adoptadas con una finalidad de protección del Medio Ambiente, constituyendo el conjunto de las mismas la denominada fiscalidad ambiental o fiscalidad verde. Dichas medidas son:

---

64 POWELL, D.: "The prices is right or is it? The case for taxing plastic", *Rethink Plastic*, 2018, URL: https://zerowasteeurope.eu/wp-content/uploads/2018/09/PlasticsTax_FINAL.pdf [consulta de 8 de julio de 2023].

65 VAQUERA GARCÍA, A.: "La utilización de los instrumentos fiscales para conseguir los objetivos de la Economía Circular: aspectos generales" en la obra colectiva dirigida por GEMMA PATÓN GARCÍA, *Tendencias actuales en economía circular: instrumentos financieros y tributarios*, Aranzadi, Pamplona, 2021.

— Tributos extrafiscales o, también denominados, de ordenamiento, cuya finalidad es hacer efectivo un fin propio del ordenamiento jurídico como es la protección del Medio Ambiente[66].

— Medidas en tributos ya existentes que se configuran como un incentivo fiscal en favor de la protección del Medio Ambiente.

Con relación a los tributos extrafiscales con finalidad ambiental, cabe destacar que se caracterizan porque su finalidad principal no es la recaudatoria —que es la que caracteriza a los tributos con carácter general—, sino que, con independencia de su recaudación, su objetivo es preservar el Medio Ambiente mediante el incentivo de conductas más respetuosas desde el punto de vista medioambiental o el desincentivo de conductas contaminantes[67]. En este sentido, hay que considerar la fiscalidad ambiental como la expresión más lograda del uso extrafiscal del tributo. Algo que, tal y como destaca en-

---

66 Vid ALBIÑANA GARCÍA-QUINTANA, C.: "Los impuestos de ordenamiento económico", *Hacienda Pública Española*, núm. 71 (1981), pág. 20. VAQUERA GARCÍA, A.: "La utilización de los instrumentos fiscales para conseguir los objetivos de la Economía Circular: aspectos generales", *op. cit.*

67 Con carácter general, respecto a los tributos con fines más allá de los recaudatorios VAQUERA GARCÍA indica que "se ha acuñado la expresión de fin de no fiscal de los tributos para aludir a este uso relacionado con la política económica y, por ende, con la política de desarrollo, de la que no se puede prescindir. Por ello, la aceptación de los efectos al margen de la recaudación se ha extendido durante los últimos 50 años en la literatura financiera, llegándose a la opinión de que hoy en día resulta incuestionable que el ordenamiento tributario sirve directamente como instrumento de política económica". VAQUERA GARCÍA, A.: "La utilización de los instrumentos fiscales para conseguir los objetivos de la Economía Circular: aspectos generales" *op. cit.* Al respecto también el maestro SAINZ DE BUJANDA consideraba que, "con el nuevo Estado de carácter intervencionista, ya no tiene cabida el impuesto neutral, sino que éste debe cooperar en los fines generales, sin caer en un exceso de discrecionalidad que pueda conducirnos al dirigismo tributario". A su vez, este autor señaló que "para que el Gobierno pueda desenvolver su política económica con el auxilio de la herramienta tributaria no es necesario, en modo alguno, que se cambien a cada instante las figuras del sistema fiscal (...) Por el contrario, tanto los ingresos como los gastos públicos pueden manejarse eficazmente como instrumentos de política económica" SAINZ DE BUJANDA, F.: "El derecho instrumento de política económica", en *Hacienda y Derecho: estudios de derecho financiero,* Vol. II, Instituto de Estudios Políticos, Madrid, 1962, pág. 175.

tre otros GARCÍA NOVOA[68], si bien no está admitido expresamente en la Constitución Española (CE), sí se puede deducir de su contenido tal y como pone de manifiesto el Tribunal Constitucional en su sentencia 37/1987, de 26 de marzo, al indicar que "es cierto que la función extrafiscal del sistema tributario estatal no aparece explícitamente reconocida en la CE, pero dicha función puede derivarse directamente de aquellos preceptos constitucionales en los que se establecen principios rectores de política social y económica (señaladamente, arts. 40.1 y 130.1). Por otra parte, dicha función está expresamente enunciada en el artículo 4 de la vigente Ley General Tributaria (LGT). A ello no se opone tampoco el principio de capacidad económica establecido en el art. 31.1 de la CE"[69].

A través de los tributos ambientales se trata de cambiar comportamientos y la forma más eficaz de lograr ese cambio de comportamientos es mediante un adecuado diseño del tributo y, en particular, de los elementos configuradores del mismo: hecho imponible y elementos cuantitativos. El hecho imponible deberá configurarse en atención a la conducta contaminante y los elementos cuantitativos, en concreto, la base imponible, atendiendo a las unidades de productos contaminantes. En este sentido cabe destacar que en el marco estadístico armonizado desarrollado en 1997 conjuntamente por EUROSTAT, la Comisión Europea, la Organización de Cooperación y Desarrollo Económico (OECD) y la Agencia Internacional de la Energía (IEA), se definen los impuestos ambientales como "aquellos cuya base imponible consiste en una unidad física (o similar) de algún material que tiene un impacto negativo, comprobado y específico, sobre el medio ambiente". El objetivo final es hacer efectivo el principio de quien contamina paga y además que cada uno pague en función de la contaminación generada, de tal forma que un cambio en el comportamiento favorable desde el punto de vista medioambiental conduzca a una reducción de la carga tributaria y, en la medida que no se realice la conducta contaminante, a una ausencia de la misma. La relevancia de la base imponible en la estructura del impuesto extrafiscal ha sido también subrayada por la OCDE, refiriéndose específicamente a la tributación medioambiental. Concretamente, en un estudio de esta organi-

---

68 GARCÍA NOVOA, C.: "El impuesto sobre envases de plástico no retornables", *op. cit.*

69 STC 37/1987, de 26 de marzo, (FJ 13).

zación se señala que "cuando es débil el vínculo entre la base imponible del impuesto y los daños producidos al medio ambiente, el impuesto corre el riesgo de no ejercer el impacto deseado en éste y, paralelamente, de introducir distorsiones inútiles y costosas en las decisiones de producción y de consumo. Las medidas fiscales con miras ambientales dependen de la existencia de la relación estable entre la base imponible del impuesto y la contaminación"[70].

Respecto a las medidas que pueden introducirse en tributos ya existentes en forma de incentivos fiscales en favor de la protección del Medio Ambiente, dichas medidas generalmente se han introducido en impuestos como el Impuesto de Sociedades (IS) o en el Impuesto sobre el Valor Añadido (IVA). Un ejemplo lo encontramos con la deducción por inversiones medioambientales que se introdujo en la normativa del IS de nuestro país mediante la Ley 13/1996, se eliminó mediante la Ley 27/2014 y actualmente la doctrina de forma mayoritaria ha manifestado la necesidad de su restablecimiento. Recientemente encontramos otro ejemplo en el Impuesto sobre la Renta de las Personas Físicas (IRPF) ya que mediante el artículo 1 del Real Decreto Ley 19/2021, 5 de octubre, de medidas urgentes para impulsar la actividad de rehabilitación edificatoria se han introducido deducciones del 20, 40 y del 60 por ciento. Por su parte, con relación al IS, el Real Decreto Ley 23/2020, 23 de junio ha modificado el porcentaje de deducción por actividades de innovación tecnológica ya que pasa del 12 por ciento al 25 por ciento; el Real Decreto-ley 18/2022, de 18 de octubre, ha introducido la posibilidad de amortizar libremente las inversiones que utilicen energía procedente de fuentes renovables; la Ley 31/2022, de 23 de diciembre, ha previsto la posibilidad de amortizar aceleradamente las inversiones en vehículos nuevos definidos como FCV, FCHV, BEV, REEV o PHEV; y el Real Decreto-ley 5/2023, de 28 de junio, permite amortización aceleradamente las nuevas infraestructuras de recarga de vehículos eléctricos. Con relación al IVA diversos países han introducido medidas en este impuesto con el objetivo, entre otros, de reducir el consumo y evitar la obsolescencia programada de muchos aparatos. Para ello, países como Irlanda, Luxemburgo, Malta, Países Bajos, Polonia, Eslovenia, Finlandia y Suecia han fijado un tipo de gravamen más

---

70 OCDE, *La fiscalidad y el medio ambiente. Políticas complementarias*, Madrid, OCDE, 1994, pág. 58.

bajo con relación a las actividades de reparación de determinados elementos como zapatos, bicicletas y artículos de cuero. En Suecia, además los costes de reparación de grandes electrodomésticos son deducibles de impuestos sobre la renta (con un límite anual de 25.000 a 50.000 Kr) para personas de más de 65 años, cuando las reparaciones sean realizadas por profesionales en el domicilio de los propietarios de los electrodomésticos[71].

Finalmente, cabe hacer referencia a algún estudio en el que se identifica un conjunto de instrumentos fiscales que pueden ser utilizados con el objetivo de protección del Medio Ambiente y, en particular, para favorecer el avance hacia una economía circular. Entre estos instrumentos se encuentra la recuperación de la deducción por inversiones ambientales, el Impuesto sobre el vertido, el Impuesto sobre la incineración, el IVA reducido a productos concretos, por ejemplo, segunda mano o remanufacturados, y el IVA reducido a servicios concretos, por ejemplo, preparación para la reutilización[72].

Como ya se ha destacado en este apartado, es evidente la eficiencia y la eficacia de la fiscalidad ambiental en la protección del Medio Ambiente, sin embargo, debe reconocerse también, que la eficiencia práctica de una medida tributaria puede limitarse o reducirse sensiblemente si no se coordina con las adecuadas políticas sectoriales y con otros niveles de gobierno que se haya implicado en las reformas normativas al efecto[73].

3.1. LÍMITES A LA FISCALIDAD AMBIENTAL Y FÓRMULAS PARA SALVARLOS

Con carácter general, en el camino hacia la transición ecología en el que tenemos que avanzar sirviéndonos de la fiscalidad, hay algunos límites importantes que debemos observar teniendo en cuenta los impactos económicos y sociales de las actuaciones que se lleven a cabo. En concreto, desde el

71 Vid. documento publicado por la Asociación Española de Recuperadores de Economía Social y Solidaria (AERESS) en el año 2018 Fiscalidad Ambiental aplicada a la jerarquía de residuos, pág. 17.

72 SASTRE SANZ, S.: "Instrumentos fiscales para una economía circular en España", *Documentos de Trabajo,* núm. 10, 2019, Instituto de Estudios Fiscales.

73 Vid. PATÓN GARCÍA, G.: *Fiscalidad de residuos orientada a una Economía Circular. Análisis tras la Ley 7/2022, de 8 de abril, op. cit.* pág. 41.

punto de vista social, es fundamentar lograr una transición justa en la que se tengan en cuenta a los ciudadanos y sectores más vulnerables y, desde el punto de vista económico, debe evitarse la pérdida de competitividad del sector empresarial.

La Comisión Europea reconoce en todo caso que, si bien los beneficios de las políticas climáticas de la Unión Europea superan claramente a medio y largo plazo los costes de esta transición, aquellas "corren el riesgo de ejercer una presión adicional a corto plazo sobre los hogares vulnerables, las microempresas y los usuarios del transporte"[74]. La consecución de una transición justa se configura como uno de los límites fundamentales a tener en cuenta a la hora de utilizar la fiscalidad como un instrumento para la defensa del medio ambiente. Es importante lograr un reparto equitativo de los costes de hacer frente al cambio climático y adaptarse a él. Sin medidas compensatorias incorporadas a su diseño, la fiscalidad verde puede ser regresiva, es decir, afectar en mayor medida a los hogares más vulnerables y a las empresas con menor capacidad de renovación de su stock de capital.

Con la finalidad de lograr una transición justa, la Comisión ha propuesto un nuevo Fondo Social para el Clima que proporcione financiación específica a los Estados miembros "para ayudar a los ciudadanos a costear inversiones en eficiencia energética, nuevos sistemas de calefacción y refrigeración y una movilidad más limpia"[75]. También hay otras propuestas como el Fondo de Transición Justa o el Fondo Social Europeo Plus (FSE+). Al mismo tiempo, para lograr esa finalidad, se ha planteado la adopción de otras medidas como

[74] Lo indica la Comisión en el programa "*Fit for 55*", que se trata del conjunto de propuestas interconectadas en materia de clima, energía, usos del suelo, transporte y fiscalidad, adoptadas por la Comisión el 14 de julio de 2021 para poder alcanzar el objetivo de ser el primer continente que consigue la neutralidad climática en 2050.

[75] El nuevo Fondo Social para el Clima se financiará con cargo al presupuesto de la UE, utilizando un importe equivalente al 25 por ciento de los ingresos previstos del comercio de derechos de emisión para los combustibles de la construcción y el transporte por carretera. Aportará 72.200 millones de euros en concepto de financiación a los Estados miembros para el período 2025-2032, sobre la base de una modificación específica del marco financiero plurianual. Con una propuesta para aprovechar la financiación correspondiente de los Estados miembros, el Fondo movilizará 144.400 millones de euros para una transición socialmente justa.

recoger reducciones y exenciones transitorias para los hogares y, especialmente, los más vulnerables, destinar los ingresos por impuestos ambientales para brindar asistencia inicial a los hogares más pobres, reducir otros tributos y respaldar las inversiones en salud, educación e infraestructura. Estas medidas enlazan con dos figuras relevantes desde la perspectiva de la fiscalidad ambiental: la afectación y la ya mencionada teoría del doble dividendo.

Antes de entrar en el análisis de la figura de la afectación, cabe destacar que, desde la perspectiva de lograr una transición justa, hay que tener en cuenta la que sería la otra cara de la moneda en la medida que al ser las personas más vulnerables desde un punto de vista económico generalmente las más afectadas por la contaminación y por los impactos del cambio climático, la aplicación de impuestos destinados a reducir ambos constituyen en sí mismo un elemento de progresividad.

La afectación encuentra especial sentido en los tributos extrafiscales. Si para los tributos de esta naturaleza la finalidad extrafiscal ocupa un papel especialmente relevante, resulta coherente que se quieran destinar las cantidades derivadas de su recaudación a afrontar los gastos vinculados al logro de aquel objetivo[76]. La afectación de lo recaudado a través de los tributos extrafiscales se ha acogido también desde la perspectiva de la aceptación ciudadana, de lograr un impacto social positivo. Un ejemplo en este sentido lo encontramos en Canadá donde el dinero recaudado por los impuestos a las emisiones de CO2 se convierte en un cheque anual para los ciudadanos. Se ha defendido la necesidad de que exista una vinculación "clara" entre el gravamen y la compensación, para que sea bien percibida por el ciudadano. Sin embargo, la experiencia demuestra que está disminuyendo progresivamente la utilidad de la afectación como medio de legitimación política del tributo extrafiscal, cuya aceptación social depende cada vez más de otros factores objetivamente más importantes, como son la conveniencia u oportunidad del gravamen y su correcta regulación jurídica. En consecuencia, cabe afirmar que la afectación no es ni esencial ni necesaria en el tributo extrafiscal[77], de tal

[76] VARONA ALABERN, J.E.: *Extrafiscalidad y dogmática tributaria*. Marcial Pons, Madrid, 2009, págs. 43 y 44.

[77] No existe unanimidad respecto a esta afirmación. En favor de la misma se ha manifestado, entre otros, VARONA ALABERN, J.E.: *Extrafiscalidad y dogmática tributaria*. *op,*

forma que un genuino gravamen de esta clase no perderá su naturaleza extrafiscal si se rige por el principio de no afectación, ni tampoco un tributo afecto a un determinado fin será por ello extrafiscal. Pensamos que el tributo podrá encontrar mejor legitimación social si se anuncia que la cantidad recaudada se destinará a una finalidad ampliamente reconocida como prioritaria.

En cuanto a la conocida y ya analizada "teoría del doble dividendo" (consistente, de forma muy sintética, en que lo recaudado por los tributos ambientales permita reducir otros tributos más distorsionantes como los que afectan al factor trabajo), se trata sin duda de una opción interesante y en los países nórdicos supuso un impulso al crecimiento de la imposición medioambiental. Esta teoría se configura como una solución a efectos de favorecer la transición justa, en la medida que se pueda destinar la recaudación a compensar a los más vulnerables, pero también es una solución que puede permitir hacer frente al problema de la pérdida de competitividad de, por ejemplo, aquellos agentes expuestos a competencia internacional y con capacidad reducida de limitación de las emisiones o de reducción del consumo en el corto plazo ante el incremento de la carga impositiva que supone el establecimiento de tributos ambientales.

Con frecuencia la idea de la "reforma fiscal ecológica" se ha configurado a partir de la aplicación de la teoría del doble dividendo al basarse en el elevado potencial recaudador de los impuestos ambientales y la consiguiente posibilidad de reducir otros impuestos que afectan negativamente a la economía, como los impuestos sobre la renta o los impuestos sobre el consumo, liberando a la economía de las distorsiones que éstos generan y mejorando a su vez la calidad ambiental.

Sin duda la aplicación de la teoría del doble dividendo se configura como una opción muy interesante a efectos de salvar los dos límites que estamos analizando y que deben tenerse en cuenta a la hora de adoptar medidas de fiscalidad ambiental. Sin embargo, la situación actual, marcada por unas temibles consecuencias derivadas del cambio climático, permite afirmar que la reforma fiscal verde tiene sustantividad propia suficiente sin necesidad de buscar justificaciones u otros objetivos.

---

cit., págs. 43 y 44, y en contra MARTÍN JIMÉNEZ, F. J.: "Los fines de los tributos», en *Comentarios a la LGT y líneas para su reforma,* vol. I, Madrid, IEF, 1991, *pág.* 457.

Debemos tener en cuenta que, con el propósito de respetar esos dos límites fundamentales como son el lograr una transición justa y evitar afectar a la competitividad de las empresas, no debemos olvidar cuál es el pilar básico sobre el que descansan las medidas fiscales en su objetivo de protección del medio ambiente: incentivar el cambio de comportamientos. En consecuencia, no deberán adoptarse medidas que puedan anular ese efecto incentivador. De esta manera, el apoyo a determinados hogares con tipos impositivos preferenciales podría debilitar su incentivo para cambiar comportamientos perjudiciales para con el medio ambiente. Asimismo, brindar apoyo directo a los hogares, por ejemplo, mediante vales para el uso de energía o en función de la distancia de desplazamiento, podría contrarrestar el objetivo de preservar el medio ambiente al no desalentar la actividad potencialmente dañina. Como consecuencia, se pueden o deben plantear otras medidas como el apoyo a la inversión de los hogares más necesitados en eficiencia energética con el fin de mantener su calidad de vida y lograr los objetivos medioambientales comprometidos, evitando las conductas perjudiciales.

Una vez indicados los principales límites a tener en cuenta en la fiscalidad ambiental es importante señalar las fórmulas a las que podemos atender para salvar esos límites. En este sentido pensamos que la idea clave por la debemos comenzar consiste en una adecuado y minucioso diseño de la medida a adoptar, unos impuestos medioambientales bien diseñados pueden promover el empleo, el crecimiento económico y la equidad social. La competitividad general de los países podría mejorar mediante impuestos medioambientales bien diseñados, en la medida en que pueden incentivar la innovación y estimular el cambio estructural.

Para conseguir un adecuado diseño de los tributos ambientales es importante empezar por la realización de amplias consultas a los especialistas y obtener la información necesaria sobre el problema a tratar o evitar y la mejor forma de hacerlo. Es importante también tener en cuenta la pedagogía, hay que explicar bien por qué se ha diseñado la medida y qué se trata de conseguir, lo cual, sin duda, mejorará su aceptación social.

Tras el adecuado diseño de la medida, y una vez en la fase de aplicación de la misma, debe valorarse la conveniencia de proceder a su aplicación gradual y progresiva.

Una vez aplicada la medida, el segundo paso consistiría en efectuar una evaluación ex post para conocer los efectos que realmente ha provocado esa medida sobre el Medio Ambiente, la clave está en comprobar si efectivamente el tributo ha logrado incentivar un cambio de comportamiento hacia conductas más respetuosas con el Medio Ambiente. En segundo plano se quedaría la comprobación del destino de lo recaudado que, aun siendo interesante, sin embargo, como hemos indicado no consideramos que sea determinante y su cuantía, debemos tener en cuenta, disminuirá en la medida que se logre el objetivo principal de incentivo. Si tras esa evaluación se comprueba que el tributo no cumple con su objetivo debe eliminarse o modificarse.

Finalmente, cabe destacar que a efectos de salvar el límite relativo a evitar la pérdida de competitividad, es importante que las medidas no se apliquen de forma unilateral por parte exclusivamente de algún estado, sino que el ámbito de actuación idóneo sería la esfera internacional ya que el establecimiento de gravámenes medioambientales de manera unilateral podría, en un primer estadio, convertirse en una traba para la competitividad a nivel internacional de las empresas al implicar un aumento del coste del producto que las empresas competidoras de otros países no han de afrontar.

Capítulo II

ANTECEDENTES TRIBUTARIOS DEL IMPUESTO

1. DERECHO COMPARADO[78]

1.1. ESTADOS DE LA UNIÓN EUROPEA

En el derecho comparado nos encontramos diversos ejemplos de impuestos u otras figuras afines creadas con el objetivo de someter a tributación los envases de plástico. Así, comenzando nuestro análisis por el ámbito de la UE cabe hacer referencia en primer lugar a países como **Italia** que en 2019, en su Ley de Presupuestos Generales del Estado para 2020, introdujo un impuesto al plástico el cual, a día de hoy y debido a sucesivos aplazamientos, todavía no ha entrado en vigor a pesar de que su vigencia estaba prevista desde el 1 de julio de 2020. Se trata del Impuesto sobre los productos manufacturados de plástico de un solo uso cuya regulación se recoge en el artículo 1 parágrafos 634 a 658 de la Ley 160/2019, de 27 de diciembre. El mencionado impuesto somete a gravamen el consumo de artículos de un solo uso, denominados MACSI (*manufatti con singolo impiego*), que tienen o están destinados a tener la función de contener, proteger, manipular o entregar mercancías o productos alimenticios; los MACSI, también en forma de hojas, películas o tiras, se fabrican con la utilización, incluso parcial, de materiales plásticos constituidos por polímeros orgánicos de origen sintético y no están concebidos, diseñados o comercializados para realizar múltiples transferencias durante su ciclo de vida o para ser reutilizados con la misma finalidad para la que fueron concebidos. Se considerarán también MACSI los dispositivos, fabricados con la utilización, incluso parcial, de las materias plásticas previstas en la normativa reguladora, que permitan el cierre, la comercialización o la presentación de los mismos MACSI o de productos manufacturados fabricados íntegramente con materias distintas de las mismas materias plásticas, así como los productos semielaborados, incluidas las preformas, fabricados con la utilización, incluso parcial, de materias plásticas, que se utilicen en la producción de MACSI.

---

78 Vid. https://wts.com/global/publishing-article/20230522-plastic-taxation-europe-update-2023~publishing-article (consultada el 8 de julio de 2023).

Quedan excluidos de la aplicación del impuesto los MACSI compostables de conformidad con la norma UNI EN 13432:2002, los productos sanitarios clasificados por la Comisión Única de Productos Sanitarios y los MACSI utilizados para contener y proteger preparados medicinales.

La obligación tributaria nace en el momento de la producción, de la importación definitiva en el territorio nacional o de la introducción en el mismo territorio procedente de otros países de la UE y se hace exigible en el momento del despacho a consumo de los MASCI.

En cuanto a los sujetos pasivos del impuesto serán:

— Para los MACSI fabricados en el territorio nacional, el fabricante, o la persona, residente o no en el territorio nacional, que pretenda vender el MACSI, obtenido por su cuenta en una instalación de producción, a otras entidades nacionales;
— Para los MACSI procedentes de otros países de la UE, la persona que adquiere el MACSI en el ejercicio de su actividad económica, o el cedente cuando el MACSI es adquirido por un consumidor privado
— Para los MACSI procedentes de terceros países, el importador

La cantidad a pagar por este impuesto se fija en 0,45 euros por kilogramo de material plástico contemplado en la normativa reguladora y contenido en el MACSI. El impuesto no se pagará si el importe adeudado es inferior o igual a 25 euros.

En la normativa se contempla una interesante deducción con el objetivo de favorecer la producción de artículos compostables, en concreto se indica que las empresas que operen en el sector del plástico y produzcan artículos de un solo uso destinados a la contención, protección, manipulación o entrega de mercancías o alimentos, gozarán de una deducción fiscal del 10 por ciento de los gastos incurridos (con un máximo de 20.000 euros), desde el 1 de enero de 2020 hasta el 31 de diciembre de 2020, para la adaptación tecnológica destinada a la producción de artículos compostables según la norma EN 13432: 2002.

Austria tiene prevista la introducción en 2025 de un depósito de 25 céntimos respecto a los envases desechables de plástico y metal para bebidas (botellas de plástico y latas de aluminio). Este depósito lo debe satisfacer el consumidor en el momento de la compra y se lo reintegran al devolverlo. Se excluyen expresamente los productos lácteos y las bebidas lácteas mezcladas. Se fijan unas cuotas de reutilización para los distribuidores finales de bebidas en el comercio minorista de alimentación, consistente en que la cuota de envases de bebidas reutilizables debe aumentar en dos fases hasta alcanzar al menos el 30 por ciento en 2030, en todos los puntos de venta con una superficie superior a 400 metros cuadrados a partir de 2024.

En el caso de **Bulgaria** se aplica una tasa sobre determinados productos, incluidos los envases de plástico, que deberá abonarse si la persona que comercializa el producto no cumple la función de recogida, utilización y reciclado de residuos o no cumple determinados objetivos. Esta tasa que grava, entre otros, los productos envasados o el material de envasado que se utiliza para envolver los productos en el punto de venta es de aproximadamente 1,20 euros por kilogramo. Están exentos de pago de la misma determinados productos como las bolsas para la compra muy finas y sin asas, así como las bolsas de plástico para la compra que cumplan determinadas condiciones.

En **Dinamarca** existe un impuesto especial sobre las bolsas, incluidas las de plástico desde el 1 de enero de 1994. El tipo especial del impuesto aplicable a las bolsas de plástico es de unos 9,3 euros por kilogramo en 2023 y se incrementará en 2024 hasta los 9,80 euros por kilogramo aproximadamente. También se recoge, desde 1982, un impuesto especial sobre la vajilla desechable, incluida la de plástico, cuyo tipo es de unos 8,20 euros por kilogramo en 2023 y de 8,60 euros por kilogramo a partir de 2024.

Estonia también recoge un impuesto especial sobre los envases, incluidos los de plástico, de 2,5 euros por kilogramo. En concreto se somete a tributación la venta, intercambio, cesión gratuita o utilización para autoconsumo de los envases de plástico fabricados con polímeros y todos los materiales naturales o artificiales a base de polímeros. Se exencionan de gravamen aquellos envases fabricados con materiales reciclados en al menos un 85 por ciento, envases que contengan mercancías adquiridas por personas físicas en otro Estado miembro con fines no comerciales, envases objeto de exportación y diversos envases de uso diplomático.

Alemania no recoge en la actualidad un impuesto sobre el plástico. Sin embargo, el gobierno federal sí anunció en 2021 su intención de introducir un impuesto sobre el plástico con el objetivo de repercutir el gravamen que, como veremos en otro apartado, se ha introducido en el ámbito de la UE a los fabricantes e importadores de envases de plástico de un solo uso. Además, en marzo de 2023 la Cámara Baja (Bundestag) y Alta (Busdesrat) del Parlamento alemán han aprobado el proyecto de Ley sobre el Fondo de Plásticos de un solo uso. La ley, que entrará en vigor, en enero de 2025, establece que los fabricantes e importadores de determinados productos de plástico de un solo uso estarán obligados a pagar una tasa anual que se fijará en función de las cantidades de plástico de un solo uso puestas en circulación por las respectivas empresas durante el año 2024. La ley afecta a los productos fabricados total o parcialmente con plástico que no hayan sido diseñados, desarrollados y comercializados para desarrollar dentro de su vida útil múltiples viajes o rotaciones al ser rellenados o reutilizados con el mismo fin para el que se conciben. En particular, se definen como envases de plástico de un solo uso sujetos a la tasa los siguientes: recipientes para alimentos, envases y envoltorios de material flexible que contengan alimentos, contenedores de bebida con una capacidad de hasta tres litros, vasos para bebidas (incluidas sus tapas y cubiertas), bolsas de plástico ligeras, toallitas húmedas, balones y productos de tabaco con filtros que contienen plástico.

Será sujetos pasivos de esta tasa las personas físicas y jurídicas establecidas en Alemania que, en calidad de productor, envasador, vendedor o importador comercialicen los productos de plástico objeto del impuesto. También serán sujetos pasivos aquellas personas físicas y jurídicas no establecidas en Alemania que vendan los productos sujetos al impuesto directamente a particulares u otros usuarios por medios de comunicación a distancia.

El importe de la tasa depende del tipo y de la cantidad de esos productos que los fabricantes e importadores hayan comercializado previamente. Por ejemplo, en el caso de recipientes para alimentos, se prevé un tipo de 0,177 euros por kilogramos; en el caso de paquetes y envoltorios, de 1,871 euros por kilogramo; y en el caso de bolsas de plástico ligeras, de 3,790 euros por kilogramo. Anualmente, en concreto el 15 de mayo, por tanto, por primera vez, el 15 de mayo de 2025 los fabricantes deben comunicar a la Agencia Alemana de Medio Ambiente, la cantidad y el tipo de productos de plástico de un solo uso, comercializados o vendidos en el mercado en el año anterior. Si se supera el umbral de 100 kilogramos por año natural, las cantidades notificadas deberán ser confirmadas por expertos acreditados.

Por su parte, en **Hungría**, desde el 2 de septiembre de 2011, se exige una tasa sobre productos de envasado y otros productos de plástico, así como las actividades relacionadas con los productos de envasado y otros productos de plástico. Esta tasa se aplica cuando se ponen en el mercado, se utilizan para fines particulares o se afectan para el desarrollo de una actividad económica los productos de envasado y otros productos de plástico.

Estarán obligados al pago de la tasa el primer proveedor o usuario del producto, el primer proveedor nacional de materiales de envasado intermedio sujetos a la tasa o el primer proveedor nacional de residuos de envases procedentes de envases desmantelados.

El tipo de gravamen se fija dependiendo del tipo de producto de plástico o del perfil del sujeto pasivo. Así, por ejemplo, para el plástico (excluidas las bolsas) el tipo será de 0,15 euros por kilogramo, para las bolsas de plástico (excluidas las bolsas de plástico biodegradables) 5,30 euros por kilogramo y para las bolsas de plástico biodegradables de 1,40 euros por kilogramo. Se fijan varias exenciones como la relativa a los productos admitidos en el registro de productos de envasado reutilizables.

Letonia, en el marco de su impuesto sobre los recursos naturales, grava los envases de plástico, las vajillas y accesorios de plástico de un solo uso y las bolsas de plástico. Se prevén distintas exenciones como la recogida con respecto a los envases de plástico de bebidas que siguen el sistema de depósito, quedan fuera de la exención, las vajillas y accesorios de plástico de un solo uso y las bolsas de plástico.

Serán sujetos pasivos del impuesto el primer vendedor de una mercancía envasada en Letonia, el sujeto que adjunte envases a la mercancía para mayor comodidad del cliente o por motivos publicitarios, quien utilice en su actividad bienes adquiridos envases (excepto aquellos que ya se hayan gravado en la venta) o quienes al prestar un servicio adhieran un embalaje al producto y dicho embalaje se transmita al destinatario del servicio. También deberán satisfacer este impuesto los sujetos que vendan en este país vajillas y accesorios de plástico de un solo uso, así como quien venda, o proporcione gratuitamente en el punto de venta, bolsas de plástico.

Los tipos de gravamen aplicables a los envases de plástico, las vajillas y accesorios de plástico de un solo uso son los siguientes:

— Materiales plásticos (excepto bioplásticos y materiales plásticos oxodegradables): 1,22 euros por kilogramo.

— Materiales procedentes de poliestireno: 2,20 euros por kilogramo.

— Materiales plásticos oxodegradables: 0,24 euros por kilogramo.

Respecto a las bolsas de plástico los tipos impositivos aplicables son los siguientes:

— Bolsas de plástico ligeras: 4,80 euros por kilogramo.

— Bolsas de plástico de más de 50 micras de grosor: 1,50 euros por kilogramo.

— -Bolsas de bioplástico: 0,24 euros por kilogramo.

En **Lituania**, conforme a la Ley sobre el impuesto de contaminación, modificada el 1 de enero de 2021, un fabricante o un importador que suministre envases llenos al mercado lituano o dentro de él, podrá estar sujeto al impuesto de contaminación en el momento del primer suministro siempre que los envases llenos se traten de envases de plástico, envases de tereftalato de polietileno (PET) o envases compuestos. No está sujeta la exportación de estos envases y se contemplan algunos supuestos de exención como la que afecta a los envases reutilizables siempre que se lleve a cabo la tarea de recogida y reutilización tal y como exige el Ministerio de Medio Ambiente en ese país, o la que se refiere a los residuos de envase de un solo uso que no superen la cifra de 0,5 toneladas de la cantidad total de envases llenos suministrados al mercado lituano durante un periodo impositivo y que no estén sujetos a un sistema de depósito para envases de un solo uso.

Los tipos de gravamen aplicables serán los siguientes:

— 618 euros por toneladas para envases reutilizables y envases desechables reciclables (de un solo uso) de plástico y de PET.

— 900 euros por tonelada para envases reutilizables y envases desechables reciclables (de un solo uso) fabricados con materiales compuestos.

— 875 euros por tonelada para envases desechables no reciclables (de un solo uso) de plástico y de PET.

— 1.200 euros por tonelada para envases desechables no reciclables (de un solo uso) fabricados con materiales compuestos.

En el caso de **Luxemburgo**, al igual que ocurre en otros países como Bélgica, la República Checa, Suecia o Suiza, no tiene un impuesto nacional sobre el plástico, pero sí ha introducido el IVA al tipo normal del 16 por ciento con una reducción temporal durante el año 2023, respecto a determinadas bolsas de plástico que se distribuyen a los clientes.

En los **Países Bajos** actualmente se contempla una "contribución" (no se trata de un impuesto en sentido estricto exigido a nivel estatal) sobre los envases de plástico y, desde el 1 de enero de 2023, se aplica el sistema de responsabilidad ampliada del productor. Aquellas empresas que introduzcan 50.000 kilogramos o más de envases de plástico en el mercado neerlandés o se deshagan de 50.000 kilogramos o más de envases de plástico tras su importación, con carácter anual, deberán satisfacer la contribución indicada en el momento de la primera introducción en el mercado neerlandés o en el momento de la importación. Se contemplan algunas exenciones como la que afecta a aquellas empresas que introduzcan en el mercado neerlandés menos de 50.000 kilogramos de envases.

Los tipos aplicables son:

— 1,05 euros por kilogramo para envases de plástico.

— 0,79 euros por kilogramo para envases de plástico que puedan clasificarse y reciclarse adecuadamente.

— 1,05 euros por kilogramo para envases de plástico biodegradables

Polonia introdujo un impuesto especial sobre los envases de plástico en 1995 que, en 2002, fue sustituido por una tasa sobre determinados productos que incluye tanto los envases de plástico como los que no contenga plástico. El 9 de marzo de 2023 se aprobó una ley por la que se establece que, a partir del 1 de enero de 2024, cualquier empresa que importe, realice operaciones intracomunitarias o fabrique plásticos de un solo uso que sean envases, como vasos para bebidas y envases con alimentos listos para el consumo, o bebidas o alimentos envasados por la empresa en dichos plásticos de un solo uso, o cualquier empresa que envase con estos plásticos de un solo uso y ofrezca bebidas o alimentos utilizando una máquina expendedora, está obligada a cobrar una tasa al consumidor final de hasta 0,22 euros por producto. Además, a partir del 1 de julio de 2024 las empresas obligadas al pago de la tasa también estarán obligadas a garantizar la disponibilidad de alternativas a los envases de plástico de un solo uso, que estén fabricados con materiales distintos de los plásticos o plásticos biodegradables, o la disponibilidad de envases reutilizables.

Se prevé que las empresas de envasados de productos que en un año natural determinado hayan comercializado productos envasados con un peso total de envase no superior a 1 tonelada, podrán solicitar una ayuda respecto a su obligación de pago de la tasa.

En **Portugal**, conforme a lo dispuesto en la Orden Ministerial número 331E/2021, de 31 de diciembre de 2021 (modificada por la Orden Ministerial número 312C/2022, de 30 de diciembre de 2022) se recauda una contribución de 0,30 euros por envase sobre los envases de un solo uso de plástico o aluminio utilizados en comidas preparadas. La contribución está en vigor desde el 1 de julio de 2022 para los envases de un solo uso de plástico y entró en vigor el 1 de septiembre de 2023 para los envases de un solo uso de aluminio. Se aplica sobre la producción, importación o adquisición desde otro Estados miembro o desde las Regiones Autónomas de Azores y Madeira de envases de un solo uso de plástico o aluminio que se utilicen en comidas preparadas.

Se excluyen expresamente a los envases de bebidas de un solo uso para evitar posibles distorsiones de la competencia entre las bebidas suministradas en comercios y las suministradas a través de máquinas emprendedoras. Tampoco se exigirá la contribución respecto a los envases de un solo uso que contengan comidas listas para consumir que no hayan sido envasadas en el punto de venta, se ofrezcan en el marco de actividades de restauración o consumo no permanentes o bien se ofrezcan a través de máquinas expendedoras automáticas para el consumo de comidas preparadas. También estarán exentos los envases de un solo uso exportados a un país de fuera de la UE, los que se expidan o transporten a otro país miembro de la UE o a las Regiones Autónomas de Azores y Madeira, los utilizados con fines sociales o humanitarios y las ventas realizadas a otro operador económico que posteriormente exporte los envases de un solo uso.

Estarán obligados al pago de esta contribución los productores e importadores de envases de un solo uso con sede social o establecimiento permanente en Portugal continental y los compradores de envases a proveedores con domicilio social o establecimiento permanente en otro estado miembro o en Regiones Autónomas de Azores y Madeira.

En el caso de **Rumanía** se recauda una contribución con relación a determinados artículos de plástico y una ecotasa respecto a determinadas bolsas de transporte (incluidas las de plástico) fabricadas con materiales no biodegradables. No se prevé ninguna exención en el caso de la contribución, pero respecto a la ecotasa se exencionan las bolsas de transporte fabricadas con materiales que cumplan los requisitos de la norma EN 13432:2002.

Deberán satisfacer la contribución los operadores económicos que introducen en el mercado nacional mercancías envasadas o cualquier envase utilizado para mercancías envasadas, quienes distribuyan por primera vez en el mercado nacional paquetes para la venta y quienes alquilen en el ejercicio de su actividad estos paquetes. Por su parte, la ecotasa la deberán pagar los operadores económicos que introducen esos envases de venta en el mercado nacional, es decir, los productores de envases (para los envases producidos en Rumanía) y los distribuidores de envases (para los envases adquiridos fuera de Rumanía).

La cuantía de la contribución es de 0,40 euros por kilogramo de la diferencia entre la cantidad de residuos de envases correspondiente a los objetivos mínimos de valorización o incineración en las instalaciones de incineración y la cantidad de residuos de envases confiada para su valorización o incineración en las instalaciones de incineración. Por su parte, la ecotasa será de 0,03 euros por bolsa.

Eslovenia, desde el año 2006, somete a tributación todo tipo de material de envasado (incluido el plástico de embalaje). El impuesto recae sobre el envasador o adquirente (incluido el importador) de bienes envasados y el productor o adquirente de envases. Estarán exentos los adquirentes o envasadores cuya cantidad de envases vendidos o utilizados no supere los 15.000 kilogramos anuales, los envases reciclables y aquellos con una larga vida útil.

La cuantía es de 33,38 euros anuales por contribuyente y 0,0017 euros por unidad de contaminación ambiental. En concreto la unidad de contaminación ambiental para los envases de plástico es de 300 unidades por kilogramo.

1.2. OTROS ESTADOS EUROPEOS

Fuera del ámbito de la Unión Europea, este impuesto lo encontramos también en **Reino Unido**, dónde la Ley del Impuesto sobre envases de plástico, en vigor desde abril de 2022, recoge este impuesto que se viene exigiendo en la actualidad por una cuantía de 210,83 libras por toneladas de envases de plástico (anteriormente era de 200 libras. El impuesto se aplica a los envases de plástico fabricados o importados en el Reino Unido que contengan menos de un 30 por ciento de plástico reciclado. Su objetivo es el incentivar a las empresas para que utilicen plástico reciclado, en lugar de plástico virgen, en la fabricación de envases de plástico. Se recogen distintos tipos de envases de plástico exentos del impuesto, con independencia de la cantidad real de plástico reciclado que contengan:

— Envases de plástico fabricados o importados para su uso en el envasado inmediato de un medicamento.

— Embalajes de transporte utilizados en mercancías importadas (se excepciona de la aplicación de esta exención a los envases de plástico sin relleno, los envases normales alrededor de una unidad de venta y los contenedores intermedios a granel);

— Envases de plástico utilizados como almacenes de aeronaves, buques o ferrocarriles; y

— Los componentes que se destinen o reserven permanentemente para un uso distinto del envasado.

Al mismo tiempo se recogen distintos supuestos de no sujeción como la relativa a los envases de plástico que se exporten en los 12 meses siguientes a su fabricación, aquellos productos cuya función de embalaje tenga un carácter secundario respecto a la función de almacenamiento (como cajas de herramientas, cajas de primeros auxilios, vitrinas, estuches de DVD, etc.), cuando el envase forme parte integrante del producto (por ejemplo, inhaladores, bolsitas de té, cartuchos de impresora, etc.) y cuando el producto está diseñado principalmente para ser reutilizado para la presentación de mercancías (como expositores de ventas, mobiliario de tiendas, etc.).

Respecto a los sujetos pasivos de este impuesto, en el caso de los envases de plástico fabricados en el Reino Unido, será la empresa que realice la última modificación sustancial antes del proceso de envasado o llenado. En cuanto a los envases de plástico importados en el Reino Unido, será la empresa que importa componentes de envases de plástico que ya han sido objeto de la última modificación sustancial. A este respecto, cualquier proceso que modifique la forma, el grosor, el peso o la estructura de un envase se considera una modificación sustancial. No obstante, los procesos de fabricación de soplado, corte, etiquetado y sellado no se clasifican como modificación sustancial. Finalmente, se prevé la importación al Reino Unido de determinados tipos de envases reutilizables mediante el procedimiento de admisión temporal, que no estarán sujetos al Impuesto sobre Envases de Plástico. Esta posibilidad se aplica a las mercancías que se importan temporalmente en el Reino Unido o se trasladan de Gran Bretaña a Irlanda del Norte siempre que se utilicen durante dos años o más antes de ser reexportados.

En **Suiza** se registró una propuesta para introducir un impuesto que entrara en vigor en 2025, sobre los productos plásticos desechables con envases que contengan menos de un 25 por ciento de material reciclado, pero en marzo de 2021 la cámara alta de la Asamblea Federal rechazó la propuesta legislativa.

1.3. LATINOAMÉRICA

Más allá del continente europeo, el impuesto analizado también está presente en otros países como por ejemplo **Colombia** que, en línea con la Ley de prohibición de plásticos de un solo uso (Ley 2232 de 2022), ha introducido un impuesto sobre los productos plásticos de un solo uso utilizados para envasar, embalar o empacar bienes. El hecho generador del impuesto es la venta, el retiro para consumo propio o la importación para consumo propio, de los productos plásticos de un solo uso utilizados para envasar, embalar o empacar bienes. Se excluyen expresamente del pago del impuesto determinados productos como:

- Aquellos destinados para usos médicos y para la conservación y protección médica, farmacéutica y/o de nutrición clínica que no cuenten con materiales alternativos para sustituirlos.
- Los elaborados para contener productos químicos que generan riesgo a la salud humana o para el medio ambiente en su manipulación.
- Aquellos que, por contener y conservar alimentos, líquidos y bebidas de origen animal, así como alimentos o insumos húmedos elaborados o preelaborados que, por razones de asepsia o inocuidad, por encon-

trarse en contacto directo con los alimentos, requieren de bolsa o recipiente de plástico de un solo uso.

— Los que por razones de higiene o salud requieren de bolsa o recipiente de plástico de un solo uso, de conformidad con las normas sanitarias.

— Los destinados a prestar servicios en los establecimientos que brindan asistencia médica y para el uso por parte de personas con discapacidad.

— Los destinados a empacar o envasar residuos peligrosos.

— Los productos fabricados con 100 por cien de materia prima plástica reciclada proveniente de material posconsumo nacional, certificada por organismos acreditados para tal fin.

— Las tapas o cierres adheridos a envases de hasta 300 mililitros, que cuenten con un sistema de retención a éstos con el cual se garantice su recolección y reciclaje en conjunto con el de los envases, siempre y cuando contengan productos incluidos en la canasta familiar, programas de alimentación escolar o productos que pretendan garantizar la seguridad alimentaria.

El sujeto pasivo del impuesto es el productor o importador, según corresponda y se recoge expresamente que no tendrán que pagar el impuesto aquellos que presenten la Certificación de Economía Circular fijada por el Ministerio de Ambiente y Desarrollo Sostenible.

En cuanto a la base imponible del impuesto, es el peso en gramos del envase, embalaje o empaque de plástico de un solo uso y la tarifa del impuesto es de 0,00005 UVT por cada gramo del envase, embalaje o empaque, es decir de 0.00045 euros por gramo (aproximadamente 0,45 euros por kilogramo).

También en Colombia se recoge un impuesto sobre las bolsas de plástico, en vigor desde el 1 de julio de 2017, cuyo hecho imponible consiste en la entrega de bolsas de plástico para transportar productos vendidos por los establecimientos comerciales que las entreguen, siendo el sujeto pasivo del impuesto el que solicite la entrega de la bolsa. Estarán exentas del pago de este impuesto aquellas bolsas con una finalidad distinta de la indicada, aquellas que sean utilizadas como material de empaque de los productos pre-empacados. las biodegradables y las bolsas reutilizables que posean unas características técnicas y mecánicas que permiten ser usadas varias veces, sin que para ello requieran procesos de transformación. La cuantía del impuesto es de aproximadamente 0,013 euros por unidad.

Ecuador también recoge un impuesto sobre los envases de plástico. Se trata del Impuesto Ambiental a las Botellas Plásticas no Retornables, recogido en la Ley de Fomento Ambiental y Optimización de los Ingresos del Estado S.R.O. 583 de 24 de noviembre de 2011, que se deberá satisfacer por embotellar las bebidas alcohólicas, no alcohólicas, gaseosas, no gaseosas y de agua, en botellas plásticas no retornables (material polietileno tereftalato, PET). También se genera el impuesto en el caso de bebidas importadas. No se exige con relación a productos lácteos y medicamentos en botellas de plástico no retornables.

Serán sujetos pasivos los embotelladores de bebidas contenidas en botellas plásticas gravadas con el impuesto y los importadores de esas bebidas. La cuantía a satisfacer será de hasta 0.019 euros por cada botella plástica gravada con este impuesto, estando prevista su devolución a quien recolecte, entregue y retorne las botellas.

Finalmente, cabe hacer referencia a **Perú**, dónde se aplica un impuesto a las bolsas de plástico cuya normativa se contiene en la Ley número 30884, que regula el plástico de un solo uso y los recipientes o envases descartables. Este impuesto grava la adquisición, bajo cualquier título, de bolsas de plástico cuya finalidad sea transportar productos vendidos por los establecimientos comerciales o de servicios que las distribuyan, siendo el sujeto pasivo del impuesto el que solicite la entrega de la bolsa. La cuantía del impuesto al consumo de las bolsas de plástico es gradual y se aplica por la adquisición unitaria de bolsas de plástico, durante el año 2023 es de 0,13 euros por unidad.

2. ÁMBITO COMUNITARIO

Por lo que se refiere a los antecedentes tributarios de nuestro impuesto sobre los envases de plástico no reutilizables en al ámbito comunitario, hay que tener en cuenta que en la "Estrategia europea para el plástico en una economía circular" (16 de enero de 2018), se recogía de forma expresa la posibilidad de explorar "la viabilidad de introducir medidas de naturaleza fiscal a escala de la UE" conectando este hipotético recurso al logro de los objetivos de la estrategia y planteándose además "en el contexto del Marco Financiero Plurianual posterior a 2020 (...) como una de las posibles opciones de generación de ingresos para el presupuesto de la UE".

Aunque de las declaraciones efectuadas por el comisario europeo de Presupuesto en enero de 2018 se podría deducir que el instrumento a utilizar para alcanzar los objetivos fijados en la estrategia sería un impuesto sobre los plásticos, sin embargo la Comisión decidió introducir en la nueva cesta de recursos propios vinculada a las prioridades políticas una contribución nacional al presupuesto comunitario calculada sobre el volumen de residuos de envases de plástico no reciclados en cada Estado miembro. Esta nueva contribución provocará un incentivo para que los Estados miembros reduzcan los residuos de envases y, al mismo tiempo, servirá de estímulo para la transición de Europa hacia una economía circular mediante la aplicación de la estrategia europea en el sector del plástico[79]. Esta propuesta se fundamenta en la idea de que, en consonancia con la estrategia de la Unión sobre los plásticos, el presupuesto de la Unión puede contribuir a reducir la contaminación procedente de los residuos de envases fabricados con este material. En esta línea, se afirma que un recurso propio basado en una contribución nacional proporcional a la cantidad de residuos de envases de plástico que no se reciclen en el Estado miembro, proporcionará un incentivo para reducir el consumo de plásticos de un solo uso, fomentar el reciclado e impulsar la economía circular y, al mismo tiempo, los Estados miembros tendrán libertad para adoptar las medidas más apropiadas que permitan alcanzar esos objetivos, de conformidad con el principio de subsidiariedad.

Se trata, por tanto, de un instrumento que combina características de orden financiero y regulatorio, ya que, además de aportar recursos al presu-

[79] Comunicación COM(2018) 325 final, de 2 de mayo de 2018, de Propuesta de Decisión del Consejo sobre el sistema de recursos propios de la Unión Europea (SWD(2018) 172 final); Comunicación COM(2018) 326 final, de mayor de 2018, de Propuesta de Reglamento del Consejo sobre los métodos y el procedimiento de puesta a disposición de los recursos propios basados en la base imponible consolidada común del impuesto sobre sociedades, en el régimen de comercio de derechos de emisión de la Unión Europea y en los residuos de envases de plástico que no se reciclan, y sobre las medidas para hacer frente a las necesidades de tesorería.

puesto europeo, se ha diseñado de conformidad con el principio de "quien contamina paga", al calcularse de forma proporcional a la cantidad de plástico no reciclado, lo que tiene por objeto reducir la contaminación por plástico estimulando la reducción de los productos de plástico de un solo uso, promoviendo el reciclado y aplicando la economía circular de manera eficaz[80].

En efecto, esta nueva contribución, exigida desde el 1 de enero de 2021, es el resultado de aplicar un tipo de 0,80 euros por kilogramo a la diferencia entre el peso de los residuos de los envases de plástico generados en un Estado miembro en un año determinado y el peso de la parte de esos residuos que se recicla, es decir, al peso de los residuos de envases de plástico que no se reciclan[81]. Con la finalidad de evitar un efecto excesivamente regresivo en las contribuciones nacionales, se prevé la aplicación de una reducción bruta anual en aquellos Estados miembros cuya Renta Nacional Bruta per cápita de 2017 se sitúe por debajo de la media de la Unión. Esta reducción se cifra en 3,8 kilogramos multiplicados por la población en 2017 de cada Estado miembro de que se trate, lo que en el caso de España provoca una reducción de 142 millones de euros[82]. Para el cálculo de las contribuciones se acude a la base de datos de Eurostat, en función de los datos que los Estados miembros recopilan y proporcionan en virtud de las obligaciones de notificación existentes. Pero, en la medida que los datos exactos se comunican a Eurostat en julio del año N+2, la Comisión Europea calculará primero las contribu-

---

80 VILLAR EZCURRA, M. y BISOGNO, M.: "The New 'EU Plastic Contribution': Lights and Shadows under Scrutiny", *Kluwer International Tax Blog*, 31 de enero de 2022, URL: https://kluwertaxblog.com/2022/01/31/the-new-eu-plastic-contribution-lights-and-shadows-under-scrutiny/ [consultado el 8 de julio de 2023]

81 Algunos autores como FUEST y PISANI-FERRY han plateado dudas sobre la oportunidad de esta medida al considerar que su objetivo principal es reducir la basura plástica; un problema, a su juicio, principalmente de carácter local. FUEST, C. y PISANI-FERRY. J.: "Financing the European Union: new context, new responses", *Policy Contribution* 2020/16, Bruegel.

82 Junto a nuestro país, tienen derecho a reducciones brutas anuales, los siguientes Estados miembros: 22.000.000 € Bulgaria; 32.187.600 € Chequia; 4.000.000 € Estonia, 33.000.000 € Grecia; 13.000.000 € Croacia; 184 048 000 € Italia; 3.000.000 € Chipre; 6.000.000 € Letonia; 9.000.000 € Lituania 30 000 000 € Hungría; 1.415.900 € Malta, 117.000.000 € Polonia; 31.322.000 € Portugal; 60.000.000 € Rumanía; 6.279.700 € Eslovenia, y 17.000.000 € Eslovaquia.

ciones en función de las previsiones. En consecuencia, una vez que los datos finales estén disponibles, la Comisión Europea adaptará los cálculos de las contribuciones de los Estados miembros, por ejemplo, en el año 2021, los Estados miembros pagaron sus contribuciones con carácter mensual en función de las previsiones, esta contribución se ajustará después de julio de 2023 cuando se disponga de los datos definitivos.

Se han planteado dudas en torno a la naturaleza tributaria o no de esta contribución y respecto a las obligaciones que podía generar para los Estados miembros. En este sentido la Comisión Europea, en su respuesta escrita de fecha 13 de mayo de 2020, ha aclarado que este instrumento no es un tributo, ni supone una recomendación de la Comisión de introducir un tributo, ni impone a los Estados miembros la obligación de utilizar figuras tributarias[83]. Los Estados miembros, en línea con el principio de subsidiariedad, mantendrían su autonomía para elegir las medidas más adecuadas para reducir la contaminación por plásticos y por lo que se refiere al modo de financiar esta nueva contribución al presupuesto comunitario, cada Estado miembro tiene dos opciones principales al respecto:

- — Pagar la contribución con cargo a su propio presupuesto, independientemente de que hayan establecido un sistema nacional para recaudar el impuesto.
- — Diseñar su propia legislación fiscal estableciendo un sistema nacional para recaudar el impuesto sobre plásticos.

Como vimos en el apartado anterior, han sido muchos los Estados de la UE que, bien a raíz de la creación del nuevo recurso presupuestario[84] o bien

---

83 E-001186/2020. Answer given by Mr Hahn on behalf of the European Commission (13.5.2020).

84 Sin duda, cabe poner en conexión están nueva contribución con la creación del impuesto especial sobre envases no reutilizables de plástico como medo de compensar o recuperar al menos una parte de la aportación que debe hacer España al presupuesto de la UE, GARCÍA CARRETERO, B.: "Hacia una circularidad de los plásticos. Análisis del impuesto sobre envases de plástico no reutilizables desde una perspectiva medioambiental", en Cazorla Prieto, L. M. (Dir.), *Los gravámenes temporales al sector eléctrico y bancario. Sostenibilidad ambiental y fiscalidad para la economía circular*, Aranzadi, Cizur Menor, 2023, pág. 164.

con la exclusiva finalidad de actuar frente al problema medioambiental generado por los envases de plástico y avanzar hacia un modelo de economía circular, han adoptado o tienen previsto adoptar medidas en el ámbito fiscal. El resultado de todo ello está siendo un conjunto descohesionado de normativas nacionales poco recomendable. Sin embargo, la introducción de un impuesto especial sobre los envases de plástico comunitario no es una tarea sencilla, teniendo en cuenta la exigencia de unanimidad existente en materia fiscal en virtud de la normativa comunitaria y, en consecuencia, la necesidad de los Estados miembros de llegar a un acuerdo para fijar hechos imponibles y tipos impositivos (mínimos) uniformes. En definitiva, la armonización de las normas fiscales sobre plásticos en el ámbito de la UE, aunque sin duda sería deseable, parece ser poco probable en un futuro previsible.

3. ÁMBITO INTERNO

3.1. NORMATIVA ESTATAL, AUTONÓMICA Y FORAL

En nuestro país podemos encontrar distintas experiencias relacionadas con los impuestos sobre productos de plástico, en concreto, sobre las bolsas de plástico de un solo uso, que podemos identificar como antecedentes tributarios del impuesto sobre envases de plástico no reutilizables. Al surgir estas experiencias se suscitó un interesante debate sobre cuál es el instrumento más adecuado para afrontar los objetivos de reducción del uso de productos plásticos. En este sentido, son dos las posibilidades generalmente planteadas: los acuerdos voluntarios, en virtud de los cuales las empresas se comprometen a cobrar un precio por la entrega de la bolsa al consumidor, o el establecimiento de un impuesto sobre la entrega de la bolsa de plástico al consumidor. Lo cierto es que en ambos casos se produce un incremento del coste de la bolsa para el consumidor, sin embargo, encontramos importantes diferencias entre una y otra alternativa. Así, tal y como indica, ROMERO ABOLAFIO, mientras que el precio cobrado por la entrega de la bolsa de plástico, en el caso de los acuerdos voluntarios, generalmente supone un beneficio para el empresario, los impuestos extrafiscales generan ingresos públicos que, incluso en el caso de que el tributo no se encuentre afecto, pueden servir para financiar campañas de concienciación. Por el contrario, los acuerdos voluntarios presentan la ventaja de que facilitan la aceptación de la obligación por parte del sector empresarial[85].

Centrándonos ya en nuestra normativa tributaria, debemos hacer referencia a la Proposición de Ley sobre fiscalidad ambiental de 2009[86], entre cuyas medidas se encontraba la creación de un impuesto sobre las bolsas de plástico de un solo uso con la finalidad de protección del medio ambiente. También cabe hacer mencionar el dictamen aprobado por la Comisión de Economía del Congreso de los Diputados en el mes de noviembre de 2018 en el que, como señala CALVO VERGEZ, se recogían hasta un total de siete proyectos de ley cuyas medidas iban desde la prohibición absoluta de la fabricación de plástico, hasta la exigencia a los establecimientos comerciales de empezar a cobrar por cada bolsa de plástico. Este dictamen además incluía la creación de un Impuesto al consumo de las bolsas de plástico, a través del cual se sometería a gravamen la adquisición bajo cualquier título de bolsas de plástico, fijándose una aplicación de forma gradual mediante un tipo de gravamen del 0,10 por ciento en 2019 hasta llegar al 0,50 por ciento en 2025[87].

Lo indicado a nivel estatal no llegó a materializarse; sin embargo, como es frecuente en materia de fiscalidad ambiental, fueron las CC.AA. las que asumieron la iniciativa a la hora de incorporar los tributos sobre las bolsas de plásticos. En concreto, la Comunidad Autónoma que planteó esta posibilidad por primera vez fue Cataluña en el año 2008, pero, como ha puesto de manifiesto ALONSO GONZÁLEZ, finalmente se impuso la opción de un acuerdo voluntario por el que se asumían determinados objetivos de reducción, aunque concediendo libertad a las empresas adheridas respecto a

85 ROMERO ABOLAFIO, J. J.: "Últimos avances de la UE contra las bolsas de plástico desde una perspectiva tributaria", *Quincena Fiscal*, número 12, junio de 2016 (versión electrónica).

86 Presentada por el Grupo Parlamentario de Esquerra Republicana-Izquierda Unida-Iniciativa per Catalunya Verds, publicada en el Boletín Oficial de las Cortes Generales de 31 de julio de 2009. Este mismo impuesto se volvió a incluir, en idénticos términos, en la Proposición de Ley de ahorro y uso eficiente de la energía de 2012 y en la tramitación parlamentaria del Proyecto de Ley del Impuesto sobre Sociedades.

87 CALVO VERGEZ, J.: "A vueltas con la creación de un gravamen medioambiental sobre el plástico: situación actual y perspectivas de futuro a nivel comunitario (y estatal)", *Revista Aranzadi Unión Europea*, número 3, 2021.

las medidas concretas para alcanzar tales objetivos[88]. Por su parte, Andalucía fue la primera Comunidad Autonómica que introdujo de forma efectiva este tributo en 2010[89]. También en 2010 Cantabria[90] aprobó este tributo, pero tuvo una reducida aplicación ya que fue derogado en 2011[91]. El Principado de Asturias inició un proyecto legislativo para introducir este tributo, pero finalmente fue retirado[92]. También Extremadura recogió esta figura tributaria en el Anteproyecto de Ley de Medidas Urgentes en Materia Tributaria, Financiera y del Juego, pero no llegó aprobarse[93].

La estructura que presentan los tributos autonómicos indicados es muy parecida en todos los casos y también presenta grandes coincidencias con la propuesta realizada en el ámbito estatal.

En primer lugar, por lo que se refiere a su naturaleza, se califica como un impuesto indirecto y de naturaleza real, cuyo objeto es disminuir la utilización de las bolsas de plástico para así reducir sus efectos contaminantes y contribuir a la protección del medio ambiente.

Se configura como hecho imponible del impuesto el suministro de bolsas de plástico de un solo uso por un establecimiento comercial, entendiéndose por tales las fabricadas con este material, entregadas a los consumidores en los puntos de venta y destinadas a facilitar el transporte de los productos adquiridos. Por lo que se refiere a las exenciones, podemos identificar algunas diferencias, en particular caben destacar las previstas en la normativa andaluza respecto a las bolsas de plástico usadas exclusivamente para contener pescado

---

88 ALONSO GONZÁLEZ, M.: "El impuesto catalán sobre las bolsas de plástico: ¿un tributo nonato?", *Noticias de la Unión Europea*, número 308, 2010.

89 Mediante el Decreto-ley 4/2010, de 6 de julio, de medidas fiscales para la reducción del déficit público y para la sostenibilidad, convalidado por la Ley 11/2010, de 3 de diciembre, de medidas fiscales para la reducción del déficit público y para la sostenibilidad.

90 Ley 11/2010, de 23 de diciembre, de medidas fiscales y de contenido financiero, por la que se crea el Impuesto sobre Bolsas de Plástico de Un Solo Uso.

91 Disposición Derogatoria segunda de la Ley de Cantabria 5/2011, de 29 de diciembre, de Medidas Fiscales y Administrativas.

92 Proyecto de Ley del Principado de Asturias de Presupuestos Generales para 2016.

93 Recibió una valoración negativa por parte del Consejo Económico y Social de Extremadura en dictamen emitido en junio de 2012.

y carne fresca y sus derivados frescos, frutas y hortalizas, alimentos cocinados, fríos y calientes, y alimentos congelados, las diseñadas para su reutilización y las bolsas de plástico biodegradables.

Respecto a los sujetos pasivos del impuesto a título de contribuyentes, son las personas físicas y jurídicas y los entes sin personalidad jurídica del artículo 36 de la LGT, titulares de los establecimientos, que suministren las bolsas de plástico de un sólo uso a los consumidores. Se establece la obligación de repercutir íntegramente en factura el importe del impuesto al consumidor, quedando este obligado a soportar la repercusión. El importe repercutido deberá constar en la factura, recibo o justificante correspondientes, apareciendo como concepto independiente e indicando el número de bolsas entregadas.

En cuanto a los elementos cuantitativos del impuesto, la base imponible estará constituida por el número total de bolsas suministradas por los sujetos pasivos, cuya determinación se realizará, con carácter general, en régimen de estimación directa, mediante la contabilización del número de bolsas suministradas a los consumidores durante el periodo impositivo. El tipo de gravamen es de 5 céntimos de euro por cada bolsa suministrada[94]. En cuanto a su recaudación, el impuesto andaluz (el único en vigor en la actualidad) recaudó en el año 2022, 247,94 miles de euros[95], es decir, 197,71 millones de euros menos que en los primeros años de implantación, lo cual pone de manifiesto la eficacia del impuesto como instrumento de política ambiental[96]. Finalmente, cabe destacar que únicamente el impuesto asturiano preveía la afectación de la recaudación a gastos de naturaleza medioambiental.

---

94 El impuesto asturiano preveía un tipo de 10 céntimos de euro por bolsa y en la propuesta estatal se recogía un tipo de 20 céntimos de euro por bolsa, si bien, al objeto de dar un trato fiscal preferente a las bolsas con menor impacto ambiental, la cuota se reducía a 10 céntimos de euros en el caso de bolsas de plástico biodegradable.

95 Cabe destacar que el importe de la recaudación ha ido disminuyendo cada año, en ese sentido podemos tomar como referencia la recaudación del año 2013 que fue de 445,65 miles de euros, la disminución respecto a 2022 ha sido de 197,71 miles de euros.

96 Vid. en el mismo sentido CALVO VERGEZ, J.: "A vueltas con la creación de un gravamen medioambiental sobre el plástico: situación actual y perspectivas de futuro a nivel comunitario (y estatal)", *op. cit.*

El Informe de la Comisión de Expertos para la Reforma del Sistema Tributario de 2014 valoró este tipo de tributos y, ante las dudas respecto a su eficacia medioambiental, concluyó que no se consideraba oportuno extenderlos a la totalidad del territorio nacional.

La Comisión Nacional de los Mercados y la Competencia (CNMC) también analizó la cuestión en su informe de 9 de febrero de 2017, con ocasión de la aprobación del Real Decreto 293/2018, de 18 de mayo, sobre reducción del consumo de bolsas de plástico y por el que se crea el Registro de Productores. La CNMC, tras realizar un estudio de las distintas opciones posibles (fijación de precios mínimos de las bolsas de plástico no reutilizables, prohibición total de utilización, acuerdos voluntarios o figuras impositivas) concluyó que la experiencia comparada mostraba que en los países analizados en los que se habían puesto en marcha medidas fiscales (especialmente en Irlanda) la eficacia en la consecución del objetivo de reducción del consumo de bolsas había sido muy alta, sin perjuicio de los ajustes en cuanto al tipo impositivo que hubieran sido precisos en cada momento, complementándose con otras iniciativas como campañas de sensibilización o de gestión de residuos que evitasen o minimizasen el impacto del plástico sobre el medioambiente. Por ello, se recomendó que en nuestro país se optara por la introducción de una figura tributaria en vez de la fijación de un precio mínimo, ya que, a su juicio, la figura tributaria, además de ser más respetuosa con la libertad de empresa constitucionalmente reconocida, permite internalizar el daño producido al medio ambiente, de forma que serán el conjunto de consumidores directos los que soportarían el recargo del producto y se evitaría una apropiación indebida de rentas fundamentalmente por las empresas distribuidoras. Además, la recaudación derivada del nuevo tributo podría ser tenida en consideración para crear, por ejemplo, un fondo medioambiental destinado a mitigar los efectos negativos que provoca el consumo de bolsas de plástico, ya sea a través de la financiación de campañas de sensibilización, de la promoción de materiales para envases menos contaminantes o de mejoras en la gestión de los residuos u otro tipo de medidas. Sin embargo, finalmente se impuso la opción del precio.

También en nuestra normativa interna, de nuevo en el ámbito de las Comunidades Autónomas, encontramos otras experiencias relacionadas con los impuestos sobre productos de plástico, se trata de los impuestos sobre envases no retornables.

En concreto, en el año 2012, tanto Islas Baleares como Canarias valoraron la creación de un nuevo impuesto sobre envases de bebidas no retornables, que tendría por objeto reducir el impacto medioambiental producido por el uso de estos envases y fomentar la utilización de materiales más ecológicos, de mayor capacidad y más perdurables en el tiempo, permitiendo así su reutilización, ambos impuestos no llegaron a aprobarse. En el caso de las Islas Baleares, el mencionado impuesto se incluyó en el Proyecto de Ley de medidas tributarias para la sostenibilidad financiera de la Hacienda Pública de la Comunidad Autónoma de las Illes Balears[97], que preveía la creación del Impuesto sobre Envases de Bebidas. Citando como precedentes las experiencias de Suecia y Dinamarca[98], este impuesto tendría por objeto gravar la concreta capacidad económica que denota, como índice de riqueza real o potencial susceptible de imposición, el daño medioambiental causado por la adquisición de bebidas envasadas por parte de las empresas minoristas que comercializaran dichos productos. Con ello se pretendía contribuir a reducir el impacto ambiental producido por el uso de envases en bebidas, con el consiguiente fomento del uso de materiales más ecológicos, de mayor cabida y de más perdurabilidad que permitan su reutilización, y la disminución de la cantidad de recursos utilizados y de residuos generados.

97 Boletín Oficial de las Islas Baleares de 26 de febrero de 2013.

98 Con relación al impuesto sueco BUÑUEL GONZÁLEZ indica que éste impuesto se introdujo en 1973, gravando los recipientes de la mayoría de las bebidas refrescantes y alcohólicas, excluyendo los recipientes de leche. Este impuesto fue derogado en 1984 y sustituido por uno nuevo que gravaba todos los recipientes de bebidas entre 0,2 y 3 litros, exceptuando los hechos fundamentalmente de papel y cartón. El gravamen se superponía a la existencia de sistemas de depósito-reembolso para botellas de cristal de cerveza, refrescos y agua. Este impuesto fue derogado en 1993, con la entrada en vigor de la regulación sueca sobre responsabilidad del productor de materiales de envasado. Por su parte, respecto al impuesto danés señala que fue introducido en 1999, gravando los envases de bebidas, aceites, vinagre, salsas, productos lácteos, detergentes, pinturas, cosméticos y alimentos para animales domésticos, además de bolsas, que pueden ser usadas en cualquier tipo de producto. El impuesto sólo grava los envases al por menor de hasta 20 litros de capacidad. BUÑUEL GONZÁLEZ, M: "Viabilidad y efectos del uso de instrumentos fiscales en la política de residuos en España", *Documentos de Trabajo*, núm. 5, Instituto de Estudios Fiscales, Madrid, 2009, págs. 15 a 17.

Con la finalidad indicada, constituía el hecho imponible la adquisición del envase que contuviera bebida por parte de las empresas dedicadas al comercio en fase minorista en el territorio de las Islas Baleares, si bien se preveían exenciones para las adquisiciones de envases de capacidad superior a 5.000 centilitros y las adquisiciones de envases de vidrio que supusieran la restitución por otros de la misma capacidad, siempre que la restitución afectase a envases cuya adquisición originaria hubiera estado sujeta al impuesto y no exenta del mismo y concurrieran, además, los siguientes requisitos: a) que la restitución se realizase a favor de un proveedor o distribuidor que tenga el carácter de sustituto del contribuyente a los efectos de este impuesto; b) que la restitución se realizase a favor del mismo sustituto al que se adquirieron los envases objeto de restitución; c) que los envases entregados por el contribuyente al sustituto fueran reutilizados sin ningún tipo de transformación. Por lo tanto, el ámbito del impuesto no se circunscribía a los envases de plástico.

Tendrían la consideración de contribuyentes todas las empresas minoristas que desarrollasen su actividad minorista en las Islas Baleares y además se contemplaba que tendrían la consideración de sustituto del contribuyente aquellas personas con domicilio fiscal en las Islas Baleares o con uno o más establecimientos permanentes en dicho territorio que suministrasen los envases a las empresas minoristas contribuyentes. Los sustitutos deberían repercutir a los contribuyentes el importe del Impuesto sobre Envases que se devengase, haciéndolo constar en la factura o documento análogo correspondiente, salvo que el adquirente de los envases acreditase ante dichos proveedores que no desarrollaba actividades de comercio en fase minorista en el territorio de las Illes Balears.

La base imponible estaría constituida por el número de envases adquiridos y la cuota se determinaría aplicando sobre dicha base imponible unos tipos de gravamen por envase, expresados en euros por envase, en función de la capacidad y material principal del envase (vidrio, hojalata y otros metales, papel/cartón, plástico), modulándose así la carga tributaria a partir del coste medioambiental inherente al uso de estos envases, es decir, en función de su capacidad y composición. Los tipos más altos estaban previstos para los envases de plástico y oscilaban entre 0,035 euros por envase con capacidad igual o inferior a 20 centilitros y 2,2 euros para los envases con capacidad entre 3.000 y 5.000 centilitros. Se aclaraba que, a los efectos de la aplicación de los citados tipos de gravamen, había de considerarse el envase que contiene directamente la bebida, esto es, el que estaba en contacto físico con el correspondiente líquido, y no el eventual envase que contuviese a su vez envases de bebidas.

La recaudación de los impuestos regulados en el Proyecto de ley quedaba afectada a la realización de gastos en materia de medio ambiente, ordenación del territorio y del comercio, carreteras y otros gastos relacionados con las infraestructuras de comunicaciones.

El Proyecto de ley no fue finalmente tramitado como consecuencia de las conversaciones entre el Gobierno balear y empresarios y grupos parlamentarios para buscar fórmulas que permitieran que la reforma tributaria causara las menores distorsiones posibles en los sectores afectados.

En la esfera foral no encontramos ningún impuesto relacionado con los productos plásticos, sólo actuaciones en el ámbito normativo. En concreto cabe hacer referencia a la Ley Foral de Navarra 14/2018, de 18 de junio, que tiene por finalidad la prevención de la generación de residuos y la mejora de su gestión, con el fin de alcanzar los objetivos de la economía circular y del cambio climático. Esta ley prevé la aprobación de un plan de contratación pública verde y limita la utilización de bolsas de plástico, vajillas de un solo uso y productos monodosis, estableciendo al mismo tiempo un nuevo impuesto sobre la eliminación en vertedero y la incineración de residuos compatible con cualquier tributo aplicable a las operaciones gravadas y, en concreto, con la percepción de tasas por las entidades locales.

3.2. LA PROPUESTA ECOLOGISTA DE IMPUESTO SOBRE ENVASES NO REUTILIZABLES

En enero de 2019, un conjunto de organizaciones ecologistas presentaron el documento “Propuestas de fiscalidad ambiental: avanzando hacia un mundo más justo y sostenible”. Entre dichas propuestas se encontraba la creación de un impuesto sobre los envases de un solo uso o no reutilizables, con el fin de desincentivar su uso, de ámbito estatal o, subsidiariamente, autonómico.

El hecho imponible se configuraba como el envasado de productos para su puesta en el mercado en nuestro país, quedando excluidos de su ámbito objetivo los envases reutilizables.

A efectos de la cuantificación del impuesto se proponían dos alternativas para delimitar la base imponible: la cantidad de envase (en peso) puesta en el mercado por año o las unidades de envase. Se contemplaba además la posibilidad de establecer un umbral por debajo del cual los muy pequeños envasadores o importadores estuvieran exentos de pagar el impuesto. Con relación al tipo impositivo, reconociendo la mayor simplicidad de optar por tipos fijos, la propuesta planteaba modular los tipos de gravamen atendiendo a las consideraciones ambientales de los envases, como pudiera ser el material del envase, la utilización de material reciclado o material biodegradable para la fabricación de los envases o la utilización de criterios de ecodiseño (por ejemplo, criterios que facilitasen el reciclaje).

El sujeto pasivo del impuesto, en calidad de contribuyente, sería el envasador o importador, previéndose además la posibilidad de definir un sustituto del contribuyente, que podría ser el responsable de la puesta efectiva del envase al mercado (generalmente el distribuidor), el cual podría exigir al contribuyente el importe de las obligaciones tributarias satisfechas mediante la técnica de la repercusión.

Respecto al posible destino de los fondos obtenidos, la propuesta planteaba que cabía tanto la opción de que el impuesto fuera finalista como la contraria. En el primer caso, el destino de la recaudación podrían ser políticas preventivas de gestión de envases o de residuos en general. Sin embargo, se indicaba que también existirían argumentos para que el impuesto no fuera finalista, dado que el coste de la gestión de los envases debería ser íntegramente soportado por los sistemas de responsabilidad ampliada del productor. A este respecto, se señaló que el impuesto no se solapaba con estos sistemas porque la finalidad del tributo era disuadir el uso e impactos de los envases, mientras que el de los sistemas de responsabilidad ampliada era contribuir a costear su gestión[99].

---

99 Sobre este punto SASTRE SANZ ha indicado que la existencia de un sistema de responsabilidad ampliada del productor sobre envases puede suponer una barrera para la introducción de un impuesto, pese a no existir un solapamiento formal como tal, puesto que el impuesto persigue disuadir la utilización y el esquema de responsabilidad ampliada del productor sufragar los costes de gestión. SASTRE SANZ, S.: "Instrumentos fiscales para una Economía Circular en España", *op. cit.*, pág. 33.

3.3. LA CONSULTA PÚBLICA SOBRE FISCALIDAD DE LOS ENVASES DE PLÁSTICO

En junio de 2018 se plateó nuevamente la posible creación de un impuesto estatal sobre residuos de envases, embalajes y bolsas[100]. Al mismo tiempo también se presentaba en el Congreso una Proposición de Ley para la reducción de los plásticos de uno solo uso que contenía un mandato para que el Gobierno impulsara la tramitación de una ley específica para la creación de una "tasa" directa sobre la industria fabricante y/o distribuidora de plásticos, a fin de poder aplicar de manera efectiva lo contenido en dicha proposición de ley y actuar de forma desincentivadora sobre la producción y distribución de envases plásticos[101].

Sin embargo, los precedentes del actual impuesto se encuentran principalmente en la consulta pública de 28 de febrero de 2020 sobre la posibilidad de introducir un impuesto a los envases de un solo uso[102]. Los antecedentes de dicha consulta parten de las recomendaciones de la Comisión Europea de aumentar los impuestos medioambientales y reducir las subvenciones perjudiciales para el medio ambiente. Asimismo, resaltan el importante papel que los impuestos medioambientales pueden desempeñar no solo para sostener el

100 Vid. Expansión del jueves 28 junio 2018, *El Gobierno creará nuevos impuestos al CO2, a los residuos tóxicos y a las bolsas*, pág. 26.

101 Se establecía además que tal tasa se podría aplicar en función de diversos parámetros, por ejemplo, el establecimiento de un máximo de producción cuyo alcance determinara el pago o una baremación de la citada tasa por tramos productivos. En caso de que, en las Comunidades Autónomas, dentro de sus competencias, se hubiese legislado ya en este sentido, implementándose tributos propios, prevalecería la citada regulación tributaria autonómica sobre la de carácter estatal. Proposición de Ley para la reducción de los plásticos de un solo uso, presentada por el Grupo Parlamentario Confederal de Unidos Podemos-En Comú Podem-En Marea (Boletín Oficial de las Cortes Generales, Congreso de los Diputados, de 29 de junio de 2018).

102 Anteriormente, entre el 11 de abril y el 13 de mayo de 2019, tuvo lugar la consulta pública previa sobre la transposición de la Directiva (UE) 2018/851, en la que las observaciones recibidas pusieron de manifiesto que una de las cuestiones prioritarias era la fiscalidad armonizada al vertido, para desincentivar esta opción de gestión frente a la preparación para la reutilización y el reciclado y el cumplimiento de los objetivos comunitarios, así como el uso de otras medidas fiscales para favorecer el reciclado (por ejemplo, un IVA reducido para los productos reciclados).

crecimiento económico, sino también para desincentivar actividades que generarían externalidades ambientales negativas, y los inconvenientes de naturaleza medioambiental derivados del plástico por la ausencia de un enfoque "circular" en su producción, uso y consumo.

En este contexto, los objetivos que con la implantación de este impuesto se pretenden conseguir se pueden resumir en tres:

— Prevenir y reducir su impacto sobre el medio ambiente y la salud humana, siendo la prevención de residuos la primera opción del principio de jerarquía de residuos. Este objetivo se conseguiría mediante una minoración del número de unidades de envases que son puestas en el mercado y, por ende, una reducción de su consumo, de forma que se prevenga la generación de residuos plásticos, con la consiguiente reducción de los costes de gestión de residuos y, en especial, de los que pudieran derivarse de su abandono en el medio ambiente.

— Desarrollar nuevos modelos de negocio y alentar una producción y consumo más sostenibles, priorizando los productos reutilizables y las prácticas correctas de fabricación, sin comprometer la seguridad alimentaria o las propiedades de los productos.

— Contribuir a la adecuación de la fiscalidad medioambiental española a la media del resto de los Estados miembros, como aconseja la Comisión Europea.

Por último, la consulta hace referencia a los informes de recomendaciones elaborados por la OCDE, según los cuales una de las principales ventajas de la instauración de una medida estrictamente fiscal (como puede ser la creación de un impuesto) frente a otro tipo de posibilidades (como, por ejemplo, los meramente regulatorios o de incentivo para el desarrollo de determinadas actividades) es que, mientras que en las segundas, una vez alcanzados los umbrales o requisitos fijados por la normativa, desaparece el incentivo para seguir mejorando, en las primeras este aliciente subsistiría al estar directamente relacionada la cantidad a pagar con los hábitos de una producción y utilización razonable de los envases de plástico de un solo uso destinados a contener bienes y productos alimenticios. Por ello, se considera que una medida eficaz en aras de la consecución de los objetivos que pretende la norma es el establecimiento de un impuesto que grave dichos productos. No obstante, lo anterior, se reconoce la importancia de medidas complementarias de colaboración intersectorial a lo largo de la cadena de valor, de la concienciación de los consumidores, de la participación de las instituciones públicas y de la investigación e innovación en métodos de producción, de reutilización y de generación de productos sustitutivos.

La consulta dio lugar a la presentación, el 2 de junio de 2020, del Anteproyecto de Ley de residuos y suelos contaminados, cuya Memoria de Análisis de Impacto Normativo señala que se recibieron tanto opiniones que se mostraban a favor de la medida como opiniones que mostraban preocupación por la oportunidad de su aprobación, destacando los posibles efectos negativos que pudieran derivarse en el sector de la fabricación del plástico y en la distribución, así como la incidencia del impuesto sobre el precio final de los productos afectados. Según la Memoria, todo ello se ha tenido presente en la configuración del impuesto, tratando que exista un equilibrio adecuado entre el compromiso con los objetivos que se pretenden lograr y las consecuencias que una medida de este tipo acarrea siempre en los sectores más directamente afectados y en el traslado al precio de los productos objeto del impuesto.

En particular, se destacan dos cuestiones. En primer lugar, las sugerencias recibidas para prohibir los envases de un solo uso o, al menos, del envasado ornamental no imprescindible que en ocasiones se incorpora a determinados productos. La Memoria resalta que, respecto a esta cuestión, el Anteproyecto ya prohibía la introducción en el mercado de determinados productos a partir del 3 de julio de 2021 y que, para el resto de productos, se consideraba que el establecimiento del impuesto puede conseguir los mismos objetivos que los que se derivarían de la prohibición de uso, pero dotando de un mayor tiempo a los sectores afectados para su adaptación, en tanto que el impuesto supone un incentivo para investigar y utilizar materiales sustitutivos más respetuosos con el medio ambiente. Asimismo, resalta en su anexo de contestaciones que el plástico es un material muy presente en nuestra economía y cumple múltiples funciones que ayudan a resolver diversos problemas a los que se enfrenta nuestra sociedad, por lo que, pese a sus inconvenientes, resulta muy difícil prescindir de él. Por ello, la introducción de medidas impositivas, junto con la adopción de medidas complementarias en materia de residuos, transición ecológica y economía circular, se consideraba una política efectiva para la reducción del consumo de plásticos y un mejor reciclaje de sus residuos[103].

La segunda cuestión a destacar son las observaciones realizadas sobre la posible discordancia del impuesto con las directivas comunitarias del Paquete de Economía Circular pendientes de transposición al ordenamiento jurídico interno. Sin embargo, en la Memoria se indica que se ha considerado que el impuesto no entraría en colisión con las recomendaciones europeas específicas para reducir el impacto medioambiental, sino que las complementaría.

Volviendo al tipo de instrumento más adecuado para afrontar el problema ambiental que se pretende combatir con el impuesto, el anexo de la Memoria hace referencia a otras observaciones en las que se proponía la adopción de medidas para la sustitución del plástico por productos más eco-responsables, la sustitución de las medidas de imposición por sistemas efectivos de reciclado o alternativas basadas en la elevación de precios. A todas estas observaciones se contesta reiterando que el instrumento tributario contribuye a incentivar la utilización de productos más respetuosos con el medio ambiente, por lo que la introducción del impuesto, junto con la adopción de las medidas

103 Consideramos oportuno recordar las palabras del profesor HERRERA MOLINA sobre el papel del tributo ecológico, que ha de quedar reservado para las conductas que no son gravemente peligrosas para la salud pública o que no producen daños irreversibles, pues en caso contrario no debe contemplarse la figura tributaria sino prohibirse tales conductas en aplicación del art. 45 de la Constitución, debiendo tenerse en consideración a tales efectos la evolución de los descubrimientos científicos, las posibilidades técnicas y la potencial utilización del tributo como medida transitoria para desincentivar una conducta antes de que se proceda a su expresa prohibición, HERRERA MOLINA, P: *Derecho Tributario Ambiental*, Marcial Pons, Madrid, 2000, págs. 63 y 64. En el mismo sentido, JIMÉNEZ HERNÁNDEZ resalta que los "tributos ecológicos son figuras que se aplican a actividades permitidas y necesarias para el desarrollo económico y el desenvolvimiento de las necesidades ordinarias de una sociedad", JIMÉNEZ HERNÁNDEZ, J.: *El tributo como instrumento de protección ambiental*, Comares, Granada, 1998, pág. 159. De forma similar, y específicamente en el ámbito de los impuestos especiales, LÓPEZ ESPADAFOR recuerda que, a la hora de fijar la intensidad de gravamen, se ha de diferenciar entre el consumo por placer y el consumo en el que juega mayormente un elemento de necesidad, LÓPEZ ESPADAFOR, C. M. (2013): "Visión crítica de la Ley de Impuestos Especiales", en A. Cubero Truyo (dir.): *Evaluación del sistema tributario vigente. Propuestas de mejora en la regulación de los distintos impuestos*, Aranzadi, Cizur Menor, 2013, 622.

complementarias anteriormente mencionadas, se consideran soluciones aptas para la reducción del consumo de plásticos y favorecer un mejor reciclaje de sus residuos. La Memoria hace además referencia a las ventajas de los impuestos ambientales con respecto a otras figuras fiscales con base en la teoría del doble dividendo, la inmediatez de los resultados ambientales positivos desde la introducción del impuesto y su efecto positivo a la hora de potenciar la inversión y la innovación.

La disyuntiva entre la fijación o elevación de precios y las medidas fiscales es también objeto de atención por el Informe de la CNMC sobre el Anteproyecto, pronunciándose con rotundidad a favor de estas últimas, al igual que ya hizo en relación con los impuestos sobre las bolsas de plástico. Así, señala que, desde el punto de vista de promoción de la competencia y de la regulación económica eficiente y teniendo en cuenta la influencia negativa del excesivo consumo y producción de los envases de plástico no reutilizables, parece razonable la intervención pública para disminuir los efectos negativos del volumen de residuos existente. Su preferencia por los impuestos frente a la fijación de precios mínimos se fundamenta en que la figura impositiva permite internalizar el daño producido al medio ambiente, de forma que los consumidores en su conjunto soportarían el recargo del producto y los contribuyentes se podrían beneficiar de los ingresos obtenidos con dicha figura.

Elegida la opción del instrumento fiscal, cabría plantearse si el gravamen ha de establecerse en la fase de producción o en la fase de consumo[104]. Esta segunda opción, por su mayor visibilidad para el consumidor, permitiría que funcionara además como elemento de concienciación (véase el ejemplo de las bolsas de plásticos, donde el coste, ya sea vía precio o impuesto recae sobre el consumidor) y, en consecuencia, podría dar lugar a una reducción del consumo de productos de plástico y un incremento de las tasas de reciclaje. Sin embargo, finalmente no se ha optado por esta alternativa, siendo posible que las dificultades de gestión sean las que hayan llevado a que se imponga el gravamen en la fase de producción. En todo caso, cabe señalar que en las observaciones en la fase de consulta pública se sugirió la sustitución de este impuesto por un impuesto al vertedero, si bien esta opción fue descartada,

104 Vid. Buñuel González, M.: "Recomendaciones para la implantación exitosa de tributos medioambientales y propuestas para España", *op. cit.*

no considerándose oportuna al existir numerosas CC.AA. que ya lo tienen establecido[105].

A la vista del documento de consulta pública, CRUZ AMORÓS ha advertido que este impuesto resulta una dudosa herramienta fiscal medioambiental puesto que, "como ocurre ya con el uso de las bolsas de plástico, estamos ante un precio por un hábito de consumo más que ante un impuesto disuasorio de consumos contaminantes" y cuya estructura difícilmente permitirá que actué "como factor recaudatorio compensador de la carga fiscal sobre el trabajo, lo que facilitaría notablemente su aceptación popular"[106].

Finalmente, cabe recordar que el impuesto sobre envases de plástico no reutilizables es una de las reformas comprometidas por el Gobierno en el Plan de Recuperación, Transformación y Resiliencia con el objetivo de obtener fondos europeos, concretamente recogido en la reforma cuarta de su componente 28.

---

105 Con posterioridad, el 17 de diciembre de 2020, se sometió a consulta pública la regulación de un impuesto sobre el depósito de residuos en vertederos y la incineración de residuos que sería incorporado al Anteproyecto finalmente aprobado por el Consejo de Ministros para su tramitación como proyecto de ley.
La Memoria de Análisis de Impacto Normativo hace también referencia a las observaciones recibidas poniendo de manifiesto las virtudes del plástico frente a otros materiales, atendiendo a su coste, versatilidad, contribución a la higienización de la cadena de distribución de alimentos y facilidad de reciclado, lo que desaconsejaría la penalización de su uso mediante un impuesto. Conforme a dichas observaciones, el hecho a penalizar habría de ser la circunstancia de que el envase no se acabe reciclando y, por tanto, el hecho imponible, en su caso, debería configurarse a partir de la generación de residuos y no de la producción de envases de plástico. Estas observaciones, no obstante, no se han tenido en consideración en la configuración del impuesto recogido en el Anteproyecto, más allá, como veremos, del establecimiento de una reducción por la utilización de plástico reciclado. Es más, como también se recoge en la Memoria, en contestación a las observaciones recibidas, el impuesto se ha diseñado para que la imposición recaiga sobre el productor y no sobre el consumidor.

106 CRUZ AMORÓS, M.: "Impuestos medioambientales", *Actum Fiscal*, num. 157, 2020, pág. 69.

Capítulo III

NATURALEZA Y ASPECTOS TERRITORIALES Y TEMPORALES DEL IMPUESTO

1. NATURALEZA DEL IMPUESTO ESPECIAL SOBRE ENVASES DE PLÁSTICO NO REUTILIZABLES

Tal y como se indicaba en la exposición de motivos del Anteproyecto de ley de residuos y suelos contaminados, de fecha de 2 de junio de 2020, el impuesto especial sobre los envases de plástico no reutilizables es un instrumento económico cuya finalidad es reducir la generación de residuos y, por tanto, enmarcado entre los instrumentos de fiscalidad ambiental que, teniendo un carácter complementario para coadyuvar a la protección y defensa del medio ambiente, persiguen estimular e incentivar comportamientos más respetuosos con el entorno natural. En este contexto, se añadía que resultaba oportuno introducir, mediante el referido impuesto, mecanismos de corrección de las externalidades ambientales ocasionadas por la utilización de productos de plástico de un solo uso, tomando en consideración su alcance global y la magnitud del impacto medioambiental derivado de su destino a vertedero o abandono. De esta forma, el objeto del impuesto sería la prevención de residuos, entendida como la primera opción del principio de jerarquía de residuos, principio que debe gobernar la política de residuos y que es clave en el ámbito de la economía circular: el mejor residuo es el que no se genera.

El Anteproyecto, tras convertirse en Proyecto de ley y completarse su tramitación parlamentaria, dio lugar a la Ley 7/2022, cuyo Preámbulo, de forma más parca, se limita a indicar que se desarrollan dos instrumentos económicos en el marco de los residuos (el Impuesto especial sobre los envases de plástico no reutilizables y el Impuesto sobre el depósito de residuos en vertederos, la incineración y la coincineración de residuos) cuya finalidad es reducir la generación de residuos y mejorar la gestión de aquellos residuos cuya generación no se pueda evitar, mediante la imposición sobre los tratamientos situados en posiciones inferiores de la jerarquía de residuos (depósito en vertedero, incineración y coincineración), con el objeto de disminuir estas opciones de gestión menos favorables desde el punto de vista del principio de jerarquía de residuos. Respecto al impuesto que aquí nos ocupa, reitera que su objeto es la prevención de residuos, articulándose como un tributo de naturaleza indirecta que recae sobre la utilización en el territorio español de envases que, conteniendo plástico, no son reutilizables.

Lo cierto es que quizás se echa de menos el grado de realismo mostrado por la Administración de Reino Unido, país en el que la introducción del impuesto, como tuvimos ocasión de señalar en el capítulo anterior, se produjo en abril de 2022, tras un proceso de consulta pública iniciado en marzo de 2018 y continuado en febrero de 2019. En marzo de 2020 se dieron a conocer los elementos esenciales del impuesto[107], reconociéndose que no se esperaba que esta medida tuviera impactos macroeconómicos significativos. No obstante, según se indicaba, se preveía que el impuesto proporcionase un claro incentivo económico para que las empresas utilizasen material reciclado en los envases de plástico, lo que crearía una mayor demanda de este material y, a su vez, estimularía mayores niveles de reciclaje y recogida de residuos plásticos, desviándolos del vertedero o la incineración. Por tanto, la finalidad perseguida por el impuesto es incrementar el uso de materiales reciclados en los envases plásticos, esperándose que el efecto resultante del impuesto sea un aumento de la cantidad de envases de plástico en los que más del 30 por ciento sea plástico reciclado, una disminución de los plásticos destinados a vertedero o incineración y un impulso de los tecnologías de reciclaje en Reino Unido, lográndose además un efecto medioambiental positivo como consecuencia de que el plástico reciclado tiene una huella de carbono que puede ser hasta cuatro veces menor que la del plástico virgen. En relación con los impactos del impuesto sobre el comportamiento, se destacaba que estos vendrían dados, en mayor medida, por el aumento del uso del plástico reciclado y, en menor medida, en una reducción del uso de envases de plástico y en la reducción de compras de productos que contienen envases de plástico por parte de los consumidores. Respecto a estos últimos, se añadía que no se esperaba que esta medida les afecte en modo alguno, salvo que las empresas repercutieran económicamente el coste, pero incluso en este caso se estimaba que el costo para los consumidores fuera pequeño, ya que los envases de plástico generalmente representan una cantidad muy pequeña del costo total de los bienes. Por lo tanto, la Administración británica no esperaba que el impuesto afectase a los consumidores.

En cierto modo, la Memoria del Anteproyecto parece apuntar en esta dirección cuando, frente a las observaciones realizadas en las que se advertía

107 https://www.gov.uk/government/publications/introduction-of-plastic-packaging-tax/plastic-packaging-tax [consulta de 11 de noviembre de 2020].

que el impuesto resultaba una medida ineficiente para alcanzar el objetivo perseguido, se contesta en su anexo que la introducción del impuesto junto con la adopción de medidas complementarias en materia de residuos, transición ecológica y economía circular, debería ser efectiva en la reducción del consumo de plásticos y en un mejor reciclaje de sus residuos.

Finalmente, aun cuando la Exposición de Motivos no lo menciona, en las contestaciones a las observaciones que se acompañan como anexo a la Memoria se pone de manifiesto que el impuesto, al penalizar el uso de envases de plástico no reutilizables, fomentará el uso de otros materiales para su fabricación, como puede ser el vidrio, lo que reabre el debate a que ya hemos hecho referencia sobre el mayor o menor impacto ambiental de los materiales alternativos al plástico[108].

La nota de prensa del Consejo de Ministros anunciando el Anteproyecto añadía que se trata de un impuesto similar al que se pretendía implantar en otros países de nuestro entorno como Reino Unido (entonces en fase de propuesta y en vigor desde abril de 2022) o Italia (aprobado a finales de 2019 y cuya entrada en vigor está prevista para el 1 de julio de 2024). En los siguientes capítulos, tras el estudio inicial de estos impuestos realizado en el segundo capítulo, destacaremos las similitudes y diferencias de dichos tributos con el impuesto español.

En el contexto descrito, el impuesto especial sobre los envases de plástico no reutilizables se define en el artículo 67 de la Ley 7/2022 como un "tributo de naturaleza indirecta que recae sobre la utilización, en el territorio de aplicación del impuesto, de envases no reutilizables que contengan plástico, tanto si se presentan vacíos, como si se presentan conteniendo, protegiendo, manipulando, distribuyendo y presentando mercancías"[109]. El apartado 2 de

108 Como ya advirtió RAMOS PRIETO en relación con las bolsas de plástico, resulta obligado preguntarse si estos productos son o no el envase más perjudicial o si los productos alternativos presentan mayores inconvenientes, debiendo resolverse tal cuestión con criterios técnicos antes de abordarse cualquier alternativa de política fiscal, RAMOS PRIETO, J.: "El Impuesto de las Bolsas de Plástico de un Solo Uso (IBPSU) de Andalucía", *Noticias de la Unión Europea*, núm. 327, 2012, pág 114.

109 Esta configuración es sustancialmente distinta a la que se recogía en el Anteproyecto y que lo calificaba como un "tributo de naturaleza indirecta que recae sobre la fabricación, importación o adquisición intracomunitaria de dichos envases que vayan a ser objeto

dicho precepto añade que "la finalidad del impuesto es el fomento de la prevención de la generación de residuos de envases de plástico no reutilizables, así como el fomento del reciclado de los residuos plásticos, contribuyendo a la circularidad de este material".

Por tanto, podemos destacar las siguientes características:

a) El tributo se define como un impuesto especial. Esta característica no solo se aprecia en que el objeto del gravamen es un producto específico, con ocasión de su fabricación o importación, sino, como tendremos ocasión de comprobar, en la existencia de las medidas habituales en este tipo de tributos para combatir la circulación irregular de los productos objetos del tributo y las consiguientes obligaciones de control de existencias[110].

b) A pesar de definirse como un impuesto especial, se trata de un tributo no armonizado, al no encontrarse el producto objeto de gravamen dentro del ámbito de aplicación de la Directiva 2008/118/CE del Consejo de 16 de diciembre de 2008 relativa al régimen general de los impuestos especiales, y por la que se deroga la Directiva 92/12/CEE, razón por la que, además de la fabricación e importación, se gravan las adquisiciones intracomunitarias[111].

---

de introducción en el mercado español". A juicio de MANZANO SILVA, la referencia a «utilización» resulta incorrecta, pues no está conectada, a ninguno de los elementos configuradores del impuesto, MANZANO SILVA, E.: "El impuesto especial sobre envases de plástico no reutilizables", en Pernas García, J. J. y Sánchez González, J. (eds.), *Estudio sistemático sobre la Ley de Residuos y Suelos Contaminados para una Economía Circular (Ley 7/2022, de 8 de abril)*, Monografías de la Revista Aragonesa de Administración Pública, XXI, Zaragoza, 2022, pág. 545.

110 FERNÁNDEZ DE BUJÁN Y ARRANZ manifiesta que podría considerarse un impuesto especial de fabricación. No obstante, advierte que a diferencia de este tipo de impuestos, no le es aplicable el régimen suspensivo que es la columna vertebral de los impuestos de fabricación, y, por tanto, en su opinión, al menos desde esa perspectiva, se aparta de este tipo de impuestos, que además están armonizados por Directivas Comunitarias, FERNÁNDEZ DE BUJÁN Y ARRANZ, A.: "El nuevo impuesto especial sobre los envases de plástico no reutilizables", en Ribón Seisdedos, E. (coord.), *Anuario Jurídico Secciones del ICAM 2021*, Sepín, Madrid, 2021.

111 Como recuerda FERNÁNDEZ DE BUJÁN Y ARRANZ, la circulación intracomunitaria de productos objeto de los impuestos especiales, se produce mayoritariamente al

c) El tributo se configura como un tributo estatal, tanto desde el punto de vista normativo como de gestión[112]. Esta configuración no era la única alternativa posible, puesto que podría haberse planteado como una figura a introducir por las CC.AA. en forma de impuesto propio, como ha ocurrido con la mayor parte de los tributos ambientales y, en particular, con los impuestos sobre las bolsas de plástico. Como solución intermedia, podría haberse configurado como un tributo cedido, en el que el marco general fuera establecido a nivel estatal y se otorgaran a las CC.AA. competencias para regular ciertos elementos del tributo, así como las competencias de gestión, comprobación y recaudación[113]. Esta última alternativa fue la que se propuso por diversos departamentos del Gobierno de las Islas Baleares en la fase de consulta pública, si bien en la Memoria se considera que para la consecución del objetivo que se persigue es más adecuado un impuesto estatal y que no son oportunas diferenciaciones en virtud de territorios. La opción por el tributo estatal frente al tributo autonómico parece acertada por la tipología de problema ambiental que se pretende combatir y por simplificación de su gestión por parte del contribuyente, si bien dichas ventajas no se verían perjudicadas por una eventual cesión de la recaudación en un modelo intermedio como el anteriormente indicado.

d) El tributo se justifica en una finalidad medioambiental, concretamente en la necesidad de corregir determinadas externalidades ambien-

---

amparo del régimen suspensivo, esto es, sin devengo de impuesto, FERNÁNDEZ DE BUJÁN Y ARRANZ, A.: *Fiscalidad de los productos sometidos a Impuestos Especiales*, Aranzadi, Cizur Menor, 2016, págs. 44-45.

112 La enmienda nº 241 de don Josep Lluís Cleries i Gonzàlez (GPN) y de doña María Teresa Rivero Segalàs (GPN) en el Senado añadía al artículo 67.1 la siguiente frase "El fondo resultante será repartido en los territorios (CCAA) de forma proporcional a su contribución".

113 Así se contempla en el Informe de la Comisión de Expertos para la Revisión del Modelo de Financiación Autonómica de julio de 2017, en el que, ante la conflictividad entre el Estado y las Comunidades Autónomas en el ámbito de la fiscalidad ambiental, se propuso la creación de "una ley marco de fiscalidad ambiental que atribuyera las distintas figuras impositivas o los hechos imponibles relevantes a los diferentes niveles de gobierno teniendo en cuenta el alcance espacial de los hechos gravables", incluyendo entre dichos hechos gravables los residuos de envases, embalajes y bolsas.

tales derivadas de la utilización de productos de plástico de un solo uso, tanto por su alcance global como por la magnitud del impacto medioambiental derivada de su destino a vertedero o abandono, amparándose en la prevención de residuos, como primera opción del principio de jerarquía de residuos en el ámbito de la economía circular. Por otra parte, aunque ni la Exposición de Motivos ni el articulado hacen referencia expresa al principio "quien contamina paga", en la contestación a las alegaciones recibidas la Memoria hace mención a que el impuesto trata de hacer efectivo dicho principio[114].

e) Se trata de un tributo no afectado, esto es, en el que la recaudación no se encuentra destinada a determinadas finalidades ambientales. Como hemos señalado en el primer capítulo, esta afectación es habitual en los impuestos autonómicos ambientales al mejorar la aceptación social del tributo y es uno de los elementos que el Tribunal Constitucional ha valorado (si bien no como el factor más relevante) para analizar si un impuesto tiene una verdadera finalidad extrafiscal de carácter medioambiental[115], pero esta cuestión es muy controvertida por su posible incompatibilidad con el principio de caja única que rige en el Derecho presupuestario, además de otros posibles inconvenientes derivados del posible encorsetamiento de los ingresos tributarios. De hecho, según se desprende de la Memoria que acompaña al Anteproyecto, en la fase de consulta pública se hicieron diversas propuestas de afectación de la recaudación obtenida al establecimiento de un sis-

---

114 La Sentencia del Tribunal de Justicia de la Unión Europea de 15 de marzo de 2018 (asunto C-104/17) ha señalado que una contribución que hace recaer un gravamen pecuniario sobre quienes ponen en el mercado nacional envases que exceden de determinados objetivos mínimos de recuperación de energía y de valorización mediante el reciclado de los residuos se ajusta claramente al principio de que quien contamina paga, consagrado en el artículo 15 de la Directiva 94/62/CE del Parlamento Europeo y del Consejo, de 20 de diciembre de 1994, relativa a los envases y residuos de envases.

115 "La afectación del gravamen a la finalidad que se dice perseguida no es más que uno de los varios indicios —y no precisamente el más importante— a tener en cuenta a la hora de calificar la verdadera naturaleza del tributo, esto es, de determinar si en el tributo autonómico prima el carácter contributivo o una finalidad extrafiscal" (STC 179/2006, de 13 de junio, FJ 10).

tema real de retorno de los envases desechados y a la financiación de proyectos de investigación y desarrollo en materia de generación de materiales fácilmente recuperables y de fomento de los procesos de reciclaje y recuperación[116]. Sin embargo, como señala dicha Memoria, tales propuestas no se han trasladado al texto del Anteproyecto por aplicación del principio de unidad de caja[117].

---

116 GARCÍA DE PABLOS considera que la recaudación del impuesto "debería utilizarse en la realización de campañas de información a los consumidores y a financiar medidas que incentiven de un comportamiento responsable de los consumidores, con el fin de reducir el abandono de basura de productos de plástico de un solo uso. En especial, en aquellas campañas para informar a los consumidores de los productos de plástico de un solo uso en relación con la disponibilidad de alternativas reutilizables, los sistemas de reutilización y las opciones de gestión de residuos disponibles para esos productos de plástico de un solo uso, así como las mejoras prácticas en materia de gestión racional. Así como informar sobre el impacto del abandono de la basura y otras formas de eliminación de residuos de plástico de un solo uso, por los efectos del plástico sobre el medio ambiente, en particular el marino. En cumplimiento de lo señalado en la propia Ley de Residuos, en relación con las medidas de concienciación", GARCÍA DE PABLOS, J. F., "Los nuevos impuestos sobre residuos y envases de plástico", *Quincena Fiscal*, núm 11, 2021.

117 Las enmiendas nº 445 del Sr. Errejón Galván y la Sra. Sabanés Nadal (Grupo Parlamentario Plural) en el Congreso y nº 223 de don Pablo Gómez Perpinyà (GPIC) en el Senado proponían que las cantidades recaudadas por este impuesto se destinaran a medidas fiscales ambientales para impulsar la reducción y reutilización de residuos, así como a prestar apoyo financiero a las Comunidades Autónomas con la finalidad de poder desplegar las nuevas obligaciones de la presente Ley. La justificación de la enmienda era que las nuevas imposiciones fiscales deben servir para mejorar el sistema de reducción y reutilización de residuos.
La enmienda nº 582 del Grupo Parlamentario Popular en el Congreso proponía añadir el siguiente párrafo:
«Este impuesto será tratado como finalista de manera que revierta en el desarrollo de planes y programas específicos para la gestión de la basura marina en general y los plásticos en particular, conforme a lo establecido en el artículo 62.1.»
Por su parte, la enmienda nº 608 del Grupo Parlamentario Popular en el Congreso incorporaba un apartado 10 al artículo 82 de Proyecto de ley con la siguiente redacción:
«10. Los ingresos recaudados a través de este impuesto se destinarán, de manera preferente, a fomentar la circularidad de los envases y avanzar en la consecución de los objetivos recogidos en el presente texto. Para ello, entre otras, podrán desarrollarse las siguientes medidas:
— La mejora de la tecnología aplicable a la clasificación de los residuos en las plantas de selección, apoyando las inversiones en equipos y dotación tecnológica de las insta-

2. ÁMBITO TERRITORIAL

De acuerdo con su configuración como tributo estatal, el artículo 69 dispone que el impuesto se aplicará en todo el territorio español, sin perjuicio de los regímenes tributarios forales de concierto y convenio económico en vigor, respectivamente, en los Territorios Históricos del País Vasco y en la Comunidad Foral de Navarra[118].

Por lo tanto, mediante este impuesto se pretende gravar el impacto de los envases de plástico sobre el medio ambiente en el territorio español. Esta intención se ve ratificada por los supuestos de no sujeción, exención, deducción y devolución que comentaremos más adelante para los productos que se destinen a ser enviados a un territorio distinto al de aplicación del impuesto, quedando así exonerados de gravamen aquellos productos cuyo impacto medioambiental se va a producir fuera del ámbito de aplicación del impuesto.

Si bien este tratamiento es lógico atendiendo a las potestades de gravamen del Estado español, no deja de ser llamativo, como ocurre en otros supuestos, que problemas ambientales globales se traten de parchear con soluciones parciales y no coordinadas, al menos, en el ámbito de la Unión Europea[119].

---

laciones de los recicladores, de forma que puedan hacer un mejor triaje de los residuos recogidos.

— El desarrollo de campañas educativas y publicitarias que incidan en la concienciación respecto a la separación correcta de los residuos de envases de botellas de bebida.»

Esta propuesta se reiteró durante la tramitación en el Senado y fue incorporada en el texto aprobado por esta Cámara sobre la base de las enmiendas nº 441 del GPP y 241 del Sr. Cleries i Gonzàlez y de la Sra. Rivero Segalàs (GPN). No obstante, una vez remitido el texto aprobado al Congreso, la enmienda fue rechazada.

118 En tanto dichos territorios forales no aprueben sus propias normas, sería de aplicación el impuesto estatal, de forma similar a como resolvieron las preguntas frecuentes nº 48 y 49 de la Agencia Estatal de Administración Tributaria en relación con Impuesto sobre Gases Fluorados de Efecto Invernadero.

119 Como indica BETANCOR RODRÍGUEZ, desde el punto de vista de política ambiental internacional, es esencial el análisis de cuál es el ámbito más adecuado para adoptar la regulación necesaria para la protección del medio ambiente (en el caso analizado por dicho autor, la atmósfera), pues cuando los efectos contaminantes tengan un carácter "planetario", puede no ser suficiente la regulación nacional o local, sino necesaria una

Por lo que se refiere a los territorios forales vascos, anteriormente mencionados, ha de hacerse referencia, en primer lugar, a la Ley 9/2023, de 3 de abril, por la que se modifica la Ley 12/2002, de 23 de mayo, por la que se aprueba el Concierto Económico con la Comunidad Autónoma del País Vasco[120]. Mediante esta ley, se produce la concertación del impuesto especial sobre los envases de plástico no reutilizables, en los siguientes términos:

- El impuesto se regirá por las mismas normas sustantivas y formales establecidas en cada momento por el Estado. No obstante, las instituciones competentes de los Territorios Históricos podrán aprobar los modelos de declaración e ingreso que contendrán, al menos, los mismos datos que los del territorio común y señalar plazos de ingreso para cada período de liquidación, que no diferirán sustancialmente de los establecidos por la Administración del Estado.
- La exacción del impuesto corresponderá a la Administración del Estado o a la Diputación Foral competente por razón del territorio con arreglo a las siguientes reglas: en los supuestos de fabricación, la exacción corresponderá a la Administración del territorio donde radiquen los establecimientos en los que se desarrolle la actividad; en los supuestos de adquisición intracomunitaria, la exacción corresponderá a la Administración del territorio en el que se encuentre el domicilio fiscal del contribuyente; si las adquisiciones intracomunitarias se realizan por un contribuyente no establecido, la exacción corresponderá a la Administración del territorio donde radique el domicilio fiscal de su representante; en los supuestos de introducción irregular de los productos objeto del impuesto, la exacción corresponderá a la Administración del territorio en el que se encuentren los mismos en el momento en que se constate la introducción irregular.
- Las devoluciones que procedan serán efectuadas por la Administración en la que hubieran sido ingresadas las cuotas cuya devolución se

regulación de alcance también "planetario", BETANCOR RODRÍGUEZ, A.: Instituciones de Derecho Ambiental, La Ley, Las Rozas (Madrid), 2001, págs. 585-588.

120 Su entrada en vigor se produjo el día siguiente de su publicación en el BOE, que fue el 4 de abril de 2023.

solicita. No obstante, en los casos en que no sea posible determinar en qué Administración fueron ingresadas las cuotas, la devolución se efectuará por la Administración correspondiente al territorio donde se genere el derecho a la devolución.

- La inscripción y el censo de los obligados tributarios del impuesto serán realizadas por la Administración del Estado o por la Diputación Foral competente por razón del territorio con arreglo a lo establecido en el apartado Dos de este artículo.
- La comprobación e investigación del impuesto se realizará por los órganos de la Administración competente para la exacción del impuesto, sin perjuicio de la colaboración entre Administraciones tributarias.

En similares términos, la Ley 8/2023, de 3 de abril, por la que se modifica la Ley 28/1990, de 26 de diciembre, por la que se aprueba el Convenio Económico entre el Estado y la Comunidad Foral de Navarra[121]. Esta ley incorpora al Convenio del impuesto especial sobre los envases de plástico no reutilizables, estableciendo la siguiente regulación:

- En la exacción del impuesto especial sobre los envases de plástico no reutilizables la Comunidad Foral de Navarra aplicará las mismas normas sustantivas y formales establecidas en cada momento por el Estado. No obstante, la Comunidad Foral podrá aprobar los modelos de declaración e ingreso que contendrán, al menos, los mismos datos que los del territorio común y señalar plazos de ingreso para cada período de liquidación, que no diferirán sustancialmente de los establecidos por la Administración del Estado.
- La exacción del impuesto corresponderá a la Comunidad Foral de Navarra o a la Administración del Estado con arreglo a las siguientes reglas: en los supuestos de fabricación de productos que forman parte del ámbito objetivo del impuesto, la exacción corresponderá a la Administración del territorio donde radiquen los establecimientos

[121] Su entrada en vigor se produjo el día siguiente de su publicación en el BOE, que fue el 4 de abril de 2023. Vid también la Ley Foral 14/2023, de 5 de abril, del Impuesto especial sobre los envases de plástico no reutilizables (BON de 24 de abril de 2023).

en los que se desarrolle la actividad; en los supuestos de adquisición intracomunitaria de productos que forman parte del ámbito objetivo del impuesto, la exacción corresponderá a la Administración del territorio en el que se encuentre el domicilio fiscal del contribuyente; si las adquisiciones intracomunitarias se realizan por un contribuyente no establecido, la exacción corresponderá a la Administración del territorio donde radique el domicilio fiscal de su representante; en los supuestos de introducción irregular de los productos objeto del impuesto, la exacción corresponderá a la Administración del territorio en el que se encuentren los mismos en el momento en que se constate la introducción irregular.

- Las devoluciones que procedan serán efectuadas por la Administración en la que hubieran sido ingresadas las cuotas cuya devolución se solicita. No obstante, en los casos en que no sea posible determinar en qué Administración fueron ingresadas las cuotas, la devolución se efectuará por la Administración correspondiente al territorio donde se genere el derecho a la devolución.
- La comprobación e investigación del impuesto se realizará por los órganos de la Administración competente para la exacción del impuesto, sin perjuicio de la colaboración entre Administraciones tributarias.

Además, habrán de tomarse en consideración los tratados y convenios internacionales que hayan pasado a formar parte del ordenamiento interno, de conformidad con el artículo 96 de la CE, según prevé el artículo 70 de la Ley 7/2022.

3. ENTRADA EN VIGOR

La fecha de entrada en vigor del impuesto ha sido, cuando menos, azarosa. El Anteproyecto de ley, dado a conocer el 6 de junio de 2020, contemplaba que su entrada en vigor fuera con efectos desde el 1 de julio de 2021. No obstante, dicha fecha se vio rápidamente superada como consecuencia de que el Anteproyecto, que transponía directivas comunitarias, hubo de remitirse a Bruselas, lo que demoró considerablemente la aprobación del Anteproyecto por el Consejo de Ministros y el ya Proyecto de ley no tuvo entrada en el

Congreso de los Diputados hasta el 20 de mayo de 2021. En ese momento, el Proyecto de ley contemplaba que el impuesto sobre envases de plástico no reutilizables entrara en vigor a los tres meses de la publicación de la norma en el Boletín Oficial del Estado[122].

Como ya es conocido, tras las modificaciones que fueron introducidas durante su paso por el Congreso de los Diputados, la Ley 7/2022 estableció finalmente que la entrada en vigor de este impuesto se produciría el 1 de enero de 2023, como así terminó ocurriendo.

No obstante, durante la tramitación parlamentaria se planteó la conveniencia de aplazar la aplicación del impuesto el tiempo suficiente para que la tecnología y [a consiguiente adaptación industrial permitan afrontar la problemática de los envases con la debida precisión y garantías, siendo deseable, además, que de seguir adelante su implantación se realizase de forma coordinada con el resto de estados de la Unión Europea[123].

Esta fecha de entrada en vigor ha sido objeto de una intensa polémica, ante las dificultades prácticas no solo para identificar los productos objeto del tributo (cuestión que entraña una singular complejidad, como abordaremos en el Capítulo siguiente) y recabar los datos esenciales para liquidar el tributo, sino para que los contribuyentes puedan adaptar sus sistemas técnicos e informáticos para que soporten dichos datos y poder dar cumplimiento a las obligaciones contables, de facturación y de liquidación del impuesto. La opción elegida por el legislador de hacer tributar cualquier producto que cumpla la función de envase, con independencia de su funcionalidad, destino y procedencia, es muy ambiciosa desde el punto de vista ambiental y, sin duda, lanza una señal clara para fomentar la reutilización, la reciclabilidad y, en definitiva, la economía circular. Pero, al mismo tiempo, desata una serie de obligaciones, sobre todo formales, cuyo cumplimiento es extraordinariamente complejo, hasta el punto de que hace dudar sobre si se está respetando adecuadamente los principios de aplicación del sistema tributario recogidos

122 Respecto al impuesto de depósito de residuos, se preveía que se entrada en vigor fuera el primer día del segundo trimestre natural siguiente a la publicación de la norma en el Boletín Oficial del Estado.

123 Vid la justificación de la enmienda nº 153 del Sr. Bel i Accensi (Grupo Parlamentario Plural) y la enmienda nº 659 del Grupo Parlamentario Popular en el Congreso.

en el artículo 3.2 de la LGT, cuando dispone que dicha aplicación se basará en los principios de proporcionalidad, eficiencia y limitación de costes indirectos derivados del cumplimiento de obligaciones formales y asegurará el respeto de los derechos y garantías de los obligados tributarios.

A lo anterior se añade que, si bien la Ley 7/2022 se aprobó el 8 de abril de 2022, casi nueve meses antes de su entrada en vigor, los contribuyentes han sufrido un entorno de absoluta incertidumbre derivado de diversos factores. Por una parte, los múltiples retrasos y modificaciones hasta la aprobación de la Ley 7/2022. Por otra parte, la ausencia de un desarrollo reglamentario, pese a estar previsto en varios de los preceptos reguladores del impuesto. Finalmente, la tardía aprobación de la Orden reguladora de los modelos de declaración del impuesto y de las obligaciones contables y aprobación, que no se produjo hasta el viernes 30 de diciembre de 2022 (esto es, dos días antes de su entrada en vigor), pese a existir un borrador de Orden sometido a trámite de información pública desde el 19 de abril de dicho año[124].

Todo lo anterior conllevó una incertidumbre que obligó a la Agencia Estatal de Administración Tributaria (AEAT) a realizar un despliegue sin precedentes de divulgación y aclaración de las múltiples dudas que suscitaba el impuesto, mediante la organización de seminarios y adelantando a través de su página web determinada información, de la que en ocasiones se desconocía su soporte legal y que no en todos los casos fue corroborada por la Orden finalmente aprobada. Dicha información incluía una serie de notas sobre el proceso de inscripción y las obligaciones formales y aduaneras, la publicación de una guía de suministro de información contable a través de la cual se conocieron algunos cambios que previsiblemente incorporaría la Orden y un listado de preguntas-respuestas con algunas aclaraciones que sufrió algunas modificaciones.

En este contexto, no es de extrañar el clamor que se extendió en el ámbito empresarial para el retraso de la entrada en vigor hasta el 1 de enero de 2024, tomando particularmente en consideración la espiral inflacionista de la segunda mitad del año 2022 y el retraso de la entrada en vigor del impuesto

---

124 El retraso en la aprobación de la Orden pudo en parte venir ocasionado por la necesidad de esperar al dictamen del Consejo de Estado, el cual se aprobó el 1 de diciembre de 2022.

italiano entonces prevista hasta dicha fecha y posteriormente pospuesta al 1 de julio de 2024[125]. Este retraso se recogía en la Proposición de Ley relativa a la sostenibilidad de la gestión de los envases y de sus residuos, presentada el 12 de diciembre de 2022 por el Grupo Parlamentario Popular en el Congreso y finalmente decaída por la finalización de la legislatura[126].

---

125 A la vista de la tardía aprobación de la Orden, hubiera sido interesante la aprobación de la enmienda nº 659 del Grupo Parlamentario Popular en el Congreso, que proponía que la entrada en vigor se produjera a los seis meses de la publicación de la normativa reglamentaria de desarrollo del impuesto en el Boletín Oficial del Estado.

126 La cuestión también se debatió en la sesión plenaria Congreso de los Diputados celebrada el 15 de febrero de 2023, a raíz de la pregunta formulada al Gobierno por un diputado del Grupo Parlamentario Popular acerca de una moratoria para retrasar la aplicación del impuesto sobre el plástico no reutilizable, con el fin de no penalizar aún más a los consumidores y facilitar el acceso a los alimentos básicos.

Capítulo IV
OBJETO DEL IMPUESTO

Como advierte ESCOBAR LASALA, "La delimitación del ámbito objetivo es la cuestión que, quizás, presenta mayor complejidad de entre todos los elementos estructurales que configuran este impuesto. Y a su vez es determinante de la extraordinaria complejidad que inevitablemente tendrá la gestión de este, especialmente en los casos de importación y de adquisición intracomunitaria, puesto que la importación o adquisición intracomunitaria de cualquier mercancía, en la medida en que esta esté contenida, envuelta, protegida o presentada en/por plástico, supondrá la realización del hecho imponible del impuesto"[127].

Esta complejidad encuentra su primer reflejo en la discordancia entre el título del impuesto y los preceptos que definen su naturaleza y su ámbito objetivo. Como es conocido, el tributo hace referencia en su título a los "envases de plástico no reutilizables" y, en esta misma línea, el artículo 67.1 de la Ley 7/2022, al definir la naturaleza, menciona los "envases no reutilizables que contengan plástico, tanto si se presentan vacíos, como si se presentan conteniendo, protegiendo, manipulando, distribuyendo y presentando mercancías". En consecuencia, con la simple alteración del orden de la característica del envase, se destaca la relevancia absoluta de la no reutilización como requisito imprescindible del envase para formar parte del ámbito objetivo del impuesto frente al plástico como material presente en la composición del envase. De esta manera, de forma acertada desde una perspectiva ambiental respecto a la necesidad de prevenir y reducir la generación de residuos integrando los postulados derivados de la economía circular, se pone el foco de atención en la reutilización y se desplaza un poco el objetivo respecto a los plásticos, al menos formalmente, evitando además herir susceptibilidades puestas de manifiesto por el sector del plástico que se ha mostrado especialmente crítico con esta medida[128].

Lo cierto es que la aparente delimitación de los productos sometidos a gravamen en torno al concepto "envase" es desmentida cuando el artículo 68 define el ámbito objetivo de una forma mucho más amplia de la que inicial-

127 ESCOBAR LASALA, J.J., "El nuevo Impuesto especial sobre los envases de plástico no reutilizables", Carta Tributaria. Revista de Opinión, núm 92, 2022.

128 Vid. FORÉTICA, *La realidad de los plásticos: mitos y verdades*, 2020, url: https://foretica.org/publicacion/la-realidad-de-los-plasticos-mitos-y-verdades/, *op. cit.*

mente pudiera parecer, tanto por la caracterización que de dicho concepto realiza la propia ley como por la inclusión de otros productos que, no siendo estrictamente envases (productos semielaborados para la obtención de envases y productos destinados al cierre, presentación y comercialización de envases), quedan también gravados. En sentido contrario, cualquier otro producto de plástico de un solo uso, que no encaje en esa definición tan amplia de envase a efectos fiscales, no quedará sujeto a tributación. Así, por ejemplo, la Dirección General de Tributos (DGT) (V1047-23) ha concluido que las cánulas de inseminación de cerdos no forman parte del ámbito objetivo del impuesto ya que no queda incluido en ninguna de las tres categorías de productos que contempla el artículo 68 de la Ley 7/2022.

Una alternativa hubiera sido la definición del ámbito objetivo a partir de una enumeración de los productos sometidos a gravamen, lo que evitaría complejas labores interpretativas y, consecuentemente, incrementaría la seguridad jurídica y simplificaría su gestión[129]. Muestra de la complejidad que se deriva de un ámbito objetivo tan ambicioso como el que recoge la Ley 7/2002 es el innumerable número de consultas tributarias planteadas al respecto y que comentaremos a lo largo de este capítulo.

1. ENVASES NO REUTILIZABLES QUE CONTENGAN PLÁSTICO

Como ha señalado de forma reiterada la DGT, para que un determinado producto se considere incluido en el ámbito objetivo del impuesto, ha

129 Vid. GARCÍA CARRETERO, B y PATÓN GARCÍA, G.: "La fiscalidad de los envases y vertidos e incineración en el proyecto de ley de residuos y suelos contaminados", en García Calvente, Y. y Sedeño López, J.F. (coords.), *Desarrollo urbano sostenible y economía circular en perspectiva jurídica*, Aranzadi, Cizur Menor, 2021, pág. 306. En este sentido, las enmienda nº 584 del Grupo Parlamentario Popular en el Congreso y nº 418 del Grupo Parlamentario Popular en el Senado (GPP) proponía que el ámbito objetivo del impuesto se limitara a "los productos de plástico de un solo uso que se contemplan en el Anexo de esta Directiva (UE) 2019/904 y respecto de los cuales se proponen determinadas medidas para la reducción de su impacto en el medio ambiente".

de cumplir tres requisitos: en primer lugar, ha de tener encaje dentro del concepto de "envase"; en segundo lugar, ha de ser no reutilizable; y, por último, ha de contener plástico según se define éste en la letra u) del artículo 2 de la propia Ley 7/2022. Abordaremos a continuación cada uno de estos requisitos.

1.1. CONCEPTO DE ENVASE

En términos generales e incluso coloquiales podemos intuir qué productos son "envases de plástico no reutilizables" o "envases no reutilizables que contengan plástico", expresiones utilizadas por el título del impuesto y su regulación, respectivamente. Pero, constituyendo el objeto de un impuesto, no es posible dejar la delimitación de este concepto a lo que cada uno pueda opinar, con base en sus mayores o menores conocimientos científicos, sino que ha de ser la propia Ley reguladora del impuesto la que, bien de forma directa, bien por remisión a la regulación sectorial, defina de forma clara sobre qué productos recae el tributo[130].

A estos efectos, el artículo 71 de la ley comprende algunas definiciones, pero no abarcan en su totalidad los elementos necesarios para determinar los productos objeto de este gravamen. De hecho, el apartado 2 de dicho precepto cierra el capítulo de definiciones indicando que, respecto a los conceptos y términos con sustantividad propia que aparecen en el capítulo en el que se regula el impuesto, salvo los definidos en el referido artículo 71, se estará a lo dispuesto en la normativa de la UE y de carácter estatal relativa a los productos incluidos en el ámbito objetivo del impuesto.

Si bien la remisión a la normativa sectorial de ámbito comunitario y estatal para la delimitación de los productos objeto del impuesto puede resultar útil, desde el punto de vista de no tener que estar adaptando periódicamente la regulación del impuesto a la evolución de la regulación sectorial, particu-

130 En este mismo sentido, ORTIZ CALLE, E.: "El impuesto especial sobre los envases de plástico no reutilizables", en Descalzo González, A. y Palomar Olmeda, A. (dirs.), *Estudios sobre la Ley de residuos y suelos contaminados para una economía circular*, Aranzadi, Cizur Menor, 2022.

larmente en un ámbito en el que los avances técnicos pueden dar lugar a sucesivas modificaciones[131], lo cierto es que esa remisión en blanco, tan genérica, entraña dificultades prácticas para la gestión del impuesto puesto que obliga al aplicador del tributo (en primer lugar el contribuyente, ya que el impuesto se gestiona principalmente mediante autoliquidación, y en segundo lugar a la propia Administración encargada del control, gestión y recaudación del tributo) a realizar una labor de continua investigación para concluir si los productos que se fabrican o comercializan están sujetos al tributo.

La letra a) del artículo 68.1 de la ley dispone que, a efectos de este impuesto, tienen la consideración de envases todos los artículos diseñados para contener, proteger, manipular, distribuir y presentar mercancías, incluyéndose dentro de estos tanto los definidos en el artículo 2.m) de la propia ley, como cualesquiera otros que, no encontrando encaje en dicha definición, estén destinados a cumplir las mismas funciones y que puedan ser objeto de utilización en los mismos términos, salvo que dichos artículos formen parte integrante de un producto y sean necesarios para contener, sustentar o preservar dicho producto durante toda su vida útil y todos sus elementos estén destinados a ser usados, consumidos o eliminados conjuntamente. Esta definición hemos de completarla con la referencia que contiene el artículo 67.1 a que es irrelevante que los envases se presenten vacíos o conteniendo, protegiendo, manipulando, distribuyendo y presentando mercancías. En ambos casos quedarán sometidos a tributación.

Encontramos, en consecuencia, tanto una remisión a la normativa sectorial en virtud del artículo 2.m) de la Ley 7/2022 como una definición expansiva o ampliada, a exclusivos efectos tributarios, en la que se incluyen productos que no tienen cabida en la referida definición sectorial[132].

---

131 Este problema fue el que se planteó con el impuesto sobre gases fluorados de efecto invernadero, cuyos potenciales de calentamiento atmosférico estuvieron desfasados desde la misma entrada en vigor de su ley reguladora hasta la modificación operada por la Ley 6/2018, de 3 de julio, al no tomar en consideración los potenciales de calentamiento atmosférico establecidos por el Tercer Informe de Evaluación adoptado por el Grupo Intergubernamental de Expertos sobre cambio climático.

132 Como advierte CALVO VÉRGEZ, se adopta una definición ciertamente amplia, comprensiva de "cualquier producto plástico no reutilizable que sirva para contener cualquier producto, líquido o sólido, al margen de que en su composición participen otros

A estos efectos, lo relevante es que se produzca la fabricación o introducción en territorio español (importación, adquisición intracomunitaria o entrada irregular) de los productos gravados, con independencia de que el objeto de la operación sea el envase o el producto que es contenido, protegido y presentado mediante el envase. Así se manifiesta la DGT en relación con una empresa que adquiere materias primas protegidas por envases de plásticos para la fabricación de cables. La adquisición intracomunitaria o la importación de dichos envases de plástico no reutilizables queda incluida en el ámbito objetivo de la ley y supone la realización del hecho imponible del impuesto, siendo irrelevante que el objeto de la compra sean los envases o el producto que es contenido, protegido y presentado mediante el envase (V0009-23).

1.1.1. Concepto de envase en la normativa sectorial

Como hemos señalado, tienen la consideración de envases todos los artículos diseñados para contener, proteger, manipular, distribuir y presentar mercancías, incluyéndose dentro de estos tanto los definidos en el artículo 2.m) de la propia ley.

Este último precepto se remite, a su vez, a la Ley 11/1997, de 24 de abril, de envases y residuos de envases para definir los "envases". Dispone la disposición transitoria undécima de la Ley 7/2022 que la Ley 11/1997, permanecerá vigente con rango reglamentario[133], en la medida en que no se oponga a esta ley y en tanto no apruebe el Gobierno los desarrollos reglamentarios previstos en la disposición final cuarta de la Ley 7/2022 relativos a los envases y residuos de envases. Entre dichos desarrollos reglamentarios se encuentran

materiales". Este autor además manifiesta su sorpresa ante la definición del objeto imponible atendiendo más a su función que a su naturaleza o composición, CALVO VÉRGEZ, J., "A vueltas con la creación de un gravamen medioambiental sobre el plástico: situación actual y perspectivas de futuro a nivel comunitario (y estatal)", *op. cit.*

133 La "deslegalización" de la Ley 11/1997 ya se había producido por la disposición derogatoria única de la Ley 22/2011, de 28 de julio, y se mantiene por la Ley 7/2022 a pesar de que a la fecha de la aprobación de esta última no había sido aún aprobado el nuevo reglamento regulador de este flujo de residuos.

las normas para los diferentes tipos de producto en relación con los residuos que generan.

En lo que aquí interesa, el 28 de diciembre de 2022 se publicó en el BOE el Real Decreto de Envases[134], por el que se deroga la Ley 11/1997. Su publicación de forma inmediatamente anterior a la entrada en vigor del impuesto permite contar con un cuerpo normativo integrado y que no requiere posteriores adaptaciones, pero incorpora una dificultad adicional a las muchas que ya presenta la gestión de este tributo.

El citado Real Decreto de Envases tiene por finalidad el establecimiento del régimen jurídico aplicable a los envases y residuos de envases con el objetivo de prevenir y reducir su impacto en el medio ambiente a lo largo de todo su ciclo de vida. A tal fin, se establecen medidas destinadas, como primera prioridad, a la prevención de la producción de residuos de envases y, atendiendo a otros principios fundamentales, a la reutilización de envases, al reciclado y otras formas de valorización de residuos de envases y, por tanto, a la reducción de la eliminación final de dichos residuos, incluida la presencia de residuos de envases en la basura dispersa, con el objeto de contribuir a la transición hacia una economía circular.

Respecto al concepto de envase, el artículo 2.f) del Real Decreto de Envases lo define como "todo producto fabricado con materiales de cualquier naturaleza y que se utilice para contener, proteger, manipular, distribuir y presentar mercancías, desde materias primas hasta artículos acabados, en cualquier fase de la cadena de fabricación, distribución y consumo". El precepto añade que se considerarán también envases todos los artículos desechables utilizados con este mismo fin.

Como se puede observar, la definición genérica de envases a efectos fiscales ("todos los artículos diseñados para contener, proteger, manipular, distribuir y presentar mercancías") es prácticamente coincidente con la definición sectorial. Esta última no es un concepto estrictamente nacional, sino que encuentra su origen en la Directiva 94/62/CE, del Parlamento Europeo y del Consejo, de 20 de diciembre, relativa a los envases y residuos de envases.

---

134 Real Decreto 1055/2022, de 27 de diciembre, de envases y residuos de envases.

La Directiva 94/62/CE se adoptó con el fin de cumplir con el compromiso adquirido en el V Programa de Acción Comunitario en materia de Medio Ambiente y Desarrollo Sostenible y tiene por objeto armonizar las normas sobre gestión de envases y residuos de envases de los diferentes Estados miembros, con la finalidad de prevenir o reducir su impacto sobre el medio ambiente y evitar obstáculos comerciales en el mercado de la Unión Europea. La Directiva incluye, dentro de su ámbito de aplicación, todos los envases puestos en el mercado comunitario y jerarquiza las diferentes opciones de gestión de residuos, considerando como prioritarias, las medidas que tiendan a evitar su generación, seguidas de aquellas que fomenten su reutilización, reciclado o valorización para evitar o reducir la eliminación de estos residuos. Asimismo, fija objetivos de reciclado y valorización.

Un elemento nuclear del concepto de "envase" es que el contenido tenga la consideración de "mercancía". Esta se define por la Real Academia Española, en su primera acepción, como "cosa mueble que se hace objeto de trato o venta".

Por esta razón, la DGT ha descartado que tengan encaje en la definición de envase los siguientes productos:

- Las bolsas de basura que se venden en los comercios como artículo acabado para uso doméstico, en tanto que no se utilizan para contener y manipular mercancías, sino residuos, entendidos estos, a partir de lo dispuesto en el artículo 2.al) de la Ley 7/2022, como sustancias y objetos que su poseedor desecha (V0016-23).
- Las bolsas de recogida de muestras para el análisis in vitro de orina, heces y esputos y legionelosis y salmonelosis, es tanto que tales muestras no son mercancías (V0024-23, V0026-23, V2275-23). Envases para almacenar sustancias que van a ser objeto de análisis médicos o clínicos, como pueden ser muestras de orina, sangre o similares (V1717-23). Botellas estériles, placas de Petri, puntas de pipeta, microtubos y crioviales para el almacenamiento de muestras y material biológico en frío; este criterio no es de aplicación al rack translúcido para contener puntas de pipeta (V2273-23).
- Los globos compuestos de varias capas de poliamida con finalidad decorativa o utilizados como juguete para los niños (V0020-03).

- Los envases que contienen muestras biológicas de origen humano para su análisis clínico, dado que, con carácter general, dichas muestras no son mercancías (V0438-23).
- Las cintas de balizamiento y las cintas para marcaje de canalizaciones (cinta blanca, con impresiones en diagonal en rojo por las dos caras, de 10 cm. de ancho y 200 metros de longitud, elaborada con polietileno de baja densidad), en tanto que no se utilizan para contener, proteger, manipular, distribuir y presentar mercancías, en el sentido del artículo 2.1 de la Ley 11/1997, de 24 de abril, ni están diseñadas para contener, proteger, manipular, distribuir y presentar mercancías en el sentido del artículo 67.1.a de la Ley 7/2022 (V0314-23).
- Las piezas llamadas "mesitas de pizza" que se incluyen en las cajas de pizza para que la tapa superior de la caja no entre en contacto con el alimento (V0940-23). Tampoco tienen cabida en la definición de producto semielaborado ni de producto destinado a permitir el cierre, la comercialización o la presentación de envases, a que nos referiremos más adelante.
- Las bolsas de plástico biodegradable para la recogida de los excrementos de mascotas, dado que dichos excrementos no son mercancías (V0968-23).
- Las tuberías de polietileno reticulado, que contienen plástico, para las instalaciones de calefacción por suelo (V0671-23).
- El plástico utilizado en el proceso de producción de espuma de poliuretano que permite que, a medida que se va produciendo la espuma, siga la guía y consiga la forma adecuada. Una vez finalizada la producción de la espuma, el plástico utilizado es retirado y es recogido por un gestor de residuos. No tiene la consideración de envase, al no cumplir con la definición del artículo 2.f) del Real Decreto de Envases, y, a su vez, formar parte de la maquinaria de producción del producto final, sin que sea utilizado para presentar el producto como unidad de venta (V0673-23).

En definitiva, un envase, para serlo, debe estar destinado a contener, proteger, manipular, distribuir y presentar mercancías, mención que incluye desde materias primas hasta artículos acabados. Por ello, dado que la leche es una mercancía, los envases empleados para el transporte de muestras de leche desde una explotación ganadera hasta el laboratorio en que se realiza su análisis están incluidos en el ámbito objetivo del impuesto (V0426-23). La misma conclusión se alcanza en relación con los cartuchos de polietileno de alta densidad para contener siliconas y masillas sellantes destinadas al sector de la construcción y el bricolaje, en tanto que dichas siliconas y masillas sellantes son una mercancía (V0430-23) o los cartuchos de selladores y adhesivos que contienen productos tales como siliconas y pegamentos (V0954-23, V2293-23).

Otros ejemplos de productos respecto de los que la DGT ha concluido que están incluidos en el ámbito objetivo del impuesto, al estar diseñados para contener, proteger, manipular, distribuir y presentar mercancías, son los siguientes:

- Los productos FIBC Bags (V0077-23), los GRGs, BigBags o Flexitanks (V0127-03, V1092-23, V1206-23, V2109-23) y sacos de plástico (V0132-23, V0391-23, V1067-23), cuando están preparados para un solo uso, aun cuando el material se pueda reciclar hasta 5-6 veces (V0077-23). Los contenedores IBC[135] o GRG[136] de plástico y metal, que son un embalaje transportable rígido o flexible que se puede emplear tanto para materiales sólidos como líquidos (V0967-23). Los contenedores flexibles polivalentes para productos a granel (FIBC o Big Bags) (V0680-23, V3006-23). Los contenedores y garrafas destinados a contener residuos, tanto químicos como sanitarios (V2075-23).
- Los contenedores intermedios flexibles para graneles sólidos (V0540-23). Los sacos continentes intermedios flexibles de rafia (V0960-23).
- Los palés de plástico, cubetas de plástico para distintos usos, película de plástico para envolver dichos palés, así como el fleje de plástico para fijar palés (V0536-23). Los envases terciarios que protegen los palets (V0678-23). Las cantoneras y flejes de los pallets y las bolsas de plás-

135 La nomenclatura IBC hace referencia a un tipo de contenedor industrial, cuya terminología son las siglas en inglés Intermediate Bulk Container.

136 El término GRG son las siglas que hacen referencia a un contenedor que transporta mercancías a granel, es decir, Gran Recipiente de mercancías a Granel.

tico dentro de cajas de cartón en las que se importa fruta (V0656-23). El retráctil que agrupa varias unidades de cajas de cartón (V0544-23). Las calas/listones de poliestireno extruido con superficie lisa que se emplean para el paletizado de paquetes (V0957-23). El plástico film destinado a proteger los pallets de carga que contienen los productos objeto de adquisición intracomunitaria, al ser una forma de embalaje (V0966-23). Los flejes o cuerdas de plástico para embalar pacas para ensilado de forraje para alimentación animal (V1642-23).

- Las bolsas de plástico (dado que están diseñadas para contener, proteger, manipular, distribuir y presentar la mercancía), el retractilado de los palés (al ser envase) y el asa de una botella de plástico (al ser un producto que contiene plástico y se considera parte del envase al que va unido por ser un elemento de este) (V0959-23, V2930-23). Las cintas de trincaje, como envases de transporte o terciarios, se trata de artículos que están diseñados para contener, proteger, manipular, distribuir y presentar mercancías (barras de aluminio) (V0992-23)[137].
- Los embalajes de productos sanitarios que son objeto de adquisición intracomunitaria o importación (V0942-23, V0995-23, V1045-23). Los embalajes de espuma de poliestireno para protección de equipos electrónicos (V0076-23). El poliestireno expandido en donde viene alojado un microscopio y sus componentes (V0660-23).
- Los envases de polietileno virgen de alta densidad, rígidos y mayoritariamente para uso químico e industrial (V0133-23).
- Las bolsas de PE-PET 120 micras con cierre zip, en las cuales se meten las bobinas de filamento para su posterior venta (V0134-23).
- Las botellas fabricadas con granza de polietileno (V0023-23).
- Las envolturas o pieles para salchichas o embutidos, las envolturas retráctiles sellables para carne fresca o congelada y los "Interleavers" (láminas plásticas aptas para estar en contacto con los alimentos y cuya función es la de separar los loncheados con el fin de facilitar su mane-

[137] La consultante importa aluminio en barras, las cuales se presentan agrupadas mediante el uso de cintas de trincaje fabricadas en plástico.

jo al consumidor final) (V0020-23). La tripa artificial diseñada para contener, proteger, manipular, distribuir y presentar mercancías, en este caso, el embutido (V0804-23, V0025-23, V0021-23, V0019-23 y V0017-23). Los cordones trenzados de polipropileno que se colocan en los jamones y en las paletas de cerdo para llevar a cabo el proceso de salado, secado y curado, entre otros (V1087-23).

- Los cartuchos utilizados para la distribución y aplicación de adhesivos y sellantes (V0543-23).
- Los productos que puedan identificarse con un mero contenedor desechable de tinta, tóner, resina, filamento o similar, que alimenta un sistema específico de impresión (V1080-23, V1081-23). Por el contrario, "no tendrá la consideración de envase a efectos del impuesto cuando no se trate de un mero contenedor del pigmento o del material utilizado para la impresión, sino de un conjunto sustituible de la impresora que contenga, además de ese pigmento o material, los elementos que realizan la impresión en sí, como el propio cabezal que proyecta la tinta en el papel, los cilindros que permiten la fijación del tóner, un micro conducto inyector, una película que se calienta o unas resistencias que producen el calentamiento" (V1082-23).
- Los productos para uso como anclaje químico profesional en el sector de la construcción consistentes en un cartucho con la apariencia exterior de un envase de plástico, que contiene dos componentes (resina y catalizador) que están separados en el cartucho/herramienta, hasta el momento de la aplicación. El proceso de aplicación consiste en presionar un émbolo que incluye el cartucho, con la ayuda de una pistola, para que se mezclen los dos componentes, y aplicación mediante extrusión de la mezcla resultante, que empieza a endurecer a partir del mezclado (V0661-23).
- Una canastilla que sirve para contener, presentar y distribuir un bote con líquido ambientador (V0538-23).
- Pintalabios y labiales, maquillaje fluido (en formato tubo o stick), máscaras de ojos y polveras de sombras (V0546-23). Los envases de desodorante (V0679-23).
- Los recambios de ambientadores (V0963-23) y los recambios de insecticidas (V0965-23) y de antimosquitos eléctricos (V2386-23), for-

mados por una botella de plástico, obturador, barra de evaporación y tapón. El envase que forma parte de un "spray pulverizador" en el que se presenta un ambientador (V0672-23). Las partes plásticas de un ambientador, esto es, el recipiente de plástico que contiene el líquido ambientador y la pieza de plástico que permite sujetar y colocar la mecha textil dentro del recipiente (V2142-23).

- Las mallas para miticultura (cultivo industrial del mejillón) (V0669-23).
- Los inhaladores vacíos compuestos principalmente de material plástico (en concreto, de Acrilonitrilo Butadieno Estireno "ABS") que se utilizan para administrar medicamentos a los pacientes para el tratamiento de distintas enfermedades respiratorias, al estar destinados a contener, proteger, manipular, distribuir y presentar medicamentos (V0971-23).
- Los palitos y varillas de plástico para piruletas, al estar destinados a contener, proteger, manipular, distribuir y presentar la mercancía (piruleta) (V0974-23).
- El encintado de plástico que permite presentar los clavos en bobinas. Este producto se fabrica en una extrusora que calienta y funde la granza, dándole forma de cinta; una perforadora se encarga de perforar esa cinta con el diámetro necesario para insertar los clavos (V1010-23).
- El soporte sobre el que se forman las bobinas de film retráctil destinado a la industrial (V1013-23).
- Los rollos de fundas protectoras de plástico que se colocan en los asientos de los vehículos en los talleres mecánicos para evitar ensuciarlos durante la reparación de aquellos si no tienen unas cualidades específicas que delimiten su uso de forma exclusiva al descrito, permitiendo también su uso, por ejemplo, como elemento de protección de los asientos durante el transporte de coches nuevos (V1049-23).
- Las bolsas y contenedores de plástico para preservar la esterilidad y garantizar la transferencia a salas blancas sin contaminación o el control de temperatura (V1205-23)[138].

138 Destinados a contener productos para el sector farmacéutico que no tienen uso sanitario: placas petri que vienen con un medio de cultivo en su interior; desinfectante que

- Los botellines de plástico en los que se comercializan líquidos, aromas y esencias para cigarrillos electrónicos (V1212-23).
- Los envases de plástico en que se comercializan productos fitosanitarios líquidos de uso doméstico, fertilizantes líquidos de uso doméstico y biocidas líquidos de uso doméstico (V1214-23).
- Las bandejas de plástico que contiene tierra prensada para la propagación y germinación de plantas de todo tipo (V1217-23).
- La lata de un aerosol en la que se contiene el gas junto con el principio activo (insecticida, ambientador, desinfectante) (V1218-23).
- Los carretes de madera para enrollar cable a los que se incorpora un tubo de PVC como refuerzo adicional (V0435-23). También los carretes alrededor de los cuales se envuelve cordel cuando dichos carretes se fabriquen con plástico y sean no reutilizables (V0994-23).
- La esponja limpia calzado que sirve para contener, manipular y distribuir el líquido abrillantador (V1618-23). El abrillantador de calzado formado por tres elementos plásticos: un recipiente que contiene el principio activo abrillantador, una esponja para aplicar el producto y la tapa que preserva tanto la esponja como el producto activo (V2144-24).
- Las trampas para la eliminación de hormigas y cucarachas que contienen un gel biocida (V2076-23, V2143-23).
- Los neceseres, fundas y sobres para protección de documentos, así como estuches o forros para protección de libros (V2366-23).

Delimitado el concepto de envase, la normativa sectorial los clasifica conforme a dos criterios: el primero, atendiendo a su función en relación con el contenido del envase; el segundo, atendiendo a su destino.

viene en botellas de plástico de 1 litro, y dicha botella viene envasada en 3 bolsas de plástico para garantizar la esterilidad del producto para su transferencia a salas blancas; microrganismos liofilizados para el control de calidad en laboratorios de microbiología, cuyo envase incluye medidores de registro de temperatura para garantizar que el producto ha tenido tratamiento adecuado y sigue siendo válido.

Refiriéndonos al primero de los criterios de clasificación, los envases se pueden clasificar en tres categorías: los envases de venta o primarios, los envases colectivos o secundarios y los envases de transporte o terciarios. Dichas categorías, relevantes para poder aplicar los regímenes de responsabilidad ampliada, se definen de la siguiente forma:

- Envase de venta o envase primario: todo envase diseñado para constituir en el punto de venta una unidad de venta destinada al consumidor o usuario final, ya recubra al producto por entero o solo parcialmente, pero de tal forma que no pueda modificarse el contenido sin abrir o modificar dicho envase.
- Envase colectivo o envase secundario: todo envase diseñado para constituir en el punto de venta una agrupación de un número determinado de unidades de venta, tanto si va a ser vendido como tal al usuario o consumidor final, como si se utiliza únicamente como medio de reaprovisionar los anaqueles en el citado punto, pudiendo ser separado del producto sin afectar a las características de este.
- Envase de transporte o envase terciario: todo envase diseñado para facilitar la manipulación y el transporte de varias unidades de venta o de varios envases colectivos, con objeto de evitar su manipulación física y los daños inherentes en el transporte[139]. Están excluidos de este concepto los contenedores intermodales o multimodales para transporte terrestre, naval, ferroviario y aéreo, de acuerdo con las definiciones establecidas en la Convención Internacional de Seguridad de Contenedores, de 2 de diciembre de 1972[140]. La DGT (V0992-23) encuadra en esta categoría de envase terciario a las cintas de trincaje.

139 El impuesto de Reino Unido no somete a tributación los envases terciarios utilizados en las importaciones de bienes en dicho país.

140 Esta Convención formaliza las normas estructurales necesarias para que la manipulación, el apilamiento y el transporte de contenedores, en el curso de las operaciones normales, se realicen en condiciones de seguridad. A tales efectos, por "contenedor" se entiende un elemento de equipo de transporte:
a) de carácter permanente y, por tanto, suficientemente resistente para permitir su empleo repetido;

Por su parte, si atendemos al destino de los envases, podemos distinguir entre envases comerciales, envases de servicios, envases domésticos y envases industriales, cuyas definiciones son las siguientes:

- Envase comercial: envase que, sin tener la consideración de doméstico, está destinado al uso y consumo propio del ejercicio de la actividad comercial, al por mayor y al por menor, de los servicios de restauración y bares, de las oficinas y de los mercados, así como del resto del sector servicios.
- Envase de servicio: envases diseñados y destinados a ser llenados en el punto de venta y los artículos desechables diseñados y destinados al llenado en el punto de venta para suministrar el producto, y/o permitir o facilitar su consumo directo o utilización, tales como las bolsas proporcionadas a los consumidores para el transporte de la mercancía o como envase primario para alimentos a granel, las bandejas, platos, vasos, cubiertos, entre otros.
- Envase doméstico: envase de productos destinados al uso o consumo por particulares, independientemente de su carácter primario, secundario o terciario, siempre que sean susceptibles de ser adquiridos por el consumidor en los comercios, con independencia del lugar de venta o consumo.
- Envase industrial: envase destinado al uso y consumo propio del ejercicio de la actividad económica de las industrias, explotaciones agrícolas, ganaderas, forestales o acuícolas, con exclusión de los que tengan la consideración de comerciales y domésticos.

---

b) especialmente ideado para facilitar el transporte de mercancías, por uno o varios modos de transporte, sin manipulación intermedia de la carga;
c) construido de manera que pueda sujetarse y/o manipularse fácilmente, con cantoneras para ese fin;
d) de un tamaño tal que la superficie delimitada por las cuatro esquinas inferiores exteriores sea (i) por lo menos de 14 metros cuadrados (150 pies cuadrados) o (ii) por lo menos 7 metros cuadrados (75 pies cuadrados), si lleva cantoneras superiores.
El término "contenedor" no incluye los vehículos ni los embalajes; no obstante, incluye los contenedores transportados sobre chasis.

Todos ellos, con independencia de su función (primarios, secundarios o terciarios[141]) o de su destino (comercial, servicio, doméstico o industrial[142]) son gravados por el impuesto, sin perjuicio de la existencia de determinados supuestos de no sujeción y exención a los que haremos referencia más adelante. En particular, es preciso advertir que un producto que cumpla la definición de envase del artículo 2 del Real Decreto de Envases tendrá tal consideración aunque no se entregue al consumidor final, esto es, el hecho de que el producto no forme parte del envase final que se pone a la venta al consumidor es irrelevante a efectos de su consideración como envase (V1714-23).

141 La enmienda nº 596 del Grupo Parlamentario Popular en el Congreso proponía una exención para la fabricación, importación o adquisición intracomunitaria de filmes de plástico destinados a utilizarse en el transporte de mercancías. Esta propuesta se reiteró en la enmienda nº 427 del Grupo Parlamentario Popular en el Senado y en otra posterior que la condicionaba a que dichos filmes incorporasen como mínimo un 30% de material reciclado (enmienda nº 428 del Grupo Parlamentario Popular en el Senado.

142 La enmienda nº 46 de la Sra. Oramas González-Moro (Grupo Parlamentario Mixto) en el Congreso proponía que quedaran excluidos del ámbito objetivo del impuesto los envases industriales definidos en la Ley 11/1997, de 24 de abril, de Envases y Residuos de Envases. La enmienda justificaba esta excusión en que la finalidad ambiental del impuesto es evitar el abandono de residuos en el entorno y su eliminación en vertedero y que los envases industriales no llegan al consumidor final (y, por tanto, no corren el riesgo de acabar convirtiéndose en basura dispersa) ya que, por norma general, se reutilizan y se gestionan correctamente a través de un gestor autorizado cuando se convierten en residuos. Además, señalaba que se debe tener en cuenta que muchos envases industriales, como puede ser el film estirable, ejercen una función logística insustituible y que si se intenta minimizar la cantidad se corre el riesgo de cargas movidas en los pallets, lo que podría conllevar el retorno de mercancías y, por tanto, un impacto directo en el aumento de la huella de carbono. Esta modificación se propuso nuevamente mediante la enmienda nº 11 de don Fernando Clavijo Batlle (GPN) en el Senado y nº 193 de don Fabián Chinea Correa (GPIC) en el Senado.

La misma propuesta de exclusión se recogía en las enmiendas nº 583 y 585 del Grupo Parlamentario Popular en el Congreso y en la enmienda nº 420 del Grupo Parlamentario Popular en el Senado (GPP). Las enmiendas 586 en el Congreso y 419 del Grupo Parlamentario Popular en el Senado (GPP) proponían además limitar el ámbito objetivo a "los envases de consumo no reutilizables en los que el plástico sea el componente mayoritario".

La amplitud del concepto de envase, a efectos del impuesto, la podemos observar en una consulta planteada a la DGT por una compañía logística que trabaja con diversos operadores que importan sacas de materia prima de polietileno en palés que llevan embalaje de plástico no reutilizable, así como film de plástico para fruta o carne (V0394-23). La DGT señala lo siguiente:

- El polietileno todavía no tiene la consideración de envase, ni de producto semielaborado, a los efectos del impuesto, sino que constituye materia prima para la fabricación de artículos que podrían, o no, llegar a serlo.
- Por el contrario, si en su composición contienen plástico, las sacas en las que se presenta esa materia prima sí que tendrían la consideración de envase y formaría parte del ámbito objetivo del impuesto, pues dichas sacas constituyen un artículo que está diseñado para contener, proteger, manipular, distribuir y presentar mercancías, y no se indica que sea reutilizables.
- En relación con el embalaje de plástico no reutilizable que incorporan los palés en los que se importa la mercancía, se trata de un artículo que está diseñado para contener, proteger, manipular, distribuir y presentar mercancías, que forma parte del ámbito objetivo del impuesto.
- Por último, en cuanto al film de plástico para fruta o carne, se trata de un artículo que está diseñado para contener, proteger, manipular, distribuir y presentar mercancías, que forma parte del ámbito objetivo del impuesto.

También se grava el envase compuesto, esto es, el fabricado con dos o más capas de materiales diferentes e inseparables, sobre el que nos detendremos cuando nos refiramos a los productos parcialmente compuestos de plástico.

Tal y como indica la Directiva 94/62/CE, la definición de "envase" se basará además en tres criterios a los que a continuación nos referiremos. Ante las dudas que pueden suscitar dichos criterios, la Directiva recoge en su anexo I una serie de artículos a modo de ejemplos ilustrativos de la aplicación de aquellos. Dichos criterios, junto con su anexo ilustrativo, han sido trasladados al Real Decreto de Envases.

Conforme al **primero** de los referidos criterios, se considerarán envases los artículos que se ajusten a la definición mencionada anteriormente sin perjuicio de otras funciones que el envase también pueda desempeñar, salvo que el artículo forme parte integrante de un producto y sea necesario para contener, sustentar o preservar dicho producto durante toda su vida útil, y todos sus elementos estén destinados a ser usados, consumidos o eliminados conjuntamente. El Anexo I del Real Decreto de Envases recoge los siguientes ejemplos ilustrativos de la interpretación de la definición de envase conforme a este criterio:

Se consideran envases	No se consideran envases
• Cajas de dulces.	• Macetas previstas para que las plantas permanezcan en ellas durante su vida.
• Película o lámina de envoltura de cajas de CD.	• Cajas de herramientas.
• Bolsas de envío de catálogos y revistas (que contienen una revista).	• Bolsas de té.
• Moldes de repostería vendidos con piezas de repostería.	• Capas de cera que envuelven el queso.
• Rollos, tubos y cilindros alrededor de los cuales se enrolla un material flexible (por ejemplo, película plástica, aluminio, papel), excepto los rollos, tubos y cilindros destinados a formar parte de maquinaria de producción y que no se utilicen para presentar un producto como unidad de venta.	• Pieles de salchichas o embutidos.
• Macetas destinadas a utilizarse únicamente para la venta y el transporte de plantas y no para que la planta permanezca en ellas durante su vida.	• Perchas para prendas de vestir (vendidas por separado).
• Botellas de vidrio para soluciones inyectables.	• Cápsulas de café, bolsas de papel de aluminio para café y monodosis de café en papel filtro para máquinas de bebidas, que se eliminan con el café usado.
• Ejes porta CD (vendidos con los CD, pero no destinados al almacenamiento).	• Cartuchos para impresoras.
• Perchas para prendas de vestir (vendidas con el artículo).	• Cajas de CD, DVD y vídeo (vendidas con un CD, DVD o vídeo en su interior).
• Cajas de cerillas.	• Ejes porta CD (vendidos vacíos, destinados al almacenamiento).

Se consideran envases	No se consideran envases
• Sistemas de barrera estéril (bolsas, bandejas y materiales necesarios para preservar la esterilidad del producto).	• Bolsas solubles para detergentes.
• Cápsulas para máquinas de bebidas (por ejemplo, café, cacao, leche), que quedan vacías después de su uso.	• Soportes de velas (como por ejemplo las que se usan en cementerios).
• Botellas de acero recargables utilizadas para diversos tipos de gases, con excepción de los extintores de incendios.	• Molinos mecánicos (integrados en un recipiente recargable, por ejemplo, molinos de pimienta recargables).

Así, por ejemplo, la DGT ha señalado que las cápsulas de café, dado que están diseñadas para contener, proteger, distribuir y presentar la mercancía, tendrían la consideración de envase a efectos de este impuesto. No obstante, cuando se trate de cápsulas de café que se eliminan con el café usado le resultará de aplicación la salvedad contenida en el artículo 68 de la Ley 7/2022: "salvo que dichos artículos formen parte integrante de un producto y sean necesarios para contener, sustentar o preservar dicho producto durante toda su vida útil y todos sus elementos estén destinados a ser usados, consumidos o eliminados conjuntamente". En consecuencia, las cápsulas de café que se eliminan con el café usado no están incluidas en el ámbito objetivo del impuesto, en línea con el criterio recogido en el listado de ejemplos de la Directiva 94/62/CE, donde se considera que no son envases las cápsulas de café que se eliminan con el café usado y que sí son envases las cápsulas para máquinas distribuidoras de bebidas que quedan vacías después de su uso (V0010-23).

En el mismo sentido, la DGT ha considerado que, si bien la definición de envase del artículo 68.1.a) de la Ley 7/2022 podría ser de aplicación al plástico que, en un proceso de plastificación, se incorpora a libros, carpetas y revistas, este queda fuera del ámbito objetivo del impuesto porque forma parte integrante de un producto y es necesarios para contener, sustentar o preservar dicho producto durante toda su vida útil y todos sus elementos están destinados a ser usados, consumidos o eliminados conjuntamente (V0413-23).

También se benefician de esta exclusión los maletines de plástico que contienen herramientas, a semejanza de las cajas de herramientas, las cuales no son envase conforme al listado de ejemplos expuestos en el Anexo I de la Directiva 94/62/CE (V1084-23), y los componentes (base o cápsula, alargador o mortero y disco o celo) de un artículo pirotécnico categorizado según la norma UNE-EN 16256 como "comenta" o "volcán" en función del efecto que se pretenda visualizar, en la medida en que formen parte integrante del producto que contienen y sean necesarios para contener, sustentar o preservar dicho producto durante toda su vida útil, y todos sus elementos estén destinados a ser usados, consumidos o eliminados conjuntamente (V0658-23). La misma conclusión se alcanza respecto de los soportes para velas (V2071-23).

Por el contrario, la DGT ha considerado que la salvedad prevista para el artículo que "forme parte integrante de un producto y sea necesario para contener, sustentar o preservar dicho producto durante toda su vida útil, y todos sus elementos estén destinados a ser usados, consumidos o eliminados conjuntamente" no es de aplicación a los siguientes productos:

- Los cartuchos de polietileno de alta densidad para contener siliconas y masillas sellantes destinadas al sector de la construcción y el bricolaje (V0430-23). Los cartuchos utilizados para la distribución y aplicación de adhesivos, siliconas, resinas y otros sellantes (V0543-23, V2293-23). Los productos para uso como anclaje químico profesional en el sector de la construcción consistentes en un cartucho con la apariencia exterior de un envase de plástico, que contiene dos componentes (resina y catalizador) que están separados en el cartucho/herramienta, hasta el momento de la aplicación (V0661-23). Los cartuchos, utilizados en combinación con dispensadores, que contienen productos para la higiene y el cuidado de la piel (V1715-23).
- Las barras de labios y envases no mono dosis de cremas faciales, como tarros, tubos o dispensadores en botella (V0356-23). Pintalabios y labiales, maquillaje fluido (en formato tubo o stick), máscaras de ojos y polveras de sombras (V0546-23).
- Una canastilla que sirve para contener, presentar y distribuir un bote con líquido ambientador (V0538-23). El envase en formato "spray pulverizador" en que se presenta un ambientador, dado que no forma parte integrante del producto que contiene (ambientador) (V0672-23). Los envases de desodorante (V0679-23), los recambios de ambientadores (V0963-23), los recambios de insecticida (V0965-23)

y los recambios de antimosquitos eléctricos (V2386-23). Los inhaladores vacíos que se utilizan para administrar medicamentos a los pacientes para el tratamiento de distintas enfermedades respiratorias (V0971-23).

- Los rollos de fundas protectoras de plástico de los asientos durante el transporte de coches nuevos (V1049-23).
- El flexitank, que es una bolsa de plástico no reutilizable que se utiliza para transportar líquidos a granel y para su protección (V1092-23, V3040-23).
- Las bolsas y contenedores de plástico para preservar la esterilidad y garantizar la transferencia a salas blancas sin contaminación o el control de temperatura (V1205-23).
- El film para conservar y las bolsas de congelación que se vende en los comercios como artículo acabado para uso doméstico (V0016-23). Esta consulta añade que es irrelevante que los productos estén destinados a un uso doméstico o no pues la ley, en aras de una mayor objetividad, no hace consideración alguna al tipo de uso que se dé al producto.
- Los cubres de malla de plástico para cajas de productos agrícolas y las mallas de plástico para bolsas de productos hortofrutícolas (V0128-23).
- El cordel con el que se realizan los lazos de plástico para sujetar el embutido y secarlo durante el proceso productivo para obtener el producto final (V0994-23).
- Las envolturas para salchichas o embutidos consistentes en estructuras plásticas retráctiles y coextrusionadas que son usadas como envoltura "primaria" durante las etapas de elaboración del producto y aportan estabilidad térmica durante el proceso y las propiedades de barrera imprescindibles para mantener la vida útil de los alimentos en condiciones de refrigeración[143]. A juicio de la DGT, no puede afirmarse que

143 Por sus funciones técnicas, tanto en la elaboración como en la distribución del producto, pueden utilizarse adicionalmente como instrumento de marketing y su presentación puede ser variada en su aspecto y textura (a las mismas pueden añadirse etiquetas, im-

formen parte integrante del producto, dado que hay presentaciones comerciales en las que los productos están loncheados y sin esas envolturas, lo que pone de manifiesto que los mismo no son necesarios para contener, sustentar o preservar dicho producto durante toda su vida útil ni todos sus elementos estén destinados a ser usados, consumidos o eliminados conjuntamente. Es más, a diferencia de la piel comestible que, en ocasiones, también recubre las salchichas o embutidos, resulta que, en las presentaciones comerciales en las que el tipo de envoltura sobre el que versa la consulta aún se conserva, es necesario siempre proceder luego a su retirada antes del consumo (V1465-23).

- Las trampas para la eliminación de hormigas y cucarachas que contienen un gel biocida, pues el envase (la trampa) no se consume conjuntamente con el biocida, sino que permanece como residuo (V2076-23, V2143-23).
- El abrillantador de calzado formado por tres elementos plásticos: un recipiente que contiene el principio activo abrillantador, una esponja para aplicar el producto y la tapa que preserva tanto la esponja como el producto activo (V2144-24).

Especialmente interesante es el análisis de la DGT respecto de los cartuchos de selladores y adhesivos que contienen productos tales como siliconas y pegamentos (V0955-23). Partiendo de que dichas siliconas y pegamentos son una mercancía, los cartuchos que las contienen cumplen las condiciones para considerarse envase y únicamente queda analizar si puede considerase que se trata de artículos que cumplan tres requisitos: (i) formar parte integrante de un producto y (ii) ser necesarios para contener, sustentar o preservar dicho producto durante toda su vida útil y (iii) estar todos sus elementos destinados a ser usados, consumidos o eliminados conjuntamente. A juicio de la DGT, los cartuchos a que se refiere la consulta no cumplen las tres condiciones anteriores, y por tanto están sujetos al impuesto:

- En primer lugar, los cartuchos no forman parte integrante del producto, sino que son un simple envase.

presiones con tinta, distintos colores, etc.), no requiriéndose por tanto la utilización de un envase secundario final adicional para su presentación y comercialización.

- En segundo lugar, los cartuchos, no son necesarios para contener, sustentar o proteger el producto durante toda su vida útil, pues para utilizar la silicona esta debe salir de estos cartuchos y su vida útil no finaliza en ese momento, sino que permanecerá en el lugar donde se haya empleado durante un tiempo variable en función de las circunstancias.
- Finalmente, los cartuchos y la silicona no se usan conjuntamente sino que, una vez empleada la silicona, ésta sigue siendo "utilizada" al margen de los cartuchos, no es necesario que el cartucho permanezca junto a la silicona empleada; los cartuchos y la silicona no se consumen conjuntamente, porque el envase no se consume, sino que permanece como residuo una vez que se ha utilizado toda la silicona que contenía; los cartuchos y la silicona no se eliminan conjuntamente, sino que una vez que la silicona ha sido utilizada para la finalidad que sea, únicamente se desecha el envase vacío, y, en su caso, en un momento posterior se desechará la silicona, pero al margen de los cartuchos.

Se puede observar un elemento común en estas consultas que es esencial para considerar que el envase se pueda beneficiar de esta exclusión: la vida útil del envase ha de ser plenamente coincidente con la del producto que contiene, hasta el punto de que una vez consumido este, el envase ha de desaparecer conjuntamente con el producto. Si el contenido del envase se va aplicando o consumiendo de una manera paulatina y, una vez consumido totalmente, el envase perdura y es desechado de manera independiente, el envase quedará sometido a tributación, no siendo de aplicación la exclusión que venimos comentando.

Según el **segundo criterio** para calificar un producto como envase, se considerarán envases los artículos diseñados y destinados a ser llenados en el punto de venta y los artículos desechables vendidos llenos o diseñados y destinados al llenado en el punto de venta, a condición de que desempeñen la función de envase. Los ejemplos ilustrativos de este segundo criterio interpretativo que se recogen en el Anexo I del Real Decreto son los siguientes:

Se consideran envases	No se consideran envases
• Bolsas de papel o plástico.	• Removedores.
• Platos y vasos desechables.	• Cubiertos desechables

Se consideran envases	No se consideran envases
• Películas o láminas para envolver.	• Papel de embalaje (vendido por separado).
• Bolsitas para bocadillos.	• Moldes de papel para horno (vendidos vacíos).
• Papel de aluminio.	• Moldes de repostería vendidos vacíos.
• Fundas de plástico para ropa limpia de lavandería.	

El **tercer criterio** hace referencia a los elementos del envase y elementos auxiliares integrados en él, los cuales se considerarán parte del envase al que van unidos. Respecto a los elementos auxiliares directamente colgados del producto o atados a él y que desempeñen la función de envase, también se considerarán envases, salvo que formen parte integrante del producto y todos sus elementos estén destinados a ser consumidos o eliminados conjuntamente.

Se consideran envases	No se consideran envases
• Etiquetas colgadas directamente del producto o atadas a él.	• Etiquetas de identificación por radiofrecuencia (RFID).
Se consideran parte de envases	
• Cepillos de rímel que forman parte del cierre del envase.	
• Etiquetas adhesivas sujetas a otro artículo de envasado.	
• Grapas.	
• Fundas de plástico.	
• Dispositivos de dosificación que forman parte del cierre de los envases de detergentes.	
• Molinos mecánicos (integrados en un recipiente no recargable cargado con un producto, por ejemplo, molinos de pimienta llenos de pimienta).	

A la vista de este listado ejemplificativo, la DGT ha señalado que unas etiquetas que cuelgan o que están atadas al producto tienen la consideración de envase, quedando sujetas al impuesto en la medida que sean de plástico y no sean reutilizables (V0392-23).

De la misma forma, el émbolo y la cánula que acompañan a los cartuchos de polietileno de alta densidad destinados para contener siliconas y masillas sellantes y utilizados en el sector de la construcción y el bricolaje (V0430-23) o los adhesivos y sellantes (V0543-23) se consideran parte del envase y por tanto están incluidos en el ámbito objetivo del impuesto.

También forma parte del ámbito objetivo, el asa de una botella de plástico, al ser un producto que contiene plástico y se considera parte del envase al que va unido por ser un elemento de este (V0959-23) y el mecanismo dispensador incorporado a un envase denominado "Bag in Box" que conecta dicho envase con una máquina dispensadora de zumos, al ser un elemento auxiliar integrado en el envase (V1050-23). Asimismo, la pieza de plástico, denominada "yugo soporte", que tiene como función sustentar y unir tres recipientes que contienen tres tipos de fragancia que se difunden en el ambiente de forma alternativa (V2145-23).

De forma similar, las jeringas, tapones dosificadores y cucharas de medición forman parte del ámbito objetivo del impuesto, dado que su destino es contener, proteger, manipular, distribuir y presentar la mercancía (producto sanitario, probióticos, alimentos infantiles), son elementos auxiliares integrados en el envase y se consideran parte del envase (V2713-23).

Distinta conclusión ha alcanzado la DGT respecto de la inclusión en el ámbito objetivo del impuesto de un precinto usado para garantizar la trazabilidad, calidad y seguridad de los jamones Se describe como una brida de poliamida que incorporan una etiqueta de radiofrecuencia para identificar los jamones y que se cierra alrededor de la parte de la pezuña del jamón, indicando, según el color, el origen y calidad. Las bridas son de un solo uso ya que hay que romper la brida para sacarla de la pata del jamón. La DGT, acudiendo a la lista de ejemplos ilustrativos de la Directiva de lo que se considera envase y lo que no, señala que dicho Anexo indica expresamente que no son envases las etiquetas de identificación por radiofrecuencia (RFID). En consecuencia, el producto descrito, al tratarse de etiquetas de radiofrecuencia unidas a una brida para poder atarlas al jamón, no tienen la consideración de envase según los criterios establecidos en la Directiva, y, por tanto, no estarían incluidas en el ámbito objetivo del Impuesto (V0129-23).

1.1.2. Definición ampliada o expansiva a efectos tributarios

El artículo 68.1.a) de la Ley 7/2022 expande el ámbito objetivo del impuesto al añadir que, a efectos de este impuesto, tendrán la consideración de envases, además de los definidos como tales en la normativa sectorial de envases, "cualesquiera otros que, no encontrando encaje en dicha definición, estén destinados a cumplir las mismas funciones y que puedan ser objeto de utilización en los mismos términos, salvo que dichos artículos formen parte integrante de un producto y sean necesarios para contener, sustentar o preservar dicho producto durante toda su vida útil y todos sus elementos estén destinados a ser usados, consumidos o eliminados conjuntamente". Esta definición ampliada resuelve alguna de las dudas que suscitaba la recogida en el Anteproyecto de la Ley 7/2022, que se refería a "todos los productos de plástico no reutilizables que sirvan para contener productos líquidos o sólidos, o para envolver bienes o productos alimenticios".

Nos encontramos, por tanto, ante un concepto propio a exclusivos efectos tributarios, que escapa de definición de envase previsto en la normativa sectorial. Es decir, como señala la DGT (V0962-23), que un producto no sea envase de conformidad con el artículo 2.f) del Real Decreto de Envases no implica que quede excluido del concepto de envase a efectos del impuesto.

Señala el Preámbulo de la ley que en este concepto tendrían cabida los vasos de plástico o los rollos de plástico para embalar y evitar roturas en el transporte de productos[144]. La exposición de motivos del Anteproyecto hacía asimismo referencia al plástico film para uso en el hogar.

En consecuencia, conforme al criterio de la DGT, se incluyen en el ámbito objetivo del impuesto los siguientes productos:

- El film plástico vendido en el comercio como producto para uso doméstico, el film plástico utilizado en el comercio para presentar fruta cortada, bolsas de congelación de plástico vendidas en el comercio como producto para uso doméstico; la bolsa de plástico utilizada en el

---

144 LÓPEZ FERRO también incluye en este concepto "los envases vacíos que, según el Real decreto de envases, no sería envases y que afectos del impuesto sí se gravan", LÓPEZ FERRO, A.: "A vueltas con el concepto de envase reutilizable", Blog Terraqui, disponible en https://www.terraqui.com/blog/actualidad/envase-reutilizable-impuesto/

comercio para presentar mercancías, por ejemplo, un pack de 5 panecillos. Todos ellos están diseñados para contener, proteger, manipular, distribuir y presentar mercancía, encuentren o no encaje en la definición contenida en el artículo 2.m) de la ley (V0126-23).

- El aro de plástico que sirve de eje de una bobina industrial de papel para fabricar cigarrillos, pues se trata de un artículo que está diseñado para contener, proteger, manipular, distribuir y presentar mercancías (el papel para fabricar cigarrillos) (V0937-23).
- El film transparente y las bolsas de congelación distribuidas por una cadena de supermercados como productos acabados para el consumidor final (V0962-23).
- Los tarros, frascos, bidones y contenedores que, aun cuando pudiera argumentase que no se utilizan para contener mercancías, están destinados a almacenar y conservar reactivos, disoluciones y muestras (V2273-23, V2275-23).

Resulta muy ilustrativo el caso de las perchas de ropa (V0806-23) para observar el carácter expansivo de la definición tributaria cuando se separa de la definición ambiental. En este supuesto, la DGT recuerda que, desde la perspectiva del Real Decreto de Envases, una percha será o no envase en función de si lleva colgada o no una prenda de vestir. En el caso de que la percha se venda con la prenda de vestir es envase a los efectos de dicha norma y también es envase desde la perspectiva del Impuesto y, por ello, quedará incluida en el ámbito objetivo del impuesto en la medida que sea no reutilizable. Ahora bien, en el supuesto de que la percha se venda por separado y, en consecuencia, no tenga la condición de envase a efectos del Real Decreto de Envases, también formará parte del ámbito objetivo del impuesto como consecuencia de que la definición a efectos tributarios es más amplia que la que se deriva de la normativa ambiental impuesto, todo ello, claro está, en la medida en que la percha sea no reutilizable.

El Informe de la CNMC de 30 de julio de 2020 observó la existencia de mejoras en la definición del ámbito objetivo. Para la CNMC, de la lectura integrada de la definición de "envases de plástico" contenida en la propia ley y de la definición ampliada a efectos de delimitar el objeto del tributo (otros productos de plástico no reutilizables que no cumplan tal definición) no queda claro si están sometidas al impuesto las bolsas de plástico, que son un tipo de envase que tiene cabida en la definición anterior y que produce unos altos niveles de residuos dispersos. En el caso de que la respuesta fuera afirmativa, tampoco queda claro si la inclusión alcanza tanto a las bolsas ligeras (espesor inferior a 50 micras) como a las muy ligeras (espesor inferior a 15 micras). El Informe de la CNMC advirtió que, dado que el Real Decreto 293/2018 sobre reducción de consumo de bolsas de plástico incluye la obligación de cobrar un precio por cada bolsa de plástico ligera entregada al consumidor (no así las muy ligeras, que se entregan por higiene) puede entenderse que, de contemplarse también su sujeción al impuesto, estarían sometidos a una doble intervención, dado que ya están sujetos a intervención en precios[145]. Por ello, termina concluyendo que sería recomendable que se explicite su inclusión o no en el ámbito objetivo de forma explícita, en aras de la seguridad jurídica tanto de los operadores económicos como de los consumidores.

1.1.3. Delimitación negativa

Para delimitar los productos objeto de gravamen, hemos de hacer referencia al supuesto de no sujeción recogido en la letra d) de artículo 73 de la Ley 7/2022, del que se benefician los productos que, "pudiendo desempeñar las funciones de contención, protección y manipulación de mercancías, no están diseñados para ser entregados conjuntamente con dichas mercancías".

Según se indica en el documento de preguntas y respuestas publicado por el Ministerio de Hacienda y Función Pública, este precepto trata de clarificar que no todo artículo diseñado para contener, proteger, manipular, distribuir y presentar mercancías forma parte del ámbito objetivo del impuesto, sino que se requiere además que pueda ser objeto de entrega conjunta con la mercancía. A modo de ejemplo, se menciona el plástico que recubre un invernadero, el cual sirve para proteger mercancías (las plantas que están en macetas dentro del invernadero), pero que no está diseñado para ser entregado junto con las macetas.

---

145 Esta doble intervención se produce actualmente en Andalucía donde, como tuvimos ocasión de analizar en el capítulo II sigue vigente el Impuesto sobre las Bolsas de Plástico de un Solo Uso.

La DGT ha puesto el acento en las características específicas que delimiten el uso del producto. Así, en relación con las bolsas de plástico que un establecimiento comercial pone a disposición de los clientes a la entrada de la tienda para poner el paraguas mojado, únicamente quedarán no sujetas si tuvieran unas características específicas que delimiten su uso de forma exclusiva al descrito (V1658-23).

Este supuesto de no sujeción es aplicado por la DGT en relación con las arpilleras, que son una pieza textil gruesa y áspera que suele utilizarse como elemento cobertor y en la fabricación de sacos y piezas de embalaje. En el caso concreto analizado, se trata de arpilleras de rafia de plástico, cuya composición es de 100 por cien polipropileno y en algunos casos puede contener también opcionalmente elementos de polietileno. No tienen la forma de saco (receptáculo, por lo común de forma rectangular o cilíndrica, abierto por uno de los lados con el objetivo de servir como envase o embalaje), sino de lámina, rectangular o cuadrada, que está destinada a recubrir un invernadero para proteger las mercancías o a hacer borrazas (tela para recoger aceitunas), toldos (tela para proteger la arena que va en los camiones) u otros recubrimientos. En consecuencia, la DGT concluye que dichas arpilleras no están sujetas al impuesto conforme a la letra d) del artículo 73 de la ley (V0391-23). La misma conclusión se alcanza en relación con los protectores antiroedores para proteger las plantas (V1716-23).

Tampoco quedan sujetas las láminas de plástico cuya única finalidad es la de cubrir muebles, ventanas y puertas, entre otros, para así ser protegidos del polvo, pintura, cemento, etc., con unas cualidades específicas que delimitan su uso de forma exclusiva a las funciones expuestas anteriormente (V2402-23).

Por el contrario, la DGT no ha considerado de aplicación este supuesto de no sujeción a la importación de materia prima para la elaboración de un medicamento que viene contenida en bolsas de plástico no reutilizables que se introducen dentro de un contenedor de metal, no habiendo sido dichas bolsas diseñadas para ser entregadas con la materia prima importada, por lo que podrían utilizarse para diversos usos al tratarse de bolsas estándar. La consulta concluye que "lo cierto es que las bolsas de plástico a que se refiere sí son susceptibles de ser entregadas con la mercancía puesto que son objeto de transporte junto con la mercancía durante la cadena de distribución, de hecho, la mercancía para ser entregada es necesario que esté contenida en dichas bolsas" (V1083-23).

Tampoco resulta de aplicación el supuesto de no sujeción a las bolsas de flexitank. Señala la DGT que, "al tratarse de un envase de transporte de líquidos a granel, es inherente a su función de envase el hecho de que cuando se haya finalizado el transporte y las mercancías, en este caso, los líquidos, lleguen a destino, se extraigan de la bolsa para ser metidos en los envases individuales donde se comercializarán esos líquidos. En la fase de transporte el flexitank se está entregando con la mercancía, independientemente de que en una fase posterior el producto se entregue en otro tipo de envase al consumidor final. En consecuencia, no resulta de aplicación el supuesto de no sujeción previsto en el artículo 73.d) de la ley, y la importación de las bolsas de flexitank está sujeta al impuesto conforme al artículo 72 de la ley" (V1092-23). La misma conclusión se alcanza respecto a la envoltura o tripa artificial plástica para la industria cárnica y láctea, pues está diseñada para ser entregada conjuntamente con las mercancías que contiene (V1714-23).

La duda que suscita este supuesto de no sujeción es qué ocurre cuando un mismo plástico puede destinarse a distintas finalidades (siguiendo el ejemplo anterior, para recubrir el invernadero y para envolver las plantas que se venden a los clientes), en tanto que su diseño no sea exclusivo de una u otra finalidad. Una lectura literal del artículo 73.d) podría hacer pensar que el supuesto de no sujeción es únicamente aplicable a aquellos productos de plástico cuyo diseño impida la utilización para una finalidad distinta de la cubierta en dicho precepto. No obstante, en tales casos de destino múltiple, cabría plantearse si, como ocurre para algunos supuestos de exención, sería admisible una declaración del adquirente sobre el destino que se va a dar al plástico. Aun cuando no se prevea expresamente en la norma, resultaría razonable permitir la aplicación del supuesto de no sujeción si, por cualquier medio de prueba admisible en Derecho, se constata que se cumple el requisito objetivo del artículo 73.d).

1.2. ENVASES NO REUTILIZABLES

No todo envase queda sujeto al tributo, sino que debe reunir dos características. La primera de ellas es que el envase no sea reutilizable. La segunda característica, a la que nos referimos más adelante, es que el envase contenga plástico.

De esta forma, aplicando acertadamente los postulados de la economía circular respecto de la necesidad de prevenir y reducir la generación de residuos, se pone el foco en la reutilización[146], que es la segunda prioridad en la jerarquía de residuos, tras la prevención[147].

El Real Decreto de Envases, siguiendo la Directiva 94/62/CE, define el "envase reutilizable" como "todo envase que ha sido concebido, diseñado y comercializado para realizar múltiples circuitos o rotaciones a lo largo de su ciclo de vida, siendo rellenado o reutilizado con el mismo fin para el que fue concebido"[148]. Esta expresión se encuentra en consonancia con la de "reutilización", definida por la Ley 7/2022 en su artículo 2 como cualquier operación mediante la cual productos o componentes de productos que no sean residuos se utilizan de nuevo con la misma finalidad para la que fueron concebidos.

A efecto de delimitar los productos objeto del tributo, el "envase no reutilizable" se define de forma negativa, esto es, como aquel que no es reutilizable cuando no ha sido concebido, diseñado y comercializado para realizar múltiples circuitos o rotaciones a lo largo de su ciclo de vida, o para ser rellenados o reutilizados con el mismo fin para el que fueron diseñados.

---

146 GARCÍA CARRETERO, B y PATÓN GARCÍA, G.: "La fiscalidad de los envases y vertidos e incineración en el proyecto de ley de residuos y suelos contaminados", en García Calvente, Y. y Sedeño López, J.F. (coords.), *Desarrollo urbano sostenible y economía circular en perspectiva jurídica, op. cit.*

147 Conforme al artículo 8 de la Ley 7/2022, las autoridades competentes, en el desarrollo de las políticas y de la legislación en materia de prevención y gestión de residuos, aplicarán para conseguir el mejor resultado medioambiental global, la jerarquía de residuos por el siguiente orden de prioridad: a) prevención, b) preparación para la reutilización, c) reciclado, d) otro tipo de valorización, incluida la valorización energética y e) eliminación.

148 En Colombia se define el "producto plástico de un solo uso" como "aquellos que no han sido concebidos, diseñados o introducidos en el mercado para realizar múltiples circuitos, rotaciones o usos a lo largo de su ciclo de vida, independientemente del uso repetido que le otorgue el consumidor. Son diseñados para ser usados una sola vez y con corto tiempo de vida útil, entendiendo la vida útil como el tiempo promedio en que el producto ejerce su función".

En consecuencia, se puede observar que el impuesto bebe de forma directa de los criterios establecidos por la normativa ambiental para determinar cuándo un envase tiene la condición de reutilizable. Los envases reunirán tal condición "cuando han sido concebidos, diseñados y comercializados para realizar múltiples circuitos o rotaciones a lo largo de su ciclo de vida, o para ser rellenados o reutilizados con el mismo fin para el que fueron diseñados" (V0134-23), resultando a estos efectos indiferente el uso que posteriormente les dé el cliente final (V0660-23)[149]. Este sería el caso de una canastilla que sirve para presentar un bote de líquido ambientador y que está diseñada para ser reutilizada múltiples veces, sustituyendo el bote del líquido ambientador por uno nuevo (V0538-23), o de un dispensador reutilizable para la dosificación de productos de higiene y cuidado de la piel (V1715-23).

Conforme a estas definiciones, la DGT ha considerado que un recipiente para tomar muestras para el análisis de la leche en los laboratorios, consistente en un bote fabricado con polipropileno virgen y con un cierre incorporado que hay que romper para abril el bote, es un envase no reutilizable, por lo que está incluido en el ámbito objetivo del impuesto y sujeto al mismo (V0129-23).

La DGT también ha abordado el supuesto de una empresa dedicada a la importación de partes y piezas para la fabricación de aparatos eléctricos y electrónicos, que se reciben embalados en cajas de cartón, y en su interior protegidos por bolsas de plástico, con o sin burbujas, y en algunos casos se incorpora un "foam" que encapsula los artículos. En su consulta, el interesado señala que "Se recomienda la conservación de [las bolsas] en caso de futuras intervenciones (devolución, desistimiento, conservación y posible necesidad de intervención/reparación del producto)", o, respecto del "foam" que en-

149 La consulta se refiere al poliestireno expandido en donde viene alojado un microscopio y sus componentes, dado que el cliente final puede utilizarlo también como lugar de almacenamiento. Por tanto, como reitera PALAO BASTARDÉS, el análisis ha de realizarse en la fase de concepción y diseño del envase, no pudiendo excluirse de gravamen un envase inicialmente "no reutilizable" que posteriormente pueda ser utilizado por el consumidor en múltiples usos, PALAO BASTARDÉS, B.: *El impuesto sobre envases de plástico no reutilizables*, *op. cit.*, pág. 22.

capsula los artículos, menciona que "son imprescindibles para nosotros para poder salvaguardar el producto desde el origen fuera de la EU,...". A juicio de la DGT, esas circunstancias no convierten el envase en reutilizable, a los efectos del Impuesto especial sobre los envases de plástico no reutilizables (V0434-23).

Respecto al film para conservar y las bolsas de congelación que se vende en los comercios como artículo acabado para uso doméstico, la DGT considera que parece claro que estamos ante un producto que no fue concebido, diseñado y comercializado para realizar múltiples circuitos o rotaciones a lo largo de su ciclo de vida, ni para ser rellenado o reutilizado con el mismo fin para el que fue diseñado, por lo que no puede predicarse del mismo la posibilidad de reutilización (V0016-23).

Por otra parte, el concepto de envase de plástico no reutilizable tiene una estrecha conexión con la definición de "producto de plástico de uno solo uso". Indica el artículo 2 de la Ley 7/2022 que se entenderá por tal un producto fabricado total o parcialmente con plástico y que no ha sido concebido, diseñado o introducido en el mercado para completar, dentro de su período de vida, múltiples circuitos o rotaciones mediante su devolución a un productor para ser rellenado o reutilizado con el mismo fin para el que fue concebido. Se observa, por tanto, que los elementos identificadores del producto de plástico de un solo uso son sustancialmente similares a los de "envase no reutilizable". En efecto, el elemento común de ambas definiciones y que resulta esencial para diferenciar el producto (entendido en términos amplios) reutilizable del no reutilizable, es que su concepción, diseño y comercialización se haya realizado o no "para completar, dentro de su período de vida, múltiples circuitos o rotaciones", mediante su rellenado o reutilizado con el mismo fin para el que fue concebido.

No obstante, como advirtió RENIEBLAS DORADO en relación con el Anteproyecto, no resulta totalmente coincidente la definición de "producto de plástico de un solo uso" con el ámbito objetivo del impuesto, siendo este último más limitado, dado que las definiciones del artículo 2 del entonces Anteproyecto provienen de Directivas comunitarias en las que se definen "los envases reutilizables desde un punto de vista industrial, de tal forma que solo es reutilizable los envases que son devueltos al productor, pero el impuesto tiene en cuenta también la posibilidad de que se califiquen como reutilizables los productos de uso por el consumidor final"[150].

Las Directrices de la Comisión relativas a los productos de plástico de un solo uso con arreglo a la Directiva (UE) 2019/904 resaltan la importancia del diseño para determinar si estamos o no ante un producto reutilizable. En particular, advierten que quedarían excluidos de tal concepto los productos introducidos en el mercado o comercializados para su uso múltiple o su reutilización sin haber sido concebidos y diseñados como tales o los casos en que hayan sido introducidos en el mercado fuera de un sistema o procedimiento para garantizar su reutilización.

Por tanto, continúan señalando que las características del diseño del producto pueden contribuir a determinar si este ha de considerarse de uso único o múltiple. Dicha calificación se podrá evaluar a la luz de la vida útil que se espera que alcance este, es decir, si está destinado y diseñado para ser utilizado varias veces antes de su eliminación final, sin que el producto pierda su funcionalidad, capacidad física o calidad, y si normalmente los consumidores lo conciben, perciben y utilizan como producto reutilizable. Entre las características pertinentes del diseño del producto figuran la composición material, la lavabilidad y la reparabilidad, lo que permitiría múltiples circuitos y rotaciones con el mismo fin para el que en un primer momento se concibió el producto. En el caso de un envase, su naturaleza reutilizable puede determinarse según los requisitos esenciales de la Directiva 94/62/CE a que anteriormente hemos hecho referencia, incluida cualquier declaración que certifique la conformidad del envase con dichos requisitos esenciales y normas conexas.

En particular, las Directrices comunitarias hacen especial hincapié en los requisitos esenciales para los envases reutilizables previstos en el Anexo II de la Directiva 94/62/CE y que se han reproducido en el Real Decreto de Envases. En concreto, el apartado 2 del Anexo III de este último recoge los requisitos que deberán cumplir simultáneamente los envases reutilizables:

a) Tener unas propiedades y características físicas que permitan efectuar varios circuitos o rotaciones en condiciones normales de uso.

---

150 RENIEBLAS DORADO, P.: "Análisis del borrador del Impuesto Especial sobre los envases de plástico no reutilizables", *Carta Tributaria. Revista de Opinión*, núm. 64, 2020, pág. 3.

b) Una vez usados, deberán ser susceptibles de tratamientos que permitan el cumplimiento de los requisitos de salud y seguridad de los trabajadores y consumidores.

c) Deberán fabricarse de forma tal que puedan cumplir los requisitos específicos para los envases valorizables cuando dejen de ser reutilizados y pasen a ser residuos de envases[151].

El Real Decreto de Envases dispone que se presumirá que los envases cumplen los requisitos básicos de reutilizabilidad cuando cumplan con la norma UNE-EN 13429:2005. "Envases y embalajes. Reutilización" y sus posteriores revisiones, así como de otras normas armonizadas comunitarias y nacionales que puedan ser aprobadas en el futuro (art. 12.2). En dicha norma se especifican los requisitos para que un envase o embalaje sea clasificado como reutilizable y establece los procedimientos para evaluar la conformidad con dichos requisitos incluyendo sistemas asociados.

Los requisitos enumerados en dicha norma UNE-EN 13429:2005 para sopesar el carácter reutilizable de los envases son los siguientes: (i) la reutilización del envase o embalaje es un objetivo intencionado (es decir, que se diseñe, conciba e introduzca en el mercado a tal efecto); (ii) el diseño del envase o embalaje permite que los componentes principales completen un número de circuitos o rotaciones; (iii) el envase o embalaje es capaz de ser rellenado/recargado; el

---

151 Los requisitos específicos aplicables a los envases valorizables se recogen en el apartado 3 del Anexo III y son los siguientes:

a) Los envases valorizables mediante reciclado de materiales se fabricarán de tal forma que pueda reciclarse un determinado porcentaje en peso de los materiales utilizados en su fabricación. Este porcentaje será fijado por las instituciones de la Unión Europea y podrá variar en función de los tipos de materiales que constituyan el envase.

b) Los envases valorizables mediante recuperación de energía se fabricarán de tal forma que, una vez convertidos en residuos, tengan un valor calorífico inferior mínimo para permitir optimizar la recuperación de energía.

c) Los envases diseñados para ser compostables deberán tener unas características de biodegradabilidad tales que no dificulten la recogida separada ni el proceso de compostaje o la actividad en que hayan sido introducidos.

d) Los envases biodegradables deberán tener unas características que, una vez convertidos en residuos, les permitan sufrir descomposición física, química, térmica o biológica de modo que la mayor parte del compost final se descomponga en último término en dióxido de carbono, biomasa y agua. Los envases de plástico oxodegradables no se considerarán biodegradables.

envase o embalaje puede ser vaciado/descargado sin daños significativos; (iv) el envase o embalaje puede ser reacondicionado (limpiado, lavado, reparado), mientras mantenga su capacidad para realizar la función prevista; y (v) que se halle disponible un sistema de reutilización y que éste funcione en la práctica.

A los efectos de verificar el cumplimiento de los requisitos mencionados, el artículo 12 del Real Decreto de Envases dispone que los fabricantes e importadores o adquirientes intracomunitarios de envases vacíos o, en su caso, los importadores o adquirientes intracomunitarios de productos envasados, deberán disponer de los documentos e información que permitan acreditar o demostrar la conformidad de que los envases comercializados o que se pretende comercializar cumplen los requisitos básicos sobre la naturaleza de los envases reutilizables. Esta documentación deberá estar disponible para su evaluación y verificación por parte de las autoridades competentes, si éstas la solicitan, y deberá ser facilitada a los productores de producto. Las entidades certificadoras a tal fin deberán estar acreditadas por:

- La Entidad Nacional de Acreditación (en adelante ENAC).
- El organismo nacional de acreditación de cualquier otro Estado miembro de la UE, designado de acuerdo con lo establecido en el Reglamento (CE) número 765/2008 del Parlamento Europeo y del Consejo de 9 de julio de 2008 por el que se establecen los requisitos de acreditación y vigilancia del mercado relativos a la comercialización de los productos y por el que se deroga el Reglamento (CEE) número 339/93.
- Cualquier otro acreditador con quien la ENAC tenga un acuerdo de reconocimiento internacional, en el caso de productos fabricados fuera de la UE.

Como ha destacado la DGT (V1008-23), "la mera mención a su composición y grosor no sería suficiente para excluir automáticamente a estos envases del ámbito objetivo del impuesto. Antes bien, el carácter de reutilizable de un producto dependerá de la concreta configuración objetiva del mismo, y habrá de acreditarse que efectivamente fue concebido, diseñado y comercializado para realizar múltiples circuitos o rotaciones a lo largo de su ciclo de vida, o para ser rellenado o reutilizado con el mismo fin para el que fueron diseñados". Si no se acredita que los envases son reutilizables, quedarán incluidos en el ámbito objetivo del impuesto (V1641-23). A estos efectos, si el envase adolece de características específicas que le excluyan de la consideración de envase no reutilizable, el uso que de este haga su adquirente después de adquirirlo deviene irrelevante de cara a determinar su inclusión o no dentro del ámbito objetivo del impuesto (V2384-23).

La normativa del impuesto no establece mecanismos específicos para acreditar que el envase es reutilizable, por lo que será admisible cualquier medio de prueba admitido en Derecho, conforme al principio general de valoración libre y conjunta de todas las pruebas aportadas, quedando descartado como principio general el sistema de prueba legal o tasada (V1206-23). Por tanto, un posible medio de prueba, pero no el único, sería una certificación emitida al amparo de la referida norma UNE-EN 13429:2005.

En este mismo sentido se ha manifestado la DGT cuando señala que la condición de reutilizable "deberá poder acreditarse mediante la correspondiente certificación emitida por la entidad acreditada al efecto al amparo de la norma "UNE-EN 13429:2005 Envases y embalajes. Reutilización" emitida por una entidad acreditada para ello o cualquier otro medio de prueba admisible en derecho", cuya valoración se realizará, de acuerdo con el artículo 106 de la LGT, conforme a las normas contenidas en el Código Civil (CC) y en la Ley 1/2000, de 7 de enero, de Enjuiciamiento Civil, salvo que la ley establezca otra cosa (V0127-23, V0131-23[152]). En esa misma línea, ha señalado que "los contribuyentes del impuesto podrán acreditar dicha condición con cualquier medio de prueba admisible en derecho, incluida la posibilidad de presentar un «certificado UNE-EN 13429:2005 Envases y Embalaje. Reutilización», emitido por una entidad acreditada para ello" (V0077-23, V0132-23, V0133-23, V0134-23, V0668-23[153], V0937-23, V0939-23, V0967-23[154], V1065-23, V1645-23, V2109-23, V2381-23).

---

152 Esta consulta se platea por una entidad que fabrica bollería industrial (magdalenas) y que, según expone, adquiere glucosa en contenedores de plástico de 500 litros entregado por un fabricante establecido en España y después utiliza esos contenedores en sus instalaciones para el almacenamiento de materias primas.

153 Exigencia también aplicable a los Big Bags con certificado de seguridad de 6:1. (V0668-23).

154 A modo de ejemplo, esta consulta se refiere a los contenedores IBC o GRG de plástico y metal, que son un embalaje transportable rígido o flexible que se puede emplear tanto para materiales sólidos como líquidos.

Respecto a la posibilidad de utilizar otros medios de prueba, como podría ser la norma UNE-EN 12875-1:2005 "Resistencia mecánica al lavavajillas de los utensilios. Parte 1: Método de ensayo de referencia para artículos de uso doméstico", en el caso de bandejas y recipientes de plástico para envasar y transportar los alimentos (V1063-23), o la norma española UNE 53930-2:2023 "Plásticos. Bolsa de plástico reutilizable con alto contenido en reciclado para el transporte de productos. Parte 2: Bolsas de Polietileno (PE)", en el caso de bolsas de plástico "tipo camisetas" (V3043-23), la DGT se ha limitado a reiterar el principio general de valoración libre y conjunta de todas las pruebas aportadas, correspondiendo a los actuarios responsables de la tramitación de aquellos procedimientos tributarios donde el contribuyente quiera hacer valer su derecho.

En definitiva, lo relevante es que "si no se acredita que los envases objeto de consulta son reutilizables en el sentido apuntado, estarán incluidos en el ámbito objetivo del impuesto" (V1008-23). En tal caso, si con posterioridad es posible acreditar que no procedía el pago del impuesto, este podrá recuperarse mediante la aplicación de las reglas generales de devolución de ingresos indebidos establecidas en la LGT, al no preverse tal posibilidad entre los supuestos de devolución y de deducción que regula la Ley 7/2022 (V0540-23).

Cabe también señalar que, conforme a la normativa ambiental, los envases reutilizables están sujetos a obligaciones de marcado. En concreto, el artículo 13.2 del Real Decreto dispone que los envases indicarán su condición de reutilizable y el símbolo asociado al sistema de depósito, devolución y retorno que han de establecer los productores de productos que introduzcan en el mercado envases reutilizables para garantizar su recuperación a través de toda la cadena de distribución, incluido en su caso el consumidor o usuario final, y organizar y financiar la gestión de los residuos de envases reutilizables al final de su vida útil[155]. Asimismo, los envases podrán estar identificados mediante

---

155 El establecimiento obligatorio del sistema de depósito, devolución y retorno para envases reutilizables se encuentra regulado en el artículo 46 del Real Decreto de Envases. Conforme a dicho precepto, los productores de productos que introduzcan en el mercado envases reutilizables, y con el fin de garantizar su recuperación a través de toda la cadena de distribución, incluido en su caso el consumidor o usuario final, y de or-

símbolos acreditativos de pertenencia al sistema de responsabilidad ampliada del productor[156]. Por tanto, el adecuado cumplimiento de estas obligaciones puede simplificar la prueba para evitar la sujeción al impuesto.

Volviendo a las Directrices comunitarias, estas señalan que para aprovechar los productos reutilizables resulta imprescindible contar con sistemas de reutilización que funcionen en la práctica para el rellenado o la recarga, como podrían ser los de embalajes postales o de mensajería o las consignas de cajas en las tiendas. Aclaran que, en un sistema de relleno operativo, el productor o el distribuidor no modifica ni la funcionalidad, ni la capacidad física, ni la calidad del producto entre relleno y relleno. Además, en el caso de sistemas de reutilización para servir alimentos y bebidas, estos pueden garantizar con mayor constancia que los artículos reutilizables (vasos, recipientes y cubiertos) se desinfecten correctamente para proteger la salud

---

ganizar y financiar la gestión de los residuos de envases reutilizables al final de su vida útil, estarán obligados a cobrar a sus clientes, hasta el consumidor final y en concepto de depósito, una cantidad por cada unidad de envase que sea objeto de transacción y a aceptar la devolución o retorno de los envases usados cuyo tipo, formato o marca comercialicen, devolviendo la misma cantidad que haya correspondido cobrar de acuerdo con lo establecido en el apartado anterior. Cuando por causas imputables al consumidor o usuario, y de acuerdo con las condiciones previamente definidas por los productores, el envase reutilizable haya perdido su funcionalidad, aceptarán la devolución o el retorno del envase usado, pero no estarán obligados a devolver el depósito. Los productores de producto sólo estarán obligados a aceptar la devolución y retorno de los envases de aquellos productos introducidos en el mercado por ellos.
Asimismo, los comerciantes y distribuidores estarán obligados a aceptar la devolución y retorno por los consumidores o usuarios de los envases usados de aquellos productos que comercialicen en sus establecimientos. A estos efectos, podrán supeditar la aceptación de los envases usados al cumplimiento de las condiciones de conservación y limpieza establecidas por los productores. Estas condiciones deberán ser proporcionadas, evitando, en todo caso, desincentivar el retorno de los envases.

156 Los envases domésticos indicarán la fracción o contenedor en la que deben depositarse dichos residuos de envases. En el caso de envases fabricados por diferentes materiales, si éstos pudieran separarse fácilmente, se indicará la fracción o contenedor donde deberán ser depositados. Cuando no puedan separarse los materiales fácilmente, o en el caso de envases compuestos, se indicará la fracción o contenedor correspondiente al material predominante en peso, salvo que se demuestre que existe una mejor alternativa de recogida que evitase posibles incidencias en el posterior proceso de reciclado, indicándose en este caso el contenedor en que debe depositarse.

pública y garantizar la higiene, así como la seguridad tanto de su clientela como la de su plantilla, siempre que los operadores apliquen y gestionen eficazmente dichos sistemas.

Lo anteriormente expuesto ha llevado a algunos autores a considera que "no es suficiente con que un envase tenga un diseño por el cual podría ser reutilizado, sino que es necesario que exista un sistema para garantizar su reutilización"[157].

Asimismo, CASAS RONDONÍ ha señalado que "esta definición puede dar lugar a cierta controversia a la hora de determinar la concreta finalidad con la que un determinado envase ha sido concebido, diseñado y comercializado. También nos plantea dudas la sujeción al Impuesto de envases que, sin haber sido específicamente concebidos, diseñados y comercializados con el fin de ser reutilizados, sean susceptibles de preparación para la reutilización, en los términos señalados por el artículo 3.16 de la Directiva 2008/98/CE del Parlamento Europeo y del Consejo, de 19 de noviembre de 2008, sobre los residuos y por la que se derogan determinadas Directivas"[158].

En conclusión, como ha señalado la DGT, en los casos en que los envases de plástico sean reutilizables, no forman parte del ámbito objetivo del impuesto, lo que implica que su fabricación, importación, adquisición intracomunitaria o, en su caso, introducción irregular en el territorio de aplicación del impuesto no estarán sujetas al mismo (V0132-23, V0133-23, V0134-23).

1.3. ENVASES QUE CONTENGAN PLÁSTICO

1.3.1. Plástico

Por último, para que un envase no reutilizable quede sujeto a tributación ha de contener plástico. Los envases fabricados con otros materiales (made-

157 LÓPEZ FERRO, A.: "A vueltas con el concepto de envase reutilizable", Blog Terraqui, disponible en https://www.terraqui.com/blog/actualidad/envase-reutilizable-impuesto/ (último acceso: 08/07/2023).

158 CASAS RONDONÍ, M.: "El futuro impuesto especial sobre los envases de plástico no reutilizables. Principales características y algunas dudas acerca de su compatibilidad con el Derecho de la UE", *Diario La Ley*, Nº 9658, Sección Tribuna, 22 de Junio de 2020, pág. 2.

ra, metales ferrosos, aluminio, vidrio, papel y cartón), no quedan sujetos al tributo y, de esta forma, se ven favorecidos al no tener que soportar este gravamen. Durante la tramitación de la norma, concretamente en julio de 2021, se preguntó al Gobierno en sede parlamentaria sobre las previsiones del Ejecutivo acerca de gravar envases no reutilizables de otros materiales distintos al plástico, a lo que en septiembre de dicho año se contestó que no existía en la Dirección General de Calidad y Evaluación Ambiental, del Ministerio para la Transición Ecológica y el Reto Demográfico, previsión alguna sobre el establecimiento de impuestos para gravar tales envases.

Por ello, como ha señalado la DGT, unas etiquetas que cuelgan o que están atadas al producto quedarán sujetas al impuesto en la medida que sean de plástico y no sean reutilizables. Por eso mismo una etiqueta de papel está no sujeta al impuesto (V0392-23), al igual que un envase de cartón (V2947-23).

La regulación del impuesto no recoge una definición de plástico a efectos fiscales, sino que se remite a la contenida en el artículo 2 de la Ley 7/2022. Conforme a este precepto, el "plástico" es el "material compuesto por un polímero tal como se define en el artículo 3.5 del Reglamento (CE) n.º 1907/2006 del Parlamento Europeo y del Consejo, de 18 de diciembre de 2006, relativo al registro, la evaluación, la autorización y la restricción de las sustancias y preparados químicos (REACH), por el que se crea la Agencia Europea de Sustancias y Preparados Químicos, se modifica la Directiva 1999/45/CE y se derogan el Reglamento (CEE) n.º 793/93 del Consejo y el Reglamento (CE) n.º 1488/94 de la Comisión así como la Directiva 76/769/CEE del Consejo y las Directivas 91/155/CEE, 93/67/CEE, 93/105/CE y 2000/21/CE de la Comisión, al que pueden haberse añadido aditivos u otras sustancias, y que puede funcionar como principal componente estructural de los productos finales, con la excepción de los polímeros naturales que no han sido modificados químicamente. Las pinturas, tintas y adhesivos que sean materiales poliméricos no están incluidos".

Es decir, el plástico es el material que cumple cuatro características: (i) está compuesto por un polímero tal como se define en el artículo 3.5 del Reglamento REACH, al que pueden haberse añadido aditivos u otras sustancias; (ii) puede funcionar como principal componente estructural de los productos finales; (iii) con la excepción de los polímeros naturales que no han sido modificados químicamente; y (iv) excluidas las pinturas, tintas y adhesivos que sean materiales poliméricos.

En este punto es preciso realizar nuevamente referencia a las Directrices de la Comisión relativas a los productos de plástico de un solo uso con arreglo a la Directiva (UE) 2019/904. Esta Directrices, sin tener efectos vinculantes, pretender establecer las pautas para la interpretación y la aplicación de dicha Directiva. Su interés radica, por una parte, en que los envases (como productos de plástico) están afectados por dicha Directiva y, como hemos visto, sus disposiciones han sido traspuestas a nuestro ordenamiento interno a través de la Ley 7/2022.

En particular, se realizan algunas aclaraciones en torno a los elementos definitorios del "plástico": qué se entiende por polímero, el alcance de la expresión "que puede funcionar como principal componente estructural de los productos finales", la excepción de los "polímeros naturales no modificados químicamente" y la exclusión de las "pinturas, tintas y adhesivos".

El Reglamento REACH define el polímero como una sustancia constituida por moléculas caracterizadas por la secuencia de uno o varios tipos de unidades monoméricas. Dichas moléculas deben repartirse en una distribución de pesos moleculares en la que las diferencias de peso molecular puedan atribuirse principalmente a diferencias en el número de unidades monoméricas. Un polímero incluye los siguientes elementos: a) una mayoría ponderal simple de moléculas que contienen al menos tres unidades monoméricas con enlaces de covalencia con otra unidad monomérica u otro reactante como mínimo; b) menos de una mayoría ponderal simple de moléculas del mismo peso molecular. En el contexto de esta definición, se entenderá por "unidad monomérica" la forma reactada de una sustancia monómera en un polímero. Por su parte, el Documento de orientación para monómeros y polímeros de la Agencia Europea de Sustancias y Mezclas Químicas (ECHA) complementa la definición de polímero en el Reglamento REACH con las siguientes orientaciones complementarias: un polímero, como cualquier otra sustancia definida en el Reglamento REACH, también puede contener los aditivos necesarios para preservar la estabilidad del polímero y las impurezas derivadas del proceso de fabricación. Estos estabilizadores e impurezas se consideran parte de la sustancia.

Respecto a la característica de que el plástico es un material "que puede funcionar como principal componente estructural de los productos finales", esta se refiere a la definición de plástico y no del producto final, por lo que ha de interpretarse de forma genérica: dado que la definición de "plástico" no especifica ni restringe en modo alguno el tipo de producto final, ni la cantidad del polímero, en principio, existe una amplia gama de polímeros que pueden funcionar como principal componente estructural de los productos finales.

En tercer lugar, quedan exceptuados de la definición los "polímeros naturales no modificados químicamente". Se consideran polímeros naturales aquellos que se producen de forma natural en el medio ambiente, con independencia del proceso de extracción. Así, por ejemplo, la celulosa y la lignina extraídas de la madera y del almidón de maíz obtenidos mediante molienda por vía húmeda se ajustarán a la definición de polímero natural. Por el contrario, los plásticos fabricados con polímeros naturales modificados o a partir de sustancias de partida de origen biológico, fósiles o sintéticas no se producen de forma natural y, por tanto, se incluyen en la definición de plásticos, como sería el caso de los artículos de caucho poliméricos y los plásticos de origen biológico y biodegradables, independientemente de si se han obtenido a partir de biomasa o están diseñados para biodegradarse con el tiempo. Otra distinción clave es si el proceso de polimerización ha tenido lugar en la naturaleza o es el resultado de un proceso industrial que implique a organismos vivos, lo que conlleva que los polímeros producidos mediante un proceso de fermentación industrial no se consideran polímeros naturales, ya que la polimerización no se ha producido en la naturaleza. Por lo general, cuando un polímero se obtenga a partir de un proceso industrial y el mismo tipo de polímero exista en la naturaleza, el primero no se considerará natural.

La segunda condición de esta excepción es que el polímero no se haya modificado químicamente. A la hora de dilucidar si se ha producido esa modificación química, el único factor decisorio es la diferencia entre el polímero entrante y el resultante; se desestimarán las modificaciones que pudieran haberse producido durante los procesos de producción, ya que estas no son pertinentes para las propiedades y el comportamiento del polímero utilizado y, en su caso, liberado en el medio ambiente. Esto significa que, por ejemplo, la celulosa regenerada en forma de película de celofán, lyocell y celulosa, no se considera modificada químicamente, ya que los polímeros resultantes no constituyen una modificación química del polímero entrante. Por otro lado, el acetato de celulosa sí que se considera químicamente modificado pues, en comparación con el polímero natural entrante, las modificaciones químicas de celulosa durante el proceso de producción siguen estando presentes al final de ese proceso. Ahora bien, cuando los cambios en la estructura química de un polímero se deban a reacciones que solo se producen durante el proceso de extracción de un polímero natural (por ejemplo, el proceso de la pasta de madera para extraer celulosa y lignina), no se considera que esos cambios den lugar a una modificación química del polímero natural. Por lo tanto, no se considera que el papel resultante del proceso de la pasta de madera se haya fabricado con polímeros naturales modificados químicamente.

Finalmente, se excluyen de la definición las pinturas, tintas y adhesivos que sean materiales poliméricos. Por consiguiente, un producto final que no sea de plástico al que se apliquen estos materiales no será, con arreglo a la Directiva, producto de plástico de un solo uso.

En definitiva, como ha señalado la DGT, el factor determinante para saber si un producto puede quedar sujeto al impuesto es si el material del que está compuesto tiene la consideración de plástico (V0425-23). En este caso concreto, se consulta si la urea (un polímero termoestable consistente en una resina de urea-formaldehído condensada con relleno de celulosa, que contiene un setenta por ciento de resina condensada y un veintiocho por ciento de celulosa) se puede calificar como plástico. La DGT concluye que, en la medida en que dicho material tenga la consideración de plástico, de acuerdo con lo dispuesto en el artículo 2 de la ley y en el Reglamento (CE) nº 1907/2006, los productos fabricados se encontrarán incluidos en el ámbito objetivo del impuesto.

Así, la DGT ha considerado que cumplen esta condición los embalajes de espuma de poliestireno para protección de equipos electrónicos (V0076-23), los envases de polietileno virgen de alta densidad (V0133-23), las bolsas de PE-PET 120 micras (V0134-23), los envases de polipropileno (V0547-23), el poliestireno expandido en donde viene alojado un microscopio y sus componentes (V0660-23) o los aros de plástico de poliestireno (V0937-23).

La DGT, en aquellos casos en que la mención al plástico es habitual en la propia denominación del producto (film para conservar y bolsas de congelación), no ha considerado necesario entrar a valorar si en su composición intervienen los polímeros a que hace referencia el artículo 2.u) de la Ley 7/2022, en tanto que el producto ha de entenderse definitivamente incluido en el ámbito objetivo del impuesto. En todo caso, advierte que no forma parte del ámbito de sus competencias la determinación de la concreta composición de los productos, por lo que, en caso de cualquier tipo de discrepancia al respecto, tal composición habrá de acreditarse debidamente con arreglo a los medios de prueba admitidos generalmente en Derecho (V0016-23, V0939-23).

Como indicábamos, el resto de materiales distintos del plástico no quedan sujetos a tributación, sin perjuicio de que el Real Decreto de Envases prevea disposiciones específicas, por ejemplo, en relación con los objetivos de reciclaje y valorización (art. 10). A este respecto, se establecen los siguientes objetivos mínimos en peso de reciclado de los materiales específicos contenidos en los residuos de envases:

	En 2025	En 2030
Plástico	50 por ciento	55 por ciento
Madera	25 por ciento	30 por ciento
Metales ferrosos	70 por ciento	80 por ciento
Aluminio	50 por ciento	60 por ciento
Vidrio	70 por ciento	75 por ciento
Papel y cartón	75 por ciento	85 por ciento

1.3.2. Productos parcialmente compuestos de plástico

La delimitación del ámbito objetivo a los envases "que contengan plástico" es más acertada que la expresión utilizada tanto por el Anteproyecto ("envases de plástico") como la propia Ley 7/2022 al dar título al impuesto y definir su naturaleza y finalidad.

Al objeto de aclarar que los productos gravados no eran exclusivamente aquellos que estaban fabricados de forma íntegra por plástico, el Anteproyecto indicaba que también tendrían la consideración de envases de plástico aquellos envases que, estando compuestos de más de un material, contuvieran plástico.

Con la redacción actual, la expresión envases "que contengan plástico" ya da a entender que no es necesaria que la composición íntegra del envase sea plástica, lo cual se reitera en el apartado 3 del artículo 68 cuando indica que aquellos productos que, estando compuestos por más de un material, contengan plástico, se gravarán únicamente por la cantidad de plástico que contengan. Así, por ejemplo, un envase que tenga una parte de plástico no reciclado y otra de papel quedaría gravado solo por la parte de plástico no reciclado que lo conforma (V2947-23).

Este podría ser el caso, pero no el único, de los envases compuestos, que se definen en el Real Decreto de Envases como los hechos con dos o más capas de materiales diferentes que no pueden separarse a mano y forman una única unidad integral que consta de un recipiente interior y una carcasa exterior, que se rellena, almacena, transporta y vacía como tal.

Las Directrices de la Comisión relativas a los productos de plástico de un solo uso con arreglo a la Directiva (UE) 2019/904 hacen algunas aclaraciones interesantes al regular de forma común esta cuestión. Comienza reiterando que los productos se encuadran en el ámbito de aplicación de la Directiva en caso de que estén fabricados total o parcialmente de plástico, no previéndose ningún umbral mínimo de contenido de plástico a fin de determinar si dichos productos están contemplados o no por aquella, por lo que la evaluación ha de ser cualitativa.

Ahora bien, se aclara que, a la hora de producir numerosos materiales, incluidos los que no son plásticos, se recurre a menudo a polímeros que se ajustan a la definición de plástico de la Directiva para lograr propiedades materiales concretas, y que el proceso de producción sea más eficaz. Estos materiales poliméricos suelen ser aditivos químicos sintéticos, y su uso (por ejemplo, como retentivos o aglutinantes y auxiliares tecnológicos en la producción de otro material, que en sí mismo no sea plástico) no da lugar a que el producto de un solo uso fabricado únicamente con dicho material se considere hecho parcialmente de plástico. Esto implica, a modo de ejemplo, que los productos de un solo uso de papel y de cartón fabricados únicamente con estos materiales y que carezcan de recubrimiento o revestimiento plástico no han de considerarse productos de plástico de un solo uso en el sentido de la Directiva.

Sin embargo, cuando se aplique un recubrimiento o revestimiento plástico a la superficie de un material de papel o de cartón u otro material para proteger contra el agua o la grasa, el producto final se considera producto compuesto constituido por más de un material, del que uno es plástico. En este caso, sí se considera que el producto final está hecho parcialmente de plástico. Otro ejemplo son los envases compuestos para bebidas que generalmente constan de varias capas de papel, plástico y, en algunos casos, aluminio, necesarios para dotar de propiedades técnicas al recipiente de bebidas, como actuar de barrera para el oxígeno y la humedad.

Por tanto, a efectos tributarios, no es preciso que el envase esté fabricado en su integridad de plástico, sino que es suficiente con que contengan una mínima parte de este material para que resulte gravada dicha parte, no existiendo un umbral mínimo que pudiera operar como exención. Si bien la protección del medio ambiente podría explicar que, por ínfima que resulte la presencia del plástico en el envase, esta resulte gravada, parece extraño que, por una mera cuestión práctica, no se haya establecido umbral alguno por debajo del cual el envase no sea objeto del tributo

La Memoria que acompañaba al Anteproyecto hacía referencia a las observaciones recibidas sobre la delimitación del ámbito objetivo del impuesto, proponiéndose que el mismo se extendiera a todo tipo de envases, independientemente de su función, o que incluso se ampliara o sustituyera el mismo para que queden gravados los envases tipo tetrapack. A dichas observaciones se respondió que, frente a la redacción inicial, se había ampliado dicho ámbito a los "envases de plástico no reutilizables" y no se limitaba a los destinados a contener o proteger bienes o productos alimenticios. Se resaltaba que uno de los objetivos principales del impuesto era reducir el consumo de plásticos en todo tipo de usos. Añadía que, a la hora de calificar el envase, se atendía también a la composición de este, de manera que quedaran gravados aquellos que, junto con el plástico, incorporaran también otros materiales, "siempre que lo hagan en un porcentaje determinado". No obstante, como hemos tenido ocasión de comentar, en realidad no se prevé tal porcentaje, por lo que cualquier presencia mínima de plástico en el envase será objeto de gravamen. De hecho, en la Memoria se hace referencia a observaciones en las que se advierte que solo deberían ser gravados los envases compuestos mayoritariamente de plástico, a lo que se contesta que se ha tratado de compaginar una adecuada definición del ámbito objetivo del impuesto con una eficaz gestión de este[159]. La Proposición de Ley relativa a la sostenibilidad de la gestión de los envases y de sus residuos, presentada el 12 de diciembre de 2022 por el Grupo Parlamentario Popular en el Congreso y finalmente decaída por la finalización de la legislatura, recogía una modificación del artículo 68 de la Ley 7/2022 dirigida a que únicamente se incluyeran en el ámbito objetivo los "envases de consumo no reutilizables en lo que el plástico sea el componente mayoritario".

Esta aproximación contrasta con la del impuesto introducido en Reino Unido, el cual, con la finalidad de fomentar el reciclaje, únicamente grava los envases en los que el plástico reciclado represente menos del 30 por ciento del material plástico que incorpore, midiendo el contenido reciclado conforme a la norma ISO 14021:2016 "Etiquetas y declaraciones ambientales – Afirmaciones ambientales autodeclaradas (Etiquetado ambiental tipo II)"[160].

1.3.3. Envases con menor impacto ambiental

Por otra parte, en el anexo que acompañaba a la Memoria se constata la existencia de diversas observaciones dirigidas a excluir del ámbito objetivo del impuesto a los plásticos que presentan un menor impacto medioambiental. Así, por ejemplo, se hace referencia a que los productos basados en resina de origen fósil pero sostenible no solo no contaminan al ser hidrosolubles, biodegradables, compostables y no tóxicos, sino que producen un efecto positivo para el medio ambiente. También se presentan observaciones

---

159 Las enmienda 586 del Grupo Parlamentario Popular en el Senado en el Congreso y 419 del Grupo Parlamentario Popular en el Senado (GPP) proponían limitar el ámbito objetivo a "los envases de consumo no reutilizables en los que el plástico sea el componente mayoritario".

160 En el caso de España, durante la tramitación parlamentaria se presentaron enmiendas para dejar exenta "La fabricación, importación o adquisición intracomunitaria de filmes de plástico destinados a utilizarse en el transporte de mercancías, siempre que incorporen como mínimo un 30% de material reciclado" (enmienda nº 428 del Grupo Parlamentario Popular en el Senado) o "La fabricación, importación o adquisición intracomunitaria de envases comerciales e industriales, siempre que incorporen como mínimo un 30% de material reciclado" (enmienda nº 429 del Grupo Parlamentario Popular en el Senado).

en relación con la conveniencia de incentivar la utilización de polipropileno monomaterial, por su facilidad de reciclaje, que además requiere poca energía (CO2) y agua. En otros casos se sugirió una mejor definición del ámbito objetivo, con distinción de la tipología de plástico utilizado en función de su facilidad de reciclado, prestando una especial consideración del PET por su menor impacto medioambiental y posibilidades de reciclado. Igualmente, se propuso excluir del gravamen a los plásticos biodegradables compostables, los productos de bioplásticos (que abarcan los plásticos biodegradables, compostables y de origen biológico) o los productos de material plástico duradero. La contestación a todas estas observaciones fue que en dicho momento no resultaba fácil discriminar el ámbito objetivo en función de las características de los materiales plásticos y que se había tratado de compaginar una adecuada definición del ámbito objetivo del impuesto con una eficaz gestión de este. En consecuencia, se consideraba que la configuración del ámbito objetivo en función de la tipología de plástico es actualmente inviable y complicaría enormemente la gestión del impuesto, por lo que no se conseguirían los objetivos que perseguía.

El documento de preguntas y respuestas publicado por el Ministerio de Hacienda y Función Pública ahonda en esta conclusión, al señalar que todos los envases no reutilizables que contengan plástico, de cualquier tipo, estarán incluidos en el ámbito del impuesto, incluidos los biopolímeros sostenibles, esto es, los materiales, compostables, biodegradables e hidrosolubles que no contengan microplásticos contaminantes. La DGT ha reiterado que el plástico biodegradable[161] es un tipo de plástico, de los definidos en el artículo 2.u) de Ley 7/2022, por lo que los productos definidos en el artículo 68.1 de la Ley 7/2022 elaborados con plástico biodegradable o compostable se encuentran incluidos en el ámbito objetivo del impuesto (V0013-23, V0125-23, V0131-23, V0545-23, V1641-23).

No obstante, este no es el camino seguido por la norma italiana, que ha excluido de la aplicación del impuesto los productos fabricados con plástico

161 El plástico biodegradable es "un plástico capaz de sufrir descomposición física o biológica, de modo que, en último término, se descompone en dióxido de carbono (CO2), biomasa y agua, y que, conforme a las normas europeas en materia de envases, es valorizable mediante compostaje y digestión anaerobia" (art. 2.v) de la Ley de Residuos).

compostable de conformidad con la norma UNI EN 13432:2002, que regula los requisitos de los envases y embalajes valorizables mediante compostaje y biodegradación. Ese supuesto de no tributación es plenamente acorde con la finalidad ambiental perseguida por el impuesto, puesto que con esta medida se fomenta la fabricación de productos biodegradables, por lo que parece difícil de entender que no se haya incorporado una medida similar en el impuesto español, a pesar de las observaciones presentadas en este sentido en la fase de consulta pública y a las que hemos hecho referencia con anterioridad[162]. El Gobierno británico asimismo evaluó el tratamiento a aplicar a los bioplásticos, plásticos biodegradables y plásticos compostables, a la vista de las observaciones recibidas en la fase de consulta pública, si bien finalmente no estableció excepción alguna. Por su parte, la normativa de Colombia dispone que "El impuesto nacional sobre productos plásticos de un solo uso utilizados para envasar, embalar o empacar bienes no se causará cuando el sujeto pasivo presente la Certificación de Economía Circular-CEC, que será reglamentada por el Ministerio de Ambiente y Desarrollo Sostenible en un plazo de seis (6) meses a partir de la fecha de expedición de esta ley en el marco de las obligaciones y las metas de aprovechamiento del plástico contenidas en la Ley 2232 de 2022".

La opción del legislador tributario español resulta un tanto contradictoria con el tratamiento que recibe el plástico compostable en el Real Decreto de Envases, el cual establece objetivos de incorporación de plástico reciclado en los envases fabricados con plástico no compostable, penalizando, en consecuencia, a estos últimos (arts. 11.3, 11.4 y 12.2). El control de que se trata de un envase de plástico compostable se alcanza mediante las obligaciones de marcado, que establecen que el etiquetado informará que

162 A juicio de PALAO BASTARDÉS, la falta de diferenciación entre los plásticos fabricados a partir de polímeros sintéticos y los fabricados a partir de polímeros naturales va en contra de la pretendida finalidad ambiental, PALAO BASTARDÉS, B.: *El impuesto sobre envases de plástico no reutilizables*, AEDAF, Paper nº 20, 2023, pág. 19. Por otra parte, el estudio coordinado por PUIG VENTOSA advierte que cualquier beneficio fiscal sobre los bioplásticos y los plásticos compostables debería estar respaldado por evaluaciones específicas del ciclo de vida, incluida una evaluación de la compostabilidad del material, PUIG VENTOSA, I.: *Research paper on a European tax on plastics*, Zero Waste Europe, 2018, pág. 38.

el envase está certificado según la norma europea UNE EN 13432:2001 «Envases y embalajes. Requisitos de los envases y embalajes valorizables mediante compostaje y biodegradación. Programa de ensayo y criterios de evaluación para la aceptación final del envase o embalaje», así como otros estándares europeos y nacionales sobre compostabilidad de plásticos en condiciones industriales o de biodegradación a través de compostaje doméstico y comunitario, según corresponda. Aquellos envases que sean compostables en compostaje doméstico o industrial llevarán la indicación "no abandonar en el entorno" (art. 13.6).

Por otra parte, atendiendo a la finalidad ambiental, podría haberse limitado el gravamen a lo que se denomina "envase superfluo", por el mayor perjuicio que su propia existencia puede producir sobre el medio ambiente. El Real Decreto de Envases define como tal todo envase cuyo peso o volumen supere, en una proporción excesiva, al del envase mínimo o de referencia adecuado para ofrecer los niveles de seguridad, higiene y aceptación necesarios para el producto envasado y el consumidor. Añade que, en los criterios para determinar el envase de referencia y cuándo un envase es superfluo, se tendrán en cuenta, entre otros, los siguientes factores: el envase de tamaño o peso mínimo, el de tamaño o peso promedio, la norma UNE-EN 13428:2005 «Envases y embalajes. Requisitos específicos para la fabricación y composición. Prevención por reducción en origen», relativa a los requisitos específicos para la fabricación y composición de los envases, así como otras normas nacionales o europeas armonizadas que pudieran dictarse al efecto.

El Real Decreto recoge diversas disposiciones para reducir los envases superfluos. Por una parte, incluye entre las medidas de prevención la de evitar la utilización de envases superfluos y, para ello, las administraciones públicas podrán proponer y suscribir con los agentes económicos acuerdos voluntarios, en los que se incluyan medidas concretas para la reducción del uso de este tipo de envases (art. 7). Por otra parte, los productores que, a lo largo de un año natural, introduzcan en el mercado una cantidad de envases igual o superior a determinadas cantidades estarán obligados a aplicar un plan empresarial de prevención y ecodiseño con carácter quinquenal que deberá contemplar la no utilización de envases superfluos y de envases de un tamaño o peso superior al promedio estadístico de otros envases similares (art. 18). Finalmente, la superfluidad de los envases es uno de los parámetros conforme a los que se modulará la contribución del productor a los sistemas colectivos de responsabilidad ampliada del productor (art. 23).

Por tanto, el impuesto podría haberse configurado como un instrumento adicional para complementar el resto de disposiciones en relación con este tipo de envases, atendiendo al mayor impacto ambiental derivado de su innecesaridad para el objetivo de contener, proteger, manipular, distribuir y presentar mercancías. Sin embargo, como hemos señalado, la decisión ha sido la de gravar todo envase de plástico, con independencia de su mayor o menor grado de necesidad.

Durante la tramitación parlamentaria de la Ley 7/2022 se propuso introducir las siguientes mejoras para los plásticos con menor impacto ambiental:

- La exclusión del ámbito objetivo de los envases o artículos de plástico compostable certificados por la norma UNE EN 13432[163].

---

163 Enmienda nº 152 del Bel i Accensi (Grupo Parlamentario Plural) en el Congreso. El uso de estos plásticos está directamente ligado a la gestión de los biorresiduos y la orgánica: ayudan a la recogida y gestión de la fracción orgánica y de los flujos de residuos vegetales y evita que llegue a vertedero tanto residuo orgánico y otros residuos. Los biocoms tienen unas características determinadas por lo que su uso está muy enfocado hacia aquellas aplicaciones en las que realmente aportan valor, aquellas en las que es un valor medioambiental el que se puedan depositar y gestionar junto a los biorresiduos y la fracción orgánica. Para estas aplicaciones son óptimos, y no hay ningún otro material (no plástico) que ofrezca todas las características que se necesitan para la funcionalidad en el uso, la higiene y la seguridad alimentaria que requiera la aplicación, y además, medioambientalmente cualquier otro material tendrá más impacto. Ello se debe a que los biocoms son favorables en términos de huella de carbono, en emisiones de efecto invernadero (ligados al cambio climático), generan menos residuo y facilitan la recogida de los biorresiduos. Por otro lado, los biocoms contabilizan como reciclados, y no aportarán a la contribución económica de la UE que le corresponderá al estado por los envases no reciclados. Por ello es injusto que los biocoms queden penalizados por el impuesto estatal, y por el contrario tiene lógica el que queden exentos. En Italia, el único país en la UE que también ha desarrollado un impuesto a nivel nacional sobre los envases plásticos, los compostables se contemplan como un supuesto de no sujeción. En el estado hay un alto potencial de desarrollo alrededor de estos productos, también en término de inversiones, de proyectos tecnológicos y de innovación, pero tienen en esta regulación una amenaza de desarrollo externa a ellos mismos. Se va a dificultar el desarrollo y el uso de artículos biocoms, que por funcionalidad y por ventajas medioambientales son los óptimos para ciertas aplicaciones, o bien se va a hacer inviable el desa-

- Una exención para los envases y productos compuestos de material plástico compostable certificados con la norma UNE EN 13432 en aplicaciones donde la dificultad para separar el residuo orgánico los haga más eficientes, y así evitar el interferir en el proceso de reciclaje contaminando el flujo de residuos plásticos[164].
- Una exención para la fabricación, importación o adquisición intracomunitaria de envases de plástico de fuentes renovables[165].

---

rrollo de la fabricación en España de estos artículos. En este sentido cabe indicar que en el estado hay un importantísimo volumen de proyectos de innovación relacionados con estos materiales que pueden quedar en peligro, solo como ejemplo citamos SUSPLAST (http://susplast-csic.org/), una Plataforma Tecnológica del Ministerio de Ciencia e Innovación con diferentes grupos y líneas de trabajo dirigidas a los bios y biocoms. Hay mucha expectativa pues son un gran potencial para canalizar hacia España proyectos e inversiones de los fondos europeos, tanto del presupuesto como de los fondos covid, que se dañarán al desincentivar a la industria a invertir en colaboraciones en España con los centros tecnológicos. Además, por estar focalizados para unos usos determinados en los que aporta valor su gestión junto con los biorresiduos, en España el uso de plásticos biocoms estimamos que está alrededor del 0,14% y su potencial de crecimiento en los artículos afectados puede estar entre el 1% y el 2%, es decir, en cualquier caso, siempre estaremos hablando de cantidades muy bajas a nivel global de uso de plástico.

164 Enmienda nº 153 del Bel i Accensi (Grupo Parlamentario Plural) en el Congreso y enmienda nº 590 del Grupo Parlamentario Popular en el Congreso. Enmiendas nº 15 de don Fernando Clavijo Batlle (GPN), nº 279 de don Josep Lluís Cleries i Gonzàlez (GPN) y de doña Maria Teresa Rivero Segalàs (GPN) en el Senado y nº 424 del Grupo Parlamentario Popular en el Senado (GPP).
Los plásticos compostables tienen unas características determinadas por lo que su uso está muy enfocado hacia aquellas aplicaciones en las que realmente aportan valor, aquellas en las que es un beneficio medioambiental el que se puedan depositar y tratar junto a la materia orgánica. Estos materiales también contabilizan como reciclados a nivel europeo, pero no aportarán a la contribución económica de la Unión Europea que le corresponderá a España por los envases no reciclados. En Italia, el único país en la UE que también ha desarrollado un impuesto a nivel nacional a los envases plásticos, los compostables se contemplan como un supuesto de no sujeción (se podría incluir esta enmienda en el Art. 68. Ámbito objetivo). Estas diferencias hacen que la industria española pierda competitividad y se generen ventajas competitivas para ciertos productores en función del estado miembro en el que se opere.

165 Enmienda nº 47 de la Sra. Oramas González-Moro (Grupo Parlamentario Mixto) en el Congreso y enmienda nº 594 del Grupo Parlamentario Popular en el Congreso. En-

- Una exención para la fabricación, importación o adquisición intracomunitaria de aquellos envases de plástico no reutilizables que cumplan con los requisitos de la norma europea vigente EN 13432:2000 "Envases y embalajes. Requisitos de los envases y embalajes valorizables mediante compostaje y biodegradación. Programa de ensayo y criterios de evaluación para la aceptación final del envase o embalaje" y en sus sucesivas actualizaciones, así como los que cumplan los estándares europeos o nacionales de biodegradación a través de compostaje doméstico[166].
- Una exención para la fabricación, importación o adquisición intracomunitaria de envases de plástico no reutilizables que estén aplicando

miendas nº 12 de don Fernando Clavijo Batlle (GPN) en el Senado y nº 426 del Grupo Parlamentario Popular en el Senado (GPP).

Los plásticos de origen de fuentes renovables representan una alternativa sostenible al uso de plástico tradicional. Desde un punto de vista ambiental, estos materiales respaldan los objetivos fijados a nivel europeo y a largo plazo en materia de descarbonización o lucha contra el cambio climático, así como aprovechamiento de residuos orgánicos. Muchas empresas estarían interesadas en explorar fuentes alternativas para producir plástico y contribuir de esta manera a la economía circular, lo que requiere de inversiones en I+D+i que no se deberían desincentivar con medidas impositivas.

166 Enmienda nº 48 de la Sra. Oramas González-Moro (Grupo Parlamentario Mixto), nº 153 del PdCat/Grupo Parlamentario Plural ynº 591 del Grupo Parlamentario Popular en el Congreso. Enmiendas nº 13 de don Fernando Clavijo Batlle (GPN), nº 195 de don Fabián Chinea Correa (GPIC), nº 280 y 281 de don Josep Lluís Cleries i Gonzàlez (GPN) y de doña Maria Teresa Rivero Segalàs (GPN) en el Senado y nº 425 del Grupo Parlamentario Popular en el Senado (GPP).

Los envases de plástico no reutilizables compostables generan numerosos beneficios para el medio ambiente y la economía circular. Además, el artículo 25, establece obligaciones de recogida separada para los biorresiduos de origen doméstico antes del 31 de diciembre de 2021 para las entidades locales con población de derecho superior a 5000 habitantes, y antes del 31 de diciembre de 2023 para el resto. Se entenderá incluida también la separación y reciclaje en origen mediante compostaje doméstico o comunitario. Por otra parte, en el artículo 28, se establece que los envases que cumplan con la norma EN 13432:2000 se podrán recoger conjuntamente con los biorresiduos, con el objetivo de mejorar la preparación para la reutilización, reciclado y valorización de los residuos. Por todo lo anterior, y siendo los envases de plástico compostable una alternativa sostenible en la gestión correcta de los residuos, se solicita que se exima del impuesto a los envases de plástico no reutilizables establecido en el título VII, a aquellos envases compostables que cumplan con la norma EN 13422. Cabe destacar que esta exención ya existe, por ejemplo, en el impuesto de Italia.

alguna medida de prevención y/o ecodiseño que evite el abandono del envase o su eliminación en vertedero. Estas medidas deben ser técnicamente demostrables y aceptadas por la Administración competente[167].

- Una exención para la fabricación, importación o adquisición intracomunitaria de envases de plástico no reutilizables que cuenten con sistemas complementarios de gestión de residuos que eviten su abandono en el medio. Estas medidas deber ser técnicamente demostrables y aceptadas por la Administración competente[168].

Por el contrario, también se propusieron modificaciones para clarificar que el impuesto ha de recaer sobre todas las variables de bioplásticos y envases multicapa o multimaterial[169].

Posteriormente, la Proposición de Ley relativa a la sostenibilidad de la gestión de los envases y de sus residuos, presentada el 12 de diciembre de 2022 por el Grupo Parlamentario Popular en el Congreso y finalmente de-

---

167 Enmienda nº 49 de la Sra. Oramas González-Moro (Grupo Parlamentario Mixto) en el Congreso. Enmienda nº 14 de don Fernando Clavijo Batlle (GPN) en el Senado y nº 196.de don Fabián Chinea Correa (GPIC) en el Senado.

Atendiendo al objetivo ambiental del impuesto, se propone excluir del ámbito de aplicación a aquellos envases que estén aplicando alguna medida de prevención y/o ecodiseño que evite el abandono del residuo de envase o su eliminación en vertedero, siempre que estas medidas se puedan demostrar técnicamente y sean aceptadas por la Administración competente.

168 Enmienda nº 592 del Grupo Parlamentario Popular en el Congreso.

169 Las enmiendas nº 151 de don Vicenç Vidal Matas (GPIC), nº 241 de don Josep Lluís Cleries i Gonzàlez (GPN) y de doña Maria Teresa Rivero Segalàs (GPN) y nº 544 de don Xavier Castellana Gamisans (GPERB), todas ellas en el Senado, proponían modificar el apartado 1 del artículo 67, que pasaría a tener la siguiente redacción:

«1. El impuesto especial sobre los envases no reutilizables que contengan plástico, incluidas todas las variables de bioplásticos y envases multicapa o multimaterial es un tributo (...)

La justificación de esta enmienda es que "En el Estado español urge la implantación de medidas de fiscalidad verde para avanzar en la transición hacia un modelo de producción y consumo que reduzca la explotación de recursos naturales y que permita la reintroducción de los residuos como materia prima en la industria y la agricultura. Para cumplir con el principio de «quien contamina paga» e incentivar la transformación del envasado es necesario que no sea un impuesto meramente recaudatorio y que repercuta directamente en la gestión preventiva de los residuos. El impuesto debe recaer sobre todos los envases de plástico de un solo uso, incluidos los compostables, los bioplásticos y los multicapa como los brics que tienen un porcentaje de reciclado en España por debajo del 25%".

caída por la finalización de la legislatura, extendía las exenciones a la fabricación, importación o adquisición intracomunitaria de envases y productos compuestos de material plástico compostable certificados con la norma UNE EN 13432 en aplicaciones donde la dificultad para separar el residuo orgánico los haga más eficientes, así como a la fabricación, importación o adquisición intracomunitaria de envases de plástico de fuentes renovables.

Finalmente, la Ley no recoge ningún tipo de beneficio fiscal para el caso de que, tras utilizar los envases de plástico, estos se sometan a un proceso de valorización a través de un gestor de residuos que incinere dichos envases para obtener energía (V2387-23).

1.3.4. Plástico reciclado

No obstante lo anterior, los productos fabricados con plástico reciclado sí disfrutan de un beneficio fiscal que tiene por objeto fomentar el reciclado de los residuos en el marco de una economía circular, siendo esta una de las finalidades que expresamente contempla el artículo 67 de la Ley 7/2022.

En efecto, si acudimos a la definición de la base imponible, está se encuentra constituida por la cantidad de plástico no reciclado contenida en los productos que forman parte del ámbito objetivo del impuesto. Por tanto, un producto fabricado íntegramente con plástico reciclado quedará encuadrado en el ámbito objetivo, pero no se encontrará sometido a tributación efectiva. Como hemos señalado, esta forma de definir la base imponible e, indirectamente, de delimitar el ámbito objetivo del impuesto acentúa el carácter medioambiental del tributo, al fomentar el reciclado del plástico y, en consecuencia, disminuir la puesta en circulación de este material en el territorio de aplicación del impuesto[170]. En este mismo sentido se manifestaba la Exposición de Motivos del Anteproyecto.

170 No obstante, como hemos tenido ocasión de indicar en otras publicaciones consideramos recomendable la consideración de si el plástico es reciclado o no en el ámbito objetivo, "aunque solo sea a efectos de lograr una cohesión respecto a la base imponible, aparte de incidir en la relevante consecuencia derivada de la utilización de plástico reciclado". GARCÍA CARRETERO, B. y PATÓN GARCÍA, G.: "La fiscalidad de los envases y vertidos e incineración en el proyecto de ley de residuos y suelos contaminados", en Gar-

La cantidad de plástico reciclado deberá ser certificado mediante una entidad acreditada para emitir certificación al amparo de la norma UNE-EN 15343:2008 «Plásticos. Plásticos reciclados. Trazabilidad y evaluación de conformidad del reciclado de plásticos y contenido en reciclado» o las normas que las sustituyan. En el supuesto de plástico reciclado químicamente, dicha cantidad se acreditará mediante el certificado emitido por la correspondiente entidad acreditada o habilitada a tales efectos.

Las entidades certificadoras deberán estar acreditadas por la ENAC o por el organismo nacional de acreditación de cualquier otro Estado miembro de la UE, designado de acuerdo con lo establecido en el Reglamento (CE) n.º 765/2008 del Parlamento Europeo y del Consejo, de 9 de julio de 2008, por el que se establecen los requisitos de acreditación y vigilancia del mercado relativos a la comercialización de los productos y por el que se deroga el Reglamento (CEE) n.º 339/93. En el caso de productos fabricados fuera de la UE, la certificación se podrá realizar por cualquier otro acreditador con quien la ENAC tenga un acuerdo de reconocimiento internacional.

Tal y como se comentará en el capítulo referente a la base imponible, es loable este incentivo a la circularidad de la economía. No obstante, desde un punto de vista práctico, la obtención de esta certificación sobre el plástico reciclado, en las condiciones descritas, puede ser especialmente compleja en los hechos imponibles asociados a la introducción de productos de plástico en el territorio español (importación y adquisición intracomunitaria), dado que dependerá, en buena medida, de la voluntad del proveedor extranjero para facilitar una información cuya generación le supondrá un coste adicional. La situación puede resultar aún más compleja en el caso de que los productos se adquieran a un distribuidor no fabricante, en cuyo caso es posible que dicho distribuidor no disponga de la información, al estar en manos del fabricante que le ha suministrado los productos que luego distribuye. Por lo tanto, podría ocurrir que productos íntegramente fabricados con plástico reciclado quedaran sujetos a tributación por la imposibilidad práctica de acreditar el material con el que se han fabricado.

---

cía Calvente, Y. y Sedeño López, J.F. (coords.), *Desarrollo urbano sostenible y economía circular en perspectiva jurídica*, *op. cit.*

Finalmente, también es oportuno anticipar que no formará parte de la base imponible el plástico reciclado, expresión distinta de plástico reciclable. El plástico reciclado es aquel que ha sido objeto de una operación de valorización que permite su transformación en nuevos productos o materiales, pero no aquel que, siendo reciclable por reunir las características que permiten su transformación, todavía no se ha sometido a la referida operación de valorización. La diferencia es sustancial puesto que, mientras que el plástico ya reciclado no quedará gravado, si lo será el plástico virgen con independencia de que pueda ser reciclado.

Así, lo ha señalado la DGT (V0543-23): "que el plástico sea reciclable no tiene incidencia a efectos del impuesto. Si el envase es reutilizable no forma parte del ámbito objetivo del impuesto. Si el envase está fabricado con plástico reciclado, conforme establece el artículo 77.1 de la ley, la base imponible del impuesto estará constituida por la cantidad de plástico no reciclado, expresada en kilogramos, contenida en los productos que forman parte de su ámbito objetivo".

2. PRODUCTOS PLÁSTICOS SEMIELABORADOS PARA LA OBTENCIÓN DE ENVASES

El artículo 68.1.b) de la Ley 7/2022 incluye en el ámbito objetivo del impuesto los productos plásticos semielaborados destinados a la obtención de los envases a los que hemos hecho referencia en el apartado anterior.

Los "productos semielaborados" se definen en la letra e) del artículo 71.1 de la Ley 7/2022 como aquellos productos intermedios obtenidos a partir de materias primas que han sido sometidas a una o varias operaciones de transformación y que requieren de una o varias fases de transformación posteriores para poder ser destinados a su función como envase[171]. Esa fase de transformación

[171] La enmienda nº 421 del Grupo Parlamentario Popular en el Senado (GPP) proponía que esta definición hiciera referencia a que la primera operación sobre las materias primas fuera "esencial" y las transformaciones posteriores fueran "no esenciales". La redacción quedaría de la siguiente forma: "aquellos productos intermedios obtenidos a partir de materias primas que han sido sometidas a una o varias operaciones de transformación esencial, y que requieren de una o varias fases de transformación posteriores no esenciales para poder ser destinados a su función como envase".

posterior es la que, por ejemplo, lleva a considerar que tienen la consideración de producto semielaborado una bobina de plástico utilizada para, mediante su calentamiento y un proceso de termosellado, obtener bolsas o tarrinas donde se contienen los productos vendidos y el film de plástico que se utiliza para envolver cada unidad de producto y los pallets utilizados en el transporte (V1607-23) o las bobinas de plástico para fabricar envases (V2085-23).

El citado artículo 68.1.b) hace referencia, a título de ejemplo, a las preformas o las láminas de termoplástico. Ambos productos se incluyen asimismo en el listado de productos que forman parte del ámbito objetivo del impuesto contenido en el documento de preguntas y respuestas del Ministerio de Hacienda y Función Pública.

Las preformas son un producto intermedio habitualmente utilizado para la fabricación de botellas, garrafas, bidones y artículos similares, mediante una técnica de soplado que permite obtener la forma definitiva del envase. Las preformas presentan la ventaja de que permiten reducir los costes de transporte y almacenaje de los envases vacíos, ya que, si están sopladas con la forma definitiva, ocupan mucho más espacio. Así, por ejemplo, la DGT incluye en esta categoría las preformas para la fabricación de bolsas flexibles para líquidos ("bag in box"), formadas por varias láminas que protegen el producto de la oxidación y de la luz y por una válvula que sirve de grifo o tapa para la dosificación del producto (V1718-23).

Las láminas de termoplástico, distribuidas principalmente en bobinas, se usan en el termoformado de envases, que es una técnica por la que, mediante la utilización de un molde determinado y una combinación de calor y presión, se obtiene la forma deseada de un envase (por ejemplo, una bandeja)[172]. Este sería el caso de las láminas de polietileno para la fabricación de bolsas (V1609-23) o las láminas de plástico termoformadas para la fabricación de envases (V1645-23).

La DGT ha calificado como producto semielaborado los componentes de polímeros líquidos concebidos para mezclarse y dar lugar a una espuma

---

172 Guía técnica AINIA de envase y embalaje, disponible en http://www.guiaenvase.com/bases/guiaenvase.nsf/V02wp/08C43DD73CF6FBE0C1256F250063FA94?Opendocument (último acceso: 08/07/2023).

de poliuretano que se solidifica de forma instantánea, al requerir el polímero líquido de una fase de transformación posterior para poder ser destinado a su función como envase (V1088-23). También ha incluido en esta categoría a las bobinas de film destinadas a la obtención de envases y bolsas para productos de panadería y bollería industrial (V0125-23, V0131-23), así como las bobinas de malla de plástico que se venden a clientes para que, tras cortarla a la medida necesaria, se utilice como cubre de cajas de productos agrícolas o para fabricar bolsas para productos hortofrutícolas (V0128-23); las bobinas de cartón con película plástica incorporada, que se moldea y troquela para la elaboración de bandejas de uso alimentario, así como las bobinas de plástico que es incorporado por la empresa al cartón para elaborar bandejas de uso alimentario (V0966-23) y las bobinas de plástico utilizadas por empresas de artes gráficas para plastificar superficies de papel y cartón (V0474-23, V0475-23, V2072-23); el film utilizado para envolver los palés de producto terminado, al requerir de una fase de transformación posterior para poder ser destinado a su función como envase (V1089-23); las bobinas de plástico retráctil y de film estirable que se utilizan para envolver los paquetes que contienen grupos de productos y los pallets dónde se colocan dichos productos (V1093-23, V1209-23); y el film para embalar (V2075-23). Quedan igualmente sujetos los pliegos plastificados (complejos) que se emplean para obtener cajas y estuches (V2073-23) y las bobinas de rafia de polipropileno para fabricar big bags (V2109-23).

Por el contrario, las bobinas u hojas de film de polipropileno empleadas para la obtención de etiquetas o cintas adhesivas no están incluidas en el ámbito objetivo, porque no están destinadas a obtener los envases definidos en el artículo 68.1.a) de la Ley 7/2022, sino los productos destinados a permitir la comercialización o presentación de envases a que se refiere el artículo 68.1.c) de la Ley 7/2022 (V0389-23, V1012-23, V2292-23). La actividad que quedaría sujeta es la fabricación de las referidas etiquetas. Tampoco tiene la consideración de producto semielaborado el colorante o concentrado de color a base de materias de colorantes orgánicos sintéticos (V0667-23). La misma conclusión se alcanza en relación con el papel sintético fabricado en base de propileno y el propileno de laminación, utilizados para la fabricación de etiquetas, brazaletes de hospitales, menús de restaurantes y carteles publicitarios (V1493-23).

También resulta interesante la consulta V0655-23, que se refiere a un fabricante de golosina líquida que compra láminas de poliéster y polietileno (lámina 1) a diversos proveedores nacionales. Una vez adquiridas las láminas al proveedor, se sueldan, se llenan y se cortan, tanto longitudinalmente como transversalmente, dando lugar a los envases. Finalmente, los envases son rellenados de la golosina liquida y se envuelven en otra lamina de poliéster (lamina 2) que conforma la unidad de venta en la tienda. Ambas láminas se consideran productos semielaborados.

Los productos semielaborados no se recogían en el Anteproyecto y se incorporaron en el Proyecto que se presentó en el Congreso de los Diputados con la finalidad de anticipar la condición de sujeto pasivo en la cadena de valor y, de esa manera, reducir el número de contribuyentes, simplificando las labores de gestión, inspección y comprobación por parte de la Administración tributaria.

En consecuencia, el fabricante, importador o adquirente intracomunitario del producto semielaborado pasará a tener la condición de sujeto pasivo. La posterior elaboración de envases a partir de productos semielaborados no tendrá la consideración de fabricación, a efectos del impuesto, en tanto no se incorporen nuevos elementos de plástico para la obtención del envase definitivo (art. 71.b).

Es decir, el adquirente de un producto semielaborado que obtiene el envase definitivo aplicando un proceso de transformación, pero en el que no se incorpora plástico adicional al que tenía el producto semielaborado, no tendría la condición de fabricante.

El documento de preguntas y respuestas del Ministerio de Hacienda y Función Pública plantea la cuestión de si la granza de polietileno (HDPE) con la que se elaboran las botellas tiene la consideración de producto semielaborado a efectos del impuesto[173]. La respuesta es negativa, al entenderse que la granza ha de considerarse materia prima y, por tanto, no está incluida en el ámbito objetivo del impuesto. En este mismo sentido, la DGT ha señalado que el polietileno

[173] Los polímeros que se utilizan para la fabricación de envases y materiales de envase, a los que sería de aplicación la misma respuesta, son los siguientes:
* Polietileno de Baja Densidad (LDPE). Fabricado por extrusión-soplado se utiliza para envases de uso general (ultramarinos, congelados y basura) y para retractilar. Normalmente constituye la cara interna termosoldable de los materiales complejos que no van a sufrir tratamiento por calor.

en grano es una materia prima utilizada para la producción de piezas, juguetes, bolsas plásticas y embalajes diversos y, por tanto, no es un producto incluido en el ámbito objetivo del impuesto (V0128-23). Tampoco son productos semielaborados el polietileno (V0394-23), la granza de polietileno y los colorantes

---

* Polietileno Lineal de Baja Densidad (LLDPE). Sustituto del LDPE cuando se requiera mejores propiedades mecánicas. Normalmente es la cara interna termosoldable de complejos que precisan buena resistencia mecánica y/o "hot-tack".
* Polietileno de Alta Densidad (HDPE). Como material único, se utiliza en bolsas de asas, para basuras industriales, sacos industriales, para cereales y envoltorios individuales en cajas de productos de alto valor añadido. Se utilizan poco en el campo de los materiales complejos, solamente cuando se precisa mayor resistencia térmica (p. ej. materiales para boil-in-bag).
* Polietileno Ionómero. Su principal uso es en coéxtrusiones y laminados complejos en los que se requiere gran poder de adhesión y termosellado efectivo, por ejemplo, envases para productos pulverulentos y para productos grasos o con salsas, ya que es capaz de termosoldar a través de suciedad.
* Copolímeros de Etil-Vinil-Acetato (EVA). Ampliamente usado como adhesivo en coextrusión. Es sustituto del LDPE cuando se requieren especiales características de adaptabilidad y soldabilidad. Tambíen se utiliza en envases para productos congelados y para películas retráctiles o estirables.
* Polipropileno (PP). En películas puede encontrarse como PP cast y como PP biorientado (OPP). El PP cast se utiliza como cara soldable en complejos que tienen que resistir altas temperaturas (p. ej. esterilización por vapor). El OPP, coextrusionado con otras poliolefinas o con recubrimientos termosoldables, se emplea en bolsas para cereales, snacks, pan, quesos, tabaco, golosinas, etiquetas para botellas. También se emplea como sustrato para metalizar con aluminio.
* Poliestireno (PS). Uso extendido en productos refrigerados (barquetas vasos y cubos).
* Cloruro de polivinilo (PVC). Películas estirables y retráctiles para envasado de carnes, pescados y productos hortofrutícolas. También se fabrican de PVC envases rígidos termoformados para alimentos y productos farmacéuticos (blisters).
* Poli(etilen-tereftalato) (PET). El uso más extendido del PET es para botellas obtenidas por inyección soplada. Por su estabilidad a bajas temperaturas, es posible su utilización en alimentos congelados.
* Poliamidas (PA). Se usa como film exterior o central de complejos, termoformables o no, pudiendo soportar temperaturas de esterilización y pasteurización.
* Poli(Cloruro de Vinilideno) (PVdC). Su uso más extendido es aplicado como recubrimiento (spray) sobre PP o PET.
* Copolímero (etileno-alcohol vinilico). Se usa en co-extrusiones, nunca siendo una de las caras externas.

http://www.guiaenvase.com/bases/guiaenvase.nsf/V02wp/A6D80E0F0A52A940C1256F250063FA91?Opendocument (último acceso: 08/07/2023).

o concentrados (V0023-23), la granza de polipropileno o de policloruro de vinilo (V2292-23), ni la resina plástica (V0433-23), ya que constituyen materia prima para la fabricación de artículos que podrían, o no, llegar a ser productos objeto el impuesto (envases, productos semielaborados o productos destinados a permitir el cierre, la presentación y la comercialización). La misma conclusión se alcanza en relación con los componentes de plástico que se adquieren por separado y que integran una válvula de aerosol, dado que esta última, por sí sola, no es un envase ni dichos componentes son productos que contengan plástico destinados a permitir el cierre, la comercialización o la presentación de envases (V2403-23).

Por otra parte, podría darse la circunstancia de que los productos semielaborados pudieran destinarse a múltiples usos, siendo solo uno de ellos la obtención de envases que forman parte del ámbito objetivo del impuesto[174]. Si el destino fuera distinto a este, sería posible aplicar una exención a la fabricación, adquisición intracomunitaria e importación de dichos productos semielaborados (art.75.g) de la Ley 7/2022). La efectividad de esta exención quedará condicionada a que se acredite el destino efectivo dado a dichos productos. En concreto, los contribuyentes que realicen la primera entrega o puesta a disposición de los productos semielaborados a favor de los adquirentes deberán recabar de estos una declaración previa en la que manifiesten el destino de dichos productos. Dicha declaración se deberá conservar durante los plazos de prescripción relativos al impuesto a que se refiere el artículo 66 de la LGT. A este respeto, es preciso mencionar que esta incorrecta declaración puede dar lugar a dos tipos distintos de consecuencias: por una parte, conforme al párrafo tercero del artículo 76 de la ley, "en los supuestos de irregularidades en relación con la justificación del uso o destino dado a los productos objeto del impuesto que se han beneficiado de una exención en razón de su destino, estarán obligados al pago del impuesto y de las sanciones que pudieran imponerse los contribu-

174 Como apunta, MENDO BUETAS, el fabricante se encuentra ante una cuestión muy complicada y sujeta a errores puesto que un mismo producto, puede destinarse a obtener productos sujetos al gravamen (láminas destinadas a producir botellas no reutilizables), productos no sujetos (plástico para cubrir un invernadero) o un producto sujeto y exento (pacas o balas para ensilado de forrajes o cereales), MENDO BUETAS, J.: "El impuesto especial sobre envases de plástico no reutilizables (arts. 67 a 83 Ley 7/2022, de 8 de abril). Parte I", *Carta tributaria. Revista de opinión*, núm. 96, 2023.

yentes, en tanto no justifiquen la recepción de los productos por el adquirente facultado para recibirlos mediante la aportación de la declaración previa a la que se refiere el artículo anterior; a partir de tal recepción, la obligación recaerá sobre los adquirentes"; por otra parte, el artículo 83.2.d) de la ley recoge un supuesto de infracción tributaria aplicable para el caso de que se produzca un disfrute indebido de esta exención.

Esta situación es la analizada por la DGT en su consulta V0412-23, en relación con una sociedad que se dedica a la adquisición intracomunitaria de unas bobinas de material plástico que vende a sus clientes para el corte de telas y materiales semejantes. Como las bobinas de material plástico requieren de una fase de transformación posterior para poder ser destinadas a su función como envase, tienen la consideración de producto semielaborado[175]. No obstante lo anterior, el uso del material plástico que hacen sus clientes consiste exclusivamente en ser colocado encima de las telas, colocando debajo láminas de papel para hacer el vacío en la cinta de corte de la máquina y permitir que el corte sea más preciso. Inmediatamente después del corte, tanto el material plástico como el papel son separados de la tela y desechados, no teniendo más utilidad que el expuesto por la consultante. A la vista de tales circunstancias, la DGT señala que:

- Dado que las bobinas de plástico no tienen unas cualidades específicas que delimiten su uso de forma exclusiva al ejercicio de la actividad objeto de consulta, sino que pueden ser destinadas a la obtención de envases, cumplen las condiciones señaladas en el artículo 68.1.b) de la ley para formar parte del ámbito objetivo del impuesto. En consecuencia, su adquisición intracomunitaria estaría sujeta al impuesto.
- No obstante, la sociedad podría aplicar la exención del artículo 75.g) siempre y cuando obtenga de los clientes a los que vende las bobinas una declaración previa en la que manifiesten que el destino de estas no va a ser la obtención de envases.

[175] En el mismo sentido, DGT V1204-22, en relación con las bobinas de plástico que una lavandería industrial que se dedica al lavado y secado de ropa introduce en una máquina para empaquetar la ropa limpia que envía a sus clientes. Al tener dichas bobinas la condición de productos plásticos semielaborados y estar destinadas a la obtención de los envases a los que hace referencia el artículo 68.1.a) de la Ley 7/2022, se encuentran dentro del ámbito objetivo del impuesto.

La DGT también ha valorado el supuesto de una empresa fabricante de productos semielaborados que sus clientes transforman en envases que pueden ser de un solo uso o reutilizables. En este último caso, algunos clientes le envían declaraciones de exención. La DGT advierte que la redacción del precepto no permite al contribuyente optar por aplicar o no la exención, sino que está obligado a su aplicación siempre que se cumplan las condiciones que la ley prevé. Respecto al contenido de la declaración de los clientes, la Ley 7/2022 sólo establece que debe ser previa y que en ella el cliente debe expresar cual es el destino de esos productos que justifica su exención. Una vez que el contribuyente justifique con la declaración del cliente que ha entregado el producto con aplicación de la exención, dejará de estar obligado al pago del impuesto, trasladándose dicha obligación al cliente si no da al producto un destino compatible con la exención (V0437-23).

En el mismo sentido, se pronuncia la DGT (V1482-23) respecto de la adquisición intracomunitaria de rollos de tejidos, hojas, láminas y placas que contienen plástico y que una vez cortados, se suministran a velerías para la construcción de velas para barcos y tablas de windsurf. Dado que de la información aportada no se desprende que tengan unas cualidades específicas que delimiten de forma exclusiva su uso al descrito en la consulta, dichos productos forman parte del ámbito objetivo del impuesto y su adquisición intracomunitaria está sujeta al Impuesto especial sobre los envases de plástico no reutilizables. No obstante, dicha adquisición intracomunitaria estará exenta cuando, conforme a los dispuesto en el artículo 75.g) obtenga de sus clientes una declaración previa en la que manifiesten que el destino de los productos gravados no va a ser la obtención de envases que forman parte del ámbito objetivo del impuesto, como sería el caso de que dichos productos se destinasen a la fabricación de velas para barcos y tablas de windsurf. Esa misma referencia a las cualidades específicas que delimiten el uso exclusivo distinto de la fabricación de envases este reiterada por la DGT para incluir en el ámbito objetivo del impuesto a las láminas de plástico utilizadas para tapar el pescado en el mostrador de un supermercado, sin perjuicio de la posibilidad de aplicar la mencionada exención si se obtiene la declaración previa del cliente manifestando que el destino de dichas láminas no va a ser la obtención de envases (V1647-23) o la fabricación de poliestireno expandido que puede tener diferentes destinos (V1702-33).

3. PRODUCTOS PLÁSTICOS DESTINADOS A PERMITIR EL CIERRE, LA COMERCIALIZACIÓN O LA PRESENTACIÓN DE ENVASES

Finalmente, también son gravados los productos que contengan plástico destinados a permitir el cierre, la comercialización o la presentación[176] de envases no reutilizables, como pudieran ser, siguiendo el Informador Digital de la AEAT, los tapones, hebillas, pinzas, cerraduras, clips de cerrado y bolsas con cierre hermético. La DGT únicamente ha exceptuado aquellos productos que presenten unas cualidades específicas que objetivamente excluyan su utilización en este tipo de envases (V1702-23).

El documento de preguntas y respuestas del Ministerio incluye en esta categoría las pinturas, las tintas, las lacas y los adhesivos destinados o concebidos para ser incorporados en envases no reutilizables, sin perjuicio de que tales productos están no sujetos por la letra c) del artículo 73 de la ley[177].

El ejemplo paradigmático de los productos a que responde este concepto son los tapones, respecto de los que en la tramitación parlamentaria se señaló expresamente que forman parte del ámbito objetivo del impuesto cuando contengan plástico y estén destinados a permitir el cierre de los envases no reutilizables[178]. Como ha señalado la DGT, el factor determinante para saber si los tapones pueden quedar sujetos al impuesto es si el material del que están compuestos tiene la consideración de plástico y si se destinan al cierre de envases no reutilizables (V0425-23), esto es, si se va a utilizar en envases no

---

176 Siguiendo a MENDO BUETAS, "La película plástica que solo recubre el envase o el cierre, o ambos por igual, es un elemento propio de la presentación y comercialización del producto [...] Estos productos habitualmente son elementos destinados a motivar al consumidor y a identificar una cierta marca y suelen tener el objetivo de sellar, precintar y mostrar con cierta seguridad de que el producto es el que dice ser y que no se encuentra adulterado. Estos productos no se consideran ni cierre, ni envase y la razón se justifica en la Directiva 904/2022, que concibe como cierre las películas plásticas, pero excluye aquellas que no se encuentran selladas térmicamente", MENDO BUETAS, J.: "El impuesto especial sobre envases de plástico no reutilizables (arts. 67 a 83 Ley 7/2022, de 8 de abril). Parte I", *op. cit.*

177 Y si las referidas pinturas, tintas, lacas y adhesivos estuvieran destinadas o concebidas para ser incorporadas en envases reutilizables, no formarían parte del ámbito objetivo del impuesto.

178 Enmienda nº 571 del Grupo Parlamentario Socialista (GPS) en el Senado.

reutilizables (V1703-23), aun cuando el tapón en sí mismo sea reutilizable (V1608-23). Por ello, los tapones de corcho que contienen plástico y que están destinados a permitir el cierre de envases reutilizables quedarían fuera del ámbito objetivo (V0663-23), al igual que los tapones para el cierre de botellas y botellones retornables (V1646-23, V1660-23).

También se encuadran en esta categoría:

- Las válvulas de desgasificación que contienen plástico, diseñadas para permitir que el gas generado por el café recién tostado salga del paquete. Se trata de productos destinados a permitir la comercialización y la presentación de los envases, por lo que forman parte del ámbito objetivo del impuesto (V0388-23).
- La rosca de cierre de un envase de bebidas en brik, fabricado a partir de granza, al contener plástico, siempre que se destine a permitir el cierre, la comercialización o la presentación de un envase no reutilizable (V0022-23). Los precintos para frascos y los tapones de rosca (V2275-23).
- Un obturador plástico utilizado para el proceso de fermentación del cava y espumantes, que lleva el tapón corona integrado, que se retira tras la fermentación con los residuos, dejando el cava limpio de impurezas. Posteriormente la botella de vidrio se tapa con un tapón de corcho para su comercialización. Se trata, por tanto, de un producto que contiene plástico y está destinado al cierre de un envase no reutilizable. Por el contrario, no forma parte del ámbito objetivo del impuesto otra versión de obturador de plástico que se utiliza de forma separada de un tapón corona de metal (V0357-23).
- Las almohadillas absorbentes utilizadas en bandejas y envases de carne o pescado cuya función es absorber los exudados (jugos) y preservar la calidad de los alimentos. El material está compuesto de una base de celulosa recubierta con un film plástico de polietileno. Este complejo final puede ir adherido a la bandeja con una gota de cola adhesiva o suelto sobre ella (V0436-23).
- Las cintas adhesivas (V0537-23, V2292-23).
- Los aplicadores para la limpieza de calzado, que constan de una base plástica con unas esponjas soldadas y sirven de cierre para los tarros o tubos donde posteriormente se deposita el betún (V0539-23).

- Las cápsulas de complejo, que son unos precintos de garantía compuestos de aluminio, tintas y polietileno de baja densidad (LDPE) situados sobre el corcho y que tienen una función protectora, estética y de garantía de origen, y la tapa rosca que se utiliza para permitir el cierre de las botellas de vidrio compuesta por ilumino, liner (plástico) y tintas (V0659-23).
- La pistola de plástico del "spray pulverizador" (formado por un envase y la referida pistola) en que se presenta un ambientador.
- Los sellantes compuestos de polímeros utilizados en pequeñas cantidades en cierres o tapas metálicas (por ejemplo, una chapa de un botellín de cerveza), que son elementos auxiliares que contribuyen a la funcionalidad del producto (V0805-23).
- Los tapones y alveolos plásticos de uso alimentario[179] (V0966-23).
- Las tapas difusoras de plástico para la aplicación del producto contenido en aerosoles en hojalata utilizados para la limpieza y cuidado de suelos de madera (V1211-23).
- Las válvulas y accionadores de un aerosol que puede contener diferentes productos, como insecticidas, desinfectantes, limpiadores, ambientadores, etc. (V1218-23, V2403-23). Las bombas dosificadoras y pulverizadoras utilizadas en diversos productos tales como los jabones líquidos para manos, productos de limpieza o ambientadores (V2382-23).
- La parte rectangular de plástico, fabricada a partir de granza, que se adhiere al envase con forma de tetrabrik y donde se introduce el tapón (V1556-23).
- Los precintos de garantía, con independencia de que estén o no en contacto con el producto que contiene el envase, utilizados tanto sobre tapones en envases de vidrio como en envases de PET (V1639-23, V1640-23).

[179] Son bandejas con celdas de diversas formas (esféricas, rectangulares, de lágrima, hexagonales, etc.), que se colocan en el fondo de las cajas, destinadas a contener todo tipo de frutas y hortalizas, permitiendo una presentación ordenada, así como protección frente al roce de la caja.

- La láminas de aluminio que incorporan una capa de termoplástico laminado que se termosella como tapa de un envase metálico (V2157-23).
- La cinta cierrabolsas para cerrar o sellar bolsas de mensajería o de productos, de manera permanente o temporal (V2930-23).

Por el contrario, el "cubre-borne" de un acumulador eléctrico no encuentra encaje en el artículo 68.1.c) de la Ley 7/2022, como producto que contiene plástico destinado a permitir el cierre, la comercialización o la presentación de envases no reutilizables, ya que el acumulador eléctrico no tiene la consideración de envase (V0670-23).

Un caso que merece especial atención es el de las etiquetas que se incorporan a los envases con la finalidad de especificar determinadas características de los productos (por ejemplo, el nombre del producto, las fechas de consumo preferente, el peso neto o las instrucciones de uso). Se trata de productos destinados a permitir la comercialización o presentación de envases y que quedan en el ámbito objetivo en la medida que se destinen a envases no reutilizables (V0389-23, en relación con etiquetas impresas en material plástico que quedan integradas por termofusión en el proceso de inyección al envase u otro producto, por lo que pasan a formar parte inseparable del mismo "in mould label").

No obstante, las etiquetas podrían beneficiarse del supuesto de no sujeción previsto en el artículo 73.c de la Ley 7/2022, conforme al cual no estará sujeta "la fabricación, importación o adquisición intracomunitaria de las pinturas, las tintas, las lacas y los adhesivos, concebidos para ser incorporados a los productos que forman parte del ámbito objetivo del impuesto". La DGT, con base en los criterios interpretativos del artículo 3.1 del Código Civil[180], ha precisado que "el término adhesivo debe entenderse que se refiere tanto a la sustancia que, interpuesta entre dos cuerpos o fragmentos, sirve para pegarlos, como a las pegatinas y a las cintas adhesivas" (V0392-23, V0414-23, V0431-23, V0537-23, V0545-23, V0948-23, V0956-23, V1089-23). Por el contrario, no tiene la consideración de adhesivo (sustancia pegajosa) en el sentido del artículo 73. c)

180 "Las normas se interpretarán según el sentido propio de sus palabras, en relación con el contexto, los antecedentes históricos y legislativos, y la realidad social del tiempo en que han de ser aplicadas, atendiendo fundamentalmente al espíritu y finalidad de aquellas".

de la ley, los adhesivos que se funden con calor (V0663-23). Como señala la consulta V0956-23, cabe diferenciar tres supuestos: (i) la sustancia que sirve para pegar dos cuerpos o fragmentos está incluida en todo caso en el concepto adhesivo y, por tanto, no sujeta al impuesto; (ii) también queda no sujeta la etiqueta de plástico que tiene "adhesivo por toda la etiqueta", dado que es lo que generalmente se conoce como pegatina o adhesivo; (iii) en cambio, la etiqueta a la que se añade una pequeña cantidad de adhesivo, por ejemplo, para formar un cilindro o para evitar que la etiqueta se desplace respecto del envase, sí está sujeta al Impuesto, puesto que este tipo de etiquetas no son lo que comúnmente se entiende como adhesivo[181]. Este supuesto de no sujeción se aborda en el capítulo referente a los beneficios fiscales y otros supuestos de exoneración.

Por otra parte, como en el caso de los productos semielaborados, la posterior elaboración de envases a partir de estos productos no tendrá la consideración de fabricación, a efectos del impuesto, en tanto no se incorporen nuevos elementos de plástico para la obtención del envase definitivo (art. 71.b).

Este podría ser el caso de un tapón que se incorpora a un envase de cartón. El tapón, en su condición de producto plástico destinado a permitir el cierre, estaría sometido a tributación, pero no así el envase de cartón que no incorpora otros materiales plásticos.

Asimismo, de forma similar a lo que ocurría con los productos semielaborados, podríamos encontrarnos con que los productos a que nos referimos en este epígrafe no se fueran a utilizar para el cierre, la comercialización o la presentación de envases no reutilizables. En tal caso, sería posible aplicar una exención a la fabricación, adquisición intracomunitaria e importación de dichos productos semielaborados (art.75.g) de la Ley 7/2022), la cual quedaría condicionada a que se acreditara el destino efectivo dado a dichos productos. En concreto, los contribuyentes que realicen la primera entrega o puesta a disposición de los productos a favor de los adquirentes deberán recabar de estos una declaración previa en la que manifiesten el destino de dichos productos. Dicha declaración se deberá conservar durante los plazos de prescripción

[181] La consultante tenía dudas sobre el tratamiento que debe darse a las etiquetas de plástico cuando se pegan en un lado (por ejemplo, en las botellas de agua y de refresco) y cuando se pegan con adhesivo por toda la superficie.

relativos al impuesto a que se refiere el artículo 66 de la LGT. La incorrecta declaración puede dar lugar a los dos tipos de consecuencias a los que ya nos hemos referido con anterioridad: por una parte, conforme al párrafo tercero del artículo 76 de la ley, "en los supuestos de irregularidades en relación con la justificación del uso o destino dado a los productos objeto del impuesto que se han beneficiado de una exención en razón de su destino, estarán obligados al pago del impuesto y de las sanciones que pudieran imponerse los contribuyentes, en tanto no justifiquen la recepción de los productos por el adquirente facultado para recibirlos mediante la aportación de la declaración previa a la que se refiere el artículo anterior; a partir de tal recepción, la obligación recaerá sobre los adquirentes"; por otra parte, el artículo 83.2.d) de la ley recoge un supuesto de infracción tributaria aplicable para el caso de que se produzca un disfrute indebido de esta exención.

4. EJEMPLOS RECOGIDOS EN LA DOCUMENTACIÓN ACLARATORIA

Como venimos reiterando, la delimitación de los productos que quedan sometidos a tributación no es una cuestión sencilla de desentrañar dado que, a la ya compleja definición derivada de la normativa sectorial, se añade la definición ampliada a exclusivos efectos tributarios, la incorporación de otros productos que no son envases y su interpretación conjunta con los supuestos de no sujeción.

Ante tal dificultad, el documento de preguntas y respuestas del Ministerio de Hacienda y Función Pública resalta la necesidad de realizar un estudio individualizado de cada tipo de producto y de su presentación concreta, debido a las muy diversas configuraciones que se pueden presentar para su comercialización. Sin perjuicio de lo anterior, se incluye un listado ejemplificativo de productos que forman y no forman parte del ámbito objetivo del impuesto:

Ejemplos de productos que forman parte del ámbito objetivo del impuesto:
• Aplicadores de productos cosméticos (cepillos de rímel que forman parte del cierre del envase, ...).
• Bandejas para contener y proteger alimentos (para loncheados y panificados, comida preparada, fruta, carne, pescado, ...).

Ejemplos de productos que forman parte del ámbito objetivo del impuesto:
• Blíster, cajas, estuches y similares que contengan un único producto o un surtido de productos.
• Bobinas retráctiles.
• Bolsas de plástico (de alimentos, pañales...) y sacos de plástico.
• Bolsas de congelación de alimentos.
• Bolsas para envasado al vacío.
• Bolsas de envío de catálogos y revistas (que contienen una revista).
• Bolsitas para bocadillos.
• Botellas, bidones y garrafas, tales como los utilizados para productos de higiene (gel, champú, jabón, ...), para productos industriales (lubricantes, desinfectantes, herbicidas, ...), para productos alimenticios (refrescos, aceite, salsas, bebidas isotónicas, ...), diseñadas para un solo uso, incluso si se pueden rellenar y reutilizar.
• Botes de productos de droguería (pintura, disolvente, ...), de productos de papelería (plastilina, pintura de dedos, corrector ortográfico, ...), de productos de alimentación (yogures, miel, mantequilla, helado, ...).
• Bridas, grapas, pinzas y demás elementos de sujeción que formen parte de un envase.
• Cajas, cuñas, o bandejas para comidas rápidas, take-away o productos de alimentación.
• Cajas de poliestireno para proteger alimentos o cualquier otra mercancía.
• Cápsulas para máquinas distribuidoras de bebidas (por ejemplo, café, cacao, leche), que quedan vacías después de su uso.
• Carretes de hilo de coser, de pescar, ...
• Contenedor o separador de productos de papelería (ceras, rotuladores, lápices, ...), de productos de perfumería (pruebas de maquillaje, ...), de productos de alimentación (frutas, huevos, tartas, pasteles, ...).
• Cubiertos desechables que se presentan unidos a un envase.
• Dispensadores de productos de droguería o de perfumería (toallitas húmedas, cacitos de detergente, hilo dental, enjuague bucal, pañuelos de papel, ...).
• Dispositivos de dosificación que forman parte del cierre de los envases de detergentes, productos de higiene (pasta de dientes, jabón, gel desinfectante, ...) u otros productos (pegamentos, siliconas, etc.).
• Ejes porta CD (vendidos con los CD, pero no destinados al almacenamiento).
• Envases monodosis para productos alimenticios (aceite, vinagre, salsas), productos de droguería o perfumería (cremas, maquillajes, productos de acogida en los hoteles) o para muestras con fines publicitarios.
• Envoltorios para caramelos, helados, chocolatinas, ...

Ejemplos de productos que forman parte del ámbito objetivo del impuesto:
• Estuches (porta lentillas, de minas, ...), no reutilizables.
• Film utilizado para contener, proteger, manipular o entregar bienes o productos, como el de uso alimentario, o el utilizado para envolver libros, revistas, colonias, maletas, flores, ...
• Fundas de plástico para ropa limpia de lavandería.
• Láminas para la protección de pantallas de productos electrónicos o telefónicos.
• Láminas termoplásticas.
• Macetas destinadas a utilizarse únicamente para la venta y el transporte de plantas y no para que la planta permanezca en ellas durante su vida.
• Mallas o redes (como las de fruta o juguetes).
• Pajitas de bebidas que se presentan unidas a un envase.
• Película o lámina de envoltura de cajas de CD.
• Películas o láminas para envolver alimentos.
• Perchas para prendas de vestir vendidas con el artículo o entregadas en la tintorería con el artículo.
• Preformas de plástico.
• Sistemas de barrera estéril (bolsas, bandejas y materiales necesarios para preservar la esterilidad del producto).
• Tapas y tapones de envases, ya sea el envase de plástico o de otro material, siempre que el envase sea no reutilizable.
• Tapones con cepillos o aplicadores incorporados.
• Tetrabriks.
• Vajilla de plástico desechable (platos, vasos, jarras, tazas, copas, ...).
Envases secundarios y terciarios
• Anillas de plástico que agrupan unidades de un pack (como los de latas de bebidas).
• Cinta de embalaje.
• Film para embalaje.
• Film para presentar todo tipo de productos que constituyen agrupaciones de unidades de venta o envases colectivos (como el que recubre los cartones de cigarrillos, o conforma los packs de botellas de agua mineral).
• Film protector de burbujas que envuelva a varias unidades de venta (también puede ser envase primario).
• Film protector de palés.

Ejemplos de productos que no forman parte del ámbito objetivo del impuesto:
• Ambientadores que se eliminan con el producto usado.
• Bandejas de comida reutilizables como las que se usan en los colegios.
• Bolígrafos.
• Bolsas de basura.
• Bolsas para asar.
• Bolsas solubles para detergentes.
• Bolsas de gel de sílice.
• Bolsas de té.
• Cajas de CD, DVD y vídeo (vendidas con un CD, DVD o vídeo en su interior).
• Cápsulas de café que se eliminan con el café usado.
• Cartuchos para impresoras.
• Cubiertos desechables.
• Ejes porta CD (vendidos vacíos, destinados al almacenamiento).
• Encendedores.
• Macetas previstas para que las plantas permanezcan en ellas durante su vida.
• Molinos mecánicos (integrados en un recipiente recargable, por ejemplo, molinos de pimienta recargables).
• Perchas para prendas de vestir (vendidas por separado).
• Removedores.
• Soportes de velas (como las que se usan en el cementerio).

La dificultad a que venimos haciendo referencia, se pone de manifiesto cuando se observa que la última versión de dicho documento, respecto a la anterior inicialmente publicada, elimina los sticks de desodorante del listado de ejemplos de productos que no forman parte de ámbito objetivo del impuesto o precisa que no todos los ambientadores están excluidos, sino solo los que se eliminen conjuntamente con el producto usado.

Por otra parte, como se puede observar, muchos de dichos ejemplos son coincidentes con los que se recogen en el Anexo I del Real Decreto de Envases para aclarar la interpretación del concepto de envase.

Capítulo V

CUANTIFICACIÓN DEL IMPUESTO

Como comentaremos en Capítulos posteriores, salvo en el caso de importaciones, el impuesto se liquida en régimen de autoliquidación, por lo que será el sujeto pasivo quien deberá presentar una declaración en la que, además de comunicar a la Administración los datos necesarios para la liquidación del tributo y otros de contenido informativo, realizará por sí mismo las operaciones de calificación y cuantificación necesarias para determinar e ingresar el importe de la deuda tributaria o, en su caso, determinar la cantidad que resulte a devolver o a compensar (artículo 120.1 de la LGT).

En el caso de importaciones, en el que el impuesto se liquidará por las autoridades aduaneras, será igualmente preciso que en la documentación aduanera se haga constar la información necesaria para la cuantificación de la base imponible y liquidación del impuesto.

En definitiva, con independencia del hecho imponible ante el que nos encontremos, la cuantificación del impuesto se realiza a partir de las bases tributarias, los tipos de gravamen y las deducciones que prevé la ley reguladora del tributo, conforme a lo previsto en el artículo 49 de la LGT, tal y como desarrollaremos a continuación[182]. La configuración de estos elementos, como iremos desgranando, es esencial para poder calificar esta figura como un impuesto ambiental[183].

1. BASE IMPONIBLE

1.1. CONFIGURACIÓN DE LA BASE IMPONIBLE COMO IMPUESTO AMBIENTAL

La base imponible es la magnitud dineraria o de otra naturaleza que resulta de la medición o valoración del hecho imponible, que podrá determinarse por aplicación de los métodos de estimación directa, estimación objetiva o

[182] Existen además supuestos de devolución del impuesto previamente satisfecho, que operan al margen de la autoliquidación o de la liquidación en la importación, cuyo análisis se realiza en el capítulo relativo a los beneficios fiscales y otros supuestos de exoneración.

[183] Así lo indicamos también en GARCÍA CARRETERO, B. y PATÓN GARCÍA, G.: "La fiscalidad de los envases y vertidos e incineración en el proyecto de ley de residuos y suelos contaminados", en García Calvente, Y. y Sedeño López, J.F. (coords.), *Desarrollo urbano sostenible y economía circular en perspectiva jurídica*, *op. cit.*

estimación indirecta (artículo 50 LGT). Con carácter general, se aplicará el método de estimación directa, utilizando las declaraciones o documentos presentados, los datos consignados en libros y registros comprobados administrativamente y los demás documentos, justificantes y datos que tengan relación con los elementos de la obligación tributaria (artículo 51 LGT).

En el ámbito de los tributos ambientales, la base imponible debe medir el daño ambiental que se pretende desalentar, exigiéndose una estrecha relación entre el daño ambiental gravado y la base imponible para hacer efectivo el principio de quien contamina paga[184]. Es decir, como hemos indicado anteriormente, el hecho imponible deberá configurarse en atención a la conducta contaminante y los elementos cuantitativos, en concreto, la base imponible, atendiendo a las unidades de productos contaminantes. El objetivo final es hacer efectivo el principio de quien contamina paga y además que cada uno pague en función de la contaminación generada de tal forma que un cambio en el comportamiento favorable desde el punto de vista medioambiental conduzca a una reducción de la carga tributaria y, en la medida que no se realice la conducta contaminante, a una ausencia de tributación.

El artículo 77 de la Ley 7/2022, siguiendo dichas directrices, dispone que la base imponible estará constituida por la cantidad de plástico no reciclado, expresada en kilogramos, contenida en los productos que forman parte del ámbito objetivo de este impuesto. El documento de preguntas y respuestas del Ministerio de Hacienda y Función Pública aclara que las cargas minerales que pueda llevar incorporado el plástico, al ser un elemento constitutivo de este (en la condición de "aditivos u otras sustancias" añadidas, conforme al Reglamento REACH), se incluirán en la base imponible.

En el caso de productos parcialmente compuestos de plástico, únicamente quedará gravado este último material. Como hemos señalado con anterioridad, la redacción actual, con la expresión envases "que contengan plástico", ya da a entender que no es necesaria que la composición íntegra del envase sea plástica, lo cual se reitera en el apartado 3 del artículo 68 cuando se advierte que aquellos productos que estén compuestos por más de un material se gra-

184 HERRERA MOLINA, P.: *Derecho Tributario Ambiental, op. cit.*, pág. 72), HERRERA MOLINA, P.: "Elementos cuantitativos", en A. Yábar Sterling (dir.): *La protección fiscal del medio ambiente. Aspectos económicos y jurídicos*, Marcial Pons, Madrid, 2002, pág. 265.

varán únicamente por la cantidad de plástico que contengan. Así, respecto de un envase de un solo uso incluido en el ámbito objetivo del impuesto que tenga una parte de plástico no reciclado y otra de papel, solo se integrará en la base imponible la parte de plástico no reciclado que lo conforma (V2947-23).

Esta fórmula de cuantificación del impuesto es similar a la prevista en la norma italiana, la cual dispone que el impuesto no se exigirá sobre el material plástico que provenga de procesos de reciclaje. Sin embargo. el impuesto de Reino Unido es mucho menos exigente, dado que, como ya hemos comentado, solo se realiza el hecho imponible si el contenido de plástico reciclado es inferior al 30 por ciento de la cantidad total de plástico en el producto. En comparación, el impuesto español requeriría que el plástico reciclado represente el 100 por ciento para lograr un efecto equivalente.

Dicho lo anterior, conviene realizar algunas precisiones respecto a la operativa del impuesto británico. En primer lugar, hemos de aclarar que en Reino Unido se considera que un envase de plástico es aquel que contiene más plástico, medido en peso, que cualquier otra sustancia individual (vidrio, aluminio, acero, otros metales, papel y cartón, madera o cualquier otra sustancia). Así, por ejemplo, un envase de 10 gramos que está compuesto de 2 gramos de plástico, 5 gramos de aluminio y 3 gramos de cartón, no se consideraría un envase de plástico porque el plástico no es el material con mayor peso. Por el contrario, si la composición de ese mismo envase fuera de 4 gramos de plástico, 3 gramos de aluminio y 3 gramos de cartón, los 10 gramos se calificarían como "envase de plástico" porque este material es el más pesado, medido individualmente. Por su parte, en el caso de que el envase contenga plástico reciclado, quedará gravado si la proporción de plástico reciclado en el envase, medida en peso, es inferior al 30 por ciento de la cantidad total de plástico. Por ejemplo, en el caso de un envase de 10 gramos compuesto por 2 gramos de plástico reciclado, 2 gramos de plástico virgen, 3 gramos de aluminio y 3 gramos de cartón, el peso del plastico reciclado (2 gramos) sobre el peso de todos los elementos de plástico (4 gramos) es del 50 por ciento, superando así el umbral del 30 por ciento, por lo que no se devengaría el impuesto[185].

---

185 Ejemplos disponibles en https://www.gov.uk/guidance/work-out-which-packaging-is-subject-to-plastic-packaging-tax (último acceso: 08/07/2023).

Aclarado lo anterior, la determinación de la base imponible en el impuesto español obliga a delimitar dos magnitudes: la cantidad total de plástico que contiene el envase y, de ese importe total, la parte que se corresponde con plástico reciclado. La diferencia entre ambas magnitudes nos permitirá conocer la base imponible del impuesto.

1.1.1. Cantidad total de plástico

La fijación de la base imponible a partir de la cantidad de plástico que contienen los envases, como unidad física vinculada con el impacto perjudicial para el medio ambiente cuando el producto se convierta en residuo, resulta, como hemos señalado, plenamente acorde con los principios de fiscalidad ambiental y, por tanto, no existe reproche alguno desde esa perspectiva[186]. Sin embargo, a efectos prácticos, genera una extraordinaria complejidad en algunos supuestos, particularmente cuando se introducen envases en territorio español procedentes de otros Estados (ya sean adquisiciones intracomunitarias o importaciones), lo que puede llegar a dificultar en buena medida la determinación de la base imponible si el proveedor no facilita los datos necesarios. La amplia definición del concepto de envase, que incluye no solo el primario, sino también el secundario y el terciario[187], complica aún más el cálculo de la base imponible. Como se puede entender, especialmente en caso de proveedores extranjeros que no se encuentran obligados por la Ley 7/2022, el contribuyente puede encontrarse en una situación de imposibilidad práctica de calcular la base imponible.

Esta situación, agravada por la falta de armonización del impuesto a nivel, ya no internacional, sino incluso comunitario, encuentra su origen en la determinación de la base imponible por el régimen de estimación directa.

---

186 En el mismo sentido, ya hemos tenido ocasión de indicar que consideramos afortunada esta configuración de la base imponible en torno a las unidades de producto contaminante GARCÍA CARRETERO, B. y PATÓN GARCÍA, G.: "La fiscalidad de los envases y vertidos e incineración en el proyecto de ley de residuos y suelos contaminados", en García Calvente, Y. y Sedeño López, J.F. (coords.), *Desarrollo urbano sostenible y economía circular en perspectiva jurídica*, *op. cit.*

187 El impuesto de Reino Unido ha excluido de su ámbito objetivo a los envases terciario o de transporte.

Conviene recordar que, si bien el artículo 50 de la LGT prevé la utilización con carácter general de este método de determinación de la base imponible, dicho precepto también prevé que la ley podrá establecer los supuestos en que sea de aplicación el método de estimación objetiva, que tendrá, en todo caso, carácter voluntario para los obligados tributarios. Como también es conocido, el artículo 52 de la LGT señala que el método de estimación objetiva podrá utilizarse para la determinación de la base imponible mediante la aplicación de las magnitudes, índices, módulos o datos previstos en la normativa propia de cada tributo.

La utilización del método de estimación objetiva no es ajena a los tributos ambientales. Véase, por ejemplo, el caso del impuesto sobre gases fluorados de efecto invernadero. Su base imponible está constituida por el peso de los gases objeto del impuesto, expresada en kilogramos. No obstante lo anterior, en el caso de productos, equipos o aparatos que contengan gases que forman parte del ámbito objetivo del impuesto, y no se disponga de los datos necesarios para la determinación de la base imponible, se presumirá, salvo prueba en contrario, que la cantidad de gas contenida en ellos es la recogida en la norma reguladora de impuesto[188]. Asimismo, también encontramos esta fórmula en los impuestos autonómicos sobre emisiones atmosféricas, en los que es preciso acudir a métodos presuntivos para la determinación de la base imponible cuando, por razones tecnológicas o por la configuración física de las instalaciones, no es posible la incorporación de sistemas de medición de la contaminación[189].

Es cierto que, como apunta HERRERA MOLINA, la utilización del método de estimación objetiva en los tributos ambientales, que han de actuar como un incentivo a reducir el daño ambiental, puede provocar que el impuesto pierda dicho efecto incentivador si la medición de la base imponible a

[188] Artículo 5. Once de la Ley 16/2013, de 29 de octubre, por la que se establecen determinadas medidas en materia de fiscalidad medioambiental y se adoptan otras medidas tributarias y financieras, en su redacción dada por a disposición final primera de la Ley 14/2022, de 8 de julio.

[189] GONZÁLEZ MENÉNDEZ, A.: "La configuración y determinación de la base imponible de los impuestos sobre las emisiones atmosféricas contaminantes y la medida del daño ambiental", *Impuestos*, 2000, Ref. D-104, tomo 2.

través de factores indiciarios tiene como consecuencia que los esfuerzos por reducir los efectos perjudiciales sobre el medio ambiente no se vean reflejados en la base ni en la cuota. En tal caso, advierte, el impuesto dejaría de ser idóneo para cumplir su fin y desaparecería la justificación extrafiscal de una tributación que difiere del principio de capacidad económica, de lo que se deduce que el régimen de estimación objetiva ha de basarse en elementos que constituyan un incentivo a reducir la contaminación, como el tipo de instalaciones o de materias primas utilizadas en los procesos productivos, y siempre ha de ofrecerse al sujeto pasivo la posibilidad de tributar en régimen de estimación directa. Cumpliéndose tales condiciones, el método de estimación objetiva podría ser una solución en aquellos casos en que la determinación directa de tales bases imponibles puede alcanzar tal complejidad que llegue a ser impracticable[190].

Las autoridades fiscales de Reino Unido han mostrado en este punto una mayor flexibilidad, permitiendo el cálculo del peso total de un producto sometido a tributación conforme a alguno de los siguientes métodos:

- Método de pesaje individual para cada uno de los componentes del envase.
- Método de pesaje conforme a una muestra aleatoria de una línea de productos que tengan todos ellos idéntico peso. Este peso de la muestra, del que deberán mantener registros para demostrar el pesaje, podrá utilizarse para todas las series de producción de ese producto, siempre que no cambien las especificaciones ni los materiales utilizados.
- Método de las entradas de material. Si una tirada de producción se utiliza para fabricar componentes de envasado idénticos en una línea de productos, puede calcular el peso de cada componente dividiendo el peso neto de cada material introducido en la tirada por el número de componentes que fabrica. El peso neto es el peso total de un material menos el peso de cualquier material de desecho generado durante el proceso de fabricación.

---

190 HERRERA MOLINA, P.: *Derecho Tributario Ambiental*, *op. cit.*, págs. 74, 134 y 172.

- Método de la especificación verificada, consistente en utilizar los pesos indicados en la especificación del producto. Se deberá pesar una selección aleatoria de componentes para asegurarse de que cumplen la especificación del producto y mantener registros que demuestren el pesaje de las muestras. Si el componente se fabrica en el extranjero, puede hacerlo el fabricante. Este método exige realizar verificaciones periódicas para asegurarse de que la especificación sigue siendo exacta, ya sea por el contribuyente o por el fabricante extranjero.
- Método de pesaje a granel. Si se utiliza una tirada de producción para fabricar componentes de envasado idénticos en una línea de productos, se puede dividir el peso total de todos los componentes producidos en esa tirada por el número de componentes producidos para determinar el peso de un único componente.
- Cualquier otro método de pesaje especial propuesto por el contribuyente y aceptado por las autoridades fiscales si ninguno de los anteriores métodos es adecuado. La solicitud debe detallar por qué no pueden utilizarse los métodos habituales, el método que desea utilizar en su lugar, los productos para los que se utilizará el método alternativo y los registros que se conservarán como prueba. La solicitud de método de pesaje especial debe ser un proceso para calcular el peso de los componentes del envase establecidos en la solicitud, no una propuesta para utilizar una estimación.

1.1.2. Cantidad de plástico reciclado

La segunda magnitud que se ha de concretar es la cantidad de plástico reciclado, ya que permitirá calcular, por diferencia con los kilogramos de plástico total que contienen el envase, la cantidad de plástico no reciclado que determina la base imponible.

La exclusión del plástico reciclado no ha estado exenta de polémica. En la tramitación parlamentaria hubo propuestas para la eliminación de esta exclusión, argumentándose que la regulación del impuesto al plástico está formulada de forma perversa porque al excluir el plástico reciclado de la base imponible (pero no del ámbito objetivo del mismo, en un claro ejemplo de mala regulación y peor técnica normativa) sigue fomentando el envase de un solo uso (por mucho plástico reciclado que lleve)[191]. No obstante, en nuestra opinión, la exclusión del plastico reciclado, encontrándose el reciclado, tras la prevención y la reutilización, entre las primeras prioridades de la jerarquía de residuos y previéndose objetivos específicos de reciclado, es una medida plenamente coherente con los objetivos ambientales que persigue la Ley 7/2022, por lo que refuerza de forma significativa la medioambientalidad del impuesto. En esta línea, el propio Preámbulo contextualiza esta exclusión en el fomento del reciclado de productos plásticos.

Existen dos tipos de reciclado, el mecánico y el químico, siendo ambos admisibles a efectos fiscales:

a) El reciclado mecánico es un proceso físico-mecánico mediante el cual el plástico posconsumo doméstico, industrial, comercial y agrícola es recuperado, lo que permite su posterior utilización para producir nuevos productos[192]. En caso de utilizarse este método, la cantidad de plástico reciclado deberá ser certificado mediante una entidad acreditada para emitir certificación al amparo de la norma UNE-EN 15343:2008 «Plásticos. Plásticos reciclados. Trazabilidad y evaluación de conformidad del reciclado de plásticos y contenido en reciclado» o las normas que las sustituyan[193].

---

191 Enmiendas nº 342, 343 y 344 del Grupo Parlamentario Republicano en el Congreso. Enmiendas nº 153, 154 y 169 de don Vicenç Vidal Matas (GPIC) y nº 545 y 546 de don Xavier Castellana Gamisans (GPERB) en el Senado.

192 El proceso de reciclado mecánico comienza con una fase de molienda o picado, en la que los plásticos separados son molidos y tamizados. A continuación se efectúa un lavado en bateas con agua y detergentes de baja espuma, con la que se obtiene una mayor purificación aprovechando que los distintos plásticos tienen diferentes densidades y, en consecuencia, se produce una decantación en el agua: los más pesados se hunden y los livianos flotan, lo que permite una fácil separación. La tercera fase es la de secado, que se realiza por centrifugado y aire caliente para eliminar los restos de humedad tras el proceso de lavado y/o separación. Una vez secado, se realiza la extrusión-granulación, en la que el plástico, en un equipo denominado extrusor, se funde por calor y luego es enfriado con agua a estado sólido. Finalmente, es cortado en forma de pequeños gránulos denominados pellets o gránulos. En este proceso, el material puede ser coloreado con pigmentos, ECOPLAS: *Manual Los Plásticos en la Economía Circular*, Buenos Aires, 6ª Edición mejorada, 2020, págs. 24 y 28.

193 La enmienda nº 154 del Sr. Bel i Accensi (Grupo Parlamentario Plural) proponía ampliar el elenco de medios de prueba, admitiendo nuevas certificaciones que se desarrollen para

b) El reciclado químico convierte a los residuos plásticos en sus componentes originales, lo que permite que vuelvan a ser materia prima de calidad para volver a producir dicho material[194]. En este caso, la cantidad de plástico reciclado se acreditará mediante el certificado emitido por la correspondiente entidad acreditada o habilitada a tales efectos. A este respecto, la DGT ha admitido la validez de la certificada emitida por una entidad acreditada mediante el sistema de balance de masas (consistente en una contabilidad de entradas y salidas de masa en un proceso o de una parte de éste) para acreditar la condición de plástico reciclado, siempre que se especifique la cantidad, expresada en kilogramos de plástico reciclado (V3042-23).

En ambos tipos de reciclado, las entidades certificadoras deberán estar acreditadas por la ENAC o por el organismo nacional de acreditación de cualquier otro Estado miembro de la UE, designado de acuerdo con lo establecido en el Reglamento (CE) n.º 765/2008 del Parlamento Europeo y

otras metodologías, como el balance de masas con asignación directa o promedio, para dar cabida a tecnologías complementarias al reciclado mecánico, como el reciclado químico, recogidas en las Operaciones de Valorización del Anexo II bajo epígrafe R03, dado que la certificación emitida por la norma UNE a la que se refiere el artículo solo es aplicable al reciclado mecánico y no al obtenido mediante otros procesos. La justificación de la enmienda indica que, en la medida en que, la industria nacional española está desarrollando e invirtiendo en nuevas tecnologías de reciclaje, por ejemplo, en el reciclado químico, con el fin de obtener plásticos reciclados que pueden ser utilizados en múltiples sectores como la alimentación o sanitarios y que la valorización a la que hace referencia el artículo 2.aa) no limita ningún proceso de reciclaje, consideramos que no se puede acotar la definición de plástico reciclado mediante su medio de prueba contenido en este artículo. En el mismo, sentido, la enmienda nº 598 del Grupo Parlamentario Popular en el Congreso. Por su parte, la enmienda nº 432 del Grupo Parlamentario Popular en el Senado hacía referencia a la UNE-EN 15343:2008 o "norma equivalente al tipo de reciclado".

194 Según explica el Manual de ECOPLAS, "el procedimiento puede variar de una tecnología a otra, pero básicamente comprende las etapas de reducir su tamaño y tratarlo con alguna combinación de agua, calor, presión y catalizadores, con lo cual se rompe la estructura del plástico en sus compuestos constituyentes originales. Estos pueden volver a usarse para producir resinas de la misma calidad de la materia prima virgen, o utilizarse como combustible o materia prima para otros productos". Añade que "la tecnología más usada es la pirólisis, un proceso termoquímico de los residuos plásticos que se lleva a cabo en ausencia de oxígeno y por el cual se obtienen gases combustibles, aceites, gasolinas y productos similares al petróleo", ECOPLAS: *Manual Los Plásticos en la Economía Circular*, *op. cit.*, págs. 39-40.

del Consejo, de 9 de julio de 2008, por el que se establecen los requisitos de acreditación y vigilancia del mercado relativos a la comercialización de los productos y por el que se deroga el Reglamento (CEE) n.º 339/93. En el caso de productos fabricados fuera de la UE, la certificación se podrá realizar por cualquier otro acreditador con quien la ENAC tenga un acuerdo de reconocimiento internacional[195]. Como hemos expuesto en el capítulo referente al concepto de envase reutilizable, estos organismos acreditantes son los mismos que contempla el artículo 12 del Real Decreto de Envases respecto a la verificación de la documentación que permite demostrar que los envases comercializados o que se pretende comercializar cumplen los requisitos básicos sobre la naturaleza de los envases reutilizables.

Excepcionalmente, durante los primeros 12 meses siguientes a la aplicación del impuesto (esto es, durante el año 2023), la Disposición transitoria décima permite la acreditación de la cantidad de plástico no reciclado contenida en los productos que forman parte del ámbito objetivo del impuesto mediante una declaración responsable firmada por el fabricante, como alternativa a la certificación a que hacíamos referencia[196]. Posteriormente, será necesario que la acreditación del plástico reciclado se lleve a cabo a través de un certificado emitido por una entidad acreditada para emitir certificación en los términos establecidos en el artículo 77.3 de la Ley 7/2022, no siendo suficiente la declaración del fabricante del envase en la que se manifieste que dicho producto es reciclado y reciclable en su totalidad (V1217-23).

Respecto al contenido, la certificación o declaración responsable deberá expresar no solo el porcentaje de plástico reciclado que contiene el producto,

---

195 La enmienda nº 154 es la que propuso incorporar "cualquier otro acreditador con quien ENAC tenga acuerdo de reconocimiento mutuo a nivel internacional" para evitar dejar fuera certificaciones que ya existen en el mercado respecto de los productos extracomunitarios. De no incluirse, productos fabricados en países no comunitarios, difícilmente podrían tener acreditación.

196 La enmienda nº 163 del Sr. Bel i Accensi (Grupo Parlamentario Plural) y la enmienda nº 651 del Grupo Parlamentario Popular en el Congreso proponían admitir cualquier otra prueba admisible en derecho similar a la declaración responsable firmada por el fabricante, que incluyera la trazabilidad del plástico reciclado utilizado. Además, se requeriría un documento justificativo de la cantidad de plástico reciclado. La incorporación del plástico reciclado se demostraría por las obligaciones de declaración en registro del artículo 82 del Proyecto de ley.

sino también la cantidad, en kilogramos, de plástico reciclado contenida en los productos que forman parte del ámbito objetivo del impuesto (V0676-23). El criterio administrativo se separa en este punto de las previsiones del Real Decreto de Envases, el cual dispone que los envases podrán ir marcados indicando el porcentaje de material reciclado que contienen (art. 13.6). La misma consulta señala que la ley no establece periodicidad alguna para la emisión de las certificaciones emitidas al amparo de la Norma UNE-EN 15343:2008.

Por tanto, únicamente en el supuesto de que el contribuyente acredite, conforme a lo señalado anteriormente, que los envases están compuestos por plástico reciclado (con independencia de que dicho material sea reciclable o no), dicha cantidad, expresada en kilogramos, no formará parte de la base imponible del Impuesto (V0077-23, V1713-23, V1719-23). No cabe un medio de prueba distinto; para que la cantidad de plástico reciclado contenida en los envases que forman parte del ámbito objetivo del impuesto no entre en el cómputo de la base imponible, dicha cantidad, expresada en kilogramos, deberá acreditarse conforme a lo señalado anteriormente (V1215-23). Esta obligación sería exigible, según lo indicado en el documento de preguntas y respuestas de Ministerio de Hacienda y Función Pública, incluso en el caso de una empresa que utiliza los deshechos de plástico de su propia producción y los vuelve a introducir dentro de su proceso productivo para reutilizarlos.

Este es el criterio señalado por la DGT (V0316-23, V0975-23) en relación con un importador, en caso de que el contribuyente no disponga de la certificación acreditativa de la cantidad de plástico reciclado contenida en los productos que forman parte del ámbito objetivo del impuesto en los términos establecidos en el apartado 3 del artículo 77 o de una declaración responsable firmada por el fabricante, en su declaración aduanera de importación deberá consignar como base imponible la cantidad de plástico total importado, expresado en kilogramos, y, en su caso, la exención regulada en el artículo 75.f) de la ley (para las importaciones y adquisiciones intracomunitarias que no excedan de 5 kg en un mes). Este criterio se reitera en relación con las adquisiciones intracomunitarias, añadiéndose que la falta de certificación conllevará entender que el envase está fabricado en su totalidad con plástico no reciclado (V2383-23). Por esta razón, la falta de presentación de la acreditación de la cantidad de plástico reciclado, no facilitada por el proveedor, no se tipifica como infracción tributaria.

El repetido documento de preguntas y respuestas aclara que no es preciso que todos los operadores de la cadena cuenten con el certificado emitido por la entidad acreditada. Es suficiente con que dispongan de la certificación los contribuyentes que presentan la autoliquidación (fabricante, importador o adquirente intracomunitario) y la referida información se trasladará a los sucesivos operadores, en su caso, en las correspondientes facturas o certificados a que se refiere el artículo 82.9 de la Ley 7/2022.

La realidad es que nos encontramos ante una de las cuestiones cruciales en relación con este impuesto y es un exponente de su complejidad práctica[197]. Conceptuada la exención del plástico reciclado como un elemento configurador de la finalidad ambiental del impuesto, es razonable que se establezcan medidas que permitan controlar que no se trata de plástico virgen, pero la realidad es que, en la práctica, es posible que sea una medida de muy difícil o casi imposible cumplimiento, en particular cuando el proveedor es extranjero (supuesto en el que nos encontraremos normalmente ante los hechos imponibles de adquisición intracomunitaria y de importación), dado que dependerá, en buena medida, de la voluntad del proveedor extranjero para facilitar una información cuya generación le supondrá un coste adicional. La situación puede resultar aún más compleja en el caso de que los productos se adquieran a un distribuidor no fabricante, en cuyo caso es posible que dicho distribuidor no disponga de la información, al estar en manos del fabricante que le ha suministrado los productos que luego distribuye. Por lo tanto, podría ocurrir que productos íntegramente fabricados con plástico reciclado quedaran sujetos a tributación por la imposibilidad práctica de acreditar el material con el que se han fabricado. Obsérvese que, incluso en el periodo transitorio en el que se admite la acreditación mediante una declaración responsable, esta ha de ser emitida por el fabricante, por lo que si el proveedor es un distribuidor no bastará con su mera declaración, sino que será preciso que este recabe la información del fabricante último[198]. La norma no precisa,

---

197 Ya anticipada por GARCÍA NOVOA en relación con el Anteproyecto, que advertía de los problemas de aplicación al tener que controlarse efectivamente cuándo se incorpora plástico reciclado, GARCÍA NOVOA, C.: "El impuesto sobre envases de plástico no retornables", *op. cit.*

198 En este sentido, la DGT ha resaltado que "no es válida, a los efectos anteriores, la declaración responsable emitida por el proveedor que suministra los envases pero que no

además, cuál es el grado de trazabilidad que se habrá de mantener para verificar la información recibida. El problema previsiblemente se extenderá hasta límites insospechados cuando a partir de 2024 no sea suficiente con la mera declaración responsable del fabricante, sino que sea precisa la certificación emitida por una entidad acreditada conforme a la norma UNE. En la práctica, es posible que se convierta en una condición de imposible cumplimiento, lo que obligará a tributar por la totalidad del plástico ante la incapacidad de acreditar el porcentaje de plástico reciclado. Nos encontramos, pues, ante una obligación necesaria desde el punto de vista ambiental, pero que en algunos casos puede llegar a ser excesiva.

Tales dificultades podrían verse paliadas si se diera un adecuado cumplimiento a las obligaciones de diseño y marcado que contempla el Real Decreto de Envases. Conforme a su artículo 12.2, los fabricantes o importadores solo podrán introducir en el mercado los envases que cumplan ciertos requisitos. Uno de dichos requisitos hace referencia a que los envases fabricados con plástico no compostable deberán incorporar la cantidad de plástico reciclado que permita a los envasadores cumplir los objetivos establecidos en el artículo 11.3 y 11.4 para cada horizonte temporal, según su tipología. A estos efectos, la cantidad de plástico reciclado contenida en los productos deberá ser certificada mediante una entidad acreditada para emitir certificación al amparo de la norma UNE-EN 15343:2008 (la misma que la requerida por la normativa del impuesto) o, en el supuesto de plástico reciclado químicamente, mediante el certificado emitido por la correspondiente entidad acreditada o habilitada a tales efectos.

1.1.3. Diferencia entre el plástico reciclado y el plástico reciclable

Llegados a este punto, es preciso realizar una precisión que puede resultar obvia pero que es esencial para la adecuada determinación de la base imponible. No formará parte de esta el "plástico reciclado", expresión que es diferente de la de "plástico reciclable". El "reciclado" se define en la Ley 7/2022 como toda operación de valorización mediante la cual los materiales

tiene la condición de fabricante de los mismos. Lo cual no puede ser de otro modo puesto que es ese fabricante quien conoce la cantidad de plástico reciclado que utiliza en la obtención de los productos sujetos al impuesto" (V0950-23).

de residuos son transformados de nuevo en productos, materiales o sustancias, tanto si es con la finalidad original como con cualquier otra finalidad. Este concepto incluye la transformación del material orgánico, pero no la valorización energética, ni la transformación en materiales que se vayan a usar como combustibles o para operaciones de relleno.

Como acabamos de indicar, la expresión "reciclado" está relacionada pero no es coincidente con la de "reciclabilidad de los envases". Esa última, señala el Real Decreto de Envases, se refiere a la capacidad de reciclado efectiva de los residuos de envases, que se determina considerando tres criterios: (i) que sean recogidos separadamente de manera eficaz, a través del acceso de los usuarios a puntos de recogida cercanos; (ii) que no presenten características, elementos o sustancias que impidan su clasificación y separación, su reciclado o limiten el uso posterior del material reciclado; y (iii) que sean reciclados a escala industrial con procesos comerciales que garanticen una calidad suficiente del material reciclado para sus usos posteriores y en una cantidad superior al 50 por ciento de la masa de los residuos recogidos de ese tipo de envase.

Por tanto, el plástico reciclado será aquel que ha sido objeto de la referida operación de valorización que permiten su transformación en nuevos productos o materiales, pero no aquel que, siendo reciclable por reunir las características que permiten su transformación, todavía no se ha sometido a la repetida operación de valorización.

La diferencia es sustancial puesto que, mientras que el plástico ya reciclado no quedará gravado, si lo será el plástico virgen con independencia de que pueda ser reciclado.

En este sentido, la DGT (V1080-23, V1081-23) ha ratificado que "el hecho de que el envase sea de plástico reciclable no tiene incidencia a efectos impositivos, pues la ley solo considera como beneficio que el envase esté compuesto de plástico reciclado (en cuyo caso, según el artículo 77.1, la cantidad de este tipo de plástico no se incluiría en la base imponible), y que el envase sea reutilizable"[199].

---

199 En el mismo sentido, la DGT (V0543-23 ha advertido: "que el plástico sea reciclable no tiene incidencia a efectos del impuesto. Si el envase es reutilizable no forma parte del ámbito objetivo del impuesto. Si el envase está fabricado con plástico reciclado, conforme

1.1.4. *Régimen sancionador*

Dada la importancia que tiene la adecuada acreditación de la cantidad de plástico reciclado, el artículo 83 de la Ley 7/2022 regula específicamente como infracción tributaria grave la falsa o incorrecta certificación por la entidad debidamente acreditada, de la cantidad de plástico reciclado, expresada en kilogramos, contenida en los productos que forman parte del ámbito objetivo del impuesto. Parece que, por un olvido, no se ha previsto infracción para el caso de que el incumplimiento se realice por el fabricante durante el período transitorio.

Esta infracción se sanciona con una multa pecuniaria proporcional del 50 por ciento del importe de las cuotas del impuesto que se hubiesen podido dejar de ingresar, con el importe mínimo de 1.000 euros. La sanción se incrementará en el 25 por ciento si existe comisión repetida de infracciones tributarias. Esta circunstancia se apreciará cuando el infractor, dentro de los dos años anteriores a la comisión de la nueva infracción, hubiese sido sancionado por resolución firme en vía administrativa por la misma conducta.

1.2. LAS DIFERENCIAS CON EL ANTEPROYECTO

El Anteproyecto regulaba el tratamiento del plástico de forma diferente. En su artículo 68 disponía que los contribuyentes que realizasen la fabricación de envases podrían reducir de la base imponible del impuesto la cantidad de plástico incorporado al proceso de fabricación, expresada en kilogramos, proveniente de plástico reciclado de productos utilizados en el territorio de aplicación del impuesto. La base liquidable sería el resultado de practicar esta reducción sobre la base imponible[200]. Además, el artículo 74

establece el artículo 77.1 de la Ley, la base imponible del impuesto estará constituida por la cantidad de plástico no reciclado, expresada en kilogramos, contenida en los productos que forman parte de su ámbito objetivo".

200 Siguiendo a PUCHO TUR, esta configuración del impuesto reflejaría una combinación del principio "quien contamina paga" en su doble vertiente: "el que contamina paga, porque paga un impuesto por la fabricación o adquisición del plástico de un solo uso, pero, asimismo el que no contamina no paga, porque el que introduce plástico reciclado en el proceso de elaboración del plástico tiene una deducción". PUCHO TUR, T.: "El futuro impuesto sobre plásticos no reutilizables", Revista Quincena Fiscal, núm. 4, 2021

del Anteproyecto preveía la habilitación contemplada en el artículo 134.7 de la CE para que por la Ley de Presupuestos Generales del Estado (LPGE) se pudiera modificar la reducción en la base imponible.

Para la aplicación de dicha reducción se preveía la exigencia de disponer de la correspondiente certificación del gestor de residuos proveedor del plástico incorporado al proceso de fabricación. A efectos de la aplicación de esta reducción, el artículo 72.7 del Anteproyecto disponía que los gestores de residuos estarían obligados a acreditar la cantidad de plástico, expresada en kilogramos, proveniente de plástico reciclado de productos utilizados en el territorio de aplicación del impuesto, que se entregase a los fabricantes de envases comprendidos en el ámbito objetivo del impuesto. La importancia de esta certificación encontraba su reflejo en el régimen sancionador, ya que, según disponía el artículo 73 del Anteproyecto, la incorrecta certificación por el gestor de residuos de la cantidad o procedencia del plástico, expresada en kilogramos, entregada a los fabricantes constituía una infracción tributaria grave, cuya sanción consistía en una multa pecuniaria proporcional del 75 por ciento del importe de las cuotas correspondientes a los envases que se hubiesen podido fabricar, con un importe mínimo de 1.000 euros. Esta sanción se incrementaría en el 25 por ciento por comisión repetida de infracciones tributarias. Esta circunstancia se apreciaría cuando el infractor, dentro de los dos años anteriores a la comisión de la nueva infracción, hubiese sido sancionado por resolución firme en vía administrativa por la misma conducta[201].

Esta reducción acentuaba el carácter medioambiental del tributo, al fomentar el reciclado del plástico y, en consecuencia, disminuir la puesta en circulación de este material en el territorio de aplicación del impuesto. En este mismo sentido se manifestaba la Exposición de Motivos del Anteproyecto. La reducción no tenía además límite alguno, por lo que aquellos envases cuyo plástico tuviera origen reciclado en su totalidad no quedarían sometidos a tributación de forma efectiva, al ser nula su base liquidable.

El esquema finalmente aprobado, consistente en limitar la base imponible al plastico no reciclado, alcanza la misma finalidad que la reducción prevista en el Anteproyecto, pero presenta sustanciales mejoras respecto a este.

201 Resultaba de aplicación lo dispuesto en el artículo 188 de la LGT.

Por una parte, ha de observarse que la reducción resultaba únicamente de aplicación para el hecho imponible consistente en la fabricación de envases. Sin embargo, en el caso de importación o adquisición intracomunitaria no se contemplaba tal reducción, siendo no obstante posible que el plástico incorporado en los envases proceda igualmente de plástico reciclado, ya fuese de productos utilizados en el territorio de aplicación del impuesto o fuera de este territorio.

Tampoco era de aplicación la reducción cuando el plástico reciclado procedía de productos utilizados fuera del territorio de aplicación del impuesto. Esta delimitación podría pretender evitar la pérdida de recaudación derivada del reciclado de envases de plástico que en su origen no ha sido sometido a tributación en España (recuérdese que la fabricación, importación o adquisición intracomunitaria de envases de plástico no reutilizables que se destinen a ser enviados directamente por el fabricante, importador o adquirente intracomunitario a un territorio distinto al de aplicación del impuesto no quedan sometidos a tributación). No obstante, ya en relación con el Anteproyecto advertimos que si la verdadera finalidad del impuesto es reducir el impacto negativo de los envases de plástico sobre el medio ambiente y una de las fórmulas para alcanzar tal finalidad es el reciclado, no parece adecuado establecer obstáculos a tal fin, por más que puedan implicar una reducción de la recaudación[202]. Hacer primar la finalidad recaudatoria sobre la finalidad ambiental desnuda al impuesto de su pretendido carácter extrafiscal, pareciendo que la verdadera finalidad que lo inspira es la meramente recaudatoria[203].

---

202 COBOS GÓMEZ, J.M.: El impuesto sobre envases de plástico no reutilizables y otras medidas fiscales en el Anteproyecto de Ley de Residuos, *Crónica Tributaria*, núm. 178, 2021. Por otra parte, ORTIZ CALLE recuerda que el Anteproyecto se notificó a la Comisión Europea como proyecto de reglamentación técnica y que la República Checa y Portugal realizaron observaciones en la que indicaron que limitar la posibilidad de reducir la base imponible al plástico reciclado proveniente de envases utilizados en territorio español podía resultar contrario al principio de no discriminación, ORTIZ CALLE, E.: "El impuesto especial sobre los envases de plástico no reutilizables", *op. cit.*

203 En el mismo sentido, ya indicamos en otra publicación que "es acertado que se haya dado preferencia al objetivo de protección del medioambiente sobre el objetivo recaudador y ha evitado las dudas que se podrían plantear en torno a su compatibilidad con el derecho comunitario". GARCÍA CARRETERO, B. y PATÓN GARCÍA, G.: "La fiscalidad de los envases y vertidos e incineración en el proyecto de ley de residuos y suelos contaminados", en García Calvente, Y. y Sedeño López, J.F. (coords.), *Desarrollo urbano sostenible y economía circular en perspectiva jurídica*, *op. cit.*

La Memoria hace referencia a esta cuestión. Así, se afirma que, "tomando en consideración la importancia que el proceso de reciclado ha de tener en la solución del problema medioambiental que se aborda, el impuesto contempla una reducción de la base imponible equivalente a la cantidad de plástico incorporado al proceso de fabricación, expresada en kilogramos. Se exige, además, que el plástico reciclado sea proveniente de envases utilizados en el territorio de aplicación del impuesto, para evitar con ello la "importación" de residuos y que ello conduzca a que se agrave aún más el problema en el interior de nuestras fronteras".

Esta justificación tiene su lógica desde la concepción del impuesto como un tributo puramente nacional, pero pone de manifiesto los graves inconvenientes que se derivan de afrontar problemas globales ambientales desde una perspectiva fragmentada nacional. Las soluciones locales pueden no ser las más adecuadas para resolver problemas globales, por lo que, como mínimo, deberían realizarse todos los esfuerzos para encontrar soluciones armonizadas a nivel de la Unión (de la naturaleza que se consideren más adecuada, que puede ser tributaria o de otro tipo distinto) que permitan ofrecer una respuesta común a un desafío que excede las fronteras de nuestro país[204].

La redacción finalmente aprobada corrige ambas cuestiones, sometiendo a tributación únicamente el plastico no reciclado, con independencia del hecho imponible ante el que nos encontremos (fabricación, adquisición intracomunitaria o importación) y de la procedencia (nacional o extranjera) del plástico reciclado.

1.3. EL INCIERTO FUTURO DE LA BASE IMPONIBLE

Señalado lo anterior, ha de advertirse que, como ya tuvimos ocasión de comentar en relación con el Anteproyecto, la efectividad de esta forma de de-

---

204 MONREAL advirtió que "Es un acierto de este proyecto que introduzca el concepto de base liquidable, permitiendo reducir de la imponible los kilogramos de plástico incorporado al proceso de fabricación proveniente de plástico reciclado de productos utilizados en el territorio de aplicación del impuesto. Esta medida de un lado favorece la recogida y reciclado y por otro limita o impide el uso con esta finalidad de plásticos importados para su reciclado. Sin embargo, esta limitación podría no ser compatible con el Derecho de la UE y habrá que ver cómo evoluciona su aplicación", MONREAL, A.: "Así será el nuevo Impuesto especial sobre los envases de plástico no reutilizables", noticia publicada en *Expansión* de 18 de junio de 2020.

terminación de la base imponible, que es el elemento esencial para justificar la medioambientalidad del impuesto, como instrumento de fomento del reciclaje, vendrá condicionada, al menos, por tres circunstancias: por una parte, por la disponibilidad de plástico reciclado para atender a la demanda que se pueda producir, la cual vendrá a su vez condicionada por las tasas de reciclaje; por otra parte, por las limitaciones legales al uso de materiales reciclados (por ejemplo, las establecidas por la legislación sobre materiales en contacto con alimentos o medicamentos, como se puso de manifiesto en las observaciones realizadas en fase de consulta púbica)[205]; y, en tercer lugar, a las limitaciones tecnológicas que puedan existir para la reutilización del plástico, que pueden requerir la adaptación de los procesos industriales[206]. Por tanto, la efectividad de esta exención vendrá determinada por la viabilidad técnica, económica y ambiental del reciclaje.

A este respecto, conviene recordar que en el Título V de la Ley 7/2022 se prevén diversas medidas para la reducción del impacto de determinados productos de plástico en el medio ambiente que, de ser exitosas, conllevarán el consiguiente "vaciamiento" de la base imponible. Dichas medidas incluyen:

a) Un calendario de reducción de la comercialización para los productos de plástico de un solo uso incluidos en la parte A del anexo IV, en el que se encuentran los vasos para bebidas, incluidos sus tapas y tapones, y los recipientes para alimentos, tales como cajas, con o sin tapa, utilizados con el fin de contener alimentos que (i) están destinados al consumo inmediato, in situ o para llevar, (ii) normalmente se consumen en el propio recipiente, (iii) están listos para el consumo sin ninguna otra preparación posterior, como cocinar, hervir o calentar, incluidos los recipientes para alimentos utilizados para comida rápida u otros alimentos listos para su consumo inmediato, excepto los recipientes para bebidas, los platos y los envases y envoltorios que contienen alimentos. En 2026 se ha de conseguir una reducción del 50 por ciento en peso, con respecto a 2022. Este objetivo se incrementa al 70 por ciento en

205 Dichas observaciones además sugerían que debía incentivarse por igual el uso de materiales renovables y polímeros de base vegetal en los envases, a lo que la Memoria no ofrece una respuesta concluyente.

206 COBOS GÓMEZ, J.M.: "El impuesto sobre envases de plástico no reutilizables y otras medidas fiscales en el Anteproyecto de Ley de Residuos", *op. cit.*

2030. Al objeto de cumplir con los objetivos anteriores, todos los agentes implicados en la comercialización fomentarán el uso de alternativas reutilizables o de otro material no plástico. En cualquier caso, a partir del 1 de enero de 2023, se deberá cobrar un precio por cada uno de los productos de plástico incluidos en la parte A del anexo IV que se entregue al consumidor, diferenciándolo en el ticket de venta. Los recipientes para alimentos tendrán la consideración de producto de plástico de un solo uso cuando, además de cumplir con los criterios enumerados en su definición, su tendencia a convertirse en basura dispersa, debido a su volumen o tamaño, en particular las porciones individuales, desempeñe un papel decisivo. En relación con las bandejas de plástico que sean envases y no estén afectadas por el anexo IV y con productos monodosis de plástico, anillas de plástico que permiten agrupar varios envases individuales y palos de plástico usados en el sector alimentario como soportes de productos (palos de caramelos, de helados y de otros productos), todos ellos fabricados con plástico no compostable, los agentes implicados en su comercialización avanzarán en una reducción de su consumo mediante la sustitución de estos productos de plástico preferentemente por alternativas reutilizables y de otros materiales tales como plástico compostable, madera, papel o cartón, entre otros (artículo 55).

b) La prohibición de la introducción en el mercado de los productos de plástico mencionados en el apartado B del anexo IV, en el que se incluyen los cubiertos (tenedores, cuchillos, cucharas, palillos), los platos, las pajitas (excepto si entran en el ámbito de aplicación del Real Decreto 1591/2009, de 16 de octubre), los agitadores de bebidas, los recipientes para alimentos mencionados en el apartado A del Anexo 4 hechos de poliestireno expandido, los recipientes para bebidas hechos de poliestireno expandido, incluidos sus tapas y tapones y los vasos para bebidas hechos de poliestireno expandido, incluidos sus tapas y tapones. La prohibición afecta asimismo a cualquier producto de plástico fabricado con plástico oxodegradable y a las microesferas de plástico de menos de 5 milímetros añadidas intencionadamente (art. 56)[207].

---

207 Como señala SIMONE, la "prohibición es la medida más estricta utilizada en la Directiva, se refiere a productos que presentan claras alternativas en el mercado y la finalidad

c) El establecimiento de requisitos de diseño para recipientes de plástico para bebidas, conforme a los cuales a partir del 3 de julio de 2024 solo se podrán introducir en el mercado los productos de plástico de un solo uso enumerados en la parte C del anexo IV (recipientes para bebidas de hasta tres litros de capacidad, es decir, recipientes utilizados para contener líquidos, como las botellas para bebidas, incluidos sus tapas y tapones, y los envases compuestos para bebidas, incluidos sus tapas y tapones)[208] cuyas tapas y tapones permanezcan unidos al recipiente durante la fase de utilización prevista de dicho producto (artículo 57.1). A partir de 1 de enero de 2025 solo podrán introducirse en el mercado las botellas de tereftalato de polietileno («botellas PET») mencionadas en el apartado E del anexo IV (botellas para bebidas de hasta tres litros de capacidad, incluidos sus tapas y tapones)[209], que contengan al menos un 25 por ciento de plástico reciclado, calculado como una media de todas las botellas PET introducidas en el mercado (artículo 57.2). A partir de 1 de enero de 2030, el porcentaje mínimo de plástico reciclado se incrementa al 30 por ciento (artículo 57.3). Las botellas PET podrán contener información sobre el porcentaje de plástico reciclado que contienen (artículo 57.5).

última es que desaparezcan esos productos totalmente del mercado". SIMONE M. R.: "La Directiva sobre el plástico de un solo uso", *Revista Aranzadi de Derecho Ambiental*, núm. 46 (Mayo-Agosto), 2020.

208 Se excluyen los recipientes para bebidas de vidrio o de metal con tapas y tapones hechos de plástico, así como los recipientes para bebidas destinados y utilizados para alimentos para usos médicos especiales, tal como se definen en el artículo 2, letra g), del Reglamento (UE) nº 609/2013 del Parlamento Europeo y del Consejo, de 12 de junio de 2013, relativo a los alimentos destinados a los lactantes y niños de corta edad, los alimentos para usos médicos especiales y los sustitutivos de la dieta completa para el control de peso y por el que se derogan la Directiva 92/52/CEE del Consejo, las Directivas 96/8/CE, 1999/21/CE, 2006/125/CE y 2006/141/CE de la Comisión, la Directiva 2009/39/CE del Parlamento Europeo y del Consejo y los Reglamentos (CE) nº 41/2009 y (CE) nº 953/2009 de la Comisión que estén en estado líquido.

209 Se excluyen las botellas para bebidas de vidrio o de metal con tapas y tapones hechos de plástico, así como las botellas para bebidas destinadas y utilizadas para alimentos para usos médicos especiales, tal como se definen en el artículo 2, letra g), del Reglamento (UE) n.º 609/2013 del Parlamento Europeo y del Consejo, de 12 de junio de 2013, que estén en estado líquido.

d) La obligación de que los productos de plástico de un solo uso mencionados en el apartado D del anexo IV, donde se incluyen los vasos para bebidas, que se introduzcan en el mercado vayan marcados de forma bien visible, claramente legible e indeleble, informando a los consumidores sobre las opciones adecuadas de gestión de los residuos del producto o los medios de eliminación de los residuos que deben evitarse para ese producto, en consonancia con la jerarquía de residuos y sobre la presencia de plásticos en el producto y el consiguiente impacto medioambiental negativo del abandono de basura dispersa o de los medios inadecuados de eliminación de residuos del producto en el medio ambiente (artículo 58)[210].

e) La fijación de objetivos de recogida separada de los productos de plástico mencionados en el apartado E del anexo IV, donde se incluyen las botellas para bebidas de hasta tres litros de capacidad, incluidos sus tapas y tapones[211], con objeto de destinarlas a su reciclado. El objetivo, fijado como porcentaje en peso respecto al introducido en el mercado, es del 70 por ciento en 2023, 77 por ciento en 2025, el 85 por ciento en 2027 y el 90 por ciento en 2029 (artículo 59.1). En el caso de que no se cumplan los objetivos fijados en 2023 o en 2027, a nivel nacional, se implantará en todo el territorio en el plazo de dos años un sistema de depósito, devolución y retorno para estos envases que garantice el cumplimiento de los objetivos en 2025 y 2029, de conformidad con lo que establezca la normativa reglamentaria en materia de envases y residuos de envases. Para la implantación de estos sistemas, además de

[210] Conforme a las especificaciones de marcado armonizadas establecidas en el Reglamento de Ejecución 2020/2151 de la Comisión, de 17 de diciembre de 2020, por el que se establecen normas sobre las especificaciones armonizadas del marcado de los productos de plástico de un solo uso enumerados en la parte D del anexo de la Directiva (UE) 2019/904 del Parlamento Europeo y del Consejo, de 5 de junio de 2019, relativa a la reducción del impacto de determinados productos de plástico en el medio ambiente.

[211] Se excluyen las botellas para bebidas de vidrio o de metal con tapas y tapones hechos de plástico, así como las botellas para bebidas destinadas y utilizadas para alimentos para usos médicos especiales, tal como se definen en el artículo 2, letra g), del Reglamento (UE) n.º 609/2013 del Parlamento Europeo y del Consejo, de 12 de junio de 2013, que estén en estado líquido.

las botellas de plástico, se podrán incluir otros envases y residuos de envases, de forma que se garantice la viabilidad técnica, ambiental y económica.

f) El establecimiento de regímenes de responsabilidad ampliada del productor para los productos de plástico de un solo uso enumerados en la parte F del anexo IV, en el que se incluyen determinados recipientes para alimentos, tales como cajas, con o sin tapa, utilizados con el fin de contener alimentos[212]; los envases y envoltorios fabricados con un material flexible que contienen alimentos destinados a un consumo inmediato en el propio envoltorio o envase sin ninguna otra preparación posterior; los recipientes para bebidas de hasta tres litros de capacidad, es decir, envases utilizados para contener líquidos, como las botellas para bebidas, incluidos sus tapones y tapas, y los envases compuestos para bebidas, incluidos sus tapones y tapas[213]; los vasos para bebidas, incluidos sus tapas y tapones; y las bolsas de plástico ligeras, tal y como se definen en el Real Decreto 293/2018, de 18 de mayo (art. 60). El Real Decreto de Envases desarrolla los regímenes de responsabilidad ampliada del productor en materia de envases.

g) La adopción por las autoridades competentes de las medidas necesarias para informar a los consumidores y para incentivar en ellos un comportamiento responsable, en especial de los jóvenes, con el fin de reducir el abandono de basura dispersa de los productos de plástico de un solo uso enumerados en el apartado anterior (art. 61).

En desarrollo de la Ley 7/2022 y de las directivas comunitarias, el Real Decreto de Envases establece medidas destinadas, como primera prioridad, a la prevención de la producción de residuos de envases y, atendiendo a otros

212 Han de reunir tres requisitos: estar destinados al consumo inmediato, in situ o para llevar; normalmente se consumen en el propio envase; están listos para el consumo sin ninguna otra preparación posterior, como cocinar, hervir o calentar, incluidos los recipientes para alimentos utilizados para comida rápida u otros alimentos listos para su consumo inmediato, excepto los recipientes para bebidas, los platos y los envases y envoltorios que contienen alimentos.

213 Se excluyen los recipientes para bebidas de vidrio o metal con tapones y tapas hechos de plástico.

principios fundamentales, a la reutilización de envases, al reciclado y otras formas de valorización de residuos de envases y, por tanto, a la reducción de la eliminación final de dichos residuos, incluido la presencia de residuos de envases en la basura dispersa, con el objeto de contribuir a la transición hacia una economía circular. Cabe destacar que entre los objetivos de prevención se incluya conseguir que todos los envases puestos en el mercado sean reciclables en 2030, y siempre que sea posible, reutilizables (artículo 6). Asimismo se establecen objetivos de reutilización a nivel estatal para las bebidas comercializadas en el sector de la hostelería y la restauración (canal HORECA)[214] y para las bebidas comercializadas en canal doméstico[215] y en relación con la proporción que han de representar determinadas categorías de envases[216], siguiendo la máxima de que los envases reutilizables al final de su vida útil deberán ser reciclables (artículo 8).

También se fijan objetivos de reciclado y valorización en el ámbito de todo el territorio español, conforme a los cuales en 2025 se reciclará un mínimo del 65 por ciento en peso de todos los residuos de envases, debiendo alcanzarse un objetivo mínimo del 50 por ciento para dicha fecha respecto al material plástico. Dichos porcentajes se incrementan para 2030 al 70 por ciento y al 55 por ciento, respectivamente (artículo 10)[217]. A estos efectos, para garantizar el uso circular de los residuos de plástico en los envases, cada

---

214 Aguas envasadas: puesta en el mercado del 30 % en envases reutilizables en 2025, del 40% en 2030, y del 50% en 2035. Cerveza: puesta en el mercado del 80% en envases reutilizables en 2025, del 85% en 2030 y del 90% en 2035. Bebidas refrescantes: puesta en el mercado del 60 % en envases reutilizables en 2025, del 70% en 2030 y del 80% en 2035. Otras: puesta en el mercado del 20% en envases reutilizables en 2025, del 25% en 2030 y del 30% en 2035.

215 Al menos el 10% del volumen puesto en el mercado en 2030, expresado en hectolitros, deberá ser en envases reutilizables.

216 La proporción de envases reutilizables comercializados en canal doméstico respecto al total de envases en peso de esta categoría deberá ser del 5% en 2030 y del 10% en 2035. La proporción de envases comerciales y de envases industriales reutilizables, respecto al total de envases en peso para cada una de estas categorías, deberá ser del 20% en 2030 y del 30% en 2035.

217 La disposición transitoria primera del Real Decreto de Envases dispone que hasta 2025 deberán cumplirse anualmente, en el ámbito de todo el territorio del Estado, los siguientes objetivos de reciclado y valorización:

productor de producto tratará de que los envases de plástico no fabricados con plástico compostable que ponga en el mercado, tengan los siguientes contenidos de plástico reciclado (artículo 11.3):

a) En 2025, los envases fabricados con tereftalato de polietileno (PET): al menos un 25 por ciento de plástico reciclado, calculado como una media de todos los envases PET que introduzca en el mercado.

b) En 2025, los envases de plástico no sujetos a la obligación del punto a): al menos un 20 por ciento de plástico reciclado, calculado como una media de todos los envases de este tipo que introduzca en el mercado.

c) En 2030, los envases de plástico: al menos un 30 por ciento de plástico reciclado, calculado como una media de todos los envases de plástico que introduzca en el mercado.

Asimismo, para impulsar el cumplimiento de los anteriores objetivos en 2030 los productores de producto tratarán de que los envases fabricados con plástico no compostable que pongan en el mercado, alcancen el siguiente porcentaje de contenido de plástico reciclado por envase (artículo 11.4):

a) 35 por ciento para frascos, garrafas y artículos similares de plástico de hasta 5 litros de capacidad, incluyendo sus tapones y tapas en el cómputo total del envase.

b) 15 por ciento para botes, tarros, tarrinas, bandejas, cestas y otros artículos similares de plástico.

c) 15 por ciento para películas de plástico utilizadas en aplicaciones de envasado primario, incluido embolsados, revestimientos, tapas despegables o envoltorios, entre otros.

d) 30 por ciento para películas de plástico utilizadas en aplicaciones de envasado secundario o terciario, como envolturas retráctiles, revestimientos, sacos, embalaje de burbujas, sobres, entre otros.

---

a) Se reciclará entre un mínimo del 55 % y un máximo del 80 % en peso de los residuos de envases.

b) Se reciclará un mínimo de los materiales contenidos en los residuos de envases. En el caso del plástico, dicho mínimo será el 22,5% en peso de plásticos, contando exclusivamente el material que se vuelva a transformar en plástico.

e) 60 por ciento para palés, cajas, bidones y contenedores de almacenamiento al por mayor y otros artículos similares de plástico.

No obstante, reconociéndose lo ambiciosos que son los anteriores objetivos, se dispone que, en el caso de que su cumplimiento comprometiera las obligaciones de medidas de diseño que prevé el propio Real Decreto[218], se incorporará el contenido máximo posible de plástico reciclado (artículo 11.5).

Además, se establece que los fabricantes o importadores de envases solo podrán introducir en el mercado aquellos que cumplan determinados requisitos, entre los que se incluyen los requisitos básicos sobre composición de los envases y sobre la naturaleza de los envases reutilizables y valorizables, incluidos los reciclables, que figuran en el anexo III del Real Decreto[219], y, en caso de envases fabricados con plástico no compostable, la incorporación de la cantidad de plástico reciclado que permita a los envasadores cumplir los objetivos establecidos en el artículo 11.3 y 11.4 para cada horizonte temporal,

---

218 Conforme al artículo 12.1, los envases deberán diseñarse de manera que a lo largo de todo su ciclo de vida se reduzca su impacto ambiental y la generación de residuos, tanto en su fabricación como en su uso posterior, y de manera que se asegure que la valorización y eliminación de los envases que se han convertido en residuos se desarrolle sin poner en peligro la salud humana y sin dañar al medio ambiente, y de conformidad con el principio de jerarquía de residuos. De igual forma, las medidas de diseño que se adopten para el cumplimiento de los objetivos previstos en el real decreto no comprometerán las funciones esenciales del envase, ni los niveles de seguridad e higiene necesarios para el producto envasado y el consumidor.

219 Se presumirá que los envases cumplen los requisitos básicos cuando cumplan con las normas UNE-EN 13427:2005 «Envases y embalajes. Requisitos para la utilización de las normas europeas en el campo de los envases y los embalajes y sus residuos», UNE-EN 13428:2005 «Envases y embalajes. Requisitos específicos para la fabricación y composición. Prevención por reducción en origen», UNE-EN 13429:2005 «Envases y embalajes. Reutilización», UNE-EN 13430:2005 «Envases y embalajes. Requisitos para envases y embalajes recuperables mediante reciclado de materiales», UNE-EN 13431:2005 «Envases y embalajes. Requisitos de los envases y embalajes valorizables mediante recuperación de energía, incluyendo la especificación del poder calorífico inferior mínimo» y UNE-EN 13432:2001 «Envases y embalajes. Requisitos de los envases y embalajes valorizables mediante compostaje y biodegradación. Programa de ensayo y criterios de evaluación para la aceptación final del envase o embalaje» y sus posteriores revisiones, así como de otras normas armonizadas de la Unión Europea y nacionales existentes o que puedan ser aprobadas en el futuro.

según su tipología[220]. A los efectos del cumplimiento de dichos requisitos, los fabricantes e importadores o adquirientes intracomunitarios de envases vacíos o, en su caso, los importadores o adquirientes intracomunitarios de productos envasados, deberán disponer de los documentos e información que permitan acreditar o demostrar la conformidad de que los envases comercializados o que se pretende comercializar cumplen los requisitos básicos sobre la fabricación y composición de los envases y sobre la naturaleza de los envases reutilizables y valorizables, incluidos los reciclables. Esta documentación deberá ser facilitada a los productores de producto[221] y deberá estar disponible para su evaluación y verificación por parte de las autoridades competentes si éstas la solicitan.

Por tanto, de cumplirse estas obligaciones y objetivos, la recaudación asociada a estos productos podría quedar significativamente mermada, lo que en realidad supondría un éxito en términos de economía circular.

2. TIPO DE GRAVAMEN

La cuota íntegra se calcula aplicando sobre la base liquidable el tipo de gravamen, en forma de cifra, coeficiente o porcentaje, que puede tener carácter específico o porcentual, a aplicar, según disponga la ley propia de cada tributo

---

220 A efectos de esta disposición, la cantidad de plástico reciclado contenida en los productos deberá ser certificada mediante una entidad acreditada para emitir certificación al amparo de la norma UNE-EN 15343:2008 «Plásticos. Plásticos reciclados. Trazabilidad y evaluación de conformidad del reciclado de plásticos y contenido en reciclado» o las normas que las sustituyan. En el supuesto de plástico reciclado químicamente, dicha cantidad se acreditará mediante el certificado emitido por la correspondiente entidad acreditada o habilitada a tales efectos.

221 Las entidades certificadoras a tal fin deberán estar acreditadas por la ENAC o por el organismo nacional de acreditación de cualquier otro Estado miembro de la Unión Europea, designado de acuerdo a lo establecido en el Reglamento (CE) número 765/2008 del Parlamento Europeo y del Consejo de 9 de julio de 2008 por el que se establecen los requisitos de acreditación y vigilancia del mercado relativos a la comercialización de los productos y por el que se deroga el Reglamento (CEE) número 339/93, o en el caso de productos fabricados fuera de la Unión Europea, cualquier otro acreditador con quien la ENAC tenga un acuerdo de reconocimiento internacional.

a cada unidad, conjunto de unidades o tramo de la base liquidable (artículo 55 LGT). Como apuntó el profesor HERRERA MOLINA[222], en el ámbito de la fiscalidad ambiental no tiene sentido un impuesto cuyos tipos de gravamen sean tan elevados que hagan prohibitivas las conductas gravadas, pues en tal caso deberían ser de aplicación las medidas sancionadoras y penales que prevé el propio artículo 45 de la CE[223], añadiendo que el tipo de gravamen debe fijarse de un modo tal que la cuota refleje el daño ambiental producido o que incite a reducir la contaminación a los niveles deseados. De la misma forma, siguiendo a VAQUERA GARCÍA[224], tampoco puede ser tan bajo que conlleve el riesgo de que compense pagar el impuesto y continuar degradando la naturaleza, convirtiéndose en una licencia para contaminar.

En este sentido, la consulta pública efectuada por el Gobierno de Reino Unido con carácter previo a la aprobación de su impuesto fue muy explícita en relación con la función que desempeña el tipo de gravamen en este tipo de impuesto: se pretende introducir una tasa impositiva que sea lo suficientemente significativa para incentivar un cambio de comportamiento de los fabricantes e impulsar la demanda de plástico reciclado, pero que al mismo tiempo no imponga cargas excesivas a las empresas, tomando en consideración que han de asumir los costes asociados a los sistemas de responsabilidad ampliada, por lo que se considera preferible una tarifa plana por tonelada de envases de plástico que sea suficiente para impulsar cambios.

222 HERRERA MOLINA, P.: "Elementos cuantitativos", en A. Yábar Sterling (dir.): *La protección fiscal del medio ambiente. Aspectos económicos y jurídicos*, *op. cit.*, pág. 267.

223 Advierte además HERRERA MOLINA del riesgo de incurrir en una vulneración del principio de no confiscatoriedad. Por lo tanto, siempre que no se sobrepase este límite, considera que existe una amplia discrecionalidad legislativa para fijar el tipo de gravamen según la intensidad del incentivo que se desee establecer y, en su caso, el incremento paulatino de los tipos en función de la evolución de las tecnologías y de los estándares administrativos de protección ambiental, HERRERA MOLINA, P.: *Derecho Tributario Ambiental*, *op. cit.*, pág. 267. De forma similar, y específicamente en el ámbito de los impuestos especiales, LÓPEZ ESPADAFOR recuerda que, a la hora de fijar la intensidad de gravamen, se ha de diferenciar entre el consumo por placer y el consumo en el que juega mayormente un elemento de necesidad, LÓPEZ ESPADAFOR, C. M.: "Visión crítica de la Ley de Impuestos Especiales", *op. cit.*, pág. 622.

224 VAQUERA GARCÍA, A.: "La utilización de instrumentos fiscales para conseguir los objetivos de la economía circular: aspectos generales", *op. cit.*

Tal y como hemos expuesto en capítulos anteriores, en los países de nuestro entorno se pueden encontrar fórmulas variadas, en función del número de envases, de la capacidad del envase o del peso del plástico.

La Ley 7/2022, en su artículo 78, opta por un tipo impositivo específico en función del peso del plástico, que se fija en 0,45 euros por kilogramo de plástico no reciclado contenido en los productos que forman parte del ámbito objetivo del impuesto, coincidente con el previsto en la normativa italiana y que, según se señala en la Memoria en contestación a las alegaciones recibidas al Anteproyecto, permite respetar el principio de proporcionalidad en materia impositiva[225]. La disposición final quinta de la Ley 7/2022 prevé la habilitación contemplada en el artículo 134.7 de la CE para que por la LPGE se puedan modificar los tipos impositivos.

El tipo de gravamen del impuesto británico finalmente aprobado es de 200 libras por tonelada[226], es decir, 0,20 libras por kilógramo, lo que representa una cuantía muy inferior a los 0,45 euros por kilogramo previstos por la Ley 7/2022.

En Colombia, la tarifa del impuesto es de 0,00005 de Unidad de Valor Tributario (UVT)[227] por cada gramo del envase, embalaje o empaque de plástico, lo que equivale a 0,05 UVT por kilogramos. El valor de la UVT para 2023 se ha fijado en 42.412 pesos[228], por lo que la tarifa colombiana asciende a 2.110,6 pesos por kilogramo, lo que representa un tipo muy próximo a los 0,45 euros por kilogramo al tiempo de escribir estas líneas.

---

225 FERNÁNDEZ DE GATTA considera este tipo muy elevado dado el escaso precio de los envoltorios sometidos a gravamen, FERNÁNDEZ DE GATTA SÁNCHEZ, D.: "Avances en la economía circular: nueva legislación sobre residuos y plásticos", *Actualidad Jurídica Ambiental*, núm. 108, 2020, pág. 39.

226 El tipo se ha incrementado a 210,82 libras por tonelada con efectos desde el 1 de abril de 2023, en línea con el índice de precios al consumo, para mantener en términos reales el incentivo que supone el impuesto para favorecer el uso de plástico reciclado.

227 Conforme al artículo 868 del Estatuto Tributario, la UVT es la medida de valor que permite ajustar los valores contenidos en las disposiciones relativas a los impuestos y obligaciones administrados por la Dirección de Impuestos y Aduanas Nacionales (DIAN) y cuya equivalencia a pesos es fijada anualmente por el Director General de la DIAN.

228 Resolución 001264 de 18 de noviembre de 2022 de la Dirección de Impuestos y Aduanas Nacionales (DIAN).

El tipo español es inferior al previsto para el cálculo de la contribución nacional basada en los residuos de envases plásticos no reciclados (0,80 euros/kg) aprobada por la Decisión (UE, Euratom) 2020/2053 del Consejo de la Unión Europea, de 14 de diciembre de 2020, sobre el sistema de recursos propios de la UE. Por esta razón, durante la tramitación parlamentaria se propuso equiparar el tipo de gravamen al de la contribución nacional, justificándose en que, de no producirse tal equiparación, la diferencia se cubriría por las arcas públicas, por lo que este impuesto en realidad supondría una subvención al plástico no reciclado[229]. Otras propuestas mantenían el tipo de 0,45 euros/kg únicamente para los envases que contuvieran plástico reciclado, incrementándose a 0,80 euros/kg para para el resto de envases de plástico de un solo uso incluidos los compostables y bioplásticos[230]. En sentido opuesto, también se presentaron enmiendas para la reducción del tipo de gravamen a 0,25 euros/kg, al considerar que el importe del impuesto es casi inasumible, lo que coloca a la industria envasadora española en desventaja competitiva[231].

La Ley 7/2022 no contempla la aplicación de tipos reducidos que tomen en consideración aquellos plásticos que puedan tener un menor impacto medioambiental, por ejemplo, en función de su carácter biodegradable[232] o en función del grado de reciclabilidad de los envases[233], lo que acentuaría

229 Enmienda nº 34 del Sr. Baldoví Roda (Grupo Parlamentario Plural), enmienda nº 70 de la Sra. Calvo Gómez (Grupo Parlamentario Plural) y enmienda nº 345 del Grupo Parlamentario Republicano en el Congreso. Enmienda nº 242 de don Josep Lluís Cleries i Gonzàlez (GPN) y de doña Maria Teresa Rivero Segalàs (GPN) en el Senado.

230 Enmiendas nº 16 del Sr. Botran Pahissa y la Sra. Vehí Cantenys (Grupo Parlamentario Mixto), nº 100 del Grupo Parlamentario Euskal Herria Bildu y nº 446 del Sr. Errejón Galván y la Sra. Sabanés Nadal (Grupo Parlamentario Plural) en el Congreso. Enmienda nº 224 de don Pablo Gómez Perpinyà (GPIC) en el Senado.

231 Enmienda nº 600 del Grupo Parlamentario Popular en el Congreso y enmienda nº 433 del Grupo Parlamentario Popular en el Senado

232 El artículo 2 del Anteproyecto define el plástico biodegradable como aquel "plástico capaz de sufrir descomposición física o biológica, de modo que, en último término, se descompone en dióxido de carbono (CO2), biomasa y agua, y que, conforme a las normas europeas en materia de envases, es valorizable mediante compostaje y digestión anaerobia".

233 En este sentido se presentaron propuestas en la fase de consulta pública.

su carácter medioambiental, ni un calendario de introducción progresiva del impuesto[234], de forma similar a la que se previó para el Impuesto sobre Gases Fluorados de Efecto Invernadero[235].

Precisamente en la fase de consulta pública se formularon varias observaciones sobre la fijación del tipo impositivo de tal manera que el impuesto tuviera un mayor impacto ecológico. En particular, se propuso el establecimiento de tipos reducidos para el polipropileno mono material o ligar los tipos impositivos a las emisiones de CO2 que se generan en los procesos de fabricación y reciclado, al coste del reciclado y a la viabilidad de este y tipos incrementados para los envases que presenten mezclas que dificulten la labor de recuperación. Asimismo, se propuso que los tipos se fueran incrementando a lo largo del tiempo, hasta lograr el objetivo perseguido de desincentivar definitivamente el uso de los modelos más contaminantes o más difícilmente recuperables. La Memoria de Análisis de Impacto Normativo, no obstante, rechaza tales propuestas, argumentando que "la configuración prevista actualmente trata de compaginar la facilidad de gestión con una adecuada carga impositiva, por lo que se valora la conveniencia de aplicar un único tipo impositivo, esto es, una tarifa que abarque las diversas categorías de plástico". A juicio de estos autores, la facilidad de gestión (a la que se alude para rechazar la delimitación del hecho imponible o el establecimiento de beneficios fiscales en función de la tipología de plásticos) podría explicar la reticencia a aplicar tales propuestas cuyo fundamento medioambiental parece difícilmente cuestionable, pero resulta preocupante la referencia a la "adecuada carga impositiva", que parece poner el acento en la importancia de la recaudación, des-

234 Esta opción la considera prudente HERRERA MOLINA en el ámbito de la tributación medioambiental "para evitar distorsiones bruscas de la competencia y efectos sofocantes sobre ciertas industrias", HERRERA MOLINA, P.: "Elementos cuantitativos", en A. Yábar Sterling (dir.): *La protección fiscal del medio ambiente. Aspectos económicos y jurídicos*, Marcial Pons, Madrid, 2002, pág. 267. Véase también el estudio coordinado por PUIG VENTOSA, I.: *Research paper on a European tax on plastics*, *op. cit.*, pág. 38.

235 También lamenta SALASSA BOIX que para fijar el tipo no se tenga en consideración aquellos productos que puedan tener un menor impacto medioambiental (carácter biodegradable o grado de reciclabilidad), SALASSA BOIX, R.: Marco normativo nacional, comunitario e internacional de la imposición sobre la entrada a España de plásticos no reciclados, *Nueva Fiscalidad*, núm. 4, 2021, pág. 167.

ligada de la pretendida finalidad medioambiental, pudiendo conciliarse sin excesiva dificultad ambas finalidades mediante una adecuada ponderación de los tipos de gravamen según el impacto medioambiental de los diferentes tipos de envases conforme a los parámetros anteriormente señalados[236].

Lo que podremos observar, como advierte MANZANO SILVA[237], es que este "tratamiento unitario a todos los envases, con independencia del nivel de gestión, tratamiento o recogida de residuos que tenga implantado el productor, puede entrar en colisión con el objeto del impuesto de trasladar el coste de la generación y tratamiento de residuos a quienes los generen, toda vez que ello es lo que comporta el impacto medioambiental y motiva la propia creación del impuesto". Por el contrario, una modulación de la tributación en función de los diferentes tipos de envases habría sido más eficaz y no supondría "perder, de este modo la oportunidad de configurar un impuesto más acorde con los principios de capacidad económica, igualdad o progresividad contenidos en el artículo 31 de la CE".

Por su parte, durante la tramitación parlamentaria se propuso la implantación gradual en el tiempo del tipo impositivo, estableciéndose un sistema de deducción en cuota de al menos un porcentaje de lo satisfecho en concepto de "punto verde" en relación con las obligaciones financieras a que están sujetos los productores de envases sujetos a responsabilidad ampliada del producto (RAP) y evitando cualquier situación que pudiera tildarse de doble imposición[238]. Si bien esta propuesta no prosperó, la doctrina ha insistido

---

236 Ya hemos criticado en otra publicación esta posición, puesto que ya se impone al contribuyente la obligación de justificar el plástico mediante un certificado, por lo que bastaría con ampliar esa exigencia para poder aplicar tipos reducidos a los plásticos con menor impacto ambiental. GARCÍA CARRETERO, B. y PATÓN GARCÍA, G.: "La fiscalidad de los envases y vertidos e incineración en el proyecto de ley de residuos y suelos contaminados", en García Calvente, Y. y Sedeño López, J.F. (coords.), *Desarrollo urbano sostenible y economía circular en perspectiva jurídica, op. cit.*

237 MANZANO SILVA, E.: "El impuesto especial sobre envases de plástico no reutilizables", *op. cit.*, págs. 558-559.

238 Enmienda nº 50 de la Sra. Oramas González-Moro (Grupo Parlamentario Mixto) en el Congreso.
Un envase plástico, si se aprueba el impuesto, no solo pagará este impuesto sino también la contribución financiera por Responsabilidad Ampliada del Productor (punto verde)

en la conveniencia de haber elaborado un calendario de introducción progresiva, en armonía con las decisiones adoptadas en el ámbito comunitario respecto a la reducción de determinados productos de plástico[239].

En esta línea el Libro Blanco sobre la Reforma Tributaria (2022)[240] recomendó una revisión del diseño del tributo para "considerar las características diferenciales de los distintos envases (por ejemplo, graduando los tipos impositivos o estableciendo reducciones en la base imponible) para ser coherente con la finalidad de aumentar la circularidad".

3. CUOTA ÍNTEGRA

Conforme a lo anteriormente expuesto, la cuota tributaria es la cantidad resultante de aplicar a la base imponible (cantidad, expresada en kilogramos, de plástico no reciclado) el tipo impositivo de 0,45 euros por kilogramos de plástico (artículo 79 de la Ley 7/2022).

4. DEDUCCIONES

Por otra parte, el artículo 80 de la Ley 7/2022 regula el supuesto de que, habiéndose devengado y pagado el impuesto, con posterioridad se ponga de

---

correspondiente. Esto implica que, sin empezar a producir el producto que va a ser envasado, entre el punto verde, el impuesto y otros factores como el energético, que es mucho más elevado en nuestro país que en otros EE. MM., los costes que debe asumir la industria española son mucho más elevados en comparación con otros países de la UE, lo que hace que sea mucho menos competitiva frente a sus principales competidores, aun siendo mucho más eficiente. Por ejemplo, en otros países como Reino Unido, el gravamen propuesto es de 200 libras/tonelada, que, aplicando el tipo de cambio actual con respecto al euro, equivale a unos 221 euros frente a los 450 euro/tonelada de España. Por estas razones es fundamental no establecer un tipo impositivo desproporcionado en la situación de crisis.

239 GARCÍA CARRETERO, B. y PATÓN GARCÍA, G.: "La fiscalidad de los envases y vertidos e incineración en el proyecto de ley de residuos y suelos contaminados", en García Calvente, Y. y Sedeño López, J.F. (coords.), *Desarrollo urbano sostenible y economía circular en perspectiva jurídica*, *op. cit.*

240 Comité de personas expertas, *Libro Blanco sobre la Reforma Tributaria*, Instituto de Estudios Fiscales, Madrid, 2022, pág 292.

manifiesto que concurren determinadas circunstancias que determinan que no se realice el hecho imponible o, al menos, no se materialice en un impacto negativo sobre el medio ambiente. No se trata por tanto de deducciones con una estricta finalidad incentivadora extrafiscal, sino de carácter técnico para que no tributen operaciones que hubieran debido estar eximidas de gravamen[241]. En tales supuestos, que conforman un listado tasado de exclusiva aplicación para los contribuyentes que han presentado autoliquidación (fabricantes y adquirente intracomunitarios), los contribuyentes podrán deducir el impuesto pagado por los envases en las autoliquidaciones correspondientes al periodo en que se pongan de manifiesto dichas circunstancias.

4.1. EN CASO DE ADQUISICIONES INTRACOMUNITARIAS

En la autoliquidación correspondiente a cada periodo de liquidación en que se produzcan las circunstancias siguientes, y en las condiciones que, en su caso, reglamentariamente se establezcan[242], el contribuyente que realice adquisiciones intracomunitarias de los productos que forman parte del ámbito objetivo del impuesto podrá minorar de las cuotas devengadas del impuesto en dicho periodo, el importe del impuesto pagado respecto de:

a) Los productos que hayan sido enviados por el contribuyente, o por un tercero en su nombre o por su cuenta, fuera del territorio de aplicación del impuesto.

b) Los productos que, con anterioridad a su primera entrega o puesta a disposición del adquirente en el territorio de aplicación del impuesto, hayan dejado de ser adecuados para su utilización o hayan sido destruidos.

---

241 En el mismo sentido, PATON GARCÍA concluye se trata de deducciones de marcado carácter técnico cuyo análisis no permite redundar en el carácter ambiental del impuesto. PATÓN GARCÍA, G.: *Fiscalidad de residuos orientada a una economía circular. Análisis tras la Ley 7/2022, de 8 de abril, de Residuos y Suelos Contaminados para una economía circular, op. cit.*, pág.. *60*

242 Tal desarrollo reglamentario no se ha producido.

c) Los productos que, tras su entrega o puesta a disposición del adquirente, hayan sido objeto de devolución para su destrucción o reincorporación al proceso de fabricación, previo reintegro del importe de los productos al adquirente.

La aplicación de las deducciones anteriores quedará condicionada a que la existencia de los hechos enumerados pueda ser probada ante la AEAT por cualquiera de los medios de prueba admisibles en derecho, así como a la acreditación del pago del impuesto mediante el correspondiente documento justificativo del mismo.

Es preciso advertir que, como ha aclarado la DGT, la aplicación de la deducción solo es posible respecto del impuesto efectivamente satisfecho por el adquirente intracomunitario en las operaciones en las que actúe como tal, lo que se ve confirmado por la regulación de las devoluciones, que solo se pueden aplicar por los importadores y otros operadores que no actúan como contribuyentes. Por tanto, si los adquirentes intracomunitarios son además importadores y adquirentes de proveedor nacional, únicamente pueden aplicar deducciones respecto al plástico adquirido intracomunitariamente, sin perjuicio del derecho a solicitar la devolución del impuesto correspondiente al plástico importado o adquirido a un proveedor nacional (V1643-23, V2085-23).

4.2. EN CASO DE FABRICACIÓN

En las condiciones que, en su caso, reglamentariamente se establezcan[243], el contribuyente que realice la fabricación de los productos que forman parte del ámbito objetivo del impuesto y que sean objeto de devolución para su destrucción o para su reincorporación al proceso de fabricación, en la autoliquidación correspondiente al periodo en que se produzcan dichas circunstancias, podrá minorar, de las cuotas devengadas del impuesto en dicho periodo, el importe del impuesto pagado respecto de dichos productos que tras la primera entrega o puesta a disposición del adquirente hayan sido objeto de devolución, previo reintegro del importe de los mismos al adquirente.

243 Como en el caso anterior, el desarrollo reglamentario no se ha producido.

Como en el cao de los adquirentes intracomunitarios, la aplicación de la deducción quedará condicionada a que la existencia de dichos hechos pueda ser probada ante la AEAT por cualquiera de los medios de prueba admisibles en derecho, así como a la acreditación del pago del impuesto mediante el correspondiente documento justificativo del mismo.

4.3. REGLAS COMUNES

El mecanismo para aplicar esta deducción es el siguiente: en la autoliquidación correspondiente a cada periodo de liquidación, el contribuyente podrá minorar de las cuotas devengadas del impuesto en dicho periodo, las cuotas previamente satisfechas por los envases en los que se produzcan las circunstancias anteriormente señaladas.

La DGT ha contestado alguna consulta sobre la posibilidad de incluir en la autoliquidación de un período determinado las deducciones correspondientes a un período anterior. Este podría ser el caso, por ejemplo, de un adquirente intracomunitario que envío productos fuera del territorio de aplicación del impuesto en el primer trimestre, pero que no puede reunir la totalidad de la documentación acreditativa de tal circunstancia en el segundo trimestre, planteándose la posibilidad de aplicar la deducción en la autoliquidación correspondiente a este último periodo. La DGT responde negativamente, atendiendo a la literalidad de la norma (V0950-23), lo que conlleva la necesidad de que el contribuyente solicite una rectificación de la autoliquidación previa para que se le reconozca el derecho a la deducción. La respuesta, que, insistimos, es acorde con la literalidad del precepto, es una muestra de la poca flexibilidad que en ocasiones tiene este impuesto, con el consiguiente perjuicio de carga administrativa tanto para el contribuyente como para la propia Administración.

Cuando la cuantía de las deducciones procedentes supere el importe de las cuotas devengadas en un periodo de liquidación, el exceso podrá ser compensado en las autoliquidaciones posteriores, siempre que no hubiesen transcurrido cuatro años contados a partir de la presentación de la autoliquidación en que se origine dicho exceso.

Los contribuyentes cuyas cuantías de deducción superen el importe de las cuotas devengadas en el último período de liquidación del año natural, tendrán derecho a solicitar la devolución del saldo existente a su favor en la autoliquidación correspondiente a dicho período de liquidación.

La disposición final quinta de la Ley 7/2022 prevé la habilitación contemplada en el artículo 134.7 de la CE para que por la LPGE se puedan modificar las deducciones y devoluciones.

El análisis detallado de estas deducciones se realiza en el capítulo referente a los beneficios fiscales y otros supuestos de exoneración.

5. INCIDENCIA DEL IMPUESTO EN LA BASE IMPONIBLE DE OTROS TRIBUTOS

5.1. TRIBUTACIÓN INDIRECTA

La base imponible del IVA se encuentra regulada en los siguientes preceptos

- Entregas de bienes y prestaciones de servicios: el artículo 78 de la Ley 37/1992, de 28 de diciembre, del Impuesto sobre el Valor Añadido dispone que la base imponible del impuesto estará constituida por el importe total de la contraprestación de las operaciones sujetas al mismo procedente del destinatario o de terceras personas. En particular, se incluyen en el concepto de contraprestación, entre otros conceptos, los tributos y gravámenes de cualquier clase que recaigan sobre las mismas operaciones gravadas, excepto el propio IVA, habiendo expresa referencia a los impuestos especiales que se exijan en relación con los bienes que sean objeto de las operaciones gravadas, con excepción del Impuesto especial sobre determinados medios de transporte.

- Adquisiciones intracomunitarias: conforme al artículo 82 de la Ley 37/1992, la base imponible de las adquisiciones intracomunitarias de bienes se determinará de acuerdo con lo dispuesto para las entregas de bienes y prestaciones de servicios.

- Importaciones: el artículo 83 de la Ley 37/1992 establece como regla general que, en las importaciones de bienes, la base imponible resultará de adicionar al valor de aduana determinados conceptos en cuanto no estén comprendidos en el mismo, entre los que se incluyen los impuestos, derechos, exacciones y demás gravámenes que se devenguen fuera del territorio de aplicación del impuesto, así como los que se devenguen con motivo de la importación, con excepción del IVA.

Similares normas encontramos en los tributos aplicables en Canarias (Impuesto General Indirecto Canario, IGIC) y en Ceuta y Melilla (Impuesto sobre la Producción, los Servicios y la Importación, IPSI).

En consecuencia, el impuesto sobre envases formará parte de la base imponible cuando se realice el hecho imponible de fabricación, adquisición intracomunitaria e importación[244].

En este sentido se ha pronunciado la DGT (V1534-23). La referida consulta, partiendo de los citados preceptos y de la doctrina del Tribunal de Justicia de la Unión Europea (asuntos Naturally Yours Cosmetics, Empire Stores y Danske Bilomportore), señala que la base imponible de una operación está constituida por el importe total de la contraprestación, es decir, en general, el precio pagado por el bien o servicio recibido, incluyendo los tributos o gravámenes que recaigan sobre dichas operaciones, pero siempre que aquellos tributos tengan una relación o vínculo directo con la entrega del bien o la prestación del servicio a cuya realización se vincula el devengo del tributo. Y concluye que el Impuesto especial sobre los envases de plástico no reutilizables debe formar parte de dicha base imponible del IVA cuando nos encontramos ante entregas de bienes y adquisiciones intracomunitarias. Respecto a las importaciones, concluye igualmente que, al constituir estas uno de los hechos imponibles del impuesto especial, este también deberá incluirse en la base imponible del IVA de las importaciones de bienes cuando incluyan bienes sujetos al repetido impuesto especial.

[244] Conclusión compartida por GARCÍA NOVOA, si bien considera que sería precisa una modificación legal para excluir de la base imponible del IVA los envases susceptibles de ser reutilizados, pues de esta forma "se podría estimular el recurso a este tipo de envases, que hoy no resulta atractivo por su incorrecto tratamiento en el IVA. a lo que hay que sumar los costes adicionales de recuperación, transporte y lavado que conllevan los envases retornables", GARCÍA NOVOA, C.: "El impuesto sobre envases de plástico no retornables", *op. cit.*

5.2. TRIBUTACIÓN DIRECTA

5.2.1. *Contabilización*

La Norma de registro y valoración 12ª del Plan General de Contabilidad establece que el IVA soportado no deducible, el IGIC y cualquier otro impuesto indirecto soportado en la adquisición de activos o servicios, que no sea recuperable directamente de la Hacienda Pública, formará parte del precio de adquisición de los activos corrientes y no corrientes, así como de los servicios, que sean objeto de las operaciones gravadas por el impuesto. De forma similar, la Norma de registro y valoración 10ª, referente a las existencias, indica que el importe de los impuestos indirectos que gravan la adquisición de las existencias sólo se incluirá en el precio de adquisición o coste de producción cuando dicho importe no sea recuperable directamente de la Hacienda Pública.

Desde el punto de vista del transmitente, la referida Norma de registro y valoración dispone que el IVA repercutido, el IGIC y a cualquier otro impuesto indirecto que grave las operaciones realizadas por la empresa y que sea recibido por cuenta de la Hacienda Pública no formarán parte del ingreso derivado de las operaciones gravadas por dicho impuesto o del importe neto obtenido en la enajenación o disposición por otra vía en el caso de baja en cuentas de activos no corrientes.

En este sentido se ha pronunciado el Instituto de Contabilidad y Auditoría de Cuentas en su consulta 1 del Boletín Oficial del Instituto de Contabilidad y Auditoría de Cuentas número 133/2023: cuando la empresa adquirente del envase no tenga derecho a la deducción del impuesto, este se contabilizará en el momento de su devengo y formará parte del precio de adquisición del bien o servicio que lo genera. Por otra parte, el impuesto no formará parte de los ingresos de la empresa que lo repercute.

5.2.2. *Tratamiento fiscal*

El gasto relacionado con el impuesto sobre envases que, por aplicación del anterior criterio, pudiera reflejarse en la cuenta de resultados, ya fuera de forma directa o indirecta, tendría la consideración de gasto deducible para la determinación de la base imponible del Impuesto sobre Sociedades (IS) o del IRPF del empresario o profesional.

En efecto, el artículo 10.3 de la Ley 27/2014, de 27 de noviembre, del Impuesto sobre Sociedades dispone que, en el método de estimación directa, la base imponible se calculará, corrigiendo, mediante la aplicación de los preceptos establecidos en dicha ley, el resultado contable determinado de acuerdo con las normas previstas en el Código de Comercio, en las demás leyes relativas a dicha determinación y en las disposiciones que se dicten en desarrollo de las citadas normas. Por su parte, el artículo 28 de la Ley 35/2006, de 28 de noviembre, del Impuesto sobre la Renta de las Personas Físicas, se remite a las normas del IS para la determinación del rendimiento neto de las actividades económicas, con determinadas especialidades.

Pues bien, ni la normativa del IS ni la del IRPF contienen previsión alguna que suponga la no deducibilidad del impuesto sobre envases, de donde se deduce que el gasto será fiscalmente deducible.

Este no es el criterio seguido en Colombia, cuya normativa dispone que "el impuesto nacional sobre productos plásticos de un solo uso utilizados para envasar, embalar o empacar bienes no será deducible en el impuesto sobre la renta y complementarios".

Capítulo VI

ELEMENTOS TRIBUTARIOS EN FUNCIÓN DEL HECHO IMPONIBLE

Tal y como se ha indicado con anterioridad, el impuesto especial sobre los envases de plástico no reutilizables es un tributo de naturaleza indirecta que recae sobre la utilización, en el territorio de aplicación del impuesto, de envases no reutilizables que contengan plástico, tanto si se presentan vacíos, como si se presentan conteniendo, protegiendo, manipulando, distribuyendo y presentando mercancías. La finalidad del impuesto es el fomento de la prevención de la generación de residuos de envases de plástico no reutilizables, así como el fomento del reciclado de los residuos plásticos, contribuyendo a la circularidad de este material.

Aun cuando la ley hace referencia a la "utilización", el hecho imponible está realmente constituido, en el marco de una operativa regular, por la fabricación, la importación y la adquisición intracomunitaria de los productos que forman parte del ámbito objetivo del impuesto[245]. El hecho imponible también se realiza cuando se introducen dichos productos de forma irregular dentro del territorio de aplicación del impuesto. Partiendo de esta definición del hecho imponible, se pueden desgranar los distintos elementos tributarios aplicables a cada uno de los supuestos que dan lugar al nacimiento de la obligación tributaria.

1. FABRICACIÓN

1.1. HECHO IMPONIBLE

A diferencia de los impuestos autonómicos sobre las bolsas de plastico, que operaban en la fase de consumo, esta nueva figura pone el acento en

245 Ya hemos tenido ocasión de recordar que el Anteproyecto de ley indicaba que el tributo recaía sobre la "fabricación, importación o adquisición intracomunitaria" de los envases, sustituyéndose dicha expresión por el término "utilización". Esto, resalta, "podría conducir a pensar que conllevaría también un cambio en el hecho imponible del impuesto que generase una ampliación del mismo a cualquier utilización de los envases no reutilizables que contengan plástico, incluso su traslado a la fase de consumo, sin embargo, el hecho imponible no cambia en este punto por lo que la nueva redacción únicamente provoca un pequeño espejismo". GARCÍA CARRETERO, B. y PATÓN GARCÍA, G.: "La fiscalidad de los envases y vertidos e incineración en el proyecto de ley de residuos y suelos contaminados", en García Calvente, Y. y Sedeño López, J.F. (coords.), *Desarrollo urbano sostenible y economía circular en perspectiva jurídica, op. cit.*

la fase de fabricación. Se puede considerar un acierto ya que de esta forma se incentiva al fabricante a diseñar envases reutilizables o fabricarlos a partir de plásticos reciclado, favoreciéndose así la reutilización y reciclado[246], pero ha de reconocerse que la cuestión no está exenta de polémica, como consecuencia de las limitaciones regulatorias y técnicas que pueden existir, así como por el papel que juega el consumidor a la hora de demandar determinados tipos de productos a unos precios determinados y, posteriormente, de poner en práctica una adecuada reutilización y reciclaje del envase. Por ello, lo óptimo sería actuar en las dos fases y la intervención en la fase de generación también permitirá una actuación indirecta sobre el consumo en la medida en que sea posible la traslación del impuesto, vía precio, al consumidor final. Pero si dicha traslación no fuera posible, el impuesto podría perder parte de su eficacia.

El artículo 71.1 de la Ley 7/2022 define la "fabricación" como la elaboración de productos objeto del impuesto (envases, productos semielaborados destinados a la obtención de envases y productos destinados a permitir el cierre, la comercialización o la presentación de envases)[247]. Asimismo, tendrá la consideración de fabricación la incorporación a los envases de otros elementos de plástico que, no constituyendo por sí mismos, de manera individualizada, parte del ámbito objetivo del impuesto, tras su incorporación a los envases pasen a formar parte de estos.

El mismo precepto precisa que, no obstante, no tendrá la consideración de fabricación la elaboración de envases a partir, exclusivamente, de los restantes productos objeto del impuesto (productos semielaborados destinados a la obtención de envases y productos destinados a permitir el cierre, la comercialización o la presentación de envases). Tampoco tendrá la considera-

---

246 GARCÍA CARRETERO, B. y PATÓN GARCÍA, G.: "La fiscalidad de los envases y vertidos e incineración en el proyecto de ley de residuos y suelos contaminados", en García Calvente, Y. y Sedeño López, J.F. (coords.), *Desarrollo urbano sostenible y economía circular en perspectiva jurídica*, *op. cit.*

247 "Elaborar" es la tercera acepción del verbo "fabricar" conforme al Diccionario de la lengua española de la Real Academia Española, tras "producir objetos en serie, generalmente por medios mecánicos" y "construir un edificio, un dique, un muro o cosa análoga". Por su parte, "elaborar" se define en su primera acepción como "transformar una cosa u obtener un producto por medio de un trabajo adecuado".

ción de fabricación la elaboración de envases a partir de los anteriores y, además, de otros productos que no contengan plástico[248].

Esa exclusión es la consecuencia lógica de someter a gravamen los productos semielaborados destinados a la obtención de envases y los productos destinados a permitir el cierre, la comercialización o la presentación de envases. Ahora bien, como apunta MENDO BUETAS, esta excepción no alcanza a la fabricación de cierres a partir de productos semielaborados y de otros cierres, únicamente excluye la elaboración de envases[249].

Como hemos señalado anteriormente, la inclusión de este tipo de productos (distintos de los envases) se realizó con la finalidad de anticipar la condición de sujeto pasivo en la cadena de valor y, de esa manera, reducir el número de contribuyentes, simplificando las labores de gestión, inspección y comprobación por parte de la Administración tributaria. En consecuencia, la fabricación de dichos productos da lugar a la realización del hecho imponible y la posterior elaboración de envases definitivos a partir de esos otros productos no tendrá la consideración de fabricación, a efectos del impuesto, en tanto no se incorporen nuevos elementos de plástico para la obtención del envase definitivo.

Es decir, el adquirente de un producto semielaborado que obtiene el envase definitivo aplicando un proceso de transformación, pero en el que no se incorpora plástico adicional al que tenía el producto semielaborado, no tendría la condición de fabricante. Este sería el caso de una empresa dedicada a la fabricación de bolsas a partir de bobinas de plástico adquiridas a un tercero (V1008-23) o de láminas de polietileno (V1609-23), en el que el fabricante

---

248 El informador digital de la AEAT recoge el siguiente ejemplo de una empresa fabricante española que realiza una importación proveniente de Estados Unidos consistente en una preforma (producto semielaborado) con la finalidad de convertirlo en un envase de plástico no reutilizable. La importación del producto semielaborado, como veremos más adelante, es una operación sujeta en la que se produce el nacimiento del impuesto (devengo del impuesto), por lo que, si la empresa española no añade más elementos de plástico al producto semielaborado, la posterior fabricación del envase a partir del producto semielaborado no tendrá la consideración de "fabricación" como hecho imponible del impuesto.

249 MENDO BUETAS, J.: "El impuesto especial sobre envases de plástico no reutilizables (arts. 67 a 83 Ley 7/2022, de 8 de abril). Parte I", *op. cit.*

de la bobina de plástico será quien tendrá la condición de contribuyente y deberá repercutir al fabricante de bolsas el importe de las cuotas del impuesto que se devenguen al realizar dicha venta o entrega. Como veremos, una de las consecuencias de no tener la condición de fabricante es que no estará obligado a la inscripción en el registro territorial por esta actividad.

La DGT (V0006-23) ha analizado el supuesto de una sociedad cuya actividad consiste en la transformación de las bobinas que adquiere a sus proveedores en España en bobinas aptas para las máquinas envasadoras de sus clientes. Las bobinas adquiridas por la sociedad son un producto semielaborado fabricado en diversos materiales (film de polipropileno, film de PET, film de polietileno, papel, aluminio, etc.), cuyo único destino posible es la fabricación de envases. El proceso de transformación que realiza consta de tres fases: la primera consiste en la simple unión de diferentes bobinas para la obtención de una única bobina de plástico mediante la aplicación de adhesivos; en la segunda fase, sobre las bobinas adquiridas al proveedor en España (sin necesidad de pasar por la fase 1 anterior) o bien sobre las bobinas de plástico resultantes de la fase 1, la consultante aplica tintas y barnices, a fin de incluir dibujos, colores, etc., obteniéndose una nueva bobina tintada; finalmente, en una tercer fase se lleva a cabo un proceso de corte sobre la bobina resultante de la fase 2 con el objeto de adecuar sus medidas a las exigidas por las máquinas envasadoras de sus clientes. En tal supuesto, la conclusión de la DGT es que tal empresa, en la medida en que no se incorpora cantidad de plástico alguna sobre la bobina que adquiere de sus proveedores españoles, no tendrá la consideración de "fabricación" a efectos de este impuesto (será el proveedor fabricante de la bobina quien tendrá la consideración de contribuyente y las consiguientes obligaciones). No obstante, en el supuesto de que, a las bobinas adquiridas a proveedores españoles, por las que previamente se hubiera devengado el impuesto, se incorporen otros elementos de plástico, de forma tal que tras su incorporación formen parte del producto al que van incorporados, la actividad si se considerará fabricación y la empresa tendrá la consideración de contribuyente, en cuyo caso la base imponible estará constituida exclusivamente por la cantidad de plástico no reciclado, expresada en kilogramos, incorporada a dichos productos.

La DGT también ha analizado el supuesto de una sociedad que tiene por objeto la actividad de fabricación y venta de productos de panadería y bollería industrial, incluyendo el proceso de envasado y preparación para la venta. Los envases los fabrica la propia sociedad con maquinaria formadora de envases y bolsas a partir de las bobinas de film que adquiere a otras empresas. Por ejemplo, para las bolsas externas compra las bobinas completamente impresas, por lo que la consultante realiza la fase de cortado, formación de bolsa y termosellado. En tal caso, la DGT concluye que no se realizará hecho imponible alguno siempre que para la obtención de los envases se utilicen productos sujetos al impuesto comprendidos en el artículo 68.1.b) y c) de la ley, como son las bobinas de film, adquiridos a otros proveedores españoles, y que las operaciones que se realicen sobre las mismas no supongan la incorporación de nuevas cantidades de plástico (V0125-23).

Muy similar es el supuesto de la consulta V0131-23, planteado por una entidad que también tiene por objeto la actividad de fabricación y venta de productos de panadería y bollería industrial. La entidad vende el producto en bolsas de plástico no reciclado con dos envases, un envase unitario de cada una de las 12 unidades de magdalenas, y un segundo envase del total de las 12 magdalenas con la marca impresa y todas las especificaciones necesarias para la venta. Ambos envases los fabrica la propia entidad con maquinaria formadora de envases y bolsas a partir de las bobinas de film que adquiere a otras empresas, por lo que realiza la fase de cortado, formación de bolsa y termosellado. La DGT señala que, en la medida en que las bobinas de film estén destinadas a la elaboración de envases y, por tanto, sean producto semielaborado a los efectos del artículo 68.1.b) de la Ley 7/2022, las operaciones que realiza el consultante no se consideran fabricación a efectos del impuesto.

En relación con operaciones consistentes en adherir una lámina de poliéster sobre una superficie de cartón en un proceso de fabricación de estuches, tampoco se realizará el hecho imponible fabricación puesto que el producto elaborado (cartón plastificado) se obtiene exclusivamente a partir de otros productos sujetos al impuesto (V0048-23).

La misma conclusión se alcanza en relación con la actividad consistente en fabricar cajas, bandejas y embalajes de cartón de uso alimentario incorporando a la materia principal (cartón) las materias primas o productos semielaborados (bobinas de cartón con película plástica incorporad y bobinas de plástico para su incorporación al cartón). Si en la elaboración de dichas cajas, bandejas y embalajes de cartón sólo se emplean productos plásticos semielaborados, dicha actividad no tendrá la consideración de fabricación a efectos del impuesto (V0966-23).

De la misma forma, la adhesión de una etiqueta identificativa con valores nutricionales y demás información del producto a bolsas alimentarias para envasar adquiridas a un proveedor no es una actividad de fabricación en el sentido de la Ley 7/2022, por lo que la entidad que realiza dicho proceso únicamente será contribuyente del impuesto si las bolsas son importadas u objeto de una adquisición intracomunitaria efectuadas por la propia entidad (V0598-23).

En línea con las anteriores consultas, la DGT ha señalado que, en tanto que la entidad únicamente realice funciones de impresión y manipulación de los envases, no se tendrá por realizado el hecho imponible fabricación. No obstante, si las tareas de manipulación implican la incorporación a los envases, previamente adquiridos, de otros elementos de plástico, que, no constituyendo por sí mismos parte del ámbito objetivo del impuesto, pero que tras su incorporación a los envases pasan a formar parte de estos, darán lugar a la realización del hecho imponible fabricación (V0662-23).

A diferencia de lo previsto para importaciones y adquisiciones intracomunitarias, no se ha previsto exención alguna para los pequeños productores. Esta exención se propuso en la tramitación parlamentaria (concretamente para los productores que pagaran menos de 50 euros) al objeto de evitar que la carga administrativa fuera totalmente desproporcionada en comparación con la cantidad de envases que pusieran en el mercado[250].

1.2. SUJETO PASIVO

Serán contribuyentes por el hecho imponible de fabricación, las personas físicas o jurídicas y las entidades a las que se refiere el apartado 4 del artículo 35 de la LGT que realicen la fabricación de los productos que forman parte del ámbito objetivo del impuesto[251].

---

250 Enmienda nº 153 del Sr. Bel i Accensi (Grupo Parlamentario Plural) en el Congreso y enmienda nº 590 del Grupo Parlamentario Popular en el Congreso.

251 Las enmiendas nº 597 del Grupo Parlamentario Popular en el Congreso y nº 431 del Grupo Parlamentario Popular en el Senado proponían que "En caso de tratarse de un grupo de sociedades en el sentido del artículo 42 del Real Decreto de 22 de agosto de

Así, por ejemplo, en el caso de una entidad que adquiere a un fabricante nacional cordel (compuesto íntegra o parcialmente de plástico) y lo manipula para obtener el lazo que venderá a sus clientes, consistiendo la manipulación básicamente en cortar el cordel a las medidas deseadas y presentarlo doblado por la mitad, envuelto en bobinas, el contribuyente del impuesto será el fabricante del cordel de plástico, producto sujeto al impuesto, puesto que es la persona que realiza el hecho imponible fabricación (V0994-23). Por el contrario, el fabricante de bandejas termoformadas a partir de bobinas de plástico adquiridas a proveedores españoles no tendrá la consideración de contribuyente en tanto que no incorpore plástico adicional, al no realizar el hecho imponible (V2086-23).

A la vista de la definición del hecho imponible "fabricación", ORTIZ CALLE[252], siguiendo a GONZALEZ-GAGGERO[253], observa que "el legislador asocia la posición del contribuyente con la empresa del sector del envase plástico, en lugar de hacerlo con su proveedor de materias primas o con su cliente. En este sentido, es clave la inclusión en el ámbito objetivo de los productos semielaborados, ya que muestra la preferencia de la norma por evitar que se considere fabricante al cliente que, por poner un ejemplo, finaliza el envase mediante el "soplado" de la preforma".

Como veremos a continuación, el fabricante estará obligado a inscribirse en el Registro territorial, a llevar una contabilidad de productos por medios electrónicos, a autoliquidar el impuesto, a repercutir jurídicamente el impuesto al adquirente (salvo en el caso de operaciones exentas) y a incluir determinada información en la factura.

1885 por el que se publica el Código de Comercio, se podrá optar por la tributación conjunta. En tal caso, las entidades que en ellos se integran no tributarán en régimen individual y será el grupo fiscal el que tendrá la consideración de contribuyente. La opción de tributación conjunta no eximirá a las entidades integrantes de cumplir las obligaciones tributarias, materiales y formales, propias del régimen individual, a excepción del pago de la deuda tributaria. Las entidades que formen parte del grupo responderán solidariamente del pago de la deuda tributaria".

252 ORTIZ CALLE, E.: "El impuesto especial sobre los envases de plástico no reutilizables", *op. cit*.

253 GONZALEZ-GAGGERO, P.: "El nuevo impuesto especial sobre envases de plástico no reutilizables", *Economist&Jurist*, 6 de febrero de 2022.

Una duda que suscita la normativa del impuesto es quién tiene la condición de contribuyente en las operaciones de maquila. La DGT (V0433-23) trata la cuestión al analizar la siguiente operativa: una sociedad A adquiere resina plástica que entrega a otra entidad del grupo (sociedad B). Esta sociedad B, en régimen de maquila, elabora unas preformas para los envases de la sociedad A. Seguidamente, la sociedad A, obtiene botellas a partir de esas preformas mediante un proceso de soplado. La sociedad B, que no adquiere la propiedad de la resina plástica, factura a la sociedad A única y exclusivamente sus honorarios por la prestación del servicio de maquila de fabricación de las preformas. A la vista de las circunstancias descritas, la DGT confirma que la resina plástica no es un producto plástico semielaborado, por lo que la obtención de un envase o, en el caso presente, de un producto plástico semielaborado a partir de resinas plásticas tiene la consideración de fabricación. El contribuyente (quien realice el hecho imponible fabricación) es en el caso planteado la sociedad B, dado que es quien materialmente elabora los productos plásticos semielaborados y quien conoce la información necesaria para cumplir con las obligaciones tributarias por este impuesto[254].

Finalmente cabe señalar que no se regula la figura del sustituto del contribuyente, lo que resulta lógico ya que, al operar el impuesto sobre la fase de producción y no de consumo, no es necesaria para la simplificación de la gestión de impuesto[255].

---

254 PALAO BASTARDÉS critica que tal conclusión, acorde con la literalidad de la norma, "pone de manifestó el gran desconocimiento del sector por parte del legislador y una visión simplista de la cadena de suministro ya que, en todo momento, ha asumido que el fabricante de los productos sujetos del impuesto eran a su vez los titulares de la materia prima", PALAO BASTARDÉS, B.: *El impuesto sobre envases de plástico no reutilizables, op. cit.*, pág. 26.

255 GARCÍA CARRETERO, B. y PATÓN GARCÍA, G.: "La fiscalidad de los envases y vertidos e incineración en el proyecto de ley de residuos y suelos contaminados", en García Calvente, Y. y Sedeño López, J.F. (coords.), *Desarrollo urbano sostenible y economía circular en perspectiva jurídica, op. cit.*

1.3. DEVENGO

En los supuestos de fabricación, el devengo del impuesto se producirá en el momento en que se realice la primera entrega o puesta a disposición a favor del adquirente, en el territorio de aplicación del impuesto, de los productos que forman parte del ámbito objetivo del impuesto por el fabricante. Se presumirá, salvo prueba en contrario, que la diferencia en menos de existencias de productos fabricados se debe a que los mismos han sido objeto de entrega o puesta a disposición por parte del fabricante[256].

No obstante lo dispuesto en el párrafo anterior, si se realizan pagos anticipados anteriores a la realización del hecho imponible, el impuesto se devengará en el momento del cobro total o parcial del precio por los importes efectivamente percibidos[257]. La regla del pago anticipado plantea la duda de qué ocurre en el caso de que el hecho imponible no llegue a realizarse, por ejemplo, por haberse cancelado el contrato. La DGT ha considerado que, en tal caso, se podrá solicitar la devolución de ingresos indebidos (V1086-23)[258].

---

256 MENDO BUETAS resalta que en este caso "la obligación tributaria no se origina por la realización material del hecho imponible, sino por la aplicación de una presunción. Pero la redacción de este precepto a diferencia del artículo 15.6 de la Ley 38/1992 de los Impuestos Especiales no dice que las diferencias en menos se consideran productos fabricados y entregados, por lo que presumir esa entrega equivale a presumir su fabricación y, esto no se encuentra previsto en la Ley por lo que tiene difícil encaje", MENDO BUETAS, J.: "El impuesto especial sobre envases de plástico no reutilizables (arts. 67 a 83 Ley 7/2022, de 8 de abril). Parte II", *op. cit.*

257 El informador digital de la AEAT recoge el siguiente ejemplo: Una empresa española se dedica a la fabricación de láminas de termoplástico y realiza una venta a otra empresa española el 15 de marzo. No obstante, las partes acuerdan que el pago de la mercancía se efectúe previamente, concretamente, en fecha 10 de marzo. ¿En qué momento se produce el nacimiento del impuesto? Como en este caso se produce un pago anticipado, la obligación de pagar el impuesto nacería el 10 de marzo.

258 GONZÁLEZ VÁZQUEZ cuestiona que esta sea una solución técnica adecuada dado que el ingreso en este caso no es indebido, sino debido, por lo que se plantea si no hubiera sido más sencillo que se regulara expresamente como un supuesto de ingreso indebido al amparo del artículo 221.1.d) de la LGT, GONZÁLEZ VÁZQUEZ, P.: "El devengo del impuesto especial sobre envases de plástico no reutilizables en los anticipos o pagos anticipados", *Taxlandia, Blog Fiscal y de Opinión Tributaria*, 11 de mayo de 2023,

Esta regulación parece más adecuada que la prevista en el Anteproyecto de la Ley 7/2022, cuyo artículo 64 fijaba el devengo en el momento de la obtención de los envases sujetos al impuesto. Entonces ya advertimos que parecía más adecuado y sencillo de gestionar, particularmente para facilitar la aplicación de las exenciones, que el devengo se difiriera al momento de la puesta a disposición para consumo, como ocurría en el impuesto italiano[259].

Por tanto, como ha señalado la DGT (V1240-23), el devengo de este impuesto coincide con el del IVA, de hecho el Impuesto especial sobre los envases de plástico no reutilizables forman parte de la base imponible del IVA. Desde la perspectiva del IVA, el concepto de entrega de bienes está definido por la Directiva 2006/112/CE del Consejo, de 28 de noviembre de 2006, relativa al sistema común del Impuesto sobre el Valor Añadido, cuyo artículo 14.1 lo configura como "la transmisión del poder de disposición sobre un bien corporal con las facultades atribuidas a su propietario". De la jurisprudencia del Tribunal de Justicia de la Unión Europea[260] sobre este precepto se deduce que es preciso examinar las facultades que se atribuyen al destinatario de una operación para compararlas con las que se confieren al propietario de una cosa para determinar el momento a partir del cual el pretendido adquirente es titular de dichas facultades.

Con base esta doctrina, la DGT analiza en la citada consulta el supuesto de una empresa fabricante de envases de plásticos no reutilizables que ha

---

https://www.politicafiscal.es/equipo/pablo-gonzalez-vazquez/el-devengo-del-impuesto-especial-sobre-envases-plasticos (último acceso: 11 de septiembre de 2023). Por su parte, CASANA MERINO considera que, en la medida en que no se ha realizado el hecho imponible, el impuesto no habría llegado a devengarse, CASANA MERINO, F.: "El impuesto sobre Envases de Plástico no Reutilizables. Dudas y problemas en su aplicación", *Gaceta Fiscal*, núm. 442, 2023.

259 COBOS GÓMEZ, J. M.: "El impuesto sobre envases de plástico no reutilizables y otras medidas fiscales en el Anteproyecto de Ley de Residuos", *op. cit*. En el mismo sentido, GARCÍA CARRETERO, B. y PATÓN GARCÍA, G.: "La fiscalidad de los envases y vertidos e incineración en el proyecto de ley de residuos y suelos contaminados", en García Calvente, Y. y Sedeño López, J.F. (coords.), *Desarrollo urbano sostenible y economía circular en perspectiva jurídica, op. cit.*

260 Sentencia de 8 de febrero de 1990, Shipping and Forwarding Enterprise Safe BV, Asunto C-320/88.

firmado con algunos de sus clientes en España un contrato de almacén en consigna. Con base en este contrato, la consultante deposita los envases regularmente en las instalaciones de su cliente y este le comunica mensualmente la cantidad de producto que ha salido de dicho almacén. A partir de esta información la empresa consultante emite la correspondiente factura.

La DGT concluye que las entregas en consigna de la consultante a los clientes establecidos en el territorio de aplicación del impuesto tendrán la consideración de entregas de bienes, pues parece inferirse que, con la entrega de dichos productos, se cede también al destinatario el poder de disposición sobre los mismos con las facultades atribuidas a su propietario. Por tanto, en línea con lo previsto a efectos del IVA, el devengo del Impuesto especial sobre los envases de plástico no reutilizables se produce en el momento en que la consultante ponga los bienes objeto de consulta a disposición de los clientes, aun cuando la factura se emita en un momento posterior. Todo ello sin perjuicio de que, en el supuesto de que haya pagos anteriores a la primera entrega o puesta a disposición, se producirá el devengo en el momento del cobro total o parcial del precio y por los importes efectivamente percibidos.

Por último, es preciso resaltar que el devengo del impuesto no se encuentra plenamente coordinado con el de los impuestos especiales, como ha puesto de manifiesto la DGT en relación con una entidad cuya actividad principal es la elaboración de vinos y para ello es titular de un depósito distinto del aduanero, que opera al amparo del régimen suspensivo de impuestos especiales sobre el alcohol. El artículo 4.27 de la Ley 38/1992, de 28 de diciembre, de Impuestos Especiales define el régimen suspensivo como "El régimen fiscal, consistente en la suspensión de impuestos especiales, aplicable a la fabricación, transformación, tenencia o circulación de productos objeto de los impuestos especiales no incluidos en un régimen aduanero suspensivo". Sin embargo, la DGT advierte que del artículo 74 de la Ley 7/2022 se observa que no hay referencia alguna al régimen suspensivo de los impuestos especiales de fabricación, de lo que no cabe sino concluir que no hay especialidad en relación con el devengo del impuesto sobre envases, que se producirá conforme a lo señalado en el artículo 74 (V0439-23)[261].

---

[261] ORTIZ CALLE ya advirtió que de la norma de devengo se deduce que "el legislador ha renunciado a fijar el momento del devengo en la salida de la fábrica como acontece con

1.4. OBLIGACIONES CENSALES

De cara a cumplir con sus obligaciones en relación con el impuesto, lo primero que tendrá que realizar el fabricante de productos objeto del impuesto es solicitar la inscripción en el registro territorial[262] correspondiente a la oficina gestora de impuestos especiales donde radique el establecimiento en el que ejerzan su actividad, que será la competente por territorio. Esta obligación se prevé en el artículo 82.2 de la Ley Residuos y ha sido desarrollada por la Orden HFP/1314/2022.

La solicitud de inscripción en el registro territorial deberá efectuarse con carácter previo al inicio de la actividad por vía electrónica, a través de la Sede electrónica de la AEAT. No obstante, con carácter transitorio, la inscripción se pudo realizar durante los 30 días naturales siguientes a la entrada en vigor de la Orden, que fue el 1 de enero de 2023[263]. La solicitud de inscripción se deberá acompañar de la siguiente documentación:

a) Documentación acreditativa de la representación, cuando el obligado actúe mediante representante.

---

los impuestos armonizados sobre la fabricación", añadiendo que, al no estar armonizado el impuesto, se tenía plena libertad para sustituir la salida de la fábrica por la "primera entrega", ORTIZ CALLE, E.: "El impuesto especial sobre los envases de plástico no reutilizables", op. cit.

262 El Registro territorial del Impuesto especial sobre los envases de plástico no reutilizables se creó por el Real Decreto 249/2023, de 4 de abril, por el que se modifican el Reglamento General de Desarrollo de la Ley 58/2003, de 17 de diciembre, General Tributaria, en materia de revisión en vía administrativa, aprobado por el Real Decreto 520/2005, de 13 de mayo; el Reglamento General de Recaudación, aprobado por el Real Decreto 939/2005, de 29 de julio; el Reglamento General de las actuaciones y los procedimientos de gestión e inspección tributaria y de desarrollo de las normas comunes de los procedimientos de aplicación de los tributos, aprobado por el Real Decreto 1065/2007, de 27 de julio; el Reglamento del Impuesto sobre Sucesiones y Donaciones, aprobado por el Real Decreto 1629/1991, de 8 de noviembre; el Reglamento del Impuesto sobre el Valor Añadido, aprobado por el Real Decreto 1624/1992, de 29 de diciembre; el Reglamento del Impuesto sobre la Renta de las Personas Físicas, aprobado por el Real Decreto 439/2007, de 30 de marzo, y el Reglamento del Impuesto sobre Sociedades, aprobado por el Real Decreto 634/2015, de 10 de julio.

263 A efectos prácticos, la inscripción se pudo realizar desde el 1 de diciembre de 2022, si bien el Orden reguladora no se aprobó hasta el 28 de diciembre de 2022.

b) Identificación y descripción del establecimiento en el que los fabricantes desarrollen la actividad.

c) Indicación del epígrafe del Impuesto sobre Actividades Económicas que le corresponde.

Recibida la solicitud, y tramitado el oportuno expediente, la oficina gestora, acordará la inscripción en el registro territorial del impuesto. El acuerdo de inscripción será notificado al interesado, junto con la tarjeta acreditativa de la inscripción que incluirá el código de identificación del plástico (CIP) que le corresponde.

El código de identificación del plástico (CIP) es el código que identifica a los obligados inscritos en el registro territorial del Impuesto especial sobre envases de plástico no reutilizables y que se hará constar en las relaciones con la Administración tributaria relativas a este impuesto (por ejemplo, en la autoliquidación)[264].

Los obligados tributarios deberán obtener tantos CIP como actividades. Es decir, un contribuyente que, además de fabricante, realiza adquisiciones intracomunitarias de productos objeto del impuesto, deberá obtener un CIP como fabricante (clave RP) y otro CIP como adquirente intracomunitario (clave AP). Además, los fabricantes, deberán tener tantos códigos como esta-

264 El código constará de trece caracteres, distribuidos en la forma siguiente:
a) Las letras ES configurarán los dos primeros caracteres.
b) En tanto la persona titular del Ministerio de Hacienda y la Función Pública no disponga su sustitución por otros caracteres, los caracteres tercero, cuarto y quinto serán ceros.
c) Los caracteres sexto y séptimo identifican a la oficina gestora en que se efectúa la inscripción en el registro territorial.
d) Los caracteres octavo y noveno identifican la actividad que se desarrolla:
FP: contribuyente por fabricar productos objeto del impuesto especial sobre los envases de plástico no reutilizables.
AP: contribuyente por realizar adquisiciones intracomunitarias de productos objeto del impuesto especial sobre los envases de plástico no reutilizables.
RP: representante de contribuyente no establecido en territorio español al que se refiere el artículo 82.7 de la ley 7/2022.
e) Los caracteres décimo, undécimo y duodécimo expresarán el número secuencial de inscripción, dentro de cada actividad, en el registro territorial de la oficina gestora.
f) El carácter decimotercero será una letra de control.

blecimientos en los que desarrollen su actividad. Así, por ejemplo, un fabricante que desarrolle su actividad en tres establecimientos obtendrá un CIP diferente para cada uno de ellos.

Por otra parte, señalábamos anteriormente que la fabricación de envases definitivos a partir de productos semielaborados y de productos destinados a permitir el cierre, la comercialización o la presentación de envases no tendrá la consideración de fabricación, a efectos del impuesto, en tanto no se incorporen nuevos elementos de plástico para la obtención del envase definitivo (artículo 71.1b) de la Ley 7/2022). En línea con este régimen, estos sujetos no estarán obligados a inscribirse en el registro territorial ni a obtener el correspondiente CIP.

Conforme al artículo 83 de la Ley 7/2022, la falta de inscripción en el Registro territorial del Impuesto especial sobre los envases de plástico no reutilizables constituye una infracción tributaria grave sancionable con multa pecuniaria fija de 1.000 euros.

1.5. AUTOLIQUIDACIÓN

El fabricante está obligado a autoliquidar el impuesto por medio del modelo 592, aprobado por la Orden HFP/1314/2022, y, en su caso, a ingresar el importe resultante de deuda tributaria. El periodo de liquidación (mensual o trimestral) coincidirá con el del IVA atendiendo al volumen de operaciones del contribuyente u otras circunstancias previstas en la normativa de dicho impuesto[265].

La presentación del modelo 592 y, en su caso, el pago de la deuda tributaria se efectuará dentro de los veinte primeros días naturales siguientes a aquel en que finaliza el periodo de liquidación que corresponda. Se prevé la posibi-

265 La enmienda nº 606 del Grupo Parlamentario Popular en el Congreso proponía que el período de liquidación fuera anual, salvo que se tratara de contribuyentes cuyo periodo de liquidación en el ámbito del Impuesto sobre el Valor Añadido fuera mensual, atendiendo a su volumen de operaciones u otras circunstancias previstas en la normativa de dicho impuesto, en cuyo caso sería también mensual el período de liquidación de dicho impuesto.

lidad de realizar la domiciliación bancaria del pago, en cuyo caso el plazo de presentación será desde el día 1 hasta el día 15 del mes siguiente a aquel en que finaliza el periodo de liquidación.

El modelo 592 se presentará de forma obligatoria por vía electrónica a través de Internet, de acuerdo con lo dispuesto en la Orden HAP/2194/2013, de 22 de noviembre, por la que se regulan los procedimientos y las condiciones generales para la presentación de determinadas autoliquidaciones, declaraciones informativas, declaraciones censales, comunicaciones y solicitudes de devolución de naturaleza tributaria. La presentación del modelo 592 y, en su caso, el pago simultáneo de las cuotas se efectuará, con carácter general, por cada uno de los sujetos pasivos, en la entidad colaboradora autorizada.

La obligación de presentar el modelo 592 y, en su caso, de efectuar el pago de la deuda tributaria deberá cumplirse por cada uno de los establecimientos en que el fabricante desarrolle su actividad, haciendo constar su CIP en el apartado correspondiente de la cabecera del modelo. No obstante lo anterior, cuando sea titular de varios establecimientos, la oficina gestora podrá autorizar la presentación y el pago de una única autoliquidación centralizada en una entidad colaboradora autorizada, en cuyo caso no se cumplimentará el apartado CIP de la cabecera, sino que la autoliquidación contendrá tantas líneas como establecimientos se estén incluyendo en dicha declaración centralizada, identificándose en cada una de ellas el CIP correspondiente a cada establecimiento. Conforme se indica en el informador digital de la AEAT, la competencia para autorizar la centralización de las autoliquidaciones solicitadas por operadores con establecimientos en el ámbito territorial de más de una Delegación Especial de la Agencia corresponde a los servicios centrales del Departamento de Aduanas e Impuestos Especiales y, en concreto, a la Oficina Nacional de Gestión de Aduanas e Impuestos Especiales.

1.6. OBLIGACIONES CONTABLES

El artículo 82.4 de la Ley 7/2022 dispone que, sin perjuicio de las obligaciones contables establecidas en otras normas, los fabricantes que determine el Ministerio de Hacienda y Función Pública estarán obligados a llevar una contabilidad de los productos y, en su caso, de las materias primas necesarias para su obtención. El cumplimiento de esta obligación se realizará mediante un sistema contable en soporte informático, a través de la sede electrónica de la AEAT, con el suministro electrónico de los asientos contables conforme al procedimiento y en los plazos que se determinen por el Ministerio de Hacienda y Función Pública.

El desarrollo de esta obligación se ha efectuado por la Orden HFP/1314/2022, cuyo artículo 7.1 establece que todos los fabricantes contribuyentes por el impuesto, en los términos definidos por la Ley 7/2022, están obligados a la llevanza de contabilidad de los productos objeto del impuesto conforme al formato electrónico que figura en el Anexo V de dicha orden, cuyo contenido abordamos en el capítulo referente a las normas generales de gestión. Es decir, la Orden finalmente no ha incorporado la obligación de llevar una contabilidad de las materias primas necesarias para la obtención de los productos gravados. La disposición transitoria primera de la Orden añade además que los fabricantes deberán incluir en su contabilidad las existencias de productos objeto del Impuesto especial sobre los envases de plástico no reutilizables que tengan almacenadas a la entrada en vigor del impuesto.

Como preveía la ley, el cumplimiento de esta obligación se realizará mediante un sistema contable en soporte informático, a través de la Sede electrónica de la AEAT, con el suministro electrónico de los asientos contables. Dicho suministro deberá realizarse dentro del mes siguiente al periodo de liquidación (mensual o trimestral) al que se refiera. A estos efectos, el mes de agosto (en caso de período de liquidación mensual) se considera inhábil, por lo que los asientos contables del mes de julio se podrán presentar durante el mes de septiembre. Adviértase que el carácter inhábil es exclusivamente a efectos de suministrar los asientos contables del mes de julio, pero no la autoliquidación correspondiente a dicho período. Este desacompasamiento no parece lógico, dado que la contabilidad sirve de soporte para los datos a consignar en la autoliquidación. Por lo tanto, si, con buen criterio, se ha considerado que el mes de agosto ha de ser inhábil para el suministro de los asientos contables correspondientes al mes de julio, hubiera resultado razonable que también se hubiera declarado inhábil a efectos de presentar la autoliquidación, haciendo coincidir así en el tiempo ambas obligaciones.

No obstante, con la finalidad de facilitar la adaptación de los sistemas informáticos, la disposición transitoria segunda de la Orden establece que los fabricantes obligados a la llevanza de contabilidad podrán realizar el suministro electrónico de los asientos contables correspondientes a los periodos de liquidación comprendidos en el primer semestre de 2023 dentro del mes de julio de 2023.

Finalmente, conviene precisar que, a diferencia de la autoliquidación, no se prevé la posibilidad de llevar una contabilidad centralizada en el caso de existir varios establecimientos.

1.7. OBLIGACIÓN DE REPERCUSIÓN Y OBLIGACIONES DE FACTURACIÓN

El artículo 82.9.a) de la Ley 7/2022 dispone que en la primera venta o entrega realizada tras la fabricación de los productos en el ámbito territorial del impuesto, los fabricantes deberán repercutir al adquirente el importe de las cuotas del impuesto que se devenguen al realizar dicha venta o entrega.

Nos encontramos ante un supuesto de repercusión jurídica que no se preveía ni en el Anteproyecto ni en la redacción inicial del Proyecto de ley[266]. Esta repercusión fue incorporada en la tramitación parlamentaria en el Congreso como consecuencia de una enmienda transaccional que se incorporó al Informe de la Ponencia[267].

---

266 La plataforma EsPlásticos alertó que "La inexistencia de esta figura jurídica no garantiza a los fabricantes de envases y embalajes la traslación real del coste a sus clientes, más teniendo en cuenta que se trata de un sector formado en su práctica totalidad por Pymes y Micropymes (99%), que trabajan con contratos de largo plazo y con bajo poder de negociación para repercutir los costes del impuesto" (https://esplasticos.es/2021/11/04/el-impuesto-sobre-los-envases-plasticos-podria-poner-en-riesgo-de-quiebra-al-95-de-las-empresas-del-sector/) (último acceso: 08/07/2023).

267 La enmienda transaccional tomó como base la enmienda nº 220 en el Congreso del Grupo Parlamentario Vasco (EAJ-PNV), que proponía introducir la repercusión jurídica del impuesto con el fin de garantizar su finalidad. Conforme a esta enmienda, los contribuyentes (sin distinguir entre fabricantes, importadores y adquirentes intracomunitarias) deberían repercutir el importe de las cuotas devengadas sobre los adquirentes de los productos objeto del impuesto, quedando estos obligados a soportarlas. No procedería la repercusión de las cuotas resultantes en los supuestos de liquidación que sean consecuencia de actas de inspección y en los de estimación indirecta de bases. La justificación de la enmienda es que el carácter indirecto del tributo obliga a establecer el mecanismo de la repercusión con el objeto de garantizar su finalidad, esto es, gravar

En la factura que se expida, el fabricante deberá consignar separadamente:

- El importe de las cuotas devengadas.
- La cantidad de plástico no reciclado contenido en los productos, expresada en kilogramos.
- Si resulta de aplicación algún supuesto de exención, especificando el artículo en virtud del cual la venta o entrega resulta exenta.

La incorrecta consignación en la factura de estos datos constituye infracción tributaria que se sanciona con multa pecuniaria fija de 75 euros por cada factura emitida con la consignación incorrecta de los datos.

Dado el carácter monofásico del impuesto, las posteriores ventas que realice el adquirente a sus clientes no están sujetas a tributación, como tampoco lo estarán las ventas de productos que han sido objeto de adquisición intracomunitaria o de importación, sin perjuicio de la obligación a que haremos referencia más adelante de facilitar la anterior información. En definitiva, el único contribuyente que puede y debe repercutir jurídicamente el impuesto es el fabricante nacional, estando el destinatario obligado a soportar dicha repercusión.

El impuesto repercutido forma parte de la base imponible del IVA, conforme al artículo 78.Dos.4º de la Ley 37/1992, de 28 de diciembre, del Impuesto sobre el Valor Añadido, el cual incluye en el concepto de contraprestación los tributos y gravámenes de cualquier clase que recaigan sobre las mismas operaciones gravadas, excepto el propio IVA, haciendo expresa mención de "los impuestos especiales que se exijan en relación con los bienes que sean objeto de las operaciones gravadas, con excepción del impuesto especial sobre determinados medios de transporte".

La DGT ha abordado la cuestión de si es necesario aportar la información desglosada por cada tipo de producto incluido en la factura o es suficiente

el consumo específico de determinados productos y asegurar el derecho del contribuyente (fabricante u otro) de poder repercutir el importe del impuesto a su cliente. Por otra parte, la repercusión en factura facilita la trazabilidad de los productos sujetos, en aras de la eventual aplicación de un supuesto de deducción o devolución. Asimismo, la repercusión jurídica permitiría conseguir transparencia, la cual es primordial para evitar que se especule comercialmente con este impuesto.

con indicar en cada factura el total de plástico no reciclado que contienen la totalidad de los productos entregados. A su juicio, para poder disponer de una trazabilidad adecuada de los distintos productos incluidos en el ámbito objetivo del impuesto que son objeto de entrega, es necesario consignar de forma separada en la factura o en el certificado los datos relativos a cada producto. De lo contrario, en caso de que posteriormente el adquirente de la mercancía quiera aplicar alguno de los supuestos de deducción o devolución previstos en la ley, le será complicado probar el impuesto satisfecho por ese producto concreto por el que se solicita la deducción o devolución, lo que le impediría disfrutar del correspondiente beneficio fiscal (V0125-23)[268]. Asimismo, ha aclarado que, al no contemplarse en el artículo 82.9, no es necesario que en la factura figure el CIP.

1.8. ENVÍO DE LOS PRODUCTOS FUERA DEL TERRITORIO ESPAÑOL

El impuesto tiene diversos supuestos de no sujeción, exención, deducción y devolución a los que haremos referencia en un capítulo posterior. No obstante, por la relevancia de su impacto sobre los flujos operativos, realizaremos aquí una mención al supuesto de que los productos objeto del impuesto sean enviados fuera del territorio de aplicación del impuesto.

El artículo 73.b) de la Ley 7/2022 establece la no sujeción de la fabricación de aquellos productos que, formando parte del ámbito objetivo del impuesto, se destinen a ser enviados directamente por el fabricante, o por un tercero en su nombre o por su cuenta, a un territorio distinto al de aplicación del impuesto. El mencionado precepto añade que la efectividad de este supuesto de no sujeción quedará condicionada a que se acredite la realidad de la salida efectiva de los productos del territorio de aplicación del impuesto. Esa acreditación podrá ser el DUA de exportación, en el caso de envío fuera del territorio aduanero, o los documentos de transporte si los productos son enviados a otro Estado de la UE.

---

[268] Este criterio se había anticipado en el documento de preguntas y respuestas del Ministerio de Hacienda y Función Pública, el cual advierte que si en la factura existen diferentes productos, se deberán consignar de forma separada los datos relativos a cada producto.

La condición para que resulte de aplicación este supuesto de no sujeción es que el envío fuera del territorio de aplicación del impuesto se realice directamente "por el fabricante, o por un tercero en su nombre o por su cuenta".

Sin embargo, si el envío se realizase por el adquirente (o, ha de entenderse, por un tercero en su nombre o por cuenta), será este quien se beneficie, teniendo derecho a solicitar la devolución del impuesto mediante la presentación del modelo A22, acompañado de los justificantes del envío de los productos fuera de España y del pago del impuesto (cuestión sobre la que volveremos cuando nos refiramos al adquirente no contribuyente).

Resulta llamativo que este tratamiento no sea plenamente coincidente con el correspondiente al IVA para aplicar la exención prevista para las exportaciones y entregas intracomunitarias. En el primero de los casos, el artículo 21 de la Ley 37/1992 dispone que estarán exentas las entregas de bienes expedidos o transportados fuera de la Comunidad por el transmitente o por un tercero que actúe en nombre y por cuenta de éste, así como las entregas de bienes expedidos o transportados fuera de la Comunidad por el adquirente no establecido en el territorio de aplicación del impuesto o por un tercero que actúe en nombre y por cuenta de él.

Respecto a las entregas intracomunitarias, el artículo 25 de la Ley 37/1992 deja exentas en el ámbito del IVA las entregas de bienes expedidos o transportados, por el vendedor, por el adquirente o por un tercero en nombre y por cuenta de cualquiera de los anteriores, al territorio de otro Estado miembro, siempre que el adquirente sea un empresario o profesional o una persona jurídica que no actúe como tal, que disponga de un número de identificación a efectos del IVA asignado por un Estado miembro distinto del Reino de España, que haya comunicado dicho número de identificación fiscal al vendedor.

Es decir, mientras que en el ámbito del IVA se admite que el transporte fuera del territorio español se realice por el adquirente o por un tercero que actúe en nombre y por cuenta de aquel, concurriendo ciertos requisitos para cada uno de los supuestos, a efectos del impuesto sobre envases de plásticos no se admite en modo alguno dicha posibilidad. Esta discordancia entre el tratamiento en ambos tributos supone una distorsión que puede dar lugar a mayores cargas administrativas que podrían aliviarse si confluyeran ambas regulaciones.

2. ADQUISICIÓN INTRACOMUNITARIA

2.1. HECHO IMPONIBLE

El segundo hecho imponible es la adquisición intracomunitaria de productos objeto de gravamen. El artículo 71.1 de la Ley 7/2022 define la "adquisición intracomunitaria" de forma autónoma, sin remitirse a la normativa del IVA, pero recogiendo en buena medida los perfiles de esta[269], como la obtención del poder de disposición[270] sobre los productos objeto del impuesto expedidos o transportados al territorio de aplicación del impuesto, excepto Canarias, Ceuta y Melilla, con destino al adquirente, desde otro Estado miembro de la UE, por el transmitente, el propio adquirente o un tercero en nombre y por cuenta de cualquiera de los anteriores[271].

En el caso de operaciones en las que se adquieren los envases a una entidad establecida en España, pero los productos son enviados directamente desde otro Estado, lo relevante es determinar quién adquiere el poder de disposición en territorio español. A este respecto, la DGT (V1041-23) analiza el supuesto de una empresa que compra envases a un establecimiento perma-

---

[269] ESCOBAR LASALA, J.J.: "El nuevo Impuesto especial sobre los envases de plástico no reutilizables", *op. cit.*

[270] MENDO BUETAS advierte que la ley no señala el momento en que se considera que los productos son puestos a disposición del adquirente, "si bien se deduce que será el instante en que son entregados al porteador que inicia el transporte, pues el artículo 74.3 de la Ley, cuando se refiere al devengo del impuesto en las adquisiciones intracomunitarias, señala que este se producirá el día 15 del mes siguiente a aquel en el que se inicie la expedición o el transporte", MENDO BUETAS, J.: "El impuesto especial sobre envases de plástico no reutilizables (arts. 67 a 83 Ley 7/2022, de 8 de abril). Parte I", *op. cit.*

[271] A efectos del IVA, el artículo 15.Uno de la Ley 37/1992 dispone que se entenderá por adquisición intracomunitaria de bienes:
La obtención del poder de disposición sobre bienes muebles corporales expedidos o transportados al territorio de aplicación del Impuesto, con destino al adquirente, desde otro Estado miembro, por el transmitente, el propio adquirente o un tercero en nombre y por cuenta de cualquiera de los anteriores.
La obtención del poder de disposición sobre bienes muebles corporales en el marco de un acuerdo de ventas de bienes en consigna en los términos previstos en el artículo 9 bis, apartado dos, de esta Ley.

nente ubicado en el territorio español, aun cuando los bienes son enviados directamente desde Francia o Alemania. La DGT concluye que, por la información suministrada, la adquisición la realiza el establecimiento permanente ubicado en territorio español, que es el que adquiere el poder de disposición de los productos objeto del impuesto expedidos o transportados al territorio de aplicación del Impuesto. Posteriormente, el establecimiento permanente es quien emite la correspondiente factura a la empresa española, en la que consigna el número de identificación fiscal del establecimiento permanente. Así las cosas, la realización por el establecimiento permanente de una adquisición intracomunitaria de productos incluidos en el ámbito objetivo del impuesto implica la realización del hecho imponible.

Siguiendo el criterio de la DGT (V1659-23), también se encuadrarán en la categoría de adquisiciones intracomunitarias las compras a un proveedor inglés que comunica un NIF-IVA francés. Cuando ese proveedor inglés, establecido en un tercer país ajeno a la UE, comunica un NIF-IVA de un Estado miembro distinto del de España, es porque se realizó en dicho Estado miembro la operación de importación y el cumplimiento de las obligaciones aduaneras conducentes a conferir a sus productos el estatuto aduanero de mercancías de la Unión. Por tanto, la adquisición por la consultante de mercancías para las que se den tales circunstancias tendrá la consideración de adquisición intracomunitaria y deberá declararse como tal. Por el contrario, en los casos en los que el proveedor inglés no comunica un NIF-IVA de otro Estado miembro, es porque la introducción de las mercancías en el ámbito territorial del impuesto tiene la consideración de importación, y deberá declararse como tal, según veremos más adelante.

Se considerarán, asimismo, operaciones asimiladas a las adquisiciones intracomunitarias la recepción de envases objeto del impuesto por su propietario en el territorio de aplicación del impuesto, excepto Canarias, Ceuta y Melilla, cuyo envío haya realizado él mismo desde otro Estado miembro[272].

---

272 En lo que aquí interesa, el artículo 16 de la Ley 37/1992 califica como operación asimilada a la adquisición intracomunitaria de bienes la afectación a las actividades de un empresario o profesional desarrolladas en el territorio de aplicación del impuesto de un bien expedido o transportado por ese empresario, o por su cuenta, desde otro Estado miembro en el que el referido bien haya sido producido, extraído, transformado, adqui-

Así, en caso de envases cargados en buques en el territorio de aplicación del impuesto y que salieron de este o cargados fuera del referido territorio, se producirá una adquisición intracomunitaria cuando retornen a cualquier parte del territorio de aplicación del impuesto distinto de Canarias, Ceuta o Melilla procedentes de otro Estado miembro de la Unión Europea (V2274-23).

Esta definición tiene cierta similitud con la prevista en el ámbito de IVA, pero no es plenamente coincidente. Un ejemplo lo encontramos en las ventas en consigna, contemplado como adquisición intracomunitaria en la normativa de IVA pero no en la del impuesto especial[273]. Así se pone también de manifiesto en el documento de preguntas y respuestas del Ministerio de Hacienda y Función Pública cuando se analizan dos supuestos concretos:

- La primera pregunta plantea la posibilidad de excluir del concepto de "operación asimilada a la adquisición intracomunitaria" la reintroducción del producto que se envía desde España a otro país de la UE para su reparación y reenvío posterior a España. La respuesta es negativa, indicando que en la operación descrita se realizará el hecho imponible sin perjuicio de que después se pueda solicitar la devolución del impuesto por el envío del producto fuera del territorio español.
- La segunda pregunta se refiere a una empresa española que adquiere productos fabricados en Eslovaquia, los cuales viajan directamente desde Eslovaquia a España. El flujo de facturación se realiza a través de la distribuidora de la empresa en Europa, que es residente en Alemania. Esta transacción se calificaría como una operación triangular a efectos de IVA (en la que la entidad alemana realizaría una adquisición intracomunitaria exenta, seguida de una entrega interior a la em-

---

rido o importado por dicho empresario o profesional en el desarrollo de su actividad empresarial o profesional realizada en el territorio de este último Estado miembro.

273 Otros ejemplos de desajustes entre ambos impuestos, apuntados por PALAO BASTARDÉS, serían las ventas en cadena y las operaciones triangulares simplificadas. Como advierte esta autora, el concepto de "adquisición intracomunitaria" a efectos del IVA no implica *per se* la adquisición del poder de disposición, por lo que el tratamiento a efectos de IVA y del IEPNR sería diferente, PALAO BASTARDÉS, B.: *El impuesto sobre envases de plástico no reutilizables*, *op. cit.*, pág. 30.

presa española con inversión del sujeto pasivo). A efetos del impuesto especial sobre los envases de plásticos no reutilizables se trata de una adquisición intracomunitaria.

Delimitado el hecho imponible, conviene resalta la exención prevista en el artículo 75.f) para la importación o adquisición intracomunitaria de los envases a los que se refiere el artículo 68.1.a), tanto si se introducen vacíos, como si se introducen prestando la función de contención, protección, manipulación, distribución y presentación de otros bienes o productos, siempre que el peso total del plástico no reciclado contenido en dichos envases objeto de la importación o adquisición intracomunitaria no exceda de 5 kilogramos en un mes[274]. Se trata de un beneficio fiscal que, como veremos a continuación, puede llegar a eximir de todas las obligaciones materiales y formales del impuesto. Conforme se aclara en el documento preguntas y respuestas del Ministerio de Hacienda y Función Pública, el cómputo de los 5 kilogramos debe hacerse de forma independiente para cada uno de los hechos imponibles (adquisición intracomunitaria e importación) y se debe tomar a efectos del cómputo cada mes natural.

2.2. SUJETO PASIVO

Serán contribuyentes por el hecho imponible de adquisición intracomunitaria las personas físicas o jurídicas y las entidades a las que se refiere el apartado 4 del artículo 35 de la LGT que realicen la adquisición intracomunitaria de los productos objeto del impuesto.

Como veremos a continuación, el adquirente intracomunitario estará obligado a inscribirse en el Registro territorial, a llevar un libro registro de existencias por medios electrónicos, a autoliquidar el impuesto y a facilitar determinada información a sus clientes si así se lo solicitan.

Ha de hacerse notar que el hecho imponible "adquisición intracomunitaria" no está circunscrito a las adquisiciones realizadas en el ejercicio de una

274 La redacción original de Proyecto de ley no establecía ámbito temporal. La referencia al mes se incorporó a raíz de la enmienda nº 595 del Grupo Parlamentario Popular en el Congreso.

actividad empresarial o profesional, por lo que un particular también podría realizar el hecho imponible y tener la condición de contribuyente. No obstante, la exención prevista para las adquisiciones intracomunitarias que no excedan de 5 kilogramos en un mes debería dejar a la inmensa mayoría de particulares fuera del ámbito del impuesto.

Esta es una diferencia significativa respecto al impuesto italiano, en el que solo será sujeto pasivo el adquirente cuando realice la adquisición en el ejercicio de su actividad económica. En caso contrario, esto es, cuando el producto es adquirido por un consumidor privado, el sujeto pasivo es el transmitente.

2.3. DEVENGO

En los supuestos de adquisiciones intracomunitarias, el devengo del impuesto se producirá el día 15 del mes siguiente a aquel en el que se inicie la expedición o el transporte de los productos que forman parte del ámbito objetivo del impuesto con destino al adquirente[275], salvo que con anterioridad a dicha fecha se expida la factura por dichas operaciones, en cuyo caso el devengo del impuesto tendrá lugar en la fecha de expedición de la factura[276].

---

275 En consecuencia, siguiendo a MENDO BUETAS, "en las adquisiciones intracomunitarias, los hechos imponibles realizados durante el periodo no tienen por qué coincidir con las operaciones declaradas en el periodo de liquidación del que se deriva el ingreso del gravamen. En efecto, la expedición de la adquisición intracomunitaria —hecho imponible— iniciada el último día del trimestre natural, a pesar de ser una operación llevada a cabo en el trimestre natural, en la medida que la obligación de ingresar no se origina hasta el día 15 del mes siguiente, tal operación se incluirá en la siguiente liquidación", MENDO BUETAS, J.: "El impuesto especial sobre envases de plástico no reutilizables (arts. 67 a 83 Ley 7/2022, de 8 de abril). Parte II", *op. cit.*

276 Se regula de forma muy similar a la prevista en el ámbito del IVA, donde el devengo de las adquisiciones intracomunitarias, por remisión a las normas de las entregas intracomunitarias, se produce el día 15 del mes siguiente a aquel en el que se inicie la expedición o el transporte de los bienes con destino al adquirente, salvo con anterioridad a la citada fecha se hubiera expedido factura por dichas operaciones (artículos 75.Uno.8º y 76 de la Ley 37/1992, de 28 de diciembre, del Impuesto sobre el Valor Añadido). El Anteproyecto de la Ley de Residuos hacía coincidir el devengo del impuesto sobre envases con el del IVA o bien, en su caso, en el momento de la recepción (art. 64.3).

2.4. OBLIGACIONES CENSALES

El adquirente intracomunitario, al igual que el fabricante de productos objeto del impuesto, ha de solicitar la inscripción en el registro territorial. Esta inscripción se realizará ante la oficina gestora de impuestos especiales donde radique su domicilio fiscal, que será la competente por territorio. Esta obligación se prevé en el artículo 82.2 de la Ley Residuos y ha sido desarrollada por la HFP/1314/2022.

Sin embargo, no están obligados a inscribirse aquellos que exclusivamente realicen adquisiciones intracomunitarias exentas por no superar el umbral de 5 kilogramos en un mes natural. La obligación de inscripción nacerá en el momento en que las adquisiciones intracomunitarias excedan dicha cantidad, debiendo tenerse en cuenta a tales efectos tanto las ya realizadas como las que se prevean realizar en el mes natural. Esta es la única excepción, por lo que todo adquirente intracomunitario que supere dicho umbral cuantitativo estará obligado a inscribirse, con independencia de que no resulte cuota a ingresar por aplicación de cualquier otra exención, como pudiera ser la referente a medicamentos y productos sanitarios (V0541-23).

La solicitud de inscripción en el registro territorial deberá efectuarse con carácter previo al inicio de la actividad por vía electrónica, a través de la Sede electrónica de la AEAT. No obstante, con carácter transitorio, la inscripción se pudo realizar durante los 30 días naturales siguientes a la entrada en vigor de la Orden, que es el 1 de enero de 2023. La solicitud de inscripción se deberá acompañar de la siguiente documentación:

a) Documentación acreditativa de la representación, cuando el obligado actúe mediante representante.

El informador digital de la AEAT recoge el siguiente ejemplo: Si en fecha 20 de septiembre un contribuyente realiza una adquisición intracomunitaria de productos comprendidos en el ámbito del impuesto, iniciándose el transporte el 29 de septiembre, pero expidiendo factura por dicha operación el 10 de octubre ¿en qué fecha nacería la obligación de contribuir el impuesto? El nacimiento de la obligación se produciría el 10 de octubre que es cuando se expide la factura por la adquisición intracomunitaria, ya que esta fecha es anterior al 15 de octubre, que es el día 15 del mes siguiente al que se inicia el transporte.

b) Indicación del epígrafe del Impuesto sobre Actividades Económicas que le corresponde.

Recibida la solicitud, y tramitado el oportuno expediente, la oficina gestora, acordará la inscripción en el registro territorial del impuesto. El acuerdo de inscripción será notificado al interesado, junto con la tarjeta acreditativa de la inscripción que incluirá el código de identificación del plástico (CIP) que le corresponde. Como hemos señalado anteriormente, el código de identificación del plástico (CIP) es el código que identifica a los obligados inscritos en el registro territorial del Impuesto especial sobre envases de plástico no reutilizables y que se hará constar en las relaciones con la Administración tributaria relativas a este impuesto (por ejemplo, en la autoliquidación)[277].

Los obligados tributarios deberán obtener tantos CIP como actividades. Es decir, un contribuyente que, además de fabricante, realiza adquisiciones intracomunitarias de productos objeto del impuesto, deberá obtener un CIP como fabricante por establecimiento (clave RP) y otro CIP como adquirente intracomunitario (clave AP). Además, los fabricantes, deberán tener tantos códigos como establecimientos en los que desarrollen su actividad. Así, por ejemplo, un fabricante que desarrolle su actividad en tres establecimientos y además realice adquisiciones intracomunitarias obtendrá cuatro CIP diferentes (tres por establecimiento de fabricación y otro como adquirente intracomunitario).

Conforme al artículo 83 de la Ley 7/2022, la falta de inscripción en el Registro territorial del Impuesto especial sobre los envases de plástico no reutilizables constituye una infracción tributaria sancionable con multa pecuniaria fija de 1.000 euros.

---

277 El código constará de trece caracteres, distribuidos en la forma siguiente:

a) Las letras ES configurarán los dos primeros caracteres.

b) En tanto la persona titular del Ministerio de Hacienda y la Función Pública no disponga su sustitución por otros caracteres, los caracteres tercero, cuarto y quinto serán ceros.

c) Los caracteres sexto y séptimo identifican a la oficina gestora en que se efectúa la inscripción en el registro territorial.

d) Los caracteres octavo y noveno identifican la actividad que se desarrolla.

e) Los caracteres décimo, undécimo y duodécimo expresarán el número secuencial de inscripción, dentro de cada actividad, en el registro territorial de la oficina gestora.

f) El carácter decimotercero será una letra de control.

2.5. AUTOLIQUIDACIÓN

El adquirente intracomunitario está obligado a autoliquidar el impuesto por medio del modelo 592, aprobado por la Orden HFP/1314/2022, y, en su caso, a ingresar el importe resultante de deuda tributaria ante la oficina gestora correspondiente al domicilio fiscal. A diferencia de los fabricantes, se presentará una única autoliquidación, incluso si realizan la actividad de adquisición intracomunitaria desde varios establecimientos.

Una de las cuestiones que ha suscitado mayor polémica ha sido si existe la obligación de presentar la autoliquidación cuando no resulte cuota a ingresar. Esta circunstancia podría producirse, por ejemplo, porque en un período determinado el contribuyente no realizara adquisición intracomunitaria alguna, porque las adquisiciones no superarán el umbral de 5 kilogramos en el mes natural o porque, aun superándolo, los productos se encontrarán exentos de tributación (por ejemplo, envases destinados a contener medicamentos o productos sanitarios). El proyecto de Orden publicado el 19 de abril de 2022 no lo resolvía con precisión, pero el texto remitido al Consejo de Estado sí exceptuaba expresamente a los adquirentes intracomunitarios de la obligación de presentar el modelo 592 en aquellos períodos de liquidación en los que resultase cuota a ingresar[278]. Sin embargo, el dictamen del Consejo de Estado advirtió que "el artículo 82 de la Ley 7/2022 no contiene habilitación alguna para que por orden ministerial se introduzcan excepciones en cuanto a los obligados a presentar autoliquidación (a diferencia de lo que sucede en relación con la obligación de inscripción en el registro territorial o con la llevanza de la contabilidad y de un libro registro de existencias), sin que los amplios términos de la habilitación contenida en el apartado 2 del mencionado precepto legal (modelos, plazos y condiciones para la presentación de la autoliquidación) sean suficientes para fundamentar dicha previsión". En consecuencia, la redacción de la Orden finalmente aprobada no es idéntica a la que contenía el proyecto de Orden y la Administración tributaria hubo de modificar los documentos informativos para eliminar ese supuesto que

278 Esta era asimismo la posición manifestada por la Administración tributaria en diversos documentos, tales como la Nota sobre las obligaciones derivadas del impuesto especial sobre los envases de plástico no reutilizables o la versión inicial del Informador Digital.

eximía de presentar la autoliquidación[279]. Este criterio ha sido confirmado por la DGT (V0541-23, V3002-23), según la cual los adquirentes intracomunitarios de medicamentos y productos sanitarios (exentos), en los periodos de liquidación en los que no resulte cuota a ingresar, deberán presentar el modelo 592 debidamente cumplimentado. Ahora bien, como veremos a continuación, estos adquirentes intracomunitarios quedan eximidos de la obligación de suministrar los libros registro en los períodos en que no resulte cuota a ingresar.

El periodo de liquidación (mensual o trimestral) coincidirá con el del IVA atendiendo al volumen de operaciones del contribuyente u otras circunstancias previstas en la normativa de dicho impuesto.

La presentación del modelo 592 y, en su caso, el pago de la deuda tributaria se efectuará dentro de los veinte primeros días naturales siguientes a aquel en que finaliza el periodo de liquidación que corresponda. Se prevé la posibilidad de realizar la domiciliación bancaria del pago, en cuyo caso el plazo de presentación será desde el día 1 hasta el día 15 del mes siguiente a aquel en que finaliza el periodo de liquidación.

El modelo 592 se presentará de forma obligatoria por vía electrónica a través de Internet, de acuerdo con lo dispuesto en la Orden HAP/2194/2013, de 22 de noviembre, por la que se regulan los procedimientos y las condiciones generales para la presentación de determinadas autoliquidaciones, declaraciones informativas, declaraciones censales, comunicaciones y solicitudes de devolución de naturaleza tributaria.

La presentación del modelo 592 y, en su caso, el pago simultáneo de las cuotas se efectuará, con carácter general, por cada uno de los sujetos pasivos, en entidad colaboradora autorizada.

2.6. OBLIGACIONES CONTABLES

El artículo 82.5 de la Ley 7/2022 dispone que los contribuyentes que realicen adquisiciones intracomunitarias de los productos que forman parte

279 El más reciente, la Nota informativa de la AEAT de 10 de marzo de 2023.

del ámbito objetivo del impuesto, salvo aquellos que se determine mediante Orden de la persona titular del Ministerio de Hacienda y Función Pública, llevarán un libro registro de existencias, que deberán presentar ante la oficina gestora conforme al procedimiento y en los plazos que se determinen por la persona titular de dicho Ministerio.

El desarrollo de esta obligación ha sido efectuado por la Orden HFP/1314/2022, cuyo artículo 7.2 establece que los adquirentes intracomunitarios de productos objeto del impuesto que estén obligados a inscribirse en el registro territorial deben llevar un libro registro de existencias, conforme al formato electrónico que figura en el anexo V de la Orden, cuyo contenido se aborda en el capítulo referente a las normas generales de gestión. Se trata, como veremos allí, de una obligación más liviana que la exigida a los fabricantes respecto a su contenido. Además, a diferencia de estos últimos, no se deberá incluir en el libro registro las existencias de productos objeto del Impuesto especial sobre los envases de plástico no reutilizables que tengan almacenadas a la entrada en vigor del impuesto. Los adquirentes intracomunitarios quedan eximidos de la obligación de suministrar los libros registro en los períodos en que no resulte cuota a ingresar (V0939-23). No obstante, la excepción de la obligación de presentar el libro registro de existencias no exime de la obligación de llevar dicho libro (V0541-23).

Como en el caso de los fabricantes, el cumplimiento de esta obligación se realizará a través de la Sede electrónica de la AEAT dentro del mes siguiente al periodo de liquidación (mensual o trimestral) al que se refiera. A estos efectos, el mes de agosto (en caso de período de liquidación mensual) se considera inhábil, por lo que el libro registro del mes de julio se podrá presentar durante el mes de septiembre. Como advertíamos con anterioridad, el carácter inhábil es exclusivamente a efectos de suministrar el libro registro del mes de julio, pero no la autoliquidación correspondiente a dicho período. Hubiera resultado razonable que también se hubiera declarado inhábil el mes de julio a efectos de presentar la autoliquidación, haciendo coincidir así en el tiempo ambas obligaciones.

No obstante, como para el caso de los fabricantes, la disposición transitoria segunda de la Orden prevé que los adquirentes intracomunitarios obligados a llevar un libro registro de existencias podrán presentar el libro registro correspondiente a los periodos de liquidación comprendidos en el primer semestre de 2023 dentro del mes de julio de 2023.

Si confluyera la condición de fabricante y adquirente intracomunitario, habría de llevar una contabilidad de existencias por cada uno de los establecimientos en los que realizara la actividad de fabricación y un libro registro por la actividad de adquisición intracomunitaria.

2.7. OBLIGACIONES DE FACTURACIÓN

El adquirente intracomunitario no está autorizado a repercutir jurídicamente el impuesto con ocasión de las ventas o entregas de los productos objeto del impuesto en el ámbito territorial de aplicación de este, sin perjuicio de la posibilidad de repercutirlo económicamente.

A pesar de lo anterior, conforme al artículo 89.2.b) de la Ley 7/2022, cuando el adquirente intracomunitario realice la venta o entrega de los productos a sus clientes, y previa solicitud de estos, deberá consignar en un certificado o en las facturas que expidan con ocasión de dichas ventas o entregas:

- El importe del impuesto satisfecho por dichos productos o si le resultó de aplicación algún supuesto de exención, especificando el artículo en virtud del cual se aplicó dicho beneficio fiscal.
- La cantidad de plástico no reciclado contenido en los productos, expresada en kilogramos.

Como ha aclarado, la DGT, únicamente existirá obligación de incluir dicha información en la factura o, alternativamente, emitir un certificado si el adquirente de la mercancía así lo requiere. En tal caso, no será suficiente con indicar en cada factura o certificado el total de plástico no reciclado que contienen la totalidad de los productos entregados, sino que será necesario consignar de forma separada los datos relativos a cada producto para poder disponer de una trazabilidad adecuada de los distintos productos incluidos en el ámbito objetivo del impuesto que son objeto de entrega. De lo contrario, en caso de que posteriormente el adquirente de la mercancía quiera aplicar alguno de los supuestos de deducción o devolución previstos en la ley, le será complicado probar el impuesto satisfecho por ese producto concreto por el que se solicita la deducción o devolución y no podrá disfrutar de dicho beneficio fiscal. No es necesario que figure el CIP en la factura o certificado emitido por el contribuyente (V0125-23).

El precepto establece como excepción que esta obligación no resultará exigible cuando se expidan facturas simplificadas con el contenido a que se refiere el artículo 7.1 del Reglamento de Facturación[280]. Ahora bien, podría ocurrir que, siendo habitual que en una actividad determinada se emitan facturan simplificadas, determinados clientes soliciten la emisión de factura completa. En tal caso, la DGT ha señalado que "únicamente si el adquirente

280 Los casos en que es posible emitir factura simplificada se encuentran regulados en el artículo 4 del Reglamento de Facturación. Conforme a dicho precepto, la obligación de expedir factura podrá ser cumplida mediante la expedición de factura simplificada y copia de esta cuando su importe no exceda de 400 euros, Impuesto sobre el Valor Añadido incluido, o cuando deba expedirse una factura rectificativa. Por otra parte, los empresarios o profesionales podrán igualmente expedir factura simplificada y copia de ésta cuando su importe no exceda de 3.000 euros, Impuesto sobre el Valor Añadido incluido, en las siguientes operaciones: a) ventas al por menor, incluso las realizadas por fabricantes o elaboradores de los productos entregados (a estos efectos, tendrán la consideración de ventas al por menor las entregas de bienes muebles corporales o semovientes en las que el destinatario de la operación no actúe como empresario o profesional, sino como consumidor final de aquellos; no se reputarán ventas al por menor las que tengan por objeto bienes que, por sus características objetivas, envasado, presentación o estado de conservación, sean principalmente de utilización empresarial o profesional); b) ventas o servicios en ambulancia; c) ventas o servicios a domicilio del consumidor; d) transportes de personas y sus equipajes; e) servicios de hostelería y restauración prestados por restaurantes, bares, cafeterías, horchaterías, chocolaterías y establecimientos similares, así como el suministro de bebidas o comidas para consumir en el acto; f) servicios prestados por salas de baile y discotecas; g) servicios telefónicos prestados mediante la utilización de cabinas telefónicas de uso público, así como mediante tarjetas que no permitan la identificación del portador; h) servicios de peluquería y los prestados por institutos de belleza; i) utilización de instalaciones deportivas; j) revelado de fotografías y servicios prestados por estudios fotográficos; k) aparcamiento y estacionamiento de vehículos; l) alquiler de películas; m) servicios de tintorería y lavandería; n) utilización de autopistas de peaje. Además, el Departamento de Gestión Tributaria de la Agencia Estatal de Administración Tributaria podrá autorizar la expedición de facturas simplificadas, en supuestos distintos de los señalados en los apartados anteriores, cuando las prácticas comerciales o administrativas del sector de actividad de que se trate, o bien las condiciones técnicas de expedición de las facturas, dificulten particularmente la inclusión en las mismas de la totalidad de los datos o requisitos exigidos finalmente para la factura completa. Finalmente, no podrá expedirse factura simplificada por determinadas operaciones recogidas en el apartado 4 de este artículo 4 del Reglamento de Facturación.

del producto le solicita la emisión de factura no simplificada y, además, le requiere la aplicación de lo previsto en la citada letra b), deberá entonces incluir en la factura la información relativa al importe del Impuesto satisfecho, la cantidad de plástico no reciclado contenido en los productos y si se benefició de alguna exención". La DGT reitera que, alternativamente, estos datos se podrán consignar en un certificado en lugar de en la factura, pudiéndose evitar en este caso la necesidad de adaptar los sistemas de facturación. Todo lo anterior resultará igualmente de aplicación en el caso de una donación de productos, en tanto que lo previsto en la letra b) del apartado 9 del artículo 82 de la ley debe cumplirse en cualquier supuesto de venta o entrega de los productos objeto del impuesto. En consecuencia, si el destinatario de la donación solicita que se le aporte la información relativa al Impuesto, ya sea en la factura o vía certificado, deberá atenderse su requerimiento (V0126-23).

En la tramitación parlamentaria se propuso extender la excepción a los empresarios o profesionales que realicen operaciones de comercio al por menor y se encuentren dados de alta en el momento de realizar la operación de venta en cualquiera de las actividades económicas señaladas en el Real Decreto Legislativo 1175/1990, de 28 de septiembre, por el que se aprueban las tarifas y la instrucción del Impuesto sobre Actividades Económicas, que les habilita para realizar dicha operación de comercio al por menor y en el caso de las ventas que realicen otros empresarios o profesionales a los citados comerciantes cuando estos últimos hallan entregado previamente al vendedor un certificado de su condición de comerciante minorista. La justificación de la enmienda era que no tenía sentido incurrir en costes muy superiores a los beneficios que conlleva la trazabilidad plena de la operativa, dado el escaso número de operaciones en los que se pueda solicitar la devolución del impuesto en el caso en el que participen operadores que se dedican a la actividad de venta al por menor. No obstante, se incluía la obligación de emisión de certificados con los datos necesarios por parte de los operadores que quedan eximidos de la obligación de facturar el impuesto, para en caso necesario, poder solicitar la devolución del impuesto (por operaciones de exportación o de entregas intracomunitarias)[281].

---

281 Enmienda nº 157 del Sr. Bel i Accensi (Grupo Parlamentario Plural) en el Congreso y enmienda nº 607 del Grupo Parlamentario Popular en el Congreso.

La incorrecta consignación en la factura o en el certificado de estos datos constituye infracción tributaria que se sanciona con multa pecuniaria fija de 75 euros por cada factura o certificado emitido con la consignación incorrecta de los datos.

2.8. OBLIGACIÓN DE NOMBRAR REPRESENTANTE

En el caso de que el adquirente intracomunitario no esté establecido en territorio español, deberá nombrar una persona física o jurídica para que les represente ante la Administración tributaria en relación con sus obligaciones por este impuesto, debiendo realizar dicho nombramiento, con anterioridad a la realización de la primera operación que constituya hecho imponible de este impuesto. La falta nombramiento de representante es constitutiva de infracción tributaria sancionable con una multa pecuniaria fija de 1.000 euros.

Si bien la figura del representante la abordaremos en capítulo referente a las normas generales de gestión, cabe anticipar que la Ley 7/2022 no define cuándo un contribuyente no está establecido en territorio español, lo que plantea la duda de si se ha de acudir al concepto de establecimiento permanente, ya sea a efectos del imposición directa o indirecta, o a un concepto distinto. Ante este vacío interpretativo, la AEAT, en una Nota informativa fechada el 10 de marzo de 2023, ha señalado que los contribuyentes se consideran establecidos cuando tengan en territorio español su domicilio fiscal, un establecimiento permanente o la sede de su actividad económica.

2.9. ENVÍO DE LOS PRODUCTOS FUERA DE ESPAÑA

El tratamiento es distinto en función de si el envío fuera del territorio español se produce antes o después de la finalización del plazo de presentación de la autoliquidación del impuesto.

Conforme al artículo 75.d) de la Ley 7/2022, estará exenta la adquisición intracomunitaria de los productos objeto del impuesto que, con anterioridad a la finalización del plazo de presentación de la autoliquidación del impuesto, se destinen a ser enviados directamente por el adquirente intracomunitario o por un tercero en su nombre o por su cuenta a un territorio distinto al de aplicación del impuesto (ya sea de la UE o un territorio tercero). La efectividad de esta exención quedará condicionada a que se acredite la realidad de la salida efectiva de los productos del territorio de aplicación del impuesto.

Si el envío fuera del territorio de aplicación del impuesto se produce con posterioridad a la finalización del plazo de presentación de la autoliquidación del impuesto, se podrá aplicar la deducción prevista en el artículo 80.1.a) de la Ley 7/2022 en la autoliquidación correspondiente a cada periodo de liquidación en que se produzca dicho envío. La aplicación de la deducción quedará condicionada a que el envío pueda ser probado ante la AEAT por cualquiera de los medios de prueba admisibles en derecho, así como a la acreditación del pago del impuesto mediante el correspondiente documento justificativo del mismo. Como expusimos en capítulos anteriores, el mecanismo de deducción funciona de la siguiente manera:

- Se podrá minorar de las cuotas devengadas del impuesto en dicho periodo, el importe del impuesto pagado respecto de los productos enviados.
- Cuando la cuantía de la deducción supere el importe de las cuotas devengadas en un periodo de liquidación, el exceso podrá ser compensado en las autoliquidaciones posteriores, siempre que no hayan transcurrido cuatro años contados a partir de la finalización del periodo de liquidación en el que se produjo dicho exceso.
- Si las cuantías de deducción superan el importe de las cuotas devengadas en el último período de liquidación del año natural, se podrá solicitar la devolución del saldo existente a favor del contribuyente en la autoliquidación correspondiente a dicho período de liquidación.

3. IMPORTACIÓN

3.1. HECHO IMPONIBLE

Se comprende en este concepto las siguientes operaciones:

- La entrada en el territorio de aplicación del impuesto distinto de Ceuta y Melilla de los productos objeto del impuesto procedentes de territorios no comprendidos en el territorio aduanero de la Unión, cuando dé lugar al despacho a libre práctica de los productos de conformidad con el artículo 201 del Reglamento (UE) nº 952/2013 del Parlamento Europeo y del Consejo, de 9 de octubre de 2013, por el que se establece el código aduanero de la Unión.

- La entrada en Canarias de los productos objeto del impuesto procedentes de territorios comprendidos en el territorio aduanero de la Unión que no formen parte del territorio de aplicación del impuesto, cuando dicha entrada hubiese dado lugar a un despacho a libre práctica si los productos objeto del impuesto procedieran de territorios no comprendidos en el territorio aduanero de la Unión.
- La entrada en Ceuta y Melilla de los productos objeto del impuesto procedentes de territorios que no formen parte del territorio de aplicación del impuesto, cuando dicha entrada hubiese dado lugar a un despacho a libre práctica si en dichas ciudades resultara de aplicación el Reglamento (UE) nº 952/2013[282].

El territorio aduanero de la Unión es el área geográfica (incluyendo espacio aéreo y marítimo) donde se aplica la legislación aduanera de la UE, encontrándose delimitado en el artículo 4 del Código Aduanero de la Unión.

Así, en caso de envases cargados en buques en el territorio de aplicación del impuesto y que salieron de este o cargados fuera del referido territorio, se producirá una importación (i) cuando retornen a Canarias, Ceuta o Melilla o (ii) a cualquier parte del territorio de aplicación del impuesto cuando procedentes de un Estado no perteneciente a la Unión Europea (V2274-23).

---

282 ESCOBAR LASALA resume que, "En términos prácticos, podemos quedarnos con la idea de que «importación» es la entrada de los envases (vacíos o conteniendo mercancías) en el territorio de aplicación del impuesto desde fuera del mismo, siempre que no constituya adquisición intracomunitaria y siempre que no esté amparada en un régimen aduanero distinto del despacho a libre práctica", ESCOBAR LASALA, J.J.: "El nuevo Impuesto especial sobre los envases de plástico no reutilizables", *op.cit.* Por tanto, como advierte PALAO BASTARDÉS, la introducción de productos en Canaria, Ceuta y Melilla procedentes de la Península y Baleares no darán lugar al devengo del impuesto, con la particularidad de que, al estar Ceuta y Melilla excluidos del territorio aduanero de la Unión, los intercambios con Península tendrá la consideración de importación/exportación a efectos aduaneros, pero no a efectos del impuesto sobre envases, PALAO BASTARDÉS, B.: *El impuesto sobre envases de plástico no reutilizables, op. cit.*, pág. 27.

El artículo 201 del Código Aduanero de la Unión dispone que las mercancías no pertenecientes a la Unión destinadas a ser introducidas en el mercado de la Unión o destinadas a utilización o consumo privados dentro de esta última, se incluirán en el régimen de despacho a libre práctica. Este régimen implicará la percepción de los derechos de importación debidos; la percepción, según proceda, de otros gravámenes, con arreglo a las disposiciones pertinentes en vigor relativas a la percepción de dichos gravámenes; la aplicación de medidas de política comercial y de prohibiciones y restricciones en la medida en que no se hayan aplicado en una fase anterior; y el cumplimiento de las demás formalidades aduaneras previstas para la importación de las mercancías. El despacho a libre práctica conferirá a las mercancías no pertenecientes a la Unión el estatuto aduanero de mercancías de la Unión[283].

A este respecto, la DGT (V2274-23) ha destacado que el hecho imponible importación no está vinculado a la presentación de un Documento Único Aduanero, sino al despacho a libre práctica, incluso en el caso de supuestos de exención del pago de derechos de importación[284], sin perjuicio de que dicho despacho a libre práctica lo cual sólo puede hacerse mediante una declaración aduanera que, como regla general, se realizará mediante técnicas de tratamiento electrónico de datos (es decir, mediante un Documento Único Administrativo, salvo que se prevean excepciones que permitan la utilización de medios alternativos[285].

Por su parte, el artículo 256.1 del Código Aduanero de la Unión dispone que, en el marco del régimen de perfeccionamiento activo, las mercancías no pertenecientes a la Unión podrán ser utilizadas dentro del territorio aduanero de la Unión en una o más operaciones de transformación sin que tales mercancías estén sujetas a derechos de importación. Por tanto, cuando los productos

283 PALAO BASTARDÉS señala que, tal y como está redactado el hecho imponible "importación", quedan fuera de su ámbito de aplicación todos aquellos supuestos de despacho a libre práctica que se produzcan con posterioridad a la entrada de los bienes en el territorio de aplicación del impuesto o bien los casos de vinculación a regímenes suspensivos seguidos de despachos a libre práctica o reexportaciones, PALAO BASTARDÉS, B.: *El impuesto sobre envases de plástico no reutilizables, op. cit.*, págs. 28-29.

284 Artículo 208 del Reglamento (UE) nº 952/2013.

285 Artículo 158 del Código Aduanero de la Unión.

incluidos en el ámbito objetivo del impuesto especial sobre los envases de plástico no reutilizables se incluyen en el régimen de perfeccionamiento activo, no se produce ninguno de los hechos imponibles previstos en el artículo 72 de la Ley 7/2022. En el caso de que los productos obtenidos en el marco de un régimen de perfeccionamiento activo, o de que las mercancías incluidas en dicho régimen sean posteriormente despachados a libre práctica, sí se producirá el hecho imponible importación, en la medida que esas mercancías o productos transformados estén incluidos en el ámbito objetivo del impuesto especial sobre los envases de plástico no reutilizables. Por el contrario, si las mercancías o los productos trasformados salen del territorio aduanero de la Unión, sin que se produzca el despacho a libre práctica, no estarán sujetos al impuesto, dado que no se habrá producido ninguno de los hechos imponibles (V3034-23).

Siguiendo la Resolución de 11 de julio de 2014, del Departamento de Aduanas e Impuestos Especiales de la AEAT, en la que se recogen las instrucciones para la formalización del documento único administrativo (DUA), los siguientes regímenes aduaneros incluyen el despacho a libre práctica:

- 01. Despacho a libre práctica de mercancías con reexpedición simultánea en el marco de intercambios entre partes del territorio aduanero de la Unión donde sean de aplicación las disposiciones de la Directiva 2006/112/CE del Consejo y partes de este territorio donde no sean de aplicación esas disposiciones, o en el marco de intercambios entre partes de ese territorio donde no sean de aplicación estas disposiciones. Despacho a libre práctica de mercancías con reexpedición simultánea en el marco de los intercambios entre la Unión y los países con los que ésta ha establecido una unión aduanera[286].
- 07. Despacho a libre práctica e inclusión simultánea en un régimen de depósito distinto del aduanero o en un depósito REF (Marco VEXCAN)[287].

---

[286] Ejemplo: Mercancías que llegan de un país tercero, se despachan a libre práctica en Francia y continúan con destino a las islas anglonormandas.

[287] Explicación: Este código se utiliza en caso de mercancías despachadas a libre práctica para las que no se haya pagado el IVA y los posibles Impuestos Especiales o los impuestos indirectos canarios (IGIC, AIEM).

- 40. Despacho a consumo con despacho a libre práctica simultáneo de mercancías que no son objeto de entrega exenta del IVA[288].
- 42. Despacho a consumo con despacho a libre práctica simultáneo de mercancías exentas de IVA para su entrega en otro Estado miembro y, en su caso, en régimen suspensivo de Impuestos Especiales[289].
- 44. Despacho a libre práctica y despacho a consumo de mercancías con exención de derechos o con un tipo reducido de derechos debido a su utilización con fines particulares.
- 49. Entrada para consumo de mercancías de la Unión en el marco de intercambios entre partes del territorio aduanero de la Unión donde sean de aplicación la Directiva 2006/112/CE y partes de este territorio donde no sean de aplicación estas disposiciones. Inclusión en DDA de mercancía de la Unión procedente de parte del territorio aduanero donde no sea de aplicación la Directiva 2006/112/CE.

Ejemplos: Unas máquinas importadas se despachan a libre práctica sin haber pagado el IVA. Durante su estancia en un depósito o un local fiscal, el pago del IVA está suspendido. Unos cigarrillos importados se despachan a libre práctica sin haber pagado el IVA y los Impuestos Especiales. Durante su estancia en un depósito o un local fiscal, el pago del IVA y de los Impuestos Especiales está suspendido.

288 Ejemplo: Mercancías procedentes de un país tercero con pago de derechos de aduana e IVA.

289 La concesión de una exención del pago del IVA y, en su caso, la suspensión de Impuestos Especiales se debe a que tras la importación de las mercancías se lleva a cabo una entrega o transferencia dentro de la Unión de estas a otro Estado miembro. En este caso, el IVA y, cuando proceda, los Impuestos Especiales se adeudarán en el Estado miembro de destino final. Para acogerse a este régimen, los operadores deben cumplir las condiciones enumeradas en el artículo 143.2 de la Directiva 2006/112/CE, y, en su caso, las condiciones establecidas en el artículo 17.1.b) de la Directiva 2008/118/CE.
Ejemplo 1: Importación con exención de IVA recurriendo a los servicios de un representante fiscal.
Ejemplo 2: Importación de mercancías sujetas a Impuestos Especiales desde un tercer país que se despachen a libre práctica y sean objeto de una entrega exenta del IVA a otro Estado miembro. Al despacho a libre práctica le sucede inmediatamente una circulación en régimen suspensivo de los Impuestos Especiales desde el lugar de importación, iniciada por un expedidor registrado de conformidad con lo dispuesto en el artículo 17.1.b) de la Directiva 2008/118/CE.
Sobre este supuesto, véase DGT V0432-23.

Despacho a consumo en las Islas Canarias de mercancía de la Unión. Despacho aduanero e inclusión en régimen de depósito REF de mercancía de la Unión. Entrada para consumo de mercancías en el marco de los intercambios entre la Unión y los países con los que ésta ha establecido una unión aduanera. Despacho a consumo de mercancía previamente vinculada a un depósito REF (Canarias)[290].

- 61. Reimportación con despacho a consumo y despacho simultáneo a libre práctica de mercancías que no son objeto de entrega exenta del IVA. Incluye la reimportación de mercancías en retorno
- 63. Reimportación con despacho a consumo y despacho simultáneo a libre práctica de mercancías exentas del IVA para su entrega en otro Estado miembro y, en su caso, en régimen suspensivo de Impuestos Especiales[291].

El informador digital de la AEAT recoge el ejemplo de una empresa fabricante española que realiza una importación proveniente de Estados Unidos consistente en una preforma (producto semielaborado) con la finalidad de convertirlo en un envase de plástico no reutilizable. La importación del producto semielaborado es una operación sujeta en la que se produce el naci-

---

290 Importación con despacho a consumo procedente de partes de la UE en las que no se aplica la sexta Directiva del IVA. La utilización de la declaración aduanera se establece en el artículo 134 del RDCAU.
Ejemplos: Mercancías que llegan de Martinica y se despachan a consumo en Bélgica.

291 La concesión de una exención del pago del IVA y, en su caso, la suspensión de Impuestos Especiales se debe a que tras la reimportación de las mercancías se lleva a cabo una entrega o transferencia dentro de la Unión de estas a otro Estado miembros. En este caso, el IVA y, cuando proceda, los Impuestos Especiales, se adeudarán en el Estado miembro de destino final. Para acogerse a este régimen, los operadores deben cumplir las condiciones enumeradas en el artículo 143.2 de la Directiva 2006/112/CE y, en su caso, las condiciones establecidas en el artículo 17.1.b) de la Directiva 2008/118/CE.
Ejemplo 1: Reimportación tras un perfeccionamiento pasivo o una exportación temporal, imputándose la posible deuda del IVA a un representante fiscal.
Ejemplo 2: Reimportación de mercancías sujetas a Impuestos Especiales tras un perfeccionamiento pasivo que se despachen a libre práctica y sean objeto de una entrega exenta del IVA a otro Estado miembro. Al despacho a libre práctica le sucede inmediatamente una circulación en régimen suspensivo de los Impuestos Especiales desde el lugar de reimportación, iniciada por un expedidor registrado de conformidad con lo dispuesto en el artículo 17.1.b) de la Directiva 2008/118/CE.

miento del impuesto (devengo del impuesto), por lo que, si la empresa española no añade más elementos de plástico al producto semielaborado, la posterior fabricación del envase a partir del producto semielaborado no tendrá la consideración de "fabricación" como hecho imponible del impuesto.

Como ha señalado la DGT (V0078-23), se produce el hecho imponible importación incluso en el caso de que un producto inicialmente exportado (razón por la que se solicita la devolución del impuesto) es devuelto por la entidad exportadora, en tanto que dicha devolución supone una importación en el ámbito territorial de aplicación del impuesto, dando lugar a la realización del hecho imponible conforme al apartado 1 del artículo 72 de la ley. A la inversa, también está sujeta la importación de productos que posteriormente son devueltos al proveedor, enviándolos fuera del territorio de aplicación del impuesto, sin perjuicio del derecho a la devolución del impuesto satisfecho (V3038-23).

Por su relevancia, recordamos nuevamente la exención prevista en el artículo 75.f) para la importación o adquisición intracomunitaria de los envases a los que se refiere el artículo 68.1.a), tanto si se introducen vacíos, como si se introducen prestando la función de contención, protección, manipulación, distribución y presentación de otros bienes o productos, siempre que el peso total del plástico no reciclado contenido en dichos envases objeto de la importación o adquisición intracomunitaria no exceda de 5 kilogramos en un mes natural[292].

3.2. SUJETO PASIVO

Serán contribuyentes por el hecho imponible de importación las personas físicas o jurídicas y las entidades a las que se refiere el apartado 4 del artículo 35 de la LGT que realicen la importación de los productos objeto del impuesto[293].

---

[292] Recordemos igualmente que, conforme se aclara en el documento preguntas y respuestas del Ministerio de Hacienda y Función Pública, el cómputo de los 5 kilogramos debe hacerse de forma independiente para cada uno de los hechos imponibles (adquisición intracomunitaria e importación) y se debe tomar a efectos del cómputo cada mes natural.

[293] Para SALASSA BOIX, "llama la atención que no se haya establecido ningún responsable solidario para el caso de las importaciones, como ocurre con los impuestos especiales de fa-

La DGT ha destacado que el contribuyente será quien tenga la condición de declarante según la legislación aduanera[294]. A estos efectos, el artículo 5.15 del Código Aduanero de la Unión define el declarante como "la persona que presenta una declaración en aduana, una declaración de depósito temporal, una declaración sumaria de entrada, una declaración sumaria de salida, una declaración de reexportación o una notificación de reexportación en nombre propio, o la persona en cuyo nombre se presenta dicha declaración o dicha notificación" (V0429-23). Por lo tanto, al no definirse en el Código Aduanero de la Unión la figura del importador, sino la del declarante, "será importador, la persona que pueda presentar, y así lo haga, la declaración de importación ya que se encuentra en condiciones de presentar o disponer que se presente al servicio de aduanas competente la mercancía de que se trate y todos aquellos documentos cuya presentación sean necesarios y, en particular, será aquella persona que conste como consignataria en los títulos de transporte. Los pactos entre las partes sobre el pago material de los derechos arancelarios o del IVA no son relevantes cuando se trata de determinar quién es el deudor de las deudas tributarias" (V0484-21)[295].

---

bricación", haciendo referencia al artículo 8.5 de la Ley 38/1992. Conforme a este precepto, "En los supuestos de importaciones, responderán solidariamente del pago del impuesto las personas físicas o jurídicas y entidades que resulten obligadas solidariamente al pago de la deuda aduanera de acuerdo con la normativa vigente sobre la materia", SALASSA BOIX, R.: "La compatibilidad de los ajustes fiscales en frontera ambientales con el GATT a partir del impuesto español sobre los plásticos no reutilizables", Crónica tributaria, núm. 181, pág. 122.

294 Conforme al artículo 77.3 del Código Aduanero de la Unión, el declarante será el deudor. En caso de representación indirecta, será también deudora la persona por cuya cuenta se haga la declaración aduanera. Además, cuando una declaración aduanera sea formulada sobre la base de una información que lleve a no percibir la totalidad o parte de los derechos exigibles, la persona que suministró la información requerida para la realización de la declaración y que supiera o debiera razonablemente haber sabido que dicha información era falsa será también un deudor. Por ello, CASANA MERINO concluye que, en los supuestos de representación indirecta, el contribuyente será el representante, CASANA MERINO, F.: "El impuesto sobre Envases de Plástico no Reutilizables. Dudas y problemas en su aplicación", *op. cit.*

295 Con base en esta doctrina, también ha señalado que tiene la condición de importador o adquisición intracomunitaria el consignatario de los bienes importados cuando actúe en nombre propio en dicha importación o adquisición, así como también, en defecto de los anteriores, el propietario de los bienes. A estos efectos, el consignatario es aquella

A diferencia de los impuestos especiales de fabricación, no se prevé la figura del responsable solidario, lo que resulta llamativo[296].

Como veremos a continuación, el importador no está obligado a inscribirse en el Registro territorial, ni a llevar contabilidad o libro registro de existencias, ni a autoliquidar el impuesto. Únicamente habrá de incluir la información necesaria en el DUA para que se liquide el impuesto en aduana y a facilitar determinada información a sus clientes si así se lo solicitan.

Al igual que con las adquisiciones intracomunitarias, el hecho imponible "importación" no está circunscrito a las operaciones realizadas en el ejercicio de una actividad empresarial o profesional, por lo que un particular también podría realizar el hecho imponible y tener la condición de contribuyente. No obstante, la exención prevista para las importaciones que no excedan de 5 kilogramos en el mes natural debería dejar a la inmensa mayoría de particulares fuera del ámbito del impuesto.

3.3. DEVENGO

En los supuestos de importación, el devengo del impuesto se producirá en el momento en que hubiera tenido lugar el devengo de los derechos de importación, de acuerdo con la legislación aduanera, independientemente

persona mencionada en el título de transporte que ampara la introducción de las mercancías en el territorio de aplicación del impuesto y designada para recibir en consigna los bienes en cuestión y que tendrá la consideración de sujeto pasivo en la operación de importación aun cuando no sea el adquirente, cesionario ni propietario de la mercancía, siempre que actúe en nombre propio respecto de los bienes adquiridos (V0310-23, en relación con el impuesto sobre gases fluorados de efecto invernadero).

296 PATÓN GARCÍA recuerda que, conforme al artículo 8.3 de la Ley 38/1992, de 29 de diciembre, de Impuestos Especiales, "En los supuestos de importaciones, responderán solidariamente del pago del impuesto las personas físicas o jurídicas que resulten obligadas solidariamente al pago de la deuda aduanera con la normativa vigente sobre la materia". PATÓN GARCÍA, G.: *Fiscalidad de residuos orientada a una economía circular. Análisis tras la Ley 7/2022, de 8 de abril, de Residuos y Suelos Contaminados para una economía circular, op. cit.*, pág. 55. En este sentido también nos pronunciamos en GARCÍA CARRETERO, B. y PATÓN GARCÍA, G.: "La fiscalidad de los envases y vertidos e incineración en el proyecto de ley de residuos y suelos contaminados", en García Calvente, Y. y Sedeño López, J.F. (coords.), *Desarrollo urbano sostenible y economía circular en perspectiva jurídica, op. cit.*

de que dichas importaciones estén o no sujetas a los mencionados derechos de importación[297].

Por tanto, el devengo del impuesto se produce en el momento de la admisión de la declaración en aduana (artículo 77.2 del Código Aduanero de la Unión) y la liquidación de dicho impuesto la practicará el órgano de la AEAT que sea competente para la liquidación de la deuda aduanera de conformidad con su normativa de atribución de competencias.

En el caso de mercancías incluidas en el régimen de perfeccionamiento activo o de productos transformados obtenidos en el marco de dicho régimen, el devengo se produce cuando se despachen a libre práctica, en el mismo momento en que se produzca el devengo de los derechos de importación.

3.4. OBLIGACIONES CENSALES

La Orden HFP/1314/2022 sólo prevé la inscripción para los fabricantes, adquirentes intracomunitarios y los representantes de los contribuyentes no establecidos en territorio español. Por lo tanto, el importador no está obligado a inscribirse en el registro territorial por esta actividad (V0434-23, V0939-23). Sí podría estarlo por los restantes hechos imponibles (fabricación y adquisición intracomunitaria), pero en tal caso no debería solicitar una inscripción específica por su condición de importador.

3.5. LIQUIDACIÓN

El importador no presentará el modelo 592 para autoliquidar su deuda tributaria por este hecho imponible. El impuesto se liquidará de la forma prevista para la deuda aduanera según lo dispuesto en la normativa aduanera.

297 Regla coincidente con la prevista en el primer párrafo del artículo 77.Uno de la Ley 37/1992, de 28 de diciembre, del Impuesto sobre el Valor Añadido, de forma que, como indica ESCOBAR LASALA, "con esta disposición se sigue la práctica, habitual en los impuestos indirectos exigibles a la importación, de vincular su exacción a la normativa aduanera aplicable", ESCOBAR LASALA, J.J.: "El nuevo Impuesto especial sobre los envases de plástico no reutilizables", *op. cit.* En el mismo sentido, ORTIZ CALLE, E.: "El impuesto especial sobre los envases de plástico no reutilizables", *op. cit.*

Por tanto, no es el contribuyente ni, en su caso, su representante aduanero quienes efectúan la liquidación (V2087-23). Para ello, se deberá consignar la cantidad de plástico no reciclado importado, expresado en kilogramos, y si le resulta de aplicación la exención por no superar el umbral de 5 Kg/mes en el apartado que proceda de la declaración aduanera de importación[298]. Esta obligación es exigible aunque esta operación resulte exenta; por el contrario, en las entregas de productos que forman parte del ámbito objetivo del Impuesto con destino fuera del territorio de aplicación de aquel, no será necesaria su consignación (V3002-23).

3.6. OBLIGACIONES CONTABLES

Los importadores no están obligados a llevar contabilidad ni libro registro de existencias.

Si confluyera la condición de fabricante, adquirente intracomunitario e importador, habría de llevar una contabilidad de existencias por cada uno de los establecimientos en los que realizara la actividad de fabricación y un libro registro por la actividad de adquisición intracomunitaria. Las importaciones no habría de consignarse ni en la contabilidad ni en el libro registro.

3.7. OBLIGACIÓN DE NOMBRAR REPRESENTANTE

Con carácter general, los importadores, aun cuando no estén establecidos en territorio español, no han de nombrar representante. Ahora bien, si los importadores tuvieran obligaciones tributarias relacionadas con el impuesto,

298 Señala la DGT (V2087-23) que en la casilla 47 de la liquidación se consignarán los siguientes datos:

— Clase de tributo: 1PL

— En la base imponible se indicarán los kg netos de plástico no reciclado (con dos decimales) contenido en los envases no reutilizables (si los envases son reutilizables o, no siéndolo, todo el plástico es reciclado no se declarará nada en esta casilla), los productos plásticos semielaborados destinados a la obtención de los envases y los productos que contengan plástico destinados a permitir el cierre, la comercialización o la presentación de envases no reutilizables.

— La exención de 5 Kg/mes se deberá declarar utilizando el código 1P4 de la casilla 37.2.

distintas de su liquidación[299], tendrán que de nombrar representante y este deberá inscribirse en el registro territorial de la oficina gestora de impuestos especiales donde radique su domicilio fiscal.

En este caso, conforme a la Nota informativa de 10 de marzo de 2023 de la AEAT, únicamente es exigible la inscripción del representante (al que le corresponde un CIP con clave de actividad RP), no así el del representado. En este supuesto, para el cumplimiento de las obligaciones derivadas del impuesto, el representante debe emplear su NIF y CIP.

Indicábamos anteriormente que, conforme a la referida Nota informativa, los contribuyentes se consideran establecidos cuando tengan en territorio español su domicilio fiscal, un establecimiento permanente o la sede de su actividad económica.

Este criterio es prácticamente equivalente al previsto en el Código Aduanero de la Unión. Conforme a su artículo 5, se considera que una persona se encuentra establecida en el territorio aduanero de la Unión, cuando, siendo una persona física, tenga su domicilio habitual en dicho territorio o, en el caso de personas jurídicas y de asociaciones de personas, tenga su domicilio social, su sede o un establecimiento comercial permanente en el territorio aduanero de la Unión. A estos efectos, se define el "establecimiento comercial permanente" como un centro de actividades fijo, en el que se hallan disponibles permanentemente los recursos humanos y técnicos necesarios, y a través del cual se realizan, en parte o en su totalidad, las operaciones aduaneras de una persona.

3.8. OBLIGACIONES DE FACTURACIÓN

El importador no está autorizado a repercutir jurídicamente el impuesto con ocasión de las ventas o entregas de los productos objeto del impuesto en el ámbito territorial de aplicación de este, sin perjuicio de la posibilidad de repercutirlo económicamente.

Cuando el importador realice la venta o entrega de los productos a sus clientes, y previa solicitud de estos, deberá consignar en un certificado o en las facturas que expidan con ocasión de dichas ventas o entregas:

[299] Por ejemplo, si el importador quisiera solicitar la devolución del impuesto satisfecho, conforme a lo previsto en el artículo 81 de la Ley 7/2022.

- El importe del impuesto satisfecho por dichos productos o si le resultó de aplicación algún supuesto de exención, especificando el artículo en virtud del cual se aplicó dicho beneficio fiscal.
- La cantidad de plástico no reciclado contenido en los productos, expresada en kilogramos.

Esta obligación no resultará exigible cuando se expidan facturas simplificadas con el contenido a que se refiere el artículo 7.1 del Reglamento de Facturación.

La incorrecta consignación en la factura o en el certificado de estos datos constituye infracción tributaria que se sanciona con multa pecuniaria fija de 75 euros por cada factura o certificado emitido con la consignación incorrecta de los datos.

3.9. ENVÍO DE LOS PRODUCTOS FUERA DE ESPAÑA

Según el artículo 81.1.a) de la Ley 7/2022, el importador tendrá derecho a solicitar a la AEAT la devolución del impuesto pagado en la importación cuando acredite el envío de los productos fuera del territorio español por él mismo o por un tercero en su nombre o por su cuenta. La solicitud se efectuará mediante la presentación del modelo A22, acompañado de los justificantes del envío de los productos fuera de España y del pago del impuesto.

La DGT ha advertido que, en el caso de contribuyentes no establecidos, la autorización de despacho de un agente de aduanas no es suficiente para efectuar la solicitud de devolución, dado que está regulada expresamente la figura del representante de los no establecidos y, por tanto, será ese representante fiscal quien podrá solicitar la devolución (V0429-23).

4. LA INTRODUCCIÓN IRREGULAR

4.1. HECHO IMPONIBLE

Siguiendo a ESCOBAR LASALA[300], una de las principales fuentes de fraude en el impuesto sobre envases de plástico no reutilizables, al igual que

[300] ESCOBAR LASALA, J.J.: "El nuevo Impuesto especial sobre los envases de plástico no reutilizables", *op. cit.*

en el resto de impuestos sobre consumos específicos, puede ser la realización clandestina de los hechos imponibles con el objeto de sustraer el objeto de gravamen del control de la Hacienda Pública para proceder a su comercialización o utilización sin pago del impuesto, en detrimento de los operadores cumplidores y de la leal competencia en el sector. En particular, advierte del riesgo asociado a las operaciones intracomunitarias, al no estar el impuesto armonizado comunitariamente y no existir controles fiscales en las fronteras interiores de la Unión para hacer efectivo el mercado interior, por lo que las posibilidades de introducir clandestinamente en España envases gravados (vacíos o conteniendo mercancías) procedentes de otros Estados miembro son elevadas. Por su parte, MANZANO SILVA[301] contextualiza esta definición de hecho imponible en la Directiva (UE) 2020/262 del Consejo de 19 de diciembre de 2019 por la que se establece el régimen general de los Impuestos Especiales, que incorpora como hecho imponible, frente a sus predecesoras, la entrada irregular al territorio de la Unión[302].

Por ello, conforme al artículo 72.2 de la Ley 7/2022, también está sujeta al impuesto la introducción irregular en el territorio de aplicación del impuesto de los productos que forman parte de su ámbito objetivo. A estos efectos, se entenderá que se ha producido una introducción irregular de dichos productos en el territorio de aplicación del impuesto cuando quien los posea, comercialice, transporte o utilice se encuentra en dos posibles situaciones:

a) No acredite haber realizado su fabricación, importación o adquisición intracomunitaria.
b) No justifique que los productos han sido objeto de adquisición en el territorio español[303].

---

301 MANZANO SILVA, E.: "El impuesto especial sobre envases de plástico no reutilizables", *op. cit.*, pág. 551.

302 En el mismo sentido, PATÓN GARCÍA, G.: *Fiscalidad de residuos orientada a una economía circular. Análisis tras la Ley 7/2022, de 8 de abril, de Residuos y Suelos Contaminados para una economía circular*, op. cit., pág. 51.

303 Resalta GARCÍA NOVOA que este impuesto medioambiental, que grava una manifestación de una actividad real o potencialmente contaminante, confirma que "un tributo, sin tener una finalidad sancionadora, sí puede tener un efecto sancionador si tenemos en cuenta la función preventiva del derecho represivo", añadiendo que "Como impuesto

Para PALAO BASTARDÉS, la redacción de este artículo es defectuosa dado que, en su opinión, lo que el legislador pretendía era que el tenedor del producto sujeto al impuesto acreditara su ingreso, al igual que prevé el artículo 8.8 de la Ley de Impuestos Especiales. La dificultad en este caso es que la Ley 7/2022 no prevé las formalidades en cuanto a la circulación que permiten acreditar el pago del impuesto[304].

4.2. SUJETO PASIVO

En los casos de introducción irregular en el territorio de aplicación del impuesto de los productos que forman parte del ámbito objetivo del impuesto, será contribuyente quien posea, comercialice, transporte o utilice dichos productos.

4.3. DEVENGO

En estos casos, el devengo del impuesto se producirá en el momento de la introducción irregular en el territorio de aplicación del impuesto de los productos que forman parte del ámbito objetivo del impuesto. De no conocerse dicho momento, se considerará que la introducción irregular se ha realizado en el periodo de liquidación más antiguo de entre los no prescritos, excepto que el contribuyente pruebe que corresponde a otro[305].

---

ambiental, éste tiene una finalidad disuasoria y puede coexistir con sanciones, con lo que el gravamen de actividades ilícitas o irregulares plantea menos problemas que en los impuestos con finalidad estrictamente recaudatoria", GARCÍA NOVOA, C.: "El impuesto sobre envases de plástico no retornables", *op. cit.*

304 PALAO BASTARDÉS, B.: *El impuesto sobre envases de plástico no reutilizables*, AEDAF, Paper nº 20, 2023, págs. 31-32.

305 MANZANO SILVA considera que "situar el momento del devengo en el periodo de liquidación más antiguo de entre los no prescritos es una garantía para el contribuyente, pues restringe el plazo de forma considerable en cuanto a la posible regularización de la operación permitiéndole «ganar» el tiempo transcurrido desde entonces. Además, siempre cuenta con la posibilidad, al ser una presunción que admite prueba en contrario, de situar la introducción irregular en cualquier otro ejercicio, prescrito o no. En el caso de los Impuestos Especiales no es así. Se devengan en el momento y en el Estado miembro de despacho a consumo, que se producirá cuando tenga lugar la entrada irregular de productos sujetos a impuestos especiales, en el momento de su comisión y, de no

No obstante, compartimos con ORTIZ CALLE que "la redacción del artículo 74.4 no excluye, en mi opinión, la posibilidad de que el contribuyente demuestre mediante la aportación de las pruebas oportunas que la introducción irregular de los productos gravados se produjo en un período impositivo prescrito que le exoneraría de gravamen"[306].

4.4. LIQUIDACIÓN

Dado que la introducción irregular será detectada en un proceso de comprobación, la deuda tributaria será liquidada por el órgano correspondiente de la AEAT.

5. OPERACIONES POSTERIORES. EL ADQUIRENTE NO CONTRIBUYENTE

5.1. SUPUESTO DE HECHO

Como hemos señalado, el hecho imponible se produce, en una operativa regular, con la fabricación en territorio español, la adquisición intracomunitaria o la importación de los productos objeto de gravamen. Por tanto, acorde con su carácter de impuesto monofásico, en las posteriores transmisiones de los productos adquiridos a un fabricante nacional, adquiridos intracomunitariamente o importados no se devengará el impuesto. Como veremos, no será posible repercutir jurídicamente el impuesto en los siguientes eslabones de la cadena (únicamente puede realizar esa repercusión el fabricante nacional), sin perjuicio de que sea posible la repercusión económica. Es más, el impuesto está configurado para que se produzca esa repercusión económica, esto es, el impuesto se traslade en las siguientes fases a través del incremento del precio de los productos, como se observa en la regulación del derecho a la devolución cuando se produce el envío de los envases fuera del territorio español.

---

conocerse, en el momento de su descubrimiento, en los términos previstos en el artículo 6 de la citada Directiva (UE) 2020/262 y en el artículo 7.8 y .9 de la citada Ley 38/1992, de 28 de diciembre, de Impuestos Especiales", MANZANO SILVA, E.: "El impuesto especial sobre envases de plástico no reutilizables", *op. cit.*, pág. 552.

306 ORTIZ CALLE, E.: "El impuesto especial sobre los envases de plástico no reutilizables", *op. cit.*

¿A qué supuestos nos referimos? Podríamos identificar los siguientes:

- Transmisión de productos adquiridos a una fabricante en territorio español. El fabricante habrá repercutido el impuesto (salvo que fuera un producto exento) y la empresa adquirente no realizará el hecho imponible en las subsiguientes ventas a sus clientes ni podrá (ni tendrá derecho) a repercutirles jurídicamente el impuesto.
- Transmisión de productos que han sido adquiridos a un proveedor extranjero y en consecuencia, se habrá producido el hecho imponible de la adquisición intracomunitaria o de la importación. La empresa habrá tributado en dicha adquisición intracomunitaria (por autoliquidación) o importación (por liquidación en aduana) y en la subsiguiente venta a sus clientes no realizará el hecho imponible ni podrá repercutir jurídicamente el impuesto.
- Transmisión de productos que han sido adquiridos a un proveedor nacional que no tiene la condición de fabricante (un distribuidor).

Por lo tanto, en esas posteriores transmisiones de los productos que ya han quedado sometidos a tributación en una operación previa (la fabricación en territorio español, la adquisición intracomunitaria o la importación), el transmitente no realiza hecho imponible alguno ni tiene la condición de sujeto pasivo. En este sentido se ha pronunciado la DGT, cuando afirma que "por la adquisición de envases a proveedores nacionales, la consultante no tiene la consideración de contribuyente del impuesto, pero sí por la adquisición a proveedores establecidos en otro Estado miembro" (V0433-23).

Lógicamente, el adquirente de dichos productos en esas transmisiones posteriores tampoco realiza ningún hecho imponible ni tiene la condición de sujeto pasivo. Por eso le denominamos adquirente no contribuyente.

Este sería el caso, por ejemplo, de una empresa española envasadora de alimentos que compra envases de plástico no reutilizables a una empresa fabricante de envases, también española y posteriormente, vende los productos envasados a diversos clientes (V0008-23). La empresa envasadora no es contribuyente del impuesto, pues adquiere los envases directamente al fabricante, que es quien tendría la condición de contribuyente. En esa primera venta o entrega realizada tras la fabricación de los envases, el contribuyente (el fabricante) deberá repercutir a la empresa envasadora de alimentos el importe de las cuotas del impuesto que se devenguen al realizar dicha operación. Y, en la correspondiente factura que se expida, deberán figurar separadamente las menciones a que hace referencia la letra a) del apartado 9 del artículo 82: el importe de las cuotas devengadas, la cantidad de plástico no reciclado contenido en los productos, expresada en kilogramos y, si resulta de aplicación algún supuesto de exención, el artículo en virtud del cual la venta o entrega resulta exenta. Como veremos a continuación, la empresa envasadora, sin embargo, y pese a no ser contribuyente, sí que queda sometida a la obligación de facilitar a sus clientes, si estos se lo requieren, la información que recoge la letra b) de ese apartado 9 del artículo 82 (el importe del impuesto satisfecho por dichos productos o, si le resultó de aplicación algún supuesto de exención, el artículo en virtud del cual se aplicó dicho beneficio fiscal y la cantidad de plástico no reciclado contenido en los productos, expresada en kilogramos). Dicha información será presumiblemente requerida cuando el adquirente de los productos alimentarios envasados prevea solicitar una posterior devolución. La empresa envasadora obtendrá dicha información de las menciones que deben constar en la factura que recibiera en su día por la adquisición de los envases.

5.2. OBLIGACIONES CENSALES

El adquirente no contribuyente no está obligado a solicitar la inscripción en el registro territorial por esta operación[307] (podría tener que hacerlo por otras operaciones, por ejemplo, si hubiera realizado adquisiciones intracomunitariamente de bienes), ni siquiera para ejercer su derecho a la devolución del impuesto, por ejemplo, como consecuencia del envío de los productos fuera del territorio de aplicación del impuesto (V0542-23).

5.3. AUTOLIQUIDACIÓN

El adquirente no contribuyente, cuando transmita los productos adquiridos, no está obligado a autoliquidar el impuesto ni presentar declaración alguna ante la AEAT.

---

307 DGT V2086-23.

5.4. OBLIGACIONES CONTABLES

Ni el transmitente ni el adquirente están obligados a llevar contabilidad o libro registro de existencias, tal y como ha confirmado la DGT (V2086-23).

5.5. OBLIGACIONES DE FACTURACIÓN

Cuando el adquirente no contribuyente realice la venta o entrega de los productos a sus clientes, y previa solicitud de estos, deberán consignar en un certificado o en las facturas que expidan con ocasión de dichas ventas o entregas:

- El importe del impuesto satisfecho por dichos productos o si le resultó de aplicación algún supuesto de exención, especificando el artículo en virtud del cual se aplicó dicho beneficio fiscal.
- La cantidad de plástico no reciclado contenido en los productos, expresada en kilogramos.

Esta obligación no resultará exigible cuando se expidan facturas simplificadas con el contenido a que se refiere el artículo 7.1 del Reglamento de Facturación.

La incorrecta consignación en la factura o en el certificado de estos datos constituye infracción tributaria que se sanciona con multa pecuniaria fija de 75 euros por cada factura o certificado emitido con la consignación incorrecta de los datos.

La DGT ha insistido en la obligación de un proveedor de indicar a sus clientes el contenido del plástico no reciclado y el importe del impuesto satisfecho, a pesar de que no sea contribuyente del impuesto, siempre que su cliente se lo solicite, salvo que resulte de aplicación la excepción prevista para el caso de que se expidan facturas simplificadas (V0427-23, V3007-23, V3009-23).

Así, por ejemplo, en el caso de una lavandería industrial que adquiere bobinas de plástico directamente a un fabricante situado en territorio español, al no realizar la fabricación, la importación ni la adquisición intracomunitaria de dichas bobinas, no tiene la consideración de contribuyente y, en consecuencia, no tendrá obligaciones respecto a la presentación de la declaración de este impuesto ante la AEAT. No obstante lo anterior, sí que le resultará de aplicación lo previsto en la letra b) del artículo 82.9 de la ley con ocasión de las ventas o entregas de los productos objeto del impuesto en el ámbito territorial de aplicación de este, cuando así sea requerido por el adquirente (V1204-23).

Esta obligación introduce una extraordinaria complejidad puesto que cualquier adquirente de envases o de productos envasados, aun cuando no prevea su envío fuera del territorio de aplicación del impuesto, puede verse requerido por su cliente para facilitar una información de la que es posible que no disponga si cualquier operador previo en la cadena no la ha facilitado. En tales casos, como se confirma en el documento de preguntas y respuestas del Ministerio de Hacienda y Función Pública, el operador intermedio de la cadena no podría ser sancionado por no suministrar la información cuando esta no ha sido previamente facilitada por su proveedor, al no estar tipificado ese supuesto de infracción[308].

5.6. ENVÍO DE LOS PRODUCTOS FUERA DE ESPAÑA

El adquirente podrá solicitar a la AEAT la devolución del impuesto cuando acredite el envío de los productos fuera del territorio español. La solicitud se efectuará mediante la presentación del modelo A22, acompañado de los justificantes del envío de los productos fuera de España y del pago del impuesto.

308 Como advierte FERNÁNDEZ DE BUJÁN Y ARRANZ, A., "podríamos encontrarnos el supuesto problemático de que, entre varios adquirentes, alguno no requiriese esos datos, en perjuicio de los subsiguientes", FERNÁNDEZ DE BUJÁN Y ARRANZ, A.: "Aspectos medioambientales del nuevo impuesto especial sobre envases de plástico no reutilizables", en García Carretero, B. (coord.), *II Jornadas sobre la Reforma Ambiental de las Haciendas Locales: La reforma en el marco jurídico europeo, estatal y autonómico*, Instituto de Estudios Fiscales, Documentos de Trabajo 3/2023, pág. 207.

Capítulo VII

BENEFICIOS FISCALES Y OTROS SUPUESTOS DE EXONERACIÓN

La Ley 7/2022 prevé diversos supuestos en los que no se producirá tributación efectiva, articulados mediante un complejo conjunto de reglas de no sujeción, exención, deducción y devolución.

A lo largo de este capítulo tendremos ocasión de observar que, en la mayor parte de los casos la naturaleza declarada por la ley para determinar el mecanismo concreto a través del cual se articulan estos supuestos de no tributación varían en función del sujeto pasivo (no sujeción para fabricantes, deducción para adquirentes no contribuyentes y fabricantes, devolución para importadores y adquirentes no contribuyentes y exención para todas las categorías de contribuyentes) o del momento en que se ponen de manifiesto las circunstancia que dan derecho a no tributar (no sujeción o exención si es con anterioridad al pago del impuesto y deducción o devolución si es con posterioridad a dicho pago).

Como acabamos de apuntar, este esquema resulta extremadamente complejo[309] y conlleva que en algunos casos se pueda dudar de la correcta calificación de determinados supuestos de no sujeción o exención. En este sentido, MANZANO SILVA[310] resalta que la discordancia en la delimitación de lo que grava el impuesto cuando se atiende a la definición de su naturaleza (la "utilización" de los envases) y el hecho imponible (la fabricación, importación y adquisición intracomunitaria) conlleva que "la imprecisión en la determinación de los supuestos de no sujeción y exención, su confusión y la exclusión de situaciones equiparables, dificulta la comprensión de la norma y puede atentar contra principios constitucionales

309 En este sentido, GALAPERO FLORES señala que "El sistema propuesto es técnicamente correcto, pero quizás plantea una excesiva complejidad. Entendiendo que pueda resultar necesario el establecimiento del sistema de devolución para contribuyentes que no presentan declaración periódica (porque no son fabricantes ni adquirentes intracomunitarios), entendemos que debería haberse dado opción a los contribuyentes que sí presentan declaración periódica, de integrar todas sus operaciones en la propia declaración (mediante deducción), sin tener que seguir procedimientos separados de devolución)", GALAPERO FLORES, R.: *La fiscalidad como instrumento tributario en la gestión del medio ambiente*, Dykinson, Madrid, 2022, pág. 223.

310 MANZANO SILVA E.: "El impuesto especial sobre envases de plástico no reutilizables", *op. cit.*, págs. 552-554.

básicos que rigen la tributación; debiendo, en nuestra opinión, acometerse una revisión profunda y sopesada de cada caso que parta de la conexión imprescindible que debe existir entre la naturaleza y el hecho imponible de todo tributo".

1. PRODUCTOS QUE SON ENVIADOS FUERA DEL TERRITORIO DE APLICACIÓN DEL IMPUESTO

Comencemos recordando que el impuesto especial sobre los envases de plástico no reutilizables es un tributo de naturaleza indirecta que recae sobre la utilización, en el territorio de aplicación del impuesto, de envases no reutilizables que contengan plástico, tanto si se presentan vacíos, como si se presentan conteniendo, protegiendo, manipulando, distribuyendo y presentando mercancías (art. 67.1). Recordemos igualmente que el ámbito de aplicación del impuesto es el territorio español (art. 69.1)

Atendiendo tanto a la naturaleza como al ámbito de aplicación así definidos, no quedan sometidos a tributación efectiva los productos que son enviados fuera del territorio de aplicación del impuesto, ya sea a un territorio integrante de la UE (entrega intracomunitaria) o a un territorio tercero (exportación). La justificación de este tratamiento beneficioso, trasladando a este impuesto la doctrina de la DGT (V0770-19) en relación con el impuesto sobre gases fluorados de efecto invernadero, se encuentra en que mediante el impuesto que aquí estamos analizando se pretende gravar únicamente la utilización de envases de plástico no reutilizables en el territorio español, por lo que, en sentido contrario, mediante los supuestos de no sujeción, devolución y exención previstos en la ley, se pretende exonerar de gravamen a aquellos productos cuya utilización se va a producir fuera del ámbito de aplicación del impuesto. En esta misma línea, la Exposición de Motivos del Anteproyecto indicaba que esta exoneración responde al objetivo perseguido por el impuesto de que se utilice el menor número posible de envases de plástico no reutilizables en el territorio español[311]. Por lo tanto, aunque en

311 Siguiendo a RENIEBLAS DORADO, se trata de "una exención lógica, ya que, al ser un impuesto indirecto que en el fondo lo que grava es el uso de estos productos en el terri-

ocasiones se califica este supuesto de no tributación como un beneficio fiscal (por ejemplo, en la referida consulta), parece que se trata más bien de una respuesta técnica para ajustar de una forma adecuada la tributación a la naturaleza y ámbito de aplicación del impuesto[312], además de evitar perjuicios a la competitividad de las empresas españolas[313].

El Anteproyecto de Ley de Residuos articulaba esta exoneración de una forma bastante confusa en la que se contemplaba con prácticamente idéntica redacción un supuesto de exención y deducción para la fabricación, importación o adquisición intracomunitaria de aquellos envases de plástico no reutilizables que se destinasen a ser enviados directamente por el fabricante, importador o adquirente intracomunitario a un territorio distinto al de aplicación del impuesto. Cabe entender que lo que se pretendía era aplicar (i) la exención si el envío fuera del territorio de aplicación del impuesto se

---

torio de aplicación del impuesto, si no se produce el consumo, dará lugar a la exención, pero evidentemente deberá demostrarse este hecho debidamente", RENIEBLAS DORADO, P.: "Análisis del borrador del Impuesto Especial sobre los envases de plástico no reutilizables", *op. cit.*, pág. 6.

312 Señala GARCÍA NOVOA que la intención última del legislador es que se utilice el menor número posible de estos envases de plástico no reutilizables en el territorio español. En su opinión, estos mecanismos de exoneración de tributación, más que responder a una finalidad ambiental, son "una medida propia de todo impuesto sobre el consumo; cuando el bien o producto se destina a su exportación o, en general, a clientes fuera del territorio de aplicación de este impuesto, se aplica una exención", GARCÍA NOVOA, C.: "El impuesto sobre envases de plástico no retornables", *op. cit.*

313 La consulta británica, no obstante, ponía el acento en evitar las desventajas competitivas para los fabricantes de Reino Unido si las exportaciones de envases de plástico quedaran gravadas. En este sentido, SALASSA BOIX considera que se trata de "una exención basada en motivos comerciales y de competitividad", SALASSA BOIX, R.: "La compatibilidad de los ajustes fiscales en frontera ambientales con el GATT a partir del impuesto español sobre los plásticos no reutilizables", *op. cit.*, pág. 120. En GARCÍA CARRETERO y PATÓN GARCIA también nos referimos a una motivación basada en evitar las desventajas competitivas de los operadores españoles que realizan exportaciones y entregas intracomunitarias, al igual que en GARCÍA CARRETERO, B.: "Hacia una circularidad de los plásticos. Análisis del impuesto sobre envases de plástico no reutilizables desde una perspectiva medioambiental", *op. cit.*, pág. 173. En el mismo sentido PATÓN GARCÍA, G: *Fiscalidad de residuos orientada a una economía circular...*, *op. cit.*, pág. 54.

producía con anterioridad a la finalización del plazo previsto para efectuar la autoliquidación del impuesto correspondiente a dichos hechos imponibles como un supuesto de exención y (ii) la deducción si el envío se producía con posterioridad, esto es, una vez satisfecho el impuesto.

La redacción finalmente aprobada es bastante más compleja y articula distintos supuestos de no sujeción, deducción y devolución en función del hecho imponible ante el que nos encontramos:

1.1. SITUACIONES

1.1.1. Envío por el fabricante

Se encontrará no sujeta al impuesto la fabricación de aquellos productos que, formando parte del ámbito objetivo del impuesto, se destinen a ser enviados directamente por el fabricante, o por un tercero en su nombre o por su cuenta, a un territorio distinto al de aplicación del impuesto. La efectividad de este supuesto de no sujeción queda condicionada a que se acredite la realidad de la salida efectiva de los mismos del territorio de aplicación del impuesto (artículo 73.b).

1.1.2. Envío por el adquirente intracomunitario

Estará exenta la adquisición intracomunitaria de los productos que forman parte del ámbito objetivo del impuesto y que, con anterioridad a la finalización del plazo de presentación de la autoliquidación del impuesto correspondiente a dicho hecho imponible, se destinen a ser enviados directamente por el adquirente intracomunitario, o por un tercero en su nombre o por su cuenta, a un territorio distinto al de aplicación del impuesto. La efectividad de esta exención quedará condicionada a que se acredite la realidad de la salida efectiva de los productos del territorio de aplicación del impuesto (artículo 75.d).

Si el envío, ya sea por el contribuyente, o por un tercero en su nombre o por su cuenta, se produce con posterioridad a la finalización del plazo de presentación de la autoliquidación del impuesto, el adquirente intracomunitario podrá deducir en la autoliquidación en que se produzca dicha circunstancia el impuesto pagado por la adquisición intracomunitaria de dichos productos[314]. La aplicación de esta deducción queda condicionada a que el envío del producto fuera del ámbito del territorio español pueda ser probada ante la AEAT por cualquiera de los medios de prueba admisibles en derecho, así como a la acreditación del pago del impuesto mediante el correspondiente documento justificativo de este (artículo 80.1.a)[315].

1.1.3. Envió por el importador

Los importadores de los productos que, formando parte del ámbito objetivo del impuesto, hayan sido enviados por ellos, o por un tercero en su nombre o por su cuenta, fuera del territorio de aplicación del impuesto tendrán derecho a solicitar la devolución del importe del impuesto pagado en las condiciones que, en su caso, reglamentariamente se establezcan (artículo 81.1.a)[316]. La efectividad de la devolución quedará condicionada a que el envío fuera del territorio de aplicación del impuesto pueda ser probada ante la AEAT por cualquiera de los medios de prueba admisibles en derecho, así como a la acreditación del pago del impuesto (artículo 81.2)[317].

---

314 El precepto establece que la deducción se aplicará en las condiciones que, en su caso, reglamentariamente se establezcan. Tal desarrollo reglamentario no se ha producido.

315 Esta deducción "solo es aplicable en relación con productos incluidos en el ámbito objetivo del impuesto que han sido adquiridos a proveedores intracomunitarios por el propio contribuyente en calidad de adquirente intracomunitario, por tanto, si la consultante solo adquiere de proveedores españoles no le resultará de aplicación porque no realiza el hecho imponible adquisición intracomunitaria" (V0125-23)

316 El desarrollo reglamentario no se ha producido.

317 Como se puede observar, mientras que el fabricante y el adquirente intracomunitario no soportan una tributación en origen (el primero mediante el supuesto de no sujeción y el segundo mediante el supuesto de exención), el importador ha de liquidar previamente el impuesto y después solicitar la devolución. Esta diferenciación ha llevado a suscitar la posible existencia de un trato discriminatorio para los importadores, SALASSA BOIX, R.: "La compatibilidad de los ajustes fiscales en frontera ambientales con el GATT a partir del impuesto español sobre los plásticos no reutilizables", *op. cit.*, pág. 120.

1.1.4. Envío por el adquirente no contribuyente

En el caso de que los productos que forman parte del ámbito objetivo del impuesto sean enviados fuera del territorio de aplicación por los adquirentes de dichos productos que no ostenten la condición de contribuyentes, estos tendrán derecho a solicitar la devolución del importe del impuesto pagado en las condiciones que, en su caso, reglamentariamente se establezcan, siempre que acrediten el referido envío fuera del territorio de aplicación del impuesto (artículo 81.1.d). La efectividad de la devolución quedará condicionada a que el envío fuera del territorio de aplicación del impuesto pueda ser probada ante la AEAT por cualquiera de los medios de prueba admisibles en derecho, así como a la acreditación del pago del impuesto (artículo 81.2)[318].

Es decir, si un fabricante, proveedor intracomunitario o importador (es decir, un contribuyente) vende los productos a un cliente que los destina a la exportación, será dicho cliente el que tendrá derecho a solicitar la devolución (V2073-23). Este sería el caso de una entidad que adquiriera productos a un proveedor nacional, operación por la que no tendría la consideración de contribuyente y podría solicitar la devolución en la medida que enviara los productos fuera del territorio de aplicación del impuesto (V0433-23, V0536-23). La DGT ha precisado que este apartado resultará de aplicación a cualquier adquirente posterior, siempre que se acredite el envío fuera del territorio de aplicación del impuesto por cualquiera de los medios de prueba admisibles en derecho, así como el pago del impuesto (V0125-23). Así, por ejemplo, los armadores podrán solicitar la devolución del impuesto correspondiente a envases adquiridos a fabricantes o distribuidores cuando dichos envases son cargados en buques y salen del territorio de aplicación del impuesto (V2274-23).

---

318 La enmienda nº 435 del Grupo Parlamentario Popular en el Senado (GPP) proponía articular este caso como un supuesto de deducción que quedaría redactado de la siguiente manera: "5. Se podrá solicitar la devolución del impuesto por parte de los sujetos que envíen productos fuera del territorio de aplicación del impuesto y acreditan que, en su adquisición, o en una previa, dichos productos fueron gravados con el correspondiente impuesto. Reglamentariamente se regularán las condiciones y requisitos para la citada acreditación".

El documento de preguntas y respuestas del Ministerio plantea el supuesto de una empresa fabricante de productos semiterminados que lo vende a una empresa manipuladora española, la cual transforma el producto en un envase final y lo entrega a un cliente radicado fuera del territorio de aplicación del impuesto. En este caso, el fabricante del producto semielaborado estará sujeto al realizar la primera entrega o puesta a disposición a favor del adquirente en el territorio de aplicación del impuesto y, posteriormente, "la empresa manipuladora española" podrá solicitar la devolución del impuesto si envía el producto fuera del territorio de aplicación del impuesto.

1.2. CUESTIONES COMUNES

1.2.1. Sujeto que ha de realizar el envío al exterior

La condición para que resulte de aplicación este supuesto de exoneración es que el envío fuera del territorio de aplicación del impuesto se realice directamente por el fabricante, adquirente intracomunitario o importador o por un tercero en su nombre o por cuenta de cualquiera de los anteriores, en función del hecho imponible ante el que nos encontremos. Sin embargo, si el envío se realiza por el adquirente (o, ha de entenderse, por un tercero en su nombre o por cuenta), será este quien se beneficie, teniendo derecho a solicitar la devolución del impuesto mediante la presentación del modelo A22, acompañado de los justificantes del envío de los productos fuera de España y del pago del impuesto.

Resulta llamativo que este tratamiento no sea plenamente coincidente con el correspondiente al IVA para aplicar la exención prevista para las exportaciones y entregas intracomunitarias. En el primero de los casos, el artículo 21 de la Ley 37/1992 dispone que estarán exentas las entregas de bienes expedidos o transportados fuera de la Comunidad por el transmitente o por un tercero que actúe en nombre y por cuenta de éste, así como las entregas de bienes expedidos o transportados fuera de la Comunidad por el adquirente no establecido en el territorio de aplicación del impuesto o por un tercero que actúe en nombre y por cuenta de él. Respecto a las entregas intracomunitarias, el artículo 25 de la Ley 37/1992 deja exentas en el ámbito del IVA las entregas de bienes expedidos o transportados, por el vendedor, por el adquirente o por un tercero en nombre y por cuenta de cualquiera de los anteriores, al territorio de otro Estado miembro, siempre que el adquirente sea un empresario o profesional o una persona jurídica que no actúe como tal, que disponga de un número de identificación a efectos del IVA asignado por un Estado miembro distinto del Reino de España, que haya comunicado dicho número de identificación fiscal al vendedor. Es decir, mientras que en el IVA se admite que el transporte fuera del territorio español se realice por el adquirente o por un tercero que actúe en nombre y por cuenta de aquel, concurriendo ciertos requisitos para cada uno de los supuestos, a efectos del impuesto sobre envases de plásticos no se admite en modo alguno dicha posibilidad[319]. Esta discordancia entre el tratamiento en ambos tributos supone una distorsión que puede dar lugar a mayores cargas administrativas que podrían aliviarse si confluyeran ambas regulaciones.

Esta discordancia ha sido confirmada por la DGT (V0873-23, V0876-23) al preguntarse por la aplicación de los supuestos de no sujeción para el fabricante (artículo 73.b), de deducción por el adquirente intracomunitario (artículo 80.1.a) y de devolución por el importador (artículo 81.1.d) cuando las entregas se realizan utilizando el incoterm EXWORK (se ponen las mercancías a disposición del comprador en los propios locales de la consultante), FOB (el proveedor entrega la mercancía a un medio de transporte elegido y pagado por el comprador) o DDP (el proveedor soporta todos los gastos y riesgos necesarios para llevar la mercancía al país de destino). La respuesta de la DGT es negativa: con independencia de las condiciones comerciales pactadas entre el proveedor y su cliente, el primero (fabricante, adquirente intracomunitario o importador) únicamente podrá beneficiarse del correspondiente mecanismo de no sujeción, exención o recuperación del impuesto

319 En el mismo sentido MENDO BUETAS advierte que "no bastará la mera puesta a disposición en el territorio de aplicación del impuesto a un tercero que, con posterioridad, envíe los productos fuera del territorio". Añade que "La no sujeción se refiere a productos que «se destinen a ser enviados», lo que no necesariamente significa que debe haberse iniciado la expedición, sino tan solo la disposición de los productos que tengan esa finalidad. Los almacenados dispuestos para su expedición con destino a territorios distintos de la aplicación del impuesto, serán productos no sujetos al impuesto", MENDO BUETAS, J.: "El impuesto especial sobre envases de plástico no reutilizables (arts. 67 a 83 Ley 7/2022, de 8 de abril). Parte I", *op. cit.*

pagado cuando se responsabilice del transporte. Por el contrario, cuando es el adquirente no establecido quien organiza el transporte, será ese cliente quien podrá obtener la devolución del impuesto aplicando lo previsto en el artículo 81.1.d) de la Ley 7/2022.

Dicha solución puede encontrar la lógica en los casos en que el contribuyente (adquirente intracomunitario o importador) haya podido repercutir económicamente el impuesto al cliente que realiza el envío fuera del territorio español. No obstante, si dicha repercusión no ha sido posible (por ejemplo, porque no haya sido aceptada por el cliente), se produce una llamativa distorsión entre el sujeto que ha soportado de manera efectiva el coste del impuesto y el sujeto que obtendría la devolución de este[320]. En el caso del fabricante, el mecanismo de repercusión jurídica previsto en el artículo 82.9 palía en cierta medida esta distorsión, siempre y cuando el cliente no haya exigido, desde el punto de vista comercial, un descuento para que su coste final (impuesto incluido) sea equivalente al existente antes de la introducción del gravamen.

Esta problemática encontró reflejo en la tramitación parlamentaria de la Ley 7/2022, en la que se plantearon enmiendas para que la devolución del impuesto se solicitara por los adquirentes no contribuyentes que "puedan acreditar el envío de los productos fuera del territorio de aplicación de aquel, ya sea por ser los mismos los remisores de los productos fuera del ámbito de aplicación o por ser los mismos los obligados a emitir los certificados a los que hace referencia el apartado 2 de este artículo [81], en caso de que se llegue a un acuerdo entre ambas partes"[321], al ser estos últimos, según se indica en la justificación de las enmiendas, los que realmente tienen la información detallada del pago del impuesto.

---

320 Distorsión confirmada por la DGT (V0653-23): el adquiriente no contribuyente es quien tendrá derecho a solicitar la devolución del impuesto, siempre que envíe los productos fuera del ámbito territorial del impuesto, con independencia de que haya habido una repercusión jurídica o económica del Impuesto a lo largo de la cadena de distribución.

321 Enmienda nº 155 del Sr. Ferran Bel i Accensi (Grupo Parlamentario Plural) y enmienda nº 604 del Grupo Parlamentario Popular en el Congreso. Enmiendas nº 437 y 438 del Grupo Parlamentario Popular en el Senado.

Resulta también interesante el criterio de la consulta V0433-23, en relación con una sociedad A que adquiere envases de proveedores de otros estados miembros y que posteriormente son comercializados por otra entidad del mismo grupo, la sociedad C. En estas operaciones, la sociedad A emite la factura de venta a la sociedad C y esta emite su propia factura al cliente final. Además, en estas operaciones la sociedad A se encarga del transporte de las mercancías y, en su caso, de las formalidades aduaneras. La DGT aclara que la venta de los productos de la sociedad A a la sociedad C no afecta a la aplicación de la deducción por la primera entidad, entendiendo que "el envío de los productos los realiza la sociedad A, que es quien organiza el transporte, designa el lugar de entrega, en su caso se encarga de las formalidades aduaneras, aunque no sea la propietaria de los productos".

El documento de preguntas y respuestas del Ministerio plantea el supuesto de las tiendas limítrofes con Francia o Portugal o las ubicadas en los aeropuertos. En tales casos, si dichas tiendas realizan adquisición intracomunitaria de productos objeto del impuesto y, con anterioridad a la finalización del plazo de presentación de la correspondiente autoliquidación, únicamente podrán aplicar la exención si son las propias tiendas las que envían los productos fuera del territorio español. Por el contrario, no podrán gozar de esta exención cuando realicen la entrega o la puesta a disposición del cliente de los productos en el territorio español, aunque el cliente viaje fuera, dado que en este supuesto se desconoce si el adquirente los va a enviar fuera del territorio de aplicación del impuesto. Por la misma razón, la entidad que gestiona la tienda tampoco podrá solicitar la devolución si se trata de un producto importado. En ambos casos será el cliente quien podrá solicitar la devolución del impuesto si envía los productos fuera del territorio de aplicación del impuesto.

1.2.2. La acreditación del envío

La aplicación de los anteriores mecanismos (no sujeción, exención, deducción y devolución) quedan condicionados a que se acredite la realidad de la salida efectiva de los productos del territorio de aplicación del impuesto.

La DGT (V0873-23, V0876-23) incide en la libertad de prueba. Así, recordando que en el ordenamiento jurídico español rige el principio general de valoración libre y conjunta de todas las pruebas aportadas, queda descartado como principio general el sistema de prueba legal o tasada. Recuerda también que, conforme al artículo 106.1 de la LGT, "en los procedimientos tributarios serán de aplicación las normas que sobre los medios y valoración de prueba se contienen en el CC y en la Ley 1/2000, de 7 d enero, de Enjuiciamiento Civil, salvo que la ley establezca otra cosa". Finalmente, cita el artículo 105.1 de la LGT, el cual establece que "en los procedimientos de aplicación de los tributos quien haga valer su derecho deberá probar los hechos constitutivos del mismo". En este caso concreto, la Ley 7/2022 establece que la salida del territorio español y el pago del impuesto deberán probarse por cualquier medio de prueba admisible en derecho.

En la segunda de las consultas citadas se planteaban como posibles medios de prueba el DUA de exportación en el caso de salida de los bienes con destino a un territorio fuera de la Unión Europea y, en el caso de envíos con destino a otro Estado miembro, el CMR, la factura del transportista o una declaración firmada por el receptor de la mercancía en el extranjero. Si bien la consulta, siguiendo el principio general de libertad de prueba, no se pronuncia expresamente sobre esta cuestión, parece razonable entender que los mencionados medios pruebas son suficientes a estos efectos.

A efectos ejemplificativos, el artículo 12 del Reglamento del Impuesto sobre los Gases Fluorados de Efecto Invernadero, en su redacción vigente hasta 31 de agosto de 2022[322], establecía precisamente que la acreditación del envío fuera del ámbito territorial de aplicación del impuesto se efectuaría mediante la aportación del correspondiente DUA de exportación o, en el caso de envíos con destino a otro Estado miembro, mediante cualquier medio de prueba admitido en derecho. En particular, en este último caso, podían tener

322 Real Decreto 1042/2013, de 27 de diciembre, por el que se aprueba el Reglamento del Impuesto sobre los Gases Fluorados de Efecto Invernadero, y por el que se modifican el Reglamento del Procedimiento para el ejercicio de la potestad sancionadora, aprobado por el Real Decreto 1398/1993, de 4 de agosto, el Reglamento del Impuesto sobre Sociedades, aprobado por el Real Decreto 1777/2004, de 30 de julio, el Reglamento del Impuesto sobre la Renta de las Personas Físicas, aprobado por el Real Decreto 439/2007, de 30 de marzo, y el Reglamento del Impuesto sobre el Valor Añadido, aprobado por el Real Decreto 1624/1992, de 29 de diciembre.

dicha consideración el contrato, la factura o cualquier otro documento acreditativo del transporte.

Similar respuesta se encuentra en otra consulta acerca de la validez de la carta de porte del Convenio relativo al Contrato de Transporte Internacional de Mercancías por Carretera como prueba que acredita la entrega en otro Estado miembro de la mercancía. La DGT insiste en que, no habiéndose establecido un sistema de prueba tasado, sino la posibilidad de utilizar cualquier medio de prueba admitido en derecho, el citado documento podrá aportarse a la Administración Tributaria y esta lo habrá de valor conjuntamente con los demás medios de prueba de que disponga, a efectos de comprobar el cumplimiento de las condiciones para efectuar la devolución del impuesto (V0432-23).

La bienintencionada flexibilidad de la nueva norma, acudiendo al principio de libertad de prueba, puede no obstante introducir un elemento de inseguridad jurídica para el contribuyente, en tanto que la valoración de la prueba queda en manos, en primera instancia, de la Administración tributaria.

1.2.3. La acreditación del pago del impuesto

En los casos de deducción y devolución, el mecanismo se encuentra además condicionado a la acreditación del pago del impuesto, requisito en principio sencillo de cumplir cuando estos mecanismos se activen por el adquirente intracomunitario o el importador, pues estos contarán con la correspondiente autoliquidación o liquidación en la aduana, respectivamente.

Si la solicitud de devolución es realizada por un adquirente no contribuyente, este deberá acreditar el pago del impuesto mediante la factura o certificado emitido por su proveedor o, de ser este un fabricante nacional, mediante la factura en la que le habrá repercutido jurídicamente el impuesto, documentos todos ellos a los que se refiere el artículo 82.9 de la Ley 7/2022[323].

323 La enmienda nº 156 del Sr. Ferran Bel i Accensi (Grupo Parlamentario Plural) proponía una modificación del artículo 81.2 para añadir que “El importe del impuesto pagado se deberá acreditar mediante el correspondiente justificante de pago de la liquidación aduanera o, en su caso, mediante la factura recibida con ocasión de la adquisición de los productos que forman parte del ámbito objetivo del impuesto o mediante la aportación

Como hemos señalado con anterioridad, existirá obligación de facilitar dicha información "con independencia de que [el proveedor] realice o no una repercusión económica del impuesto, circunstancia que depende de su entera voluntad consecuencia de su política y estructura de costes" (V0653-23, V0973-23).

1.2.4. *El problema de la trazabilidad de los productos*

La acreditación del cumplimiento de los requisitos se complicará a medida que se alargue la cadena de distribución del producto. La problemática es puesta de manifiesto por una entidad dedicada a la fabricación de panadería y bollería industrial (magdalenas). Esta entidad consulta si, en relación con la exportación de productos adquiridos a un proveedor nacional, además de la mención en factura del proveedor de la cantidad de plástico e impuesto pagado en cada producto envasado en bidones, con identificación de estos bidones, es necesario fijar la trazabilidad sobre la cadena de suministradores para probar el pago del impuesto y la cantidad de plástico no reciclado. La DGT (V0131-23) considera que, actuando en este caso la entidad como un adquirente no contribuyente, podrá solicitar la devolución del impuesto pagado por esos productos sujetos al impuesto que se envían fuera del territorio de aplicación del impuesto, estando la devolución condicionada a que se acredite la salida de los productos y a que se acredite el pago del impuesto, por cualquier medio de prueba admisible en derecho, como pueden ser las facturas de compra o los certificados a los que se refiere el artículo 82.9 de la Ley 7/2022.

---

del certificado emitido por aquellos operadores que queden eximidos de la obligación de consignación en factura del impuesto conforme a lo señalado en el artículo 82.9.b). En la factura o certificado, según proceda, deberá figurar, conforme a lo dispuesto en el artículo 82.9, la cantidad de plástico no reciclado contenida en los productos que forman parte del ámbito objetivo del impuesto. Cuando no se consigne dicho dato en la factura, se presumirá, salvo prueba en contrario, que los productos han sido fabricados en su totalidad con plástico reciclado". El objeto de la enmienda es reconocer la posibilidad de acreditar el pago del impuesto mediante los certificados emitidos por los operadores que hayan quedado eximidos de la declaración en factura del impuesto.

No obstante, la anterior contestación no aborda, quizás por no resultar de su competencia, el espinoso asunto planteado por la consultante sobre la trazabilidad de los productos, especialmente complejo cuando en el almacén se puedan confundir partidas adquiridas en distintas fechas, a distintos proveedores y con distintas procedencias geográficas (nacionales, UE, países terceros). En tales casos puede resultar muy difícil o incluso imposible, en función de la naturaleza del producto, identificar con exactitud el proveedor y la factura o certificado que corresponde a los concretos productos que están siendo enviados fuera del territorio de aplicación del impuesto. A este respecto, la DGT (V0536-23) se ha limitado a indicar que el número de envases que da lugar a la aplicación de este beneficio fiscal se podrá acreditar por cualquier medio válido de prueba admitido en derecho.

La cuestión puede ser aún más compleja en el caso de los embalajes terciarios, como es el plástico retráctil que envuelve los paquetes que engloban un grupo de artículos y los pallets para su transporte. La DGT (V1093-23, V1209-23) señala que, si la sociedad consultante envía los productos fuera del ámbito de aplicación del impuesto, tendrá derecho a solicitar la devolución del impuesto pagado por el plástico utilizado para envasar tanto los paquetes como los pallets, lo cual quedará supeditado, claro está, al cumplimiento de los requisitos a que nos hemos referido.

2. PRODUCTOS QUE HAN DEJADO DE SER APTOS PARA SU UTILIZACIÓN O HAN SIDO DESTRUIDOS

Atendiendo nuevamente a la naturaleza del impuesto, no quedan sometidos a tributación los productos que forman parte del ámbito objetivo del impuesto cuando hayan dejado de ser adecuados para su utilización o hayan sido destruidos con anterioridad a su primera entrega o puesta a disposición del adquirente[324].

---

324 En relación con el supuesto de destrucción previsto en el Anteproyecto, PUCHOL TUR consideró que da cumplimento el principio quien contamina paga pues "si se destruyen los residuos plásticos no deriva en contaminación en el medio", PUCHOL TUR, T., "El futuro impuesto sobre plásticos no reutilizables", Revista Quincena Fiscal, núm. 4, 2021. No obstante, para CASAS RONDONÍ podría resultar contraria

Al igual que en el caso anterior, la regulación de este supuesto ha variado significativamente respecto a la del Anteproyecto de ley. Este articulaba la exoneración a través de una exención y una deducción. La primera resultaba de aplicación para la fabricación, importación y adquisición intracomunitaria de los envases de plástico no reutilizables, que, con anterioridad a la finalización del plazo previsto para efectuar la autoliquidación del impuesto correspondiente a dichos hechos imponibles, hubieran sido destruidos, siempre que se probara su destrucción ante la Administración, por cualquiera de los medios de prueba admisibles en derecho. Por otra parte, los contribuyentes podían aplicar una deducción por el importe del impuesto pagado respecto de los envases que, con anterioridad a su venta o entrega, hubieran dejado de ser adecuados para su utilización o hayan sido destruidos, siempre que la existencia de dichos hechos hubiera sido probada ante la Administración, por cualquiera de los medios de prueba admisibles en derecho.

El mecanismo finalmente previsto en la Ley 7/2022, en forma de exención, deducción o devolución, depende del hecho imponible ante el que nos encontramos:

---

al principio de jerarquía de residuos, CASAS RONDONÍ, M.: "El futuro impuesto especial sobre los envases de plástico no reutilizables. Principales características y algunas dudas acerca de su compatibilidad con el Derecho de la UE", *op cit*. Asimismo, GARCÍA CARRETERO y PATÓN GARCÍA advierten que, desde una perspectiva estrictamente ambiental, es discutible tanto la no sujeción como la exención, puesto que la conducta contaminante ya habrá sido realizada y la finalidad de impuesto es reducir la generación de residuos y favorecer la reutilización y reciclaje. Por ello, añaden que la exoneración de los productos que han dejado de ser adecuados para su utilización debería estar condicionada a que fueran reciclados y que los productos que hayan sido destruidos deberían estar sujetos, reconociendo los problemas de control que ellos puede acarrear y la necesidad de introducir un nuevo supuesto de devengo, GARCÍA CARRETERO, B. y PATÓN GARCÍA, G.: "La fiscalidad de los envases y vertidos e incineración en el proyecto de ley de residuos y suelos contaminados", *op. cit*. En esta misma línea, GARCÍA DE PABLOS advirtió que "va en contra del objetivo de reutilización propugnado por la Ley de Residuos", GARCÍA DE PABLOS, J. F., "Los nuevos impuestos sobre residuos y envases de plástico", *op, cit*., y SEDEÑO LÓPEZ, F. J.: *Fiscalidad de la economía circular. Situación actual y propuestas de reforma*, Tirant lo Blanch, Valencia, 2022, págs. 263-264.

2.1. SITUACIONES

2.1.1. *Fabricante*

Se encontrará no sujeta al impuesto la fabricación de los productos que forman parte del ámbito objetivo del impuesto cuando, con anterioridad al devengo del impuesto, hayan dejado de ser adecuados para su utilización o hayan sido destruidos, siempre que la existencia de dichos hechos haya sido probada ante la AEAT, por cualquiera de los medios de prueba admisibles en derecho (art. 73.a).

Únicamente se puede beneficiar de este mecanismo el fabricante. Por tanto, no se puede aplicar en el caso de obtención de envases a partir de productos semielaborados, al no tener la consideración de "fabricación" a efectos del impuesto (V0131-23)[325].

Existe un debate sobre si esta exoneración debe calificarse como un supuesto de no sujeción o de exención. Consideramos que, al haberse producido el hecho imponible, debería tratarse técnicamente como una exención. Ahora bien, si atendemos a la naturaleza del impuesto, que pone el foco en la "utilización", los envases no han llegado al mercado y, por tanto, se aleja el riesgo de que se conviertan en un residuo perjudicial para el medio ambiente, por lo que podría tener cabida la calificación como supuesto de no sujeción.

---

325 Se trata de una consulta planteada por una entidad dedicada a la fabricación y venta de productos de panadería y bollería industrial (magdalenas). La entidad vende el producto en bolsas de plástico no reciclado con dos envases, un envase unitario de cada una de las 12 unidades de magdalenas y un segundo envase del total de las 12 magdalenas con la marca impresa y todas las especificaciones necesarias para la venta. Ambos envases los fabrica la propia consultante con maquinaria formadora de envases y bolsas a partir de las bobinas de film que adquiere a otras empresas, por lo que el consultante realiza la fase de cortado, formación de bolsa y termosellado. En ocasiones, durante el proceso productivos, se descartan unidades de producto ya envasadas debido a circunstancias de fallos en el etiquetado, defectos de producción, problemas de calidad, pruebas de laboratorio, etc., por lo que dichas unidades no llegan a ser enviadas a los clientes. La DGT rechaza la posibilidad de que la entidad consultante aplique este supuesto de no sujeción puesto que la obtención de envases a partir de productos semielaborados no tiene la consideración de "fabricación" y, por tanto, la consultante no reúne la condición de fabricante a efectos del impuesto.

En todo caso, lo que se evidencia es que esta posible discusión es nuevamente fruto del desacompasamiento entre la naturaleza del impuesto y la definición del hecho imponible.

2.1.2. Adquirente intracomunitario

Estará exenta la adquisición intracomunitaria de los productos que forman parte del ámbito objetivo del impuesto y que, con anterioridad a la finalización del plazo de presentación de la autoliquidación del impuesto correspondiente a dicho hecho imponible, hayan dejado de ser adecuados para su utilización o hayan sido destruidos, siempre que la existencia de dichos hechos haya sido probada ante la AEAT, por cualquiera de los medios de prueba admisibles en derecho (artículo 75.e).

Si la circunstancia de que los productos hayan dejado de ser adecuados para su utilización o hayan sido destruidos se produce con anterioridad a su primera entrega o puesta a disposición del adquirente en el territorio de aplicación del impuesto, pero con posterioridad a la finalización del plazo de presentación de la autoliquidación del impuesto, el adquirente intracomunitario podrá deducir en la autoliquidación en que se produzca dicha circunstancia el impuesto pagado por la adquisición intracomunitaria de dichos productos[326]. La aplicación de esta deducción queda condicionada a que las citadas circunstancias puedan ser probadas ante la AEAT por cualquiera de los medios de prueba admisibles en derecho, así como a la acreditación del pago del impuesto mediante el correspondiente documento justificativo del mismo (artículo 80.1.b).

Como ha señalado la DGT (V0125-03), esta deducción solo es aplicable en relación con productos incluidos en el ámbito objetivo del impuesto que han sido adquiridos a proveedores intracomunitarios, por lo que si solo se adquiere de proveedores españoles o de países terceros no resultará de aplicación.

En esta misma línea, la DGT (V0131-23) ha descartado la aplicación de la deducción respecto de productos de alimentación envasados en bolsas de

---

[326] El precepto establece deducción se aplicará en las condiciones que, en su caso, reglamentariamente se establezcan. Tal desarrollo reglamentario no se ha producido.

plástico procedentes de otro Estado miembro que posteriormente son retirados por caducidad. Los "productos" a los que se refiere el precepto son los productos objeto del impuesto, es decir los productos relacionados en el artículo 68 de la Ley 7/2022. Por tanto, en un caso como el planteado, no cabe aplicar la deducción del artículo 80.1.b) de la Ley 7/2022, puesto que los envases no se han visto afectados por esas incidencias[327].

2.1.3. Importador

Los importadores de los productos que, formando parte del ámbito objetivo del impuesto, con anterioridad a su primera entrega o puesta a disposición del adquirente en el territorio de aplicación del impuesto, hayan dejado de ser adecuados para su utilización o hayan sido destruidos, tendrán derecho a solicitar la devolución del importe del impuesto pagado en las condiciones que, en su caso, reglamentariamente se establezcan (artículo 81.1.b)[328]. La efectividad de la devolución quedará condicionada a que la existencia de los hechos enumerados en las mismas pueda ser probada ante la AEAT por cualquiera de los medios de prueba admisibles en derecho, así como a la acreditación del pago del impuesto (artículo 81.2)[329].

2.2. CUESTIONES COMUNES

Estos supuestos de no sujeción (fabricante), deducción (adquirente intracomunitario) y devolución (importador) presentan como elemento en co-

327 Sí podría ser de aplicación la deducción prevista en la letra c) del mismo precepto, prevista para los productos que, tras su entrega o puesta a disposición del adquirente, hayan sido objeto de devolución para su destrucción o reincorporación al proceso de fabricación, previo reintegro del importe de dichos productos al adquirente.

328 El desarrollo reglamentario no se ha producido.

329 SALASSA BOIX nuevamente se plantea si, en comparación con los fabricantes (no sujetos) y adquirentes intracomunitarios (exentos), "no existe un trato fiscal discriminatorio para los importadores que pueda ser cuestionado en el ámbito de ciertos tratados internacionales", SALASSA BOIX, R. (2021a): "La compatibilidad de los ajustes fiscales en frontera ambientales con el GATT a partir del impuesto español sobre los plásticos no reutilizables", *op, cit.*, pág. 121.

mún que la circunstancia que da derecho a la activación de tales mecanismos de no tributación se produce con anterioridad a la primera entrega o puesta a disposición del producto al adquirente en el territorio de aplicación del impuesto. Si dichas circunstancias se pusieran de manifiesto con posterioridad a esa primera entrega o puesta a disposición del adquirente, se podría tener derecho a recuperar el impuesto, pero en las condiciones que se describirán en el siguiente epígrafe.

Así lo ha puesto de manifiesto la DGT (V0654-23), en relación con una empresa que realiza adquisiciones intracomunitarias de envases que son objeto de venta o entrega en el territorio español a un cliente que se los devuelve por razones de carácter comercial, pero no para su destrucción o reincorporación al proceso de fabricación. Antes de volver a ser vendidos por la consultante, se destruyen por circunstancias extraordinarias. La DGT concluye que no podrá aplicarse la deducción puesto que los envases, previamente a su destrucción, han sido objeto de entrega o puesta a disposición del adquirente en el territorio de aplicación del impuesto

De la misma forma que ocurría con el envío de los productos fuera del territorio español, los mecanismos de no tributación (no sujeción, exención, deducción y devolución) están condicionado a que, por cualquier medio de prueba admitido en derecho, se acredite que los productos han dejado de ser adecuados para su utilización o hayan sido destruidos. Nos encontramos nuevamente ante la aplicación del principio general de libertad de prueba, lo que flexibiliza la acreditación por parte del contribuyente de las referidas circunstancias, pero, al mismo tiempo, introduce un cierto elemento de inseguridad jurídica al corresponder a la Administración tributaria la valoración de la prueba aportada.

Lo que se ha de probar, como señala la DGT (V0125-23), es el destino de estos productos: que efectivamente han dejado de ser adecuados para su utilización o que han sido destruidos, es decir, que el envase ya no es apto para su utilización o que, incluso siéndolo, ha sido destruido. El Centro Directivo, yendo más allá de lo que expresamente se desprende la literalidad de los preceptos que aquí comentamos, añade que este "beneficio fiscal" (así lo califica) procede cuando los productos objeto del impuesto "hayan dejado de ser adecuados para su utilización o destruidos" como consecuencia de circunstancias extraordinarias, sin llegar a cumplir las funciones que estaban destinados a desempeñar hasta el final de su ciclo de vida, por ejemplo, porque el edificio donde están almacenados a la espera de su venta al adquirente se incendia. A la vista de tales criterios, parece desprenderse que los preceptos que aquí comentamos no son de aplicación cuando el envase se entrega a centros autorizados para la retirada de los productos ni en el caso de que se entreguen gratuitamente o se donen a entidades sin ánimo de lucro, cuestiones a la que la consulta no da contestación expresa.

Con base en ese criterio estricto de lo que se entiende por "destrucción", el documento de preguntas y respuestas del Ministerio rechaza que se pueda recuperar el impuesto en el caso de un contribuyente que realiza adquisiciones intracomunitarias de mercancías contenidas en envases secundarios que agrupan varias unidades, los cuales rompe para desagregar dichas unidades de venta y ponerlas a disposición del siguiente adquirente. Dicho supuesto, a juicio de la Administración, constituye el uso normal de esos envases secundarios, señalando que "evidentemente, para poder extraer las mercancías que contienen dichos envases hay que abrirlos, y eso implica que no se van a poder volver a utilizar, dado que son envases no reutilizables; pero esta actuación no es un caso de destrucción o de inadecuación para su uso en el sentido del artículo 80.1.b) de la ley, sino que es el final natural del ciclo de vida de envases secundarios no reutilizables". Y reitera que la deducción únicamente procede cuando los productos objeto del impuesto "hayan dejado de ser adecuados para su utilización o destruidos" como consecuencia de circunstancias extraordinarias, sin llegar a cumplir las funciones que estaban destinados a desempeñar hasta el final de su ciclo de vida, por ejemplo, porque el edificio donde están almacenados a la espera de su venta al adquirente se incendia. Idéntica respuesta se da para el caso de importadores que, con anterioridad a la primera entrega del adquirente en el territorio de aplicación del impuesto, retiran el envase de plástico y lo destruyen porque el producto se entrega al cliente en la tienda sin el envase.

Así, por ejemplo, la DGT (V0654-23) ha señalado que, si, con anterioridad a su primera entrega o puesta a disposición del adquirente en el territorio de aplicación del impuesto, los envases adquiridos intracomunitariamente se estropean en los arranques iniciales o por cambios de producto en la línea de fabricación, se podrá aplicar la deducción dado que los envases, por circunstancias extraordinarias, no han podido desempeñar las funciones para las que fueron diseñados, porque han dejado de ser adecuados para su utilización. En la misma consulta se planteaba la posibilidad de que los envases adquiridos fueran destruidos para cambiar el formato de estos o el logo de la empresa o que los envases adquiridos fueran destruidos conjuntamente con el producto que contienen porque este último supera la fecha de consumo preferente. Según la DGT, en ambos casos el contribuyente podrá recuperar el importe del impuesto si no destruye dichos envases y los envía fuera del territorio de aplicación del impuesto, pero no valora la posibilidad de aplicar el supuesto de destrucción.

Respecto a los productos que han dejado de ser adecuados para su utilización, MENDO BUETAS los define de la siguiente forma: "un producto inadecuado no es un producto destruido, sino un producto que ha disminuido sus propiedades y no es apto para aquello que fue concebido, siendo susceptible de adaptación o reutilización"[330].

En los casos de deducción (adquisición intracomunitaria) y devolución (importación) se ha de acreditar además el pago del impuesto mediante el correspondiente documento justificativo, que en el primer caso será la autoliquidación presentada por el contribuyente y en el segundo la liquidación administrativa girada en la aduana. No se exige este requisito a los fabricantes en tanto que se articula como un supuesto de no sujeción y, por tanto, no se ha producido el devengo ni el ingreso del impuesto.

3. PRODUCTOS QUE SEAN OBJETO DE DEVOLUCIÓN PARA SU DESTRUCCIÓN

Tampoco quedan sometidos a tributación los productos que sean objeto de devolución para su destrucción o para su reincorporación al proceso de fabricación.

Con carácter previo a su análisis, hemos de resaltar que no resulta de aplicación en los casos de reciclaje o destrucción de los envases que han cumplido

330 MENDO BUETAS, J.: "El impuesto especial sobre envases de plástico no reutilizables (arts. 67 a 83 Ley 7/2022, de 8 de abril). Parte II", *op. cit.*

las funciones que estaban destinados a desempeñar hasta el final de su ciclo de vida (V0536-23).

Como en los casos anteriores, el mecanismo específico para disfrutar de este supuesto de exoneración varía en función del hecho imponible en que nos encontramos.

3.1. SITUACIONES

3.1.1. *Fabricante*

En las condiciones que, en su caso, reglamentariamente se establezcan[331], el contribuyente que realice la fabricación de los productos que forman parte del ámbito objetivo del impuesto y que sean objeto de devolución para su destrucción o para su reincorporación al proceso de fabricación, en la autoliquidación correspondiente al periodo en que se produzcan dichas circunstancias, podrá minorar, de las cuotas devengadas del impuesto en dicho periodo, el importe del impuesto pagado respecto de dichos productos que tras la primera entrega o puesta a disposición del adquirente hayan sido objeto de devolución, previo reintegro del importe de los mismos al adquirente. La aplicación de la deducción quedará condicionada a que la existencia de dichos hechos pueda ser probada ante la AEAT por cualquiera de los medios de prueba admisibles en derecho, así como a la acreditación del pago del impuesto mediante el correspondiente documento justificativo del mismo (artículo 80.2).

3.1.2. *Adquirente intracomunitario*

En la autoliquidación correspondiente a cada periodo de liquidación en que se produzcan las circunstancias siguientes, y en las condiciones que, en su caso, reglamentariamente se establezcan[332], el contribuyente que realice adquisiciones intracomunitarias de los productos que forman parte del ámbito objetivo del impuesto podrá minorar de las cuotas devengadas del impuesto

331 No existe desarrollo reglamentario.

332 El desarrollo reglamentario no se ha producido.

en dicho periodo, el importe del impuesto pagado respecto de los productos que, tras su entrega o puesta a disposición del adquirente, hayan sido objeto de devolución para su destrucción o reincorporación al proceso de fabricación, previo reintegro del importe de los mismos al adquirente. La aplicación de esta deducción queda condicionada a que dichas circunstancias puedan ser probadas ante la AEAT por cualquiera de los medios de prueba admisibles en derecho, así como a la acreditación del pago del impuesto mediante el correspondiente documento justificativo del mismo (art. 80.1.c)[333].

3.1.3. Importador

Tendrán derecho a solicitar la devolución del importe del impuesto pagado en las condiciones que, en su caso, reglamentariamente se establezcan, los importadores de los productos que forman parte del ámbito objetivo del impuesto y que, tras su entrega o puesta a disposición del adquirente, hayan sido objeto de devolución para su destrucción o para su reincorporación al proceso de fabricación, previo reintegro del importe de los referidos productos al adquirente (artículo 81.1.c). La efectividad de la devolución recogida en el apartado anterior quedará condicionada a que la existencia de los hechos citados pueda ser probada ante la AEAT por cualquiera de los medios de prueba admisibles en derecho, así como a la acreditación del pago del impuesto (art. 81.2). A estos efectos, la DGT ha aclarado que el adquirente es aquél a quien el importador vende los productos y que después los devuelve al mismo importador (V3038-23).

3.2. CUESTIONES COMUNES

A diferencia de otros supuestos (como es el caso de los envíos de productos fuera del territorio de aplicación del impuesto), únicamente se prevé la posibilidad de recuperar el impuesto como consecuencia de la destrucción, a quien ha tenido la condición de contribuyente. Esto es, será el fabricante (de-

---

333 Como ha reiterado la DGT, este supuesto solo es aplicable en relación con productos incluidos en el ámbito objetivo del impuesto que han sido adquiridos a proveedores intracomunitarios (V0125-23).

ducción del artículo 80.2), el adquirente intracomunitario (deducción del artículo 80.1.c) o el importador (devolución del artículo 81.1.c) quien podrá solicitar a la AEAT el reembolso del impuesto pagado.

En ningún caso se otorga tal derecho al adquirente que no ostenta la condición de contribuyente, como se ocupa de aclarar la DGT en su consulta V0411-23. Allí se analiza el caso de una empresa que fabrica pinturas y que adquiere envases a un fabricante nacional. Al incorporar los envases a su proceso de producción, quedan dañados o rotos por cuestiones técnicas de la producción, por lo que pierden el uso por el que han sido concebidos, retirándolos del mercado y enviándolos a destrucción. En este caso concreto, es el fabricante nacional el que tiene derecho a recuperar el impuesto por medio de la deducción anteriormente expuesta, siendo esta conclusión igualmente aplicable, a través de su mecanismo específico, para adquirentes intracomunitarios e importadores.

Tal conclusión encuentra su fundamento en que el adquirente no contribuyente recupera el impuesto a través del fabricante, adquirente intracomunitario o importador. En efecto, tanto la deducción (fabricantes y adquirentes intracomunitarios) como la devolución (importadores) se encuentra condicionada a que el contribuyente haya reintegrado al cliente el importe de los productos, en el que se encontrará incluido el impuesto repercutido jurídicamente o, en su caso, económicamente.

La solución, desde un punto de vista práctico, puede no resultar tan sencilla en el caso de cadenas más largas de distribución, en las que haya uno o varios intermediarios entre el contribuyente (fabricante, adquirente intracomunitario o importador) y el cliente final que pone de manifiesto la imposibilidad de destinar el envase a su uso previsto.

A este respecto, la DGT (V0125-23) ha valorado si estos supuestos de recuperación del impuesto son aplicables cuando la destrucción se realiza por el propio cliente sin devolución de la mercancía y en el caso de devoluciones sucesivas en la cadena de distribución desde el comercio minorista al distribuidor y de este al fabricante. El Centro Directivo reitera que, para que los supuestos que aquí venimos comentando resulten de aplicación, es necesario que el producto sea objeto de devolución, previo reintegro del importe pagado, de donde se deduce que la DGT no admite que la destrucción sea realizada por el propio cliente sin devolución de la mercancía. La consulta añade, en la línea que venimos comentado, que "En general, cuando los productos se estropean estando en posesión de cualquier adquirente, distinto del que ostenta la condición de contribuyente, será el contribuyente que realizó el hecho imponible fabricación, o adquisición intracomunitaria o importación quien podrá recuperar el Impuesto Especial sobre Envases de Plásticos no Reutilizables en los términos de los artículos 80.1.c) (deducción del adquirente intracomunitario), 80.2 (deducción del fabricante) y 81.1.c) (devolución del importador) de la Ley 7/2022, de 8 de abril".

Tanto la deducción como la devolución están condicionadas a la acreditación por cualquier medio de prueba admitido en derecho que los productos han sido objeto de devolución para su destrucción o para su reincorporación al proceso de fabricación, así como a la acreditación del pago del impuesto mediante el correspondiente documento justificativo (autoliquidación en caso de fabricación o adquisición intracomunitaria y liquidación en aduana en caso de importación), de la misma forma que ocurría para el caso de envío fuera del territorio de aplicación del impuesto o para los productos que han dejado de ser adecuados para su utilización o han sido destruidos. A este respecto, la DGT (V0536-23) se ha limitado a indicar que el número de envases que da lugar a la aplicación de este beneficio fiscal se podrá acreditar por cualquier medio válido de prueba admitido en derecho.

La DGT (V0131-23), en una consulta ya comentada anteriormente, analiza el supuesto de fabricación de envases para productos de panadería y bollería industrial a partir de las bobinas de film que adquiere a otras empresas, por lo que el consultante realiza la fase de cortado, formación de bolsa y termosellado. En ocasiones, durante el proceso productivo, se descartan unidades de producto ya envasadas debido a circunstancias de fallos en el etiquetado, defectos de producción, problemas de calidad, pruebas de laboratorio, etc., por lo que dichas unidades no llegan a ser enviadas a los clientes. La DGT rechaza la posibilidad de que la entidad aplique el supuesto de devolución para productos semielaborados que no han sido destinados a la obtención de envases (art. 81.1.g) y el supuesto de no sujeción para la fabricación de productos que, con anterioridad al devengo del impuesto, han dejado de ser adecuados para su utilización (art. 73.a). Sin embargo, el proveedor que ha suministrado los productos semielaborados al consultante (en su condición de fabricante, adquirente intracomunitario o importador) sí podría recuperar el impuesto mediante la aplicación de la correspondiente deducción (proveedor fabricante y proveedor que ha realizado adquisiciones intracomunitarias) o devolución (proveedor importador), siempre que se acredite que (i) los productos hayan sido devueltos al proveedor, (ii) dichos productos hayan sido destruidos o reincorporados al proceso de producción y (iii) la consultante haya recibido el reembolso del precio satisfecho al proveedor.

La misma consulta sí permite a la entidad recuperar el impuesto correspondiente al producto que ha sido servido al cliente, pero que se devuelve a fábrica, como producto deteriorado durante el transporte o caducado en el punto de venta, por lo que no reúne las condiciones adecuadas para su comercialización, en la medida en que haya operado como contribuyente del impuesto respecto del producto gravado. No sería el caso del producto semielaborado adquirido a un fabricante nacional, pero sí cuando los productos gravados han sido objeto de adquisición intracomunitaria por la propia entidad y, por tanto, esta tiene la condición de contribuyente respecto de estos últimos. Si bien la cuestión no es analizada por esta consulta, la misma conclusión se alcanzaría respecto de los productos importados, en cuyo caso el mecanismo de recuperación sería la solicitud de devolución.

Distinta conclusión alcanza la DGT (V0654-23) en relación con una empresa que realiza adquisiciones intracomunitarias de envases que son objeto de venta o entrega en el territorio español a un cliente que se los devuelve por razones de carácter comercial, pero no para su destrucción o reincorporación al proceso de fabricación. Antes de volver a ser vendidos por la consultante se destruyen por circunstancias extraordinarias. La DGT señala que no podrá aplicarse la deducción puesto que los envases no son devueltos por el cliente para su destrucción o reincorporación al proceso de fabricación.

4. PRODUCTOS NO REUTILIZABLES QUE SON OBJETO DE TRANSFORMACIÓN

El artículo 81.1.f) de la Ley 7/2022 dispone que tendrán derecho a solicitar la devolución del importe del impuesto pagado en las condiciones que, en su caso, reglamentariamente se establezcan, los adquirentes de los productos que, formando parte del ámbito objetivo del impuesto, hayan resultado sujetos a este por haber sido concebidos, diseñados y comercializados para ser no reutilizables, cuando acrediten que, en su caso, tras la realización de alguna modificación en dichos productos gravados, puedan ser reutilizados.

Nuevamente, no nos encontramos propiamente ante un beneficio fiscal, sino ante un supuesto en el que el impuesto ha dejado de cumplir su finalidad al mutar la naturaleza del producto objeto de gravamen.

Si bien el precepto hace referencia a "productos" que formen parte del ámbito objetivo del impuesto, con carácter general, hemos de entender que se está refiriendo específicamente a los envases y no al resto de productos sometidos a tributación (productos semielaborados y productos destinados a permitir el cierre, la comercialización o la presentación de envases). Por una parte, porque la expresión "concebidos, diseñados y comercializados para ser no reutilizables" se enmarca en la definición de envase del artículo 68.1.a) de la Ley 7/2022. Por otra parte, porque para el resto de productos gravados serían de aplicación los mecanismos a los que haremos referencia en el siguiente epígrafe.

El informador digital de la AEAT recoge como ejemplo de este supuesto de devolución el de un autónomo que adquirió en su momento varios envases de plástico no reutilizables comprendidos en el ámbito del impuesto y que, tras una operación de transformación innovadora, ha conseguido que algunos de esos envases puedan ser reutilizados en usos alternativos.

El apartado 2 del mismo precepto añade que la efectividad de esta devolución quedará condicionada a que la existencia de la transformación pueda ser probada ante la AEAT por cualquiera de los medios de prueba admisibles en derecho, así como a la acreditación del pago del impuesto.

El derecho atribuido por el precepto que aquí comentamos a los "adquirentes" ha de entenderse en sentido amplio, incluyendo a los adquirentes intracomunitarios, los importadores y los adquirentes no contribuyentes, en función de quién realice la transformación. La acreditación del pago del impuesto se realizará mediante el modelo de autoliquidación, la liquidación de aduana y la factura del fabricante o el certificado (o factura) del proveedor no fabricante, respectivamente.

Lógicamente, los fabricantes no se encuentran incluidos en este supuesto de devolución por cuanto que, si el producto que fabrican reúne la condición de reutilizable, se encontrará extramuros del ámbito objetivo del impuesto y, por tanto, no se habrá autoliquidado el impuesto.

La DGT (V0131-23) ha resuelto el caso de una entidad, dedicada a la fabricación de panadería y bollería industrial (magdalenas), que adquiere glucosa en contenedores de plástico de 500 litros entregado por un fabricante establecido en España y que posteriormente los utiliza en sus instalaciones para el almacenamiento de materias primas. El Centro Directivo rechaza la aplicación del supuesto de devolución que aquí comentamos porque no se ha producido modificación alguna que altere la calificación del envase.

5. PRODUCTOS QUE NO SE VAN A DESTINAR A LA OBTENCIÓN O PRESENTACIÓN DE ENVASES NO REUTILIZABLES

Como complemento del supuesto de devolución a que nos hemos referido en el epígrafe anterior, no quedan sometidos a tributación efectiva:

a) Los productos plásticos semielaborados, cuando no se vayan a destinar a obtener los envases que forman parte del ámbito objetivo del impuesto[334].
b) Los productos que contengan plástico destinados a permitir el cierre, la comercialización o la presentación de envases no reutilizables cuando no se vayan a utilizar en dichos usos[335].

334 SALASSA BOIX advierte que este supuesto carece de sentido ya que, tal y como se define el hecho imponible, "sólo están sujetos los productos de plásticos que están justamente destinados a la obtención de los envases de plástico. Más que exentos, los productos de esta exención se encuentran inicialmente no sujetos, razón por la cual parece estéril una exención", SALASSA BOIX, R.: "La compatibilidad de los ajustes fiscales en frontera ambientales con el GATT a partir del impuesto español sobre los plásticos no reutilizables", *op. cit.*, pág. 121. En similar sentido, MENDO BUETAS (2023b) considera que estos productos "están fuera del ámbito objetivo del impuesto, pese a que lo cataloguen como exención, pues no se produce el hecho imponible", MENDO BUETAS, J.: "El impuesto especial sobre envases de plástico no reutilizables (arts. 67 a 83 Ley 7/2022, de 8 de abril). Parte II", *op. cit.*

335 Para SALASSA BOIX, este supuesto "resulta cuestionable ambientalmente hablando, atento que, aunque con otros usos, sigue tratándose de un producto de plástico que se

Este supuesto sería de aplicación, por ejemplo, a las bobinas de rafia de polipropileno que no se destinen a la obtención de envases objeto del impuesto (V2109-23) o a las bobinas u hojas de film de polipropileno empleadas para la obtención de etiquetas o cintas adhesivas, dado que estos productos no son los envases definidos en el artículo 68.1.a) de la Ley 7/2022, sino productos destinados a permitir la comercialización o presentación de envases a que se refiere el artículo 68.1.c) de la Ley 7/2022 (V0389-23, V1012-233, V2292-23). El mecanismo para hacer efectivo este supuesto de no tributación es diferente en función de si nos encontramos ante un contribuyente (fabricante, importador o adquirente intracomunitario) o un adquirente no contribuyente.

5.1. FABRICANTES, IMPORTADORES Y ADQUIRENTES INTRACOMUNITARIOS

Conforme al artículo 75.g) de la Ley 7/2022, la fabricación, importación o adquisición intracomunitaria de los citados productos, en las circunstancias anteriormente indicadas, quedará exenta de tributación[336].

---

quiere desalentar", SALASSA BOIX, R: "La compatibilidad de los ajustes fiscales en frontera ambientales con el GATT a partir del impuesto español sobre los plásticos no reutilizables", *op. cit.*, págs. 121-122.

336 ESCOBAR LASALA señala con finura que esta exención no es necesaria puesto que el destino de los productos es una condición para su inclusión en el ámbito objetivo de impuesto, Por tanto, si no se cumple dicho destino, no se incluyen en el ámbito objetivo del impuesto, no se realiza el hecho imponible y no habría nada que eximir, ESCOBAR LASALA, J.J.: "El nuevo Impuesto especial sobre los envases de plástico no reutilizables", *op. cit.* Por su parte, ORTIZ CALLE considera que, más que una exención, se trata de un supuesto de no sujeción, ORTIZ CALLE, E.: "El impuesto especial sobre los envases de plástico no reutilizables", *op. cit.* En el mismo sentido, en GARCÍA CARRETERO indicamos que, en estas circunstancias, no se debe entender realizado el hecho imponible y, en consecuencia, debería tratarse de un supuesto no sujeción en lugar de exención, GARCÍA CARRETERO, B.: "Hacia una circularidad de los plásticos. Análisis del impuesto sobre envases de plástico no reutilizables desde una perspectiva medioambiental", op, cit., pág. 176.

El informador digital de la AEAT incluye como ejemplo la fabricación de preformas con la finalidad de obtener envases de plastico reutilizables y, por tanto, no comprendidos en el ámbito del impuesto.

La DGT (V0412-23) también considera de aplicación esta exención en el caso de una sociedad que realiza la adquisición intracomunitaria de unas bobinas de material plástico que vende a sus clientes para el corte de telas y materiales semejantes. Como las bobinas de material plástico requieren de una fase de transformación posterior para poder ser destinadas a su función como envase, tienen la consideración de producto semielaborado. No obstante, lo anterior, el uso del material plástico que hacen sus clientes consiste exclusivamente en ser colocado encima de las telas, colocando debajo láminas de papel para hacer el vacío en la cinta de corte de la máquina y permitir que el corte sea más preciso. Inmediatamente después del corte, tanto el material plástico como el papel son separados de la tela y desechados, no teniendo más utilidad que el expuesto por la consultante. Las bobinas de plástico no tienen unas cualidades específicas que delimiten su uso de forma exclusiva al ejercicio de la actividad objeto de consulta, sino que pueden ser destinadas a la obtención de envases. Es por ello que dichas bobinas cumplen las condiciones señaladas en el artículo 68.1.b) de la ley, formando las mismas, parte del ámbito objetivo del impuesto. No obstante, se podrá aplicar la exención del artículo 75.1.g) siempre y cuando obtenga de los clientes que adquieren las bobinas una declaración previa, a la que nos referiremos a continuación, en la que manifiesten que el destino de estas no va a ser la obtención de envases que forman parte del ámbito objetivo del impuesto.

En el mismo sentido, se pronuncia la DGT (V1482-23) respecto de la adquisición intracomunitaria de rollos de tejidos, hojas, láminas y placas que contienen plástico y que, una vez cortados, se suministran a velerías para la construcción de velas para barcos y tablas de windsurf. Dado que de la información aportada no se desprende que tengan unas cualidades específicas que delimiten de forma exclusiva su uso al descrito en la consulta, dichos productos forman parte del ámbito objetivo del impuesto y su adquisición intracomunitaria está sujeta al Impuesto especial sobre los envases de plástico no reutilizables. No obstante, dicha adquisición intracomunitaria estará exenta cuando, conforme a los dispuesto en el artículo 75.1.g), obtenga de sus clientes una declaración previa en la que manifiesten que el destino de estas no va a ser la obtención de envases que forman parte del ámbito objetivo del impuesto, como sería el caso de que dichos productos se destinasen a la fabricación de velas para barcos y tablas de windsurf. Esa misma referencia a las cualidades específicas que delimiten el uso exclusivo distinto de la fabricación de envases es reiterada por la DGT para incluir en el ámbito objetivo del impuesto a las láminas de plástico utilizadas para tapar el pescado en el mostrador de un supermercado, sin perjuicio de la posibilidad de aplicar la mencionada exención si se obtiene la declaración previa del cliente manifestando que el destino de dichas láminas no va a ser la obtención de envases (V1647-23) o la fabricación de poliestireno expandido que puede tener diferentes destinos (V1702-33). En el mismo sentido, la fabricación de productos destinados a permitir el cierre, la comercialización o la presentación de envases no reutilizables estará sujeta a impuesto, salvo que presenten unas cualidades específicas que objetivamente excluyan su utilización en este tipo de envases, sin perjuicio de la posibilidad de aplicar la exención que aquí estamos comentando (V1702-23).

Como hemos anticipado, el artículo 75.g) condiciona la exención a que se acredite el destino efectivo dado a dichos productos. En concreto, los contribuyentes que realicen la primera entrega o puesta a disposición de los productos a favor de los adquirentes deberán recabar de estos una declaración previa en la que manifiesten el destino de dichos productos. Dicha declaración se deberá conservar durante los plazos de prescripción relativos al impuesto a que se refiere el artículo 66 de la LGT.

La referida declaración del adquirente es esencial, puesto que, conforme al párrafo tercero del artículo 76 de la ley, "En los supuestos de irregularidades en relación con la justificación del uso o destino dado a los productos objeto del impuesto que se han beneficiado de una exención en razón de su destino, estarán obligados al pago del impuesto y de las sanciones que pudieran imponerse los contribuyentes, en tanto no justifiquen la recepción de los productos por el adquirente facultado para recibirlos mediante la aportación de la declaración previa a la que se refiere el artículo anterior; a partir de tal recepción, la obligación recaerá sobre los adquirentes" [337].

---

337 MANZANO SILVA apunta que "El legislador no precisa en qué condición actuarán esos adquirentes a partir de tal recepción, perdiendo la oportunidad de desarrollar un

Por su parte, el artículo 83.2.d) de la ley recoge un supuesto de infracción tributaria aplicable para el caso de que se produzca un disfrute indebido de esta exención, que se sancionará con una multa pecuniaria proporcional del 150 por ciento del beneficio fiscal indebidamente disfrutado, con un importe mínimo de 1.000 euros.

Respecto a la periodicidad con la que ha de obtener la declaración (anual, mensual, semanal, por cada pedido, ...), el documento de preguntas y respuestas del Ministerio señala que la ley deja a elección de las partes contratantes la decisión sobre el carácter temporal de la declaración; lo único que se requiere para aplicar la exención es que, con carácter previo a su aplicación, el contribuyente recabe de los adquirentes una declaración previa en la que estos manifiesten el destino de los productos que adquieren y a los que se les va aplicar el beneficio fiscal y que dicha declaración se conserve durante el período de prescripción.

La DGT (V0474-23) ha analizado el caso de que una empresa de artes gráficas que plastifica superficies de papel y cartón y actúa como fabricante intermedio de todo tipo de productos (tales como libros, revistas, folletos, expositores y estuches de cosmética, alimentación, farmacia, etc.), por lo que cuando compra a su proveedor las bobinas de plástico desconoce a qué tipo de productos se va a destinar. La consultante pregunta si puede quedar eximida del impuesto, mediante una declaración responsable a sus proveedores manifestando que no conoce el destino final del plástico adquirido. La DGT, partiendo de que las referidas bobinas de plásticos son un producto semielaborado sujeto al impuesto, en la medida que están destinadas a la obtención de los envases, señala que, mediante una declaración previa a su proveedor, la consultante puede recibir el producto con aplicación de la exención. Ahora bien, en caso de no dar a esas bobinas de plásticos el uso exento, estará obligada al pago del impuesto y de las sanciones que se puedan imponer.

La DGT también ha valorado el supuesto de una empresa fabricante de productos semielaborados que sus clientes transforman en envases que pue-

---

régimen de sustitución o de responsabilidad, solidaria o subsidiaria, en diversos supuestos similar al fijado en los en los Impuestos Especiales o en el IVA". MANZANO SILVA E.: "El impuesto especial sobre envases de plástico no reutilizables", *op. cit.*, pág.557

den ser de un solo uso o reutilizables. En este último caso, algunos clientes le envían declaraciones de exención. La DGT advierte que la redacción del precepto no permite al contribuyente optar por aplicar o no la exención, sino que está obligado a su aplicación siempre que se cumplan las condiciones que la ley prevé. Respecto al contenido de la declaración de los clientes, la Ley 7/2022 sólo establece que debe ser previa y que en ella el cliente debe expresar cual es el destino de esos productos que justifica su exención. Una vez que el contribuyente justifique con la declaración del cliente que ha entregado el producto con aplicación de la exención, dejará de estar obligado al pago del impuesto, trasladándose dicha obligación al cliente si no da al producto un destino compatible con la exención (V0437-23).

5.2. ADQUIRENTE

Podría ocurrir que el fabricante, adquirente intracomunitario o importador no dispusiera de la información necesaria para aplicar la anterior exención, por lo que haya llegado a producirse el devengo e ingreso del impuesto. No obstante, si con posterioridad resulta que el adquirente (contribuyente o no contribuyente) destina los referidos productos a finalidades distintas a la obtención y al cierre, comercialización o presentación de envases, este último tendrá derecho a solicitar la devolución del importe del impuesto pagado en las condiciones que, en su caso, reglamentariamente se establezcan (artículo 81.1.g)[338].

La efectividad de la devolución quedará condicionada a que la existencia de los hechos que dan derecho a esta pueda ser probada ante la AEAT por cualquiera de los medios de prueba admisibles en derecho, así como a la acreditación del pago del impuesto. Esta última se realizará por medio de los documentos a los que se refiere el artículo 82.9 de la Ley 7/2022:

- En caso de adquisición a un fabricante nacional, mediante la factura en la que le habrá repercutido jurídicamente el impuesto.
- En caso de adquisición a un proveedor nacional distinto del fabricante, mediante la factura o certificado emitido por este en el que se hará constar la cantidad de plástico no reciclado y el impuesto pagado.

338 Dicho desarrollo reglamentario no se ha producido.

Sería el caso, siguiendo la consulta V0125-23, de una entidad que no tuviera la condición de contribuyente porque adquiriera bobinas de film de proveedores españoles y no incorpore cantidad de plástico alguna sobre las mismas, la cual podrá solicitar la devolución del impuesto por aquellas cantidades que no se destinen a la obtención de envases.

El informador digital de la AEAT incluye como ejemplo, la adquisición de preformas con la intención inicial de utilizarlas para obtener envases no reutilizables, pero que posteriormente se destinan a una finalidad distinta. El adquirente tendrá derecho a solicitar la devolución del importe del impuesto pagado, ya que la preforma no se va a destinar a obtener envases que formen parte del ámbito del impuesto.

Así, por ejemplo, se podrá solicitar la devolución del impuesto correspondiente a las mermas siempre que se pruebe que efectivamente los productos adquiridos no han sido destinados a la obtención de envases y el pago del impuesto (V0655-23, V0947-23). La acreditación del peso de la merma producida se podrá acreditar por cualquier medio válido de prueba admitido en derecho (V0536-23). La misma conclusión se alcanza en relación con los recortes plásticos resultantes del proceso de fabricación de envases a partir de láminas termoformadas, que son triturados y vendidos (V1645-23), o con una empresa que adquiere a proveedores nacionales bobinas de film industrial que transforma en otras más pequeñas, dándose la circunstancia de que durante dicho proceso hay material que no se puede utilizar y se entrega para su destrucción a un centro de tratamiento de residuos especializado (V2379-23).

La DGT (V0131-23) analiza el caso de una entidad que fabrica envases para los productos de panadería y bollería industrial que comercializa a partir de las bobinas de film que adquiere a otras empresas, por lo que el consultante realiza la fase de cortado, formación de bolsa y termosellado. En el proceso de envasado quedan fragmentos de las bobinas de film que se descartan, sin que hayan llegado a transformarse en envases. Se trata de mermas, productos semielaborados que no se han empleado para la obtención de envases, por lo que la entidad podrá solicitarse la devolución del impuesto, quedando esta condicionada a que se pruebe que efectivamente los productos semielaborados no se han destinado a la obtención de envases y se acredite el pago del impuesto, utilizando para ello cualquier medio de prueba admisible en derecho[339]. Sin embargo, señala la misma consulta, no podrá solicitar la devolución por las unidades de productos ya envasadas que, durante el proceso productivo, se descartan debido a circunstancias de fallos en el etiquetado, defectos de producción, problemas de calidad, pruebas de laboratorio, etc., por lo que dichas unidades no llegan a ser enviadas a los clientes. Tampoco se podrá solicitar la devolución por el producto que ha sido servido al cliente pero que se devuelve a fábrica como producto deteriorado durante el transporte o caducado en el punto de venta, por lo que no reúne las condiciones adecuadas para su comercialización. En estos casos, los productos semielaborados sí han sido destinados a la obtención de envases[340].

6. ENVASES NO DISEÑADOS PARA SER ENTREGADOS CONJUNTAMENTE CON LA MERCANCÍA

El artículo 73.d) de la Ley 7/2022 dispone que no estará sujeta al impuesto la fabricación, importación o adquisición intracomunitaria de productos a los que hace referencia el artículo 68.1.a) que, pudiendo desempeñar las funciones de contención, protección y manipulación de mercancías, no están diseñados para ser entregados conjuntamente con dichas mercancías.

Recordemos que el artículo 68.1.a) es en el que se definen los envases no reutilizables que contengan plástico, por lo que no se incluyen en el ámbito de este supuesto de no sujeción los productos plásticos semielaborados destinados a la obtención de envases no reutilizables (letra b) del mismo precepto)

---

339 Este mismo criterio se reitera en la consulta V2086-23.

340 La DGT aclara que sí cabría la recuperación a través del proveedor del impuesto que ha suministrado los productos semielaborados al consultante y que tenga la condición de contribuyente como fabricante, adquirente intracomunitario o importador. La operativa, ya expuesta en epígrafes anteriores, permitiría al proveedor recuperar el impuesto mediante la aplicación de los mecanismos previstos en los artículos 80.2 (deducción por el proveedor fabricante), 80.1.c) (deducción por el proveedor que ha realizado adquisiciones intracomunitarias) y 81.1.c) (solicitud de devolución por el proveedor importador), siempre que se acredite que (i) los productos hayan sido devueltos al proveedor, (ii) dichos productos hayan sido destruidos o reincorporados al proceso de producción y (iiI) la consultante haya recibido el reembolso del precio satisfecho al proveedor.

ni los productos que contengan plástico destinados a permitir el cierre, la comercialización o la presentación de envases no reutilizables (letra c).

La referencia exclusiva a los "envases" tiene su lógica en que son los únicos productos que pueden desempeñar las funciones de contención, protección y manipulación de mercancías. Los restantes productos no son todavía envase o complementan el envase, por lo que no desarrollan las funciones descritas. En todo caso, como ya hemos expuesto, el cauce natural para estos "otros" productos sería el de los mecanismos previstos para cuando no se van a destinar a las funciones por las que quedan sujetos a tributación (la obtención de envases en el caso de productos semielaborados y permitir el cierre, la comercialización o la presentación de los envases).

Reproducimos en este punto lo expuesto en capítulos anteriores al delimitar el ámbito objetivo del impuesto. Según se indica en el documento de preguntas y respuestas publicado por el Ministerio de Hacienda y Función Pública, este precepto trata de clarificar que no todo artículo diseñado para contener, proteger, manipular, distribuir y presentar mercancías forma parte del ámbito objetivo del impuesto, sino que se requiere además que pueda ser objeto de entrega conjunta con la mercancía. A modo de ejemplo, se menciona el plástico que recubre un invernadero, el cual sirve para proteger mercancías (las plantas que están en macetas dentro del invernadero), pero que no está diseñado para ser entregado junto con las macetas.

La DGT ha puesto el acento en las características específicas que delimiten el uso del producto. Así, en relación con las bolsas de plástico que un establecimiento comercial pone a disposición de los clientes a la entrada de la tienda para poner el paraguas mojado, únicamente quedarán no sujetas si tuvieran unas características específicas que delimiten su uso de forma exclusiva al descrito (V1658-23).

Este supuesto de no sujeción es aplicado por la DGT en relación con las arpilleras, que son una pieza textil gruesa y áspera que suele utilizarse como elemento cobertor y en la fabricación de sacos y piezas de embalaje. En el caso concreto analizado, se trata de arpilleras de rafia de plástico, cuya composición es de 100 por ciento polipropileno y en algunos casos puede contener también opcionalmente elementos de polietileno. No tienen la forma de saco (receptáculo, por lo común de forma rectangular o cilíndrica, abierto por uno de los lados con el objetivo de servir como envase o embalaje), sino de lámina, rectangular o cuadrada, que está destinada a recubrir un invernadero para proteger las mercancías o a hacer borrazas (tela para recoger aceitunas), toldos (tela para proteger la arena que va en los camiones) u otros recubrimientos. En consecuencia, la DGT concluye que dichas arpilleras no están sujetas al impuesto conforme a la letra d) del artículo 73 de la ley (V0391-23). La misma conclusión se alcanza en relación con los protectores antiroedores para proteger las plantas, al no estar diseñados para ser entregados conjuntamente con las plantas a las que protegen (V1716-23).

Por el contrario, la DGT no ha considerado de aplicación este supuesto de no sujeción a la importación de materia prima para la elaboración de un medicamento que viene contenida en bolsas de plástico no reutilizables que se introducen dentro de un contenedor de metal, no habiendo sido dichas bolsas diseñadas para ser entregadas con la materia prima importada, por lo que podrían utilizarse para diversos usos al tratarse de bolsas estándar. La consulta concluye que "lo cierto es que las bolsas de plástico a que se refiere sí son susceptibles de ser entregadas con la mercancía puesto que son objeto de transporte junto con la mercancía durante la cadena de distribución, de hecho, la mercancía para ser entregada es necesario que esté contenida en dichas bolsas" (V1083-23). La misma conclusión se alcanza respecto a la envoltura o tripa artificial plástica para la industria cárnica y láctea, pues está diseñada para ser entregada conjuntamente con las mercancías que contiene (V1714-23).

La duda que suscita este supuesto de no sujeción es qué ocurre cuando un mismo plástico puede destinarse a distintas finalidades (siguiendo el ejemplo anterior, para recubrir el invernadero y para envolver las plantas que se venden a los clientes), en tanto que su diseño no sea exclusivo de una u otra finalidad. Una lectura literal del artículo 73.d) podría hacer pensar que el supuesto de no sujeción es únicamente aplicable a aquellos productos de plástico cuyo diseño impida la utilización para una finalidad distinta de la cubierta en dicho precepto. No obstante, en tales casos de destino múltiple, cabría plantearse si, como ocurre para algunos supuestos de exención, sería admisible una declaración del adquirente sobre el destino que se va a dar al plástico. Aun cuando no se prevea expresamente en la norma, resultaría razonable permitir la aplicación del supuesto de no sujeción si, por cualquier medio de prueba admisible en Derecho, se constata que se cumple el requisito objetivo del artículo 73.d).

7. ADQUISICIONES INTRACOMUNITARIAS E IMPORTACIONES DE REDUCIDO PESO

Como expusimos al comentar la condición de sujeto pasivo en las adquisiciones e importaciones de productos objeto del impuesto, esta no queda limitada a aquellos que desarrollan actividades económicas, sino que también pueden quedar sujetos a tributación los particulares que realizan ambos hechos imponibles, normalmente con volúmenes muy reducidos. Asimismo, las cargas administrativas pueden resultar totalmente desproporcionadas para los empresarios que realicen adquisiciones intracomunitarias o importaciones de envases con un reducido peso de plástico no reciclado[341].

Por ello, entendemos que, con la finalidad de aliviar las cargas administrativas y considerando el reducido efecto recaudatorio[342], el artículo 75.f) declara exenta la importación o adquisición intracomunitaria de los envases a los que se refiere el artículo 68.1.a), tanto si se introducen vacíos, como si se introducen prestando la función de contención, protección, manipulación, distribución y presentación de otros bienes o productos, siempre que el peso total del plástico no reciclado contenido en dichos envases objeto de la importación o adquisición intracomunitaria no exceda de 5 kilogramos en un mes[343]. Como acabamos de apuntar, la justificación de este supuesto de no exención se encuentra probablemente en la conveniencia de encontrar una solución práctica para un supuesto que se dará con frecuencia en las ventas a distancia (piénsese en las ventas por internet) y en el que difícilmente se

---

341 El informador digital de la AEAT cita como ejemplo el de una sociedad de responsabilidad limitada con sede en Granada que realiza mensualmente una pequeña importación de envases de plástico no reutilizables para destinarlos a determinados usos.

342 De similar forma, ORTIZ CALLE considera que "sin duda nos encontramos ante una norma cuyo fundamento es agilizar la gestión tributaria en supuestos cuyo impacto ambiental es muy bajo y que puede tener aplicación en las ventas a distancia", ORTIZ CALLE, E.: "El impuesto especial sobre los envases de plástico no reutilizables", *op. cit.*

343 GARCIA NOVOA, respecto a la redacción del Anteproyecto, consideró que esta excepción a la tributación será de aplicación siempre que los envases sean para fines particulares y no de comercialización, si bien hemos visto que de la actual exención se pueden beneficiar tanto particulares como empresarios, GARCÍA NOVOA, C.: "El impuesto sobre envases de plástico no retornables", *op. cit.*

podrá controlar que el sujeto pasivo (el adquirente intracomunitario o importador) autoliquide el impuesto, siendo más costosa la propia actuación de control que la recaudación que se pueda derivar de esta. Ahora bien, desde un punto de vista estrictamente ambiental, se trata de una exención que tiene un difícil encaje[344].

Profundizando en esta exención[345], cabe hacer varias consideraciones respecto a su ámbito objetivo, su ámbito subjetivo, su importe cuantitativo, su ámbito temporal y su compatibilidad entre los distintos hechos imponibles:

a) Ámbito objetivo: la exención se limita a los envases de plástico no reutilizables, tal y como se definen en el artículo 68.1.a) de la Ley 7/2022. Esto es, no resulta de aplicación si los productos objeto de introducción en territorio español son productos plásticos semielaborados destinados a la obtención de envases no reutilizables (letra b) del mismo precepto) o productos que contengan plástico destinados a permitir el cierre, la comercialización o la presentación de envases no reutilizables (letra c). Resulta difícil entender la exclusión de estas dos tipologías de

---

344 GARCÍA CARRETERO, B. y PATÓN GARCÍA, G.: "La fiscalidad de los envases y vertidos e incineración en el proyecto de ley de residuos y suelos contaminados", en García Calvente, Y. y Sedeño López, J.F. (coords.), *Desarrollo urbano sostenible y economía circular en perspectiva jurídica*, *op. cit*.

345 El Anteproyecto de ley articulaba esta exención en su artículo 63.3 como un supuesto de no sujeción ("No estarán sujetas al impuesto las adquisiciones intracomunitarias, ni las importaciones de envases de plástico no reutilizables realizadas con fines particulares cuando el peso de los envases objeto de dichas operaciones no exceda de 5 kilogramos"), considerando ORTIZ CALLE que, desde el punto de vista técnico, es más correcto el tratamiento como exención finalmente dado por la Ley de Residuos, ORTIZ CALLE, E.: "El impuesto especial sobre los envases de plástico no reutilizables", *op. cit*. Por otra parte, SALASSA BOIX, ha advertido que esta exención podría cuestionarse desde el punto de vista de la equidad tributaria, puesto que solo beneficia a la introducción de productos en España (adquisición intracomunitaria o importación), dejando excluida la fabricación en territorio nacional de los productos que no alcancen el referido peso de 5 kilogramos en un mes, SALASSA BOIX, R.: "La compatibilidad de los ajustes fiscales en frontera ambientales con el GATT a partir del impuesto español sobre los plásticos no reutilizables", *op. cit.*, pág. 121.
En nuestra opinión, es posible que esta excepción se deba a que, en la práctica, no parezca probable que una actividad de fabricación quede por debajo del umbral máximo, pero no parece ser razón suficiente para justificar esa exclusión automática.

productos, salvo que se piense que en la práctica los pesos mensuales superarán siempre el umbral de 5 kilogramos que prevé la norma, pero no por ello parece justificada esta limitación.

b) Ámbito subjetivo: la exención resulta de aplicación con independencia de que las operaciones se realicen con fines particulares o con fines empresariales.

c) Importe cuantitativo y ámbito temporal: la exención solo es de aplicación si el peso de los envases introducidos en el territorio de aplicación del impuesto no excede de 5 kilogramos en un mes. En primer lugar, hemos de señalar que el Proyecto de ley no preveía límite temporal alguno y se limitaba a fijar el importe[346]. En segundo lugar, se ha de aclarar que, aunque la ley no lo precise, ha de entenderse que se refiere a un mes natural y así se explicita en varias ocasiones por la Orden HFP/1314/2022, así como el documento de preguntas y respuesta del Ministerio. En tercer lugar, conviene advertir que este umbral no opera como franquicia en todo caso exenta. Si en un mes natural se excede el referido umbral, la totalidad de la adquisición intracomunitaria o de la importación tributará y no únicamente el exceso sobre los 5 kilogramos.

d) Compatibilidad entre los distintos hechos imponibles: la redacción de la exención podría plantear la duda de si el cómputo de los 5 kilogramos en un mes natural debe realizarse de forma independiente para cada uno de los hechos imponibles (5 kilogramos de adquisiciones intracomunitarias y 5 kilogramos de importaciones) o conjunto para ambos (5 kilogramos en total). Tanto el documento de preguntas y respuesta del Ministerio como la DGT (V0992-23) aclaran, en nuestra opinión con buen criterio, que el cómputo debe hacerse de forma independiente para cada uno de los hechos imponibles y se debe tomar a efectos del cómputo cada mes natural.

e) Prueba de los requisitos para disfrutar del beneficio fiscal: es el contribuyente que se beneficia de la exención quien debe probar que no se

[346] La referencia al mes se incorporó a raíz de la enmienda nº 595 del Grupo Parlamentario Popular en el Congreso.

supera el límite de los 5 kilogramos en un mes, con independencia de que, en el caso de importaciones, emplee uno o varios representantes para la presentación de las declaraciones en aduana. Es decir, quien se beneficia de la exención es quien debe probar que se cumplen las condiciones establecidas para disfrutar de la misma, en los términos del artículo 105.1 de la LGT[347] (V0954-23, V2087-23)[348].

La aplicación de los anteriores parámetros pone de manifiesto que el impacto recaudatorio de esta exención es muy poco significativo, dado que al ser el tipo de gramen de 0,45 euros por kilogramo, lo que se deja de recaudar al mes son 2,25 euros por hecho imponible (4,50 euros si se realizan tanto importaciones como adquisiciones intracomunitarias) y 27 euros al año (54 euros si se realizaran los dos hechos imponibles). Sin embargo, el alivio de la carga administrativa tanto para el contribuyente como para la propia Administración tributaria es muy relevante.

Ello no obsta a que, siguiendo el anterior razonamiento, habría que valorar una revisión de la cuantía del referido umbral. Pensemos en un caso que puede parecer extremo pero que no es extraño en la práctica. La adquisición intracomunitaria en un mes de envases con un peso de 6 kilogramos supondrá la obligación de inscribirse en el censo, llevar y suministrar un libro registro de existencias y presentar un modelo de autoliquidación del que resultará un importe a ingresar de únicamente de 2,70 euros, así como la obligación de presentar a partir de ese momento las autoliquidaciones de los períodos siguientes aunque no resulte cuota alguna a ingresar por no realizar operaciones o porque en dichos períodos no se supere el umbral. No parece justificado el coste administrativo que dichas obligaciones suponen al con-

347 "En los procedimientos de aplicación de los tributos quien haga valer su derecho deberá probar los hechos constitutivos del mismo".

348 Se trata de consultas planteadas por una asociación integrada por operadores del transporte exprés internacional que son Operadores Económicos Autorizados y/o representantes aduaneros y, como tales, vienen obligados a liquidar, en representación de los importadores, el Impuesto especial sobre los envases de plástico no reutilizables. La cuestión que se plantea es cómo se ha de aplicar la exención recogida por los Operadores teniendo en cuenta que los importadores suelen utilizar distintos Operadores, de modo que éstos no pueden saber si las distintas importaciones de un mismo importador han superado o no los 5 kilogramos al mes.

tribuyente para ingresar (y controlar por la Administración tributaria) tan exigua recaudación.

A este respecto, el impuesto italiano adopta una postura más flexible, dado que exime de la obligación de pagar el impuesto ni de presentar la declaración (que es de carácter trimestral) cuando la cuota es inferior o igual a 25 euros, es decir, cuando la cantidad de plástico reciclado no excede de 55,55 kilogramos en el trimestre. Esta eximente no está limitada a las adquisiciones intracomunitarias e importaciones, sino que también alcanza a la fabricación.

8. PINTURAS, TINTAS, LACAS Y ADHESIVOS

El artículo 73.c) incluye entre los supuestos de no sujeción "La fabricación, importación o adquisición intracomunitaria de las pinturas, las tintas, las lacas y los adhesivos, concebidos para ser incorporados a los productos que forman parte del ámbito objetivo del impuesto".

Según ha señalado la DGT, este supuesto de no sujeción se aplica a ciertos elementos que se incorporan a productos incluidos en el ámbito objetivo. Es decir, requiere que exista un producto objeto del impuesto al que se le incorporan estos elementos. Este sería el caso de un colorante o concentrado que se incorporase a un producto incluido en el ámbito objetivo del impuesto (V0667-23). Por el contrario, no se podrán beneficiar los adhesivos que se emplean para obtener el producto que forma parte del ámbito objetivo del impuesto, como podría ser el caso del adhesivo que funciona como plástico estructural para unir el aglomerado de corcho de un tapón para una botella (V1703-23).

Recordemos que la definición de plástico contenida en artículo 2 de la Ley 7/2022 excluye expresamente las pinturas, tintas y adhesivos que sean materiales poliméricos, al igual que hace el considerando 11 de la Directiva (UE) 2019/904 y así lo resaltan las Directrices de la Comisión relativas a los productos de plástico de un solo uso con arreglo a dicha Directiva[349].

Por tanto, parece que nos encontramos ante un supuesto de no sujeción que podría ser innecesario y que, en consecuencia, tiene una finalidad me-

349 Comunicación 2021/C 216/01.

ramente aclaratoria. No se trataría, técnicamente hablando, de un beneficio fiscal, tal y como ocurría en otros supuestos descritos en este capítulo.

Ahora bien, el documento de preguntas y respuestas del Ministerio advierte que "cuando las tintas, o cualquier otro elemento, formen parte indisoluble del plástico por haberse incorporado las mismas en el proceso de obtención del propio plástico, no se estará ante este supuesto de no sujeción anterior donde esos elementos se toman en consideración de forma individualizada y para los cuales está previsto su adición al envase en una fase posterior a su fabricación".

Un caso que merece especial atención y al ya hemos hecho referencia en el capítulo referente a la delimitación del ámbito objetivo es el de las etiquetas que se incorporan a los envases con la finalidad de especificar determinadas características de los productos (por ejemplo, el nombre del producto, las fechas de consumo preferente, el peso neto o las instrucciones de uso). Se trata de productos destinados a permitir la comercialización o presentación de envases y que quedan en el ámbito objetivo en la medida que se destinen a envases no reutilizables (V0389-23, en relación con etiquetas impresas en material plástico que quedan integradas por termofusión en el proceso de inyección al envase u otro producto, por lo que pasan a formar parte inseparable del mismo "in mould label").

No obstante, las etiquetas podrían beneficiarse de este supuesto de no sujeción. La DGT, con base en los criterios interpretativos del artículo 3.1 del CC[350], ha precisado que "el término adhesivo debe entenderse que se refiere tanto a la sustancia que, interpuesta entre dos cuerpos o fragmentos, sirve para pegarlos, como a las pegatinas como a las cintas adhesivas" (V0392-23, V0414-23, V0431-23, V0948-23). Por el contrario, no tiene la consideración de adhesivo (sustancia pegajosa) en el sentido del artículo 73. c) de la ley, los adhesivos que se funden con calor (V0663-23).

Con base en esta definición de "adhesivo", la DGT (V0414-23) ha distinguido el tratamiento aplicable a los distintos tipos de etiquetas:

350 "Las normas se interpretarán según el sentido propio de sus palabras, en relación con el contexto, los antecedentes históricos y legislativos, y la realidad social del tiempo en que han de ser aplicadas, atendiendo fundamentalmente al espíritu y finalidad de aquellas".

- Etiquetas sensibles a la presión o autoadhesivas (etiquetas "Pressure Sensitive Labels" o "PSL"): son etiquetas adhesivas (pegatinas) que se colocan sobre la superficie de los envases. La denominación "sensible a la presión" indica que las etiquetas se adherirán cuando se presionen contra la superficie del envase. Para evitar que el adhesivo se active de forma prematura, la etiqueta se presenta sobre un soporte. De acuerdo con lo anteriormente señalado, este tipo de productos están no sujetos porque este tipo de etiquetas son comúnmente denominadas adhesivos[351].
- Etiquetas de manga retráctil o "Shrink Sleeve": estas etiquetas quedan adheridas al producto por retracción por calor y se adaptan a la forma de cualquier envase. Incluye un adhesivo en la parte interna, que se activa también con el calor, y que permite una mayor sujeción al envase. A estos productos no es de aplicación el supuesto de no sujeción, puesto que queda unida al envase por retracción por calor y, a diferencia del caso anterior, este tipo de etiquetas no son consideradas, comúnmente, como adhesivos. El adhesivo (sustancia pegajosa) que, en su caso se emplee para lograr una mayor sujeción al envase, sí quedará englobado en el supuesto de no sujeción
- Etiquetas envolventes o "Wrap Around Labels": estas etiquetas se adhieren al envase mediante un adhesivo que se funde con el calor en los extremos. Reciben su nombre debido a que envuelven y cubren completamente todo el diámetro del envase, y se aplican siendo envueltos a lo largo de toda la circunferencia del contenedor o envase y mantenidos en posición fija mediante adhesivo. Estas etiquetas, en su conjunto no son adhesivos en el sentido anteriormente referido, puesto que este tipo de etiquetas no son comúnmente denominadas como adhesivos. Como en el caso anterior, el adhesivo (sustancia pegajosa) que se utiliza para unir los dos extremos de la etiqueta o, en su caso, se emplee para lograr una mayor sujeción al envase sí está incluido en el supuesto de no sujeción.

Este criterio es reiterado en la consulta V0956-23, que diferencia tres supuestos: (i) la sustancia que sirve para pegar dos cuerpos o fragmentos está in-

[351] También en relación con las etiquetas adhesivas, V0431-23.

cluida en todo caso en el concepto adhesivo y, por tanto, no sujeta al impuesto; (ii) también queda no sujeta la etiqueta de plástico que tiene "adhesivo por toda la etiqueta", dado que es lo que generalmente se conoce como pegatina o adhesivo; (iii) en cambio, la etiqueta a la que se añade una pequeña cantidad de adhesivo, por ejemplo, para formar un cilindro o para evitar que la etiqueta se desplace respecto del envase, sí está sujeta al Impuesto, puesto que este tipo de etiquetas no son lo que comúnmente se entiende como adhesivo[352].

En el caso de etiquetas en papel adhesivo que llegan incorporadas en unas bobinas de polipropileno o polietileno y que a continuación se utilizarán para imprimir las etiquetas, la DGT (V0952-23, V1483-23) ha advertido que hay que diferenciar dos elementos: el papel adhesivo en el que se imprimen las etiquetas y los elementos plásticos (bobinas de polipropileno o polietileno) en los que se sustenta ese papel adhesivo. Al papel adhesivo le es de aplicación el supuesto de no sujeción del artículo 73 de la Ley 7/2022, pero no así a las bobinas de polipropileno o polietileno, en las que se recibe el papel adhesivo, que sí son envase en el sentido del artículo 68.1.a) de la Ley 7/2022 y están sujetas al impuesto. Este criterio se ha reiterado para excluir del supuesto de no sujeción a la capa de silicona y el material de soporte de un rollo industrial de etiquetas autoadhesivas (V2018-23).

9. MEDICAMENTOS Y PRODUCTOS SANITARIOS

La ley regula un auténtico beneficio fiscal para aquellos productos objeto de gravamen que contienen o están destinados a contener cinco tipos concretos de mercancías relacionados con el ámbito sanitario: medicamentos, productos sanitarios, alimentos para usos médicos especiales, preparados para lactantes de uso hospitalario y residuos peligrosos de origen sanitario. A efectos simplificativos, nos referiremos al conjunto de todos ellos como "medicamentos y productos sanitarios"[353].

---

[352] La consultante tenía dudas sobre el tratamiento que debe darse a las etiquetas de plástico cuando se pegan en un lado (por ejemplo, en las botellas de agua y de refresco) y cuando se pegan con adhesivo por toda la superficie.

[353] La norma italiana excluye de la aplicación del impuesto a los productos sanitarios clasificados por la Comisión Única de Productos Sanitarios, creada en virtud del artículo

El establecimiento de regímenes especiales de carácter sanitario, por su propia naturaleza, no es algo extraño en el ámbito tributario. Si además tomamos en cuenta que el sector sanitario se encuentra estrictamente regulado por los efectos sobre la salud y que la protección de esta es un derecho reconocido en el artículo 43 de la CE, tiene sentido que la Ley 7/2022 prevea este beneficio fiscal.

El Anteproyecto de ley únicamente contemplaba el beneficio fiscal para los envases de plástico no reutilizables destinados al acondicionamiento primario de medicamentos. Quedaba exenta la fabricación, importación o adquisición intracomunitaria de dichos productos, siempre que las referidas circunstancias quedasen acreditadas previo requerimiento de la Administración tributaria. Si dicha exención no podía ser de aplicación y el impuesto era satisfecho, pero los envases eran posteriormente destinados a dicha finalidad, los contribuyentes podían aplicar una deducción por el importe del impuesto pagado.

La ley finalmente aprobada, probablemente por motivos sanitarios ligados a la crisis generada por la pandemia del Covid-19[354], tiene un alcance mucho más amplio desde dos perspectivas. En primer lugar, no se limita a los envases destinados al acondicionamiento primario de medicamentos, sino que, como veremos a continuación, incluye todo tipo de envases (primarios, secundarios y terciarios) destinados a contener una amplia gama de mercancías (medicamentos, productos sanitarios, alimentos para usos médicos especiales, preparados para lactantes de uso hospitalario y residuos peligrosos de origen sanitario). En segundo lugar, se añade un nuevo beneficio fiscal para la introducción en territorio español de envases ya conteniendo las citadas mercancías. A continuación, analizaremos cada uno de estos beneficios fiscales.

---

57 de la Ley 289 de 27 de diciembre de 2002, y los envases utilizados para contener y proteger preparados medicinales. En el caso de Reino Unido, el beneficio fiscal alcanza únicamente a los envases primarios de medicamentos para uso humano.

354 SALASSA BOIX, R.: "La compatibilidad de los ajustes fiscales en frontera ambientales con el GATT a partir del impuesto español sobre los plásticos no reutilizables", *op. cit.*, pág. 119.

9.1. PRODUCTOS DESTINADOS A CONTENER MEDICAMENTOS Y PRODUCTOS SANITARIOS

Esta primera exención se encuentra dirigida a aquellos productos que se encuentran destinados a ser usados como envases de medicamentos y productos sanitarios, obtener dichos tipos de envases (productos semielaborados) o ser utilizados para permitir el cierre, la comercialización o la presentación de los repetidos envases. Como ocurría en otros supuestos de exoneración, se articulan distintos mecanismos (exención y devolución) en función de quién hace uso de ellos.

9.1.1. Fabricantes, importadores y adquirentes intracomunitarios

Conforme a la letra a) del artículo 75 de la Ley 7/2022, estarán exentas, en las condiciones que, en su caso, reglamentariamente se establezcan[355], la fabricación, importación o adquisición intracomunitaria de:

- Los envases de plástico no reutilizables a los que se refiere el artículo 68.1.a) de la Ley 7/2022 que se destinen a prestar la función de contención, protección, manipulación, distribución y presentación de medicamentos, productos sanitarios, alimentos para usos médicos especiales, preparados para lactantes de uso hospitalario o residuos peligrosos de origen sanitario.
- Los productos plásticos semielaborados, a los que se hace referencia en el artículo 68.1.b) de la Ley 7/2022, que se destinen a obtener envases no reutilizables para medicamentos, productos sanitarios, alimentos para usos médicos especiales, preparados para lactantes de uso hospitalario o residuos peligrosos de origen sanitario.
- Los productos que contengan plástico destinados a permitir el cierre, la comercialización o la presentación de envases no reutilizables, cuando estos se utilicen para contener, proteger, manipular, distribuir y presentar medicamentos, productos sanitarios, alimentos para usos médicos especiales, preparados para lactantes de uso hospitalario o residuos peligrosos de origen sanitario.

---

355 Desarrollo reglamentario que no se ha producido.

Como ha señalado la DGT, la exención contemplada en esta letra se refiere a "envases vacíos", que aún no contienen productos a los que se refiere el supuesto de exención mencionado. Para este caso, el último párrafo de la letra mencionada establece, que, para poder aplicar la exención, el contribuyente debe disponer de una declaración previa formulada por los adquirentes que dan a los productos el destino que justifica la exención; sin esa declaración no cabe aplicar la exención (V0480-23, V1200-23, V2073-23).

Por tanto, la efectividad de esta exención quedará condicionada a que se acredite el destino efectivo de los productos recogidos en los apartados anteriores a los usos que en ellos se recogen. En concreto, los contribuyentes que realicen la primera entrega o puesta a disposición de los productos a favor de aquellos adquirentes que los destinen a tales usos, deberán recabar de estos una declaración previa en la que manifiesten el destino de los productos que da derecho a gozar de la exención del impuesto. Dicha declaración se deberá conservar durante los plazos de prescripción relativos al impuesto a que se refiere el artículo 66 de la LGT[356].

Ahora bien, no será necesaria aportar esta declaración previa en el caso de adquirir los medicamentos y productos sanitarios ya envasados, como veremos en el siguiente epígrafe. Únicamente deberá aportarse la citada declaración previa al fabricante de los envases en el supuesto de que los adquiriera en el mercado nacional para posteriormente envasar los medicamentos o productos sanitarios, antes de su comercialización (V1006-23).

La referida declaración del adquirente es esencial, puesto que, conforme al párrafo tercero del artículo 76 de la ley, "En los supuestos de irregularidades en relación con la justificación del uso o destino dado a los productos objeto del impuesto que se han beneficiado de una exención en razón de su destino, estarán obligados al pago del impuesto y de las sanciones que pudie-

356 El informador digital de la AEAT incluye como ejemplo el de una empresa farmacéutica residente en España que importa envases de plástico no reutilizables desde la India con la finalidad de utilizarlos para contener un determinado medicamento. La repuesta es que la importación estaría sujeta pero no hay obligación de pagar el impuesto debido a que los envases se destinan a prestar la función de contención, protección, manipulación, distribución y presentación de medicamentos. En todo caso, la exención estaría condicionada a que se acredite que los envases se han destinado efectivamente a prestar dicha función.

ran imponerse los contribuyentes, en tanto no justifiquen la recepción de los productos por el adquirente facultado para recibirlos mediante la aportación de la declaración previa a la que se refiere el artículo anterior; a partir de tal recepción, la obligación recaerá sobre los adquirentes".

Por su parte, el artículo 83.2.d) de la ley recoge un supuesto de infracción tributaria aplicable para el caso de que se produzca un disfrute indebido de esta exención por el adquirente, que se sancionará con una multa pecuniaria proporcional del 150 por ciento del beneficio fiscal indebidamente disfrutado, con un importe mínimo de 1.000 euros.

Respecto a la periodicidad con la que ha de obtener la declaración (anual, mensual, semanal, por cada pedido, ...), el documento de preguntas y respuestas del Ministerio señala que la ley deja a elección de las partes contratantes la decisión sobre el carácter temporal de la declaración, lo único que se requiere para aplicar la exención es que, con carácter previo a su aplicación, el contribuyente recabe de los adquirentes una declaración previa en la que estos manifiesten el destino de los productos que adquieren y a los que se les va aplicar el beneficio fiscal y que dicha declaración se conserve durante el período de prescripción.

Es preciso advertir que, como ha señalado la DGT (V0948-23), la exención únicamente es aplicable por quien destine el producto a las finalidades anteriormente indicadas. La consultante es una entidad que, para la fabricación de estuches, adquiere bobinas de poliéster y pliegos laminados con poliéster. La operación que realiza es la de adherir la lámina de poliéster sobre una superficie de cartón, a partir del cual obtiene un estuche en un proceso de impresión, troquelado y plegado-pegado, pero no tiene la consideración de fabricante a efectos del impuesto. Se plantea si, en el caso de que obtuviera una declaración de exoneración de los destinatarios de sus productos, por ser productos sanitarios, debe trasladar tal declaración de exoneración al proveedor fabricante o si podría solicitar la devolución del impuesto abonado al proveedor. La DGT advierte que la interesada no puede solicitar a sus proveedores que apliquen la exención, puesto que no es ella quien da a esos productos el destino que justifica la exención, sino que son los clientes de la consultante quienes les dan ese destino. Será el cliente de la consultante quién podrá solicitar la devolución del impuesto conforme artículo 80.1.e) de la Ley 7/2022 a que nos referiremos a continuación.

9.1.2. Adquirentes no contribuyentes

En el caso de que no se haya obtenido la citada declaración y, por tanto, la fabricación, adquisición intracomunitaria o importación haya quedado sujeta a tributación, es posible que con posterioridad el adquirente de los productos los destine a servir como envases de medicamentos, productos sanitarios, alimentos para usos médicos especiales, preparados para lactantes de uso hospitalario o residuos peligrosos de origen sanitario. Por tanto, si en el momento de producirse el hecho imponible, el contribuyente no está en condiciones de poder acreditar el destino exento de los envases, la operación quedará sujeta y no exenta (V1610-22)

No obstante, en el caso de que el adquirente pueda acreditar dicho destino, el artículo 81.1.e) le otorga el derecho a solicitar la devolución del importe del impuesto pagado en las condiciones que, en su caso, reglamentariamente se establezcan[357]. La efectividad de la devolución quedará condicionada a que la existencia de los hechos enumerados en las mismas pueda ser probada ante la AEAT por cualquiera de los medios de prueba admisibles en derecho, así como a la acreditación del pago del impuesto, y su solicitud se articulará a través del modelo A22 (V2714-23), que se deberá cumplimentarse con la letra e) del apartado 1 del artículo 81 de la Ley 7/2022, que es la que permite en este caso concreto determinar el hecho en que se fundamenta la solicitud de devolución (V2378-23).

Conforme a la literalidad de la norma, este supuesto de devolución está exclusivamente reservado al adquirente no contribuyente. A diferencia del Anteproyecto no se prevé tampoco ningún supuesto de deducción, por lo que si quien finalmente destinara los productos a servir como envases de medicamentos o productos sanitarios fuera el propio fabricante, adquirente intracomunitario o importador, habría de recuperar el impuesto mediante el procedimiento de solicitud de devolución de ingresos indebidos previsto en la LGT y su normativa de desarrollo.

Por tanto, si una vez presentada la autoliquidación correspondiente a la fabricación o adquisición intracomunitaria o ingresado el impuesto co-

---

357 Desarrollo reglamentario que no se ha producido.

rrespondiente a la importación, el contribuyente realiza la venta de los productos gravados a clientes que los utilizan como envases de medicamentos o productos sanitarios o los venden a proveedores nacionales, serán estos adquirentes, que no ostentan la condición de contribuyentes, quienes podrán solicitar la devolución del impuesto siempre que los hechos que dan derecho a la devolución pueda ser probada ante la AEAT por cualquiera de los medios admisibles en derecho, así como la acreditación del pago de impuesto (V1492-23, V2073-23). Un ejemplo de este supuesto de devolución lo encontramos en la consulta V0953-23. La consultante es una empresa que vende al por mayor productos ortopédicos, por lo tanto, productos sanitarios. Cuando compran envases a fabricantes, a estos les facilitan una declaración previa para quedar exentos del Impuesto especial sobre los envases de plástico no reutilizables. Sin embargo, hay proveedores que no son fabricantes y que repercuten el impuesto en el precio del producto, desglosando el importe del impuesto pagado por el material y el total de kg. En este caso, el proveedor le indica que no puede aplicar la exención porque no son fabricantes. La DGT concluye que, al ser un adquirente no contribuyente por el mismo, podrá solicitar la devolución del impuesto en la medida que se pueda probar, mediante cualquier medio de prueba admisible en derecho, que son envases destinados a contener medicamentos, productos sanitarios, alimentos para usos médicos especiales, preparados para lactantes de uso hospitalario o residuos peligrosos de origen sanitario.

En la referida consulta se pregunta además si es necesaria una declaración de sus clientes conforme el material va a ser destinado a productos sanitarios, puesto que el material que la consultante vende no puede tener otro uso que no sea el sanitario. La DGT contesta que la exención podrá aplicarse, en su caso, por un contribuyente por el impuesto, pero, dado que la consultante no tiene tal condición, la exención no le es de aplicación.

9.2. ENVASES QUE SE INTRODUCEN CONTENIENDO MEDICAMENTOS Y PRODUCTOS SANITARIOS

Conforme a la letra b) del artículo 75 de la Ley 7/2022, quedará exenta la importación o adquisición intracomunitaria de envases a los que se refiere el artículo 68.1.a) de dicha ley que se introduzcan en el territorio de aplicación del impuesto prestando la función de contención, protección, manipulación, distribución y presentación de medicamentos, productos sanitarios, alimentos para usos médicos especiales, preparados para lactantes de uso hospitalario o residuos peligrosos de origen sanitario.

A diferencia de la exención de la letra a) del mismo precepto, a que nos hemos referido en el epígrafe anterior, no se trata de envases destinados a contener medicamentos y productos sanitarios, sino de envases que ya están prestando esa función[358]. Esto es, no nos encontramos ante un envase vacío, supuesto al que se refiere la citada letra a), sino de un envase que se introduce en territorio español con un contenido concreto (el medicamento o producto sanitario) (V0480-23). Recordemos que el impuesto se aplica tanto a los envases vacíos, como a los envases que se presentan prestando la función de contención, protección, manipulación, distribución o presentación de mercancías, cuestión que se ocupa de resaltar el documento de preguntas y respuestas del Ministerio.

Como hemos anticipado, el artículo 75.a) condiciona la exención a que se acredite el destino efectivo dado a dichos productos. En concreto, los contribuyentes que realicen la primera entrega o puesta a disposición de los productos a favor de los adquirentes deberán recabar de estos una declaración previa en la que manifiesten el destino de dichos productos. Dicha declaración se deberá conservar durante los plazos de prescripción relativos al impuesto a que se refiere el artículo 66 de la LGT.

Por esa misma razón, esta letra b) no está condicionada a la obtención de una declaración sobre el destino de los envases, dado que estos ya están cumpliendo la finalidad que da derecho a la exención (V1006-23). Por tanto, en este caso no es obligatorio solicitar la declaración previa formulada por los adquirentes, sin perjuicio de que el contribuyente que aplica la exención deberá acreditar la procedencia de esta por cualquier medio de prueba admitido en derecho (V0480-23, V1200-23, V1494-23).

---

358 En este sentido, la DGT (V1004-23) se ha expresado en los siguientes términos: "Se aplicará la exención recogida en la letra a) de dicho artículo cuando los productos se adquieran y vayan a destinarse a prestar la función de envase de tales productos, siempre que pueda probarse dicho destino efectivo. Se aplicará la exención recogida en la letra b) cuando se adquieran prestando ya la función de envase de los mencionados productos".

9.3. CUESTIONES COMUNES

Como hemos señalado, este beneficio fiscal alcanza a cinco tipos de mercancías relacionados con el ámbito sanitario que pueden contener los envases: medicamentos, productos sanitarios, alimentos para usos médicos especiales, preparados para lactantes de uso hospitalario y residuos peligrosos de origen sanitario. La relación, en comparación con el Anteproyecto de ley (que únicamente contemplaba los medicamentos), es amplia, pero, al tratarse de un beneficio fiscal, no puede interpretarse de forma extensiva. Por ello, la DGT (V0426-23) ha descartado su aplicación a los envases de plástico que se emplean para el transporte de muestras de leche desde la explotación ganadera hasta el laboratorio en que se realiza su análisis. En la tramitación parlamentario se propuso incluir "los envases de los productos fitosanitarios cuando dispongan de un sistema que contribuya a su correcta gestión ambiental" en el ámbito de la exención regulada en la letra a) del artículo 75, pero la enmienda no fructificó[359].

Otra diferencia relevante con el Anteproyecto es el tipo de envase que se puede beneficiar de la exención. Aquel lo limitaba a los envases destinados al acondicionamiento primario de medicamentos, definiendo este como "el envase o cualquier otra forma de acondicionamiento que se encuentre en contacto directo con el medicamento, según lo establecido en el Real Decreto 1345/2007, de 11 de octubre, por el que se regula el procedimiento de autorización, registro y condiciones de dispensación de los medicamentos de uso humano fabricados industrialmente".

La redacción final de estos beneficios fiscales no hace referencia alguna al tipo de envases, por lo que serán de aplicación tanto a los envases primarios como a los secundarios y terciarios. Así ha sido confirmado tanto por el documento de preguntas y respuestas del Ministerio como por la DGT (V0942-23, V3002-23).

---

359 Enmienda nº 588 del Grupo Parlamentario Popular en el Congreso. La propuesta se reiteró en la enmienda nº 423 del Grupo Parlamentario Popular en el Senado, pero esta vez con un carácter más amplio, al no condicionarse la exención a la existencia de un sistema que contribuya a su correcta gestión ambiental.
También se propuso incluir una exención para "La fabricación, importación o adquisición intracomunitaria de envases de plástico no reutilizables destinados al acondicionamiento primario de productos fitosanitarios y otros insumos agrarios" (enmienda nº 430 del Grupo Parlamentario Popular en el Senado).

9.3.1. Medicamentos

Por lo que se refiere al concepto de "medicamento" y "producto sanitario", no definidos específicamente en la Ley 7/2022, habrá de acudirse a la normativa sectorial. Así, entre otras normas, el Real Decreto Legislativo 1/2015, de 24 de julio, por el que se aprueba el texto refundido de la Ley de garantías y uso racional de los medicamentos y productos sanitarios, contienen en su artículo 2 distintas definiciones de mercancías que cabe entender incluidas en el ámbito de la exención. Comenzando por los medicamentos, podemos citar los siguientes:

- «Medicamento de uso humano»: Toda sustancia o combinación de sustancias que se presente como poseedora de propiedades para el tratamiento o prevención de enfermedades en seres humanos o que pueda usarse en seres humanos o administrarse a seres humanos con el fin de restaurar, corregir o modificar las funciones fisiológicas ejerciendo una acción farmacológica, inmunológica o metabólica, o de establecer un diagnóstico médico.
- «Medicamento veterinario»: Toda sustancia o combinación de sustancias que se presente como poseedora de propiedades curativas o preventivas con respecto a las enfermedades animales o que pueda administrarse al animal con el fin de restablecer, corregir o modificar sus funciones fisiológicas ejerciendo una acción farmacológica, inmunológica o metabólica, o de establecer un diagnóstico veterinario. También se considerarán «medicamentos veterinarios» las «premezclas para piensos medicamentosos» elaboradas para ser incorporadas a un pienso.
- «Medicamento genérico»: Todo medicamento que tenga la misma composición cualitativa y cuantitativa en principios activos y la misma forma farmacéutica, y cuya bioequivalencia con el medicamento de referencia haya sido demostrada por estudios adecuados de biodisponibilidad. Las diferentes sales, ésteres, éteres, isómeros, mezclas de isómeros, complejos o derivados de un principio activo se considerarán un mismo principio activo, a menos que tengan propiedades considerablemente diferentes en cuanto a seguridad y/o eficacia. Las diferentes formas farmacéuticas orales de liberación inmediata se considerarán una misma forma farmacéutica. El solicitante podrá estar exento de presentar los estudios de biodisponibilidad si puede demostrar que

el medicamento genérico satisface los criterios pertinentes definidos en las correspondientes directrices detalladas.

- «Fórmula magistral»: El medicamento destinado a un paciente individualizado, preparado por un farmacéutico, o bajo su dirección, para cumplimentar expresamente una prescripción facultativa detallada de los principios activos que incluye, según las normas de correcta elaboración y control de calidad establecidas al efecto, dispensado en oficina de farmacia o servicio farmacéutico y con la debida información al usuario en los términos previstos en el artículo 42.5.
- «Preparado oficinal»: Aquel medicamento elaborado según las normas de correcta elaboración y control de calidad establecidas al efecto y garantizado por un farmacéutico o bajo su dirección, dispensado en oficina de farmacia o servicio farmacéutico, enumerado y descrito por el Formulario Nacional, destinado a su entrega directa a los enfermos a los que abastece dicha farmacia o servicio farmacéutico.
- «Medicamento en investigación»: Forma farmacéutica de un principio activo o placebo que se investiga o se utiliza como referencia en un ensayo clínico, incluidos los productos con autorización cuando se utilicen o combinen, en la formulación o en el envase, de forma diferente a la autorizada, o cuando se utilicen para tratar una indicación no autorizada o para obtener más información sobre un uso autorizado.

Por tanto, el medicamento, con independencia de su uso (humano o veterinario)[360], de su forma de presentación (medicamento genérico, fórmula magistral o preparado oficinal) e, incluso, de su fase de investigación, quedará exento. Un ejemplo son los inhaladores vacíos que se utilizan para administrar medicamentos a los pacientes para el tratamiento de distintas enfermedades respiratorias (V0971-23).

360 Conforme a la consulta V0541-23, "los productos sanitarios son aquellos utilizados en personas y en el caso de los medicamentos, al no especificar la Ley nada al respecto, se debe entender que comprende tanto los de uso humano como los de uso veterinario". De forma similar, la consulta V0971-23, en relación con la exención de las letras a) y b) del artículo 75, hace referencia a los productos sanitarios de uso humano y a los medicamentos, ya sean medicamentos de uso humano o medicamentos veterinarios.

Con base en esta normativa, la DGT ha considerado que los biocidas que se utilizan como desinfectantes de piel sana (V2291-23) no se pueden beneficiar de la exención, dado que no se consideran medicamento, salvo que obtuvieran la correspondiente autorización de comercialización como tal por la Agencia Española de Medicamentos y Productos Sanitarios. También ha manifestado sus dudas respecto de los productos de dermofarmacia (cremas a base de probióticos), que se categorizan como cosméticos, dado que no parecen tener la consideración de medicamentos conforme a la legislación sectorial (V2702-23).

Cabe plantearse si los envases destinados a contener insumos para la obtención del medicamento pueden beneficiarse de la exención. En esta categoría, siguiendo el Real Decreto Legislativo 1/2015 anteriormente citado, se incluirían los siguientes conceptos:

- «Principio activo» o «sustancia activa»: Toda sustancia o mezcla de sustancias destinadas a la fabricación de un medicamento y que, al ser utilizadas en su producción, se convierten en un componente activo de dicho medicamento destinado a ejercer una acción farmacológica, inmunológica o metabólica con el fin de restaurar, corregir o modificar las funciones fisiológicas, o de establecer un diagnóstico.
- «Excipiente»: Todo componente de un medicamento distinto del principio activo y del material de acondicionamiento.
- «Materia prima»: Toda sustancia —activa o inactiva— empleada en la fabricación de un medicamento, ya permanezca inalterada, se modifique o desaparezca en el transcurso del proceso.
- «Producto intermedio»: El destinado a una posterior transformación industrial por un fabricante autorizado.

La DGT ha admitido la aplicación de la exención a los principios activos (V0996-23, V0997-23, V1038-23, V2367-23, V2380-23). Estos, fabricados de conformidad con las normas de correcta fabricación[361], son el com-

[361] Reglamento Delegado (UE) nº 1252/2014 de la Comisión, de 28 de mayo de 2014, por el que se completa la Directiva 2001/83/CE del Parlamento Europeo y del Consejo en lo que se refiere a principios y directrices de prácticas correctas de fabricación de principios activos para medicamentos de uso humano.

ponente principal del medicamento y el que ejerce la acción farmacológica, inmunológica o metabólica, esto es, la sustancia sin la cual el medicamento carecería de sus propiedades curativas o preventivas de enfermedades en seres humanos o animales. Por otra parte, el principio activo únicamente puede destinarse a la fabricación de un medicamento, no pudiendo destinarse a otros usos. En consecuencia, un producto no tendría la clasificación de medicamento sin la existencia del principio activo, sustancia base de este.

Por el contrario, ha rechazado la aplicación de la exención a los excipientes (V1038-23, V2380-23). Los diferentes tipos de excipientes[362] carecen de acción farmacológica, inmunológica o metabólica lo que implica que pueden destinarse tanto a la fabricación de medicamentos, aportándoles consistencia, forma, sabor u otras cualidades que faciliten su dosificación y uso, como a la fabricación de otro tipo de productos. En contestación posterior ha confirmado que dicha conclusión no se ve alterada por el hecho de que se pudiera acreditar que el destino de los excipientes es la fabricación de medicamentos (V1720-13). La misma conclusión se alcanza respecto de los productos intermedios de síntesis tales como la trietilamina y dietilamina (V2380-23) y el material de acondicionamiento, que garantiza la identificación inequívoca del medicamento y proporciona la información necesaria para su correcta administración y uso (V2715-23).

9.3.2. Productos sanitarios

Refiriéndonos ahora a los productos sanitarios, estos se definen en el repetido Real Decreto Legislativo 1/2015 como cualquier instrumento, dispo-

362 Colorantes, conservantes, coadyuvantes, estabilizantes, espesantes, emulsificantes, saborizantes, sustancias aromáticas o sustancias similares; componentes del recubrimiento externo de los medicamentos destinados a ser ingeridos por el paciente o administrados de cualquier otra forma (cápsulas, cápsulas de gelatina, cápsulas rectales, etc.); componentes de los parches transdérmicos; mezclas de excipientes, como los utilizados en la compresión directa o en el recubrimiento o en el pulido de formas farmacéuticas orales; reguladores del pH; componentes de tintas utilizadas para marcar las formas farmacéuticas orales; diluyentes presentes, por ejemplo, en extractos de plantas o en concentrados de vitaminas; componentes presentes en la mezcla de compuestos químicamente relacionados (por ejemplo, conservantes).

sitivo, equipo, programa informático, material u otro artículo, utilizado solo o en combinación, incluidos los programas informáticos destinados por su fabricante a finalidades específicas de diagnóstico y/o terapia y que intervengan en su buen funcionamiento, destinado por el fabricante a ser utilizado en seres humanos con fines de:

- diagnóstico, prevención, control, tratamiento o alivio de una enfermedad;
- diagnóstico, control, tratamiento, alivio o compensación de una lesión o de una deficiencia;
- investigación, sustitución o modificación de la anatomía o de un proceso fisiológico;
- regulación de la concepción,

y que no ejerza la acción principal que se desee obtener en el interior o en la superficie del cuerpo humano por medios farmacológicos, inmunológicos ni metabólicos, pero a cuya función puedan contribuir tales medios.

Dicha definición es coincidente con la recogida en el artículo 2.1 del Reglamento (UE) 2017/745 del Parlamento Europeo y del Consejo, de 5 de abril de 2017, sobre los productos sanitarios, por el que se modifican la Directiva 2001/83/CE, el Reglamento (CE) nº 178/2002 y el Reglamento (CE) nº 1223/2009 y por el que se derogan las Directivas 90/385/CEE y 93/42/CEE del Consejo. El referido precepto añade que también se considerarán productos sanitarios (i) los productos de control o apoyo a la concepción y (ii) los productos destinados específicamente a la limpieza, desinfección o esterilización de los productos sanitarios, los accesorios de productos sanitarios y los productos enumerados en el anexo XVI del referido Reglamento, además de los productos definidos en el párrafo primero del artículo 2.1 que estamos citando.

Si bien el Reglamento (UE) 2017/745 resulta de directa aplicación en los países de la UE, es preciso regular a nivel nacional los aspectos que la norma europea deja a la regulación de cada Estado miembro. Con esta finalidad se ha aprobado el Real Decreto 192/2023, de 21 de marzo, por el que se regulan los productos sanitarios, el cual extiende su ámbito de aplicación a los aparatos e instrumental utilizados en el maquillaje permanente, semipermanente o en el tatuaje de la piel mediante técnicas invasivas, además de los ya contemplados en el Reglamento comunitario.

Con base en la definición comunitaria del Reglamento (UE) 2017/745, el documento de preguntas y respuestas del Ministerio señala que los productos sanitarios son aquellos utilizados en personas, lo que en consecuencia excluye los de uso veterinario. No así los medicamentos, que, como señalábamos anteriormente, incluyen tanto los de uso humano como los de uso veterinario. En este mismo sentido se expresa la DGT V0541-23, conforme a la cual "los productos sanitarios son aquellos utilizados en personas y en el caso de los medicamentos, al no especificar la ley nada al respecto, se debe entender que comprende tanto los de uso humano como los de uso veterinario"[363].

Además, puede haber otros productos sanitarios regulados en instrumentos separados por sus particularidades, como es el caso de los productos sanitarios para diagnóstico "in vitro"[364], que también han de entenderse amparados por la exención.

La DGT (V0942-23, V1045-23[365]) también ha condicionado la exención para productos sanitarios a que, como tales, cumplan el Real Decreto 1591/2009, de 16 de octubre, por el que se regulan los productos sanitarios, en el que se establecen las condiciones y requisitos que deben cumplir los productos sanitarios para su fabricación, importación, investigación clínica, distribución, comercialización, puesta en servicio, dispensación y utilización, así como los procedimientos administrativos respectivos, de acuerdo con lo establecido en la normativa de la UE. Así mismo, establece las condiciones para el comercio exterior de los productos, especificando los requisitos a aplicar por la inspección sanitaria en su importación. A su vez, determina la

---

363 Véase asimismo la consulta V0971-23, que hace referencia a los productos sanitarios de uso humano y a los medicamentos, ya sean medicamentos de uso humano o medicamentos veterinarios.

364 Reglamento (UE) 2017/746 del Parlamento Europeo y del Consejo, de 5 de abril de 2017, sobre productos sanitarios para diagnóstico in vitro y por el que se derogan la Directiva 98/79/CE y la Decisión 2010/227/UE de la Comisión.

365 Esta consulta se refiere a la adquisición intracomunitaria e importación de camas para uso hospitalario y clínico domiciliario, colchones para uso hospitalario, geriátrico y domiciliario, colchones antiescaras, cojines antiescaras, camillas y portasillas.

información a facilitar a las autoridades sanitarias sobre los productos en el momento de su puesta a disposición en territorio español, así como la relativa a las empresas españolas responsables de la puesta en el mercado.

Con base en esta normativa, la DGT ha considerado que los biocidas que se utilizan para la limpieza y desinfección de las salas donde se fabrican medicamentos (V1208-23) y como desinfectantes de piel sana (V2291-23) no se pueden beneficiar de la exención, dado que no se destinan a la limpieza, desinfección o esterilización de los productos sanitarios, en los términos del artículo 2.1 del Reglamento (UE) 2017/745. Por el contrario, si dichos productos tuvieran la consideración de productos sanitarios y como tales cumplieran con los requisitos establecidos en el Real Decreto 1591/2009, sí cabria aplicar la exención

Como en el caso de los medicamentos, la DGT (V0993-23, V3002-23) ha rechazado la aplicación de la exención a los componentes que se utilizan en la fabricación de productos sanitarios, salvo que dichos componentes tengan, por sí mismos, la consideración de productos sanitarios y, como tales, cumplan con los requisitos establecidos en el Real Decreto 1591/2009, de 16 de octubre.

Respecto a los envases que contengan accesorios o partes de productos sanitarios, no podrá acogerse a los supuestos de exención del artículo 75, letras a) o b) de la ley, si dichos productos por sí mismos no tienen la consideración de productos sanitarios en los términos señalados anteriormente (V0995-23).

La acreditación de la condición de producto sanitario podrá acreditarse por cualquier medio de prueba admisible en derecho (V1494-23, en relación con la validez de un certificado emitido por las autoridades del Estado miembro donde se han fabricado los productos sanitarios, junto con los pliegos y contratos celebrados con los hospitales donde se indica que los productos tienen un destino sanitario).

Finalmente, el Real Decreto Legislativo 1/2015 hace referencia a otros productos que, al no encontrar encaje en la definición de las mercancías incluidas en el ámbito de esta exención, no podrán beneficiarse de esta. Nos referimos a los dos siguientes:

- «Producto de cuidado personal»: Sustancias o mezclas que, sin tener la consideración legal de medicamentos, productos sanitarios, cosméticos o biocidas, están destinados a ser aplicados sobre la piel, dientes o mucosas del cuerpo humano con finalidad de higiene o de estética, o para neutralizar o eliminar ectoparásitos.

- «Producto cosmético»: Toda sustancia o mezcla destinada a ser puesta en contacto con las partes superficiales del cuerpo humano (epidermis, sistema piloso y capilar, uñas, labios y órganos genitales externos) o con los dientes y las mucosas bucales, con el fin exclusivo o principal de limpiarlos, perfumarlos, modificar su aspecto, protegerlos, mantenerlos en buen estado o corregir los olores corporales.

9.3.3. Alimentos para usos médicos especiales

Indicábamos que en el ámbito de la exención se incluyen los alimentos para usos médicos especiales. Estos se encuentran regulados en el Reglamento (UE) nº 609/2013 del Parlamento Europeo y del Consejo, de 12 de junio de 2013, relativo a los alimentos destinados a los lactantes y niños de corta edad, los alimentos para usos médicos especiales y los sustitutivos de la dieta completa para el control de peso y por el que se derogan la Directiva 92/52/CEE del Consejo, las Directivas 96/8/CE, 1999/21/CE, 2006/125/CE y 2006/141/CE de la Comisión, la Directiva 2009/39/CE del Parlamento Europeo y del Consejo y los Reglamentos (CE) no 41/2009 y (CE) no 953/2009 de la Comisión[366].

Este Reglamento comunitario los define como "alimentos especialmente elaborados o formulados y destinados al manejo dietético de pacientes, incluidos los lactantes, bajo supervisión médica, es decir destinados a satisfacer total o parcialmente las necesidades alimenticias de los pacientes cuya capacidad para ingerir, digerir, absorber, metabolizar o excretar alimentos normales o determinados nutrientes o metabólicos de los mismos sea limitada, o deficiente, o esté alterada, o bien que necesiten otros nutrientes determinados

---

366 Cabe hacer asimismo referencia al Reglamento Delegado (UE) 2016/128 de la Comisión, de 25 de septiembre de 2015, que complementa el Reglamento (UE) no 609/2013 del Parlamento Europeo y del Consejo en lo que respecta a los requisitos específicos de composición e información aplicables a los alimentos para usos médicos especiales.

clínicamente, cuyo manejo dietético no pueda efectuarse únicamente modificando la dieta normal".

Esta definición, en muy similares términos, es la que se recoge en el artículo 2.1.b) del Real Decreto 1091/2000, de 9 de junio, por el que se aprueba la Reglamentación técnico-sanitaria específica de los alimentos dietéticos destinados a usos médicos especiales[367]. Por su parte, el artículo 3.2 del Real Decreto 867/2008, de 23 de mayo, exige que los alimentos dietéticos destinados a usos médicos especiales cumplan los criterios de composición especificados en el anexo de dicha norma, el cual contempla el contenido de vitaminas, minerales y oligoelementos en los alimentos nutricionalmente completos, ya sean destinados a los lactantes (cuadro 1) o no lactantes (cuadro 2). Con base en esta normativa, la DGT (V1200-23) ha concluido que los alimentos de usos médicos especiales quedan exentos siempre y cuando cumplan con la definición y con los criterios de composición especificados en el mencionado anexo.

La DGT (V1004-23), en relación con los blisters, sobres y botes para contener complementos alimenticios, asimilables a medicamentos en cuanto a envasado, ha recordado que lo que determina la exención al impuesto es el destino efectivo de los productos objeto del impuesto a los usos recogidos en las letras a) y b) del artículo 75 de la ley. Que los blíster o botes a los que se refiere la consulta sean asimilables a los utilizados en los medicamentos en cuanto a su envasado no determina que estén también exentos, sino que tales productos estarán exentos cuando cumplan su función de envase destinado a la contención, protección, manipulación, distribución y presentación de

[367] El apartado 2 de dicho artículo recoge la clasificación de los alimentos dietéticos destinados a usos médicos especiales en tres categorías:
a) Alimentos completos con una formulación en nutrientes normal que, si se consumen de acuerdo con las instrucciones de los fabricantes, pueden constituir la única fuente de alimento para las personas a las que van destinados.
b) Alimentos completos con una formulación en nutrientes específica adaptada para determinadas enfermedades, trastornos o afecciones que, si se consumen de acuerdo con las instrucciones de los fabricantes, pueden constituir la única fuente de alimento para las personas a las que van destinados.
c) Alimentos incompletos con una formulación normal o una formulación de nutrientes específica adaptada para determinadas enfermedades, trastornos o afecciones, que no son adecuados para servir de alimento exclusivo.

medicamentos, productos sanitarios, alimentos para usos médicos especiales, preparados para lactantes de uso hospitalario o residuos peligrosos de origen sanitario. En consecuencia, si el complemento alimenticio tiene la consideración de medicamento o alimento para usos médicos especiales, conforme a la legislación sectorial, podrá beneficiarse de la exención. Por el contrario, en otras consultas posteriores ha advertido que los "complementos alimenticios tanto a base de probióticos y plantas, como de vitaminas y minerales" no parecen tener encaje en dichas definiciones (V2701-23).

9.3.4. Preparados para lactantes

El referido Reglamento comunitario también regula los "preparados para lactantes", que se definen como los alimentos destinados a los lactantes (menores de 12 meses) durante los primeros meses de vida que satisfacen de por sí las necesidades nutritivas de dichos lactantes hasta la introducción de una alimentación complementaria apropiada[368].

La particularidad que encontramos es que los preceptos de la Ley 7/2022 que venimos comentando circunscriben el beneficio fiscal a los preparados de uso hospitalario (V1200-23), por lo que los destinados a cualquier otro uso quedarán sometidos a tributación (V0949-23).

La DGT ha extendido la aplicación de la exención a los "preparados de continuación", esto es, los alimentos destinados a los lactantes (menores de 12 meses) a los que se ha introducido una alimentación complementaria apropiada y que constituyen el principal elemento líquido de la dieta progresivamente diversificada de estos lactantes[369].

---

368 La regulación específica se encuentra en el Reglamento Delegado (UE) 2016/127 de la Comisión, de 25 de septiembre de 2015, que complementa el Reglamento (UE) n° 609/2013 del Parlamento Europeo y del Consejo en lo que respecta a los requisitos específicos de composición e información aplicables a los preparados para lactantes y preparados de continuación, así como a los requisitos de información sobre los alimentos destinados a los lactantes y niños de corta edad. En el ámbito nacional, véase artículo 2.3 del Real Decreto 867/2008, de 23 de mayo, por el que se aprueba la reglamentación técnico-sanitaria específica de los preparados para lactantes y de los preparados de continuación.

369 En el ámbito nacional, véase artículo 2.4 del Real Decreto 867/2008, de 23 de mayo, por el que se aprueba la reglamentación técnico-sanitaria específica de los preparados para lactantes y de los preparados de continuación

Por el contrario, al no estar expresamente mencionados en la regulación del impuesto, no tendrían cabida otros productos regulados en ese mismo Reglamento, como son los alimentos elaborados a base de cereales[370], los alimentos infantiles[371] y los sustitutivos de la dieta completa para el control del peso[372]. Así, por ejemplo, la DGT ha rechazado la aplicación de la exención a los envases que contienen comidas preparadas destinadas al consumo por pacientes ingresados en centros hospitalarios en la medida en que no se trate de alimentos para usos médicos especiales ni preparados para lactantes de uso hospitalario (V0949-23), así como a los preparados lácteos de crecimiento y los complementos alimenticios al no encontrar encaje en el artículo 75 de la Ley 7/2022 (V1200-23).

9.3.5. *Residuos peligrosos de origen sanitario*

Finalmente, la exención también se aplica a los residuos peligrosos de origen sanitario, concepto no previsto en la redacción inicial del Proyecto de ley y cuya incorporación encuentra origen en diversas enmiendas presentadas en la tramitación parlamentaria que proponían la inclusión de los "residuos"[373]. Fruto del debate parlamentario, se añadió al adjetivo "peligrosos".

---

370 Alimentos destinados a satisfacer los requisitos particulares de los lactantes sanos durante el destete y de los niños de corta edad sanos como complemento a su dieta o para su progresiva adaptación a una alimentación corriente, y pertenecientes a una de las categorías siguientes: cereales simples reconstituidos o que deben reconstituirse con leche u otro líquido alimenticio adecuado, cereales con adición de otro alimento rico en proteínas reconstituidos o que deben reconstituirse con agua u otro líquido que no contenga proteínas, pastas que deben cocerse en agua hirviendo o en otros líquidos apropiados antes de su consumo, bizcochos y galletas que pueden consumirse directamente o, una vez pulverizados, con adición de agua, leche u otro líquido adecuado.

371 Alimentos destinados a satisfacer las necesidades particulares de los lactantes sanos durante el destete y de los niños de corta edad sanos como complemento a su dieta o para su progresiva adaptación a una alimentación corriente, con excepción de los alimentos elaborados a base de cereales y las bebidas a base de leche y los productos similares destinados a niños de corta edad.

372 Alimentos formulados especialmente para su empleo en dietas de bajo valor energético para reducción de peso que, utilizados de acuerdo con las instrucciones del explotador de la empresa alimentaria, sustituyen la dieta diaria completa.

373 Enmiendas núm. 341 y 346 del Grupo Parlamentario Republicano, 419 y 420 del Grupo Parlamentario Vox, 589 y 603 del Grupo Parlamentario Popular en el Congreso. La

Este es el único concepto que, en relación con esta exención, es definido expresamente por la normativa del impuesto, en el artículo 71 de la Ley 7/2022. Se definen como tales "Aquellos residuos que requieren su depósito en contenedores sanitarios cuya gestión está sujeta a requisitos y normativas

---

enmienda que desarrolla en mayor grado la justificación de la propuesta de modificación es la 419, con el siguiente contenido:

"La tecnología sanitaria se encuentra regulada por distintas Directivas comunitarias que armonizan toda la regulación en el ámbito de la Unión Europea y que en España están actualmente transpuestas a nuestro ordenamiento jurídico a través del Real Decreto 1616/2009, de 26 de octubre, por el que se regulan los productos sanitarios implantables activos, así como del Real Decreto 1591/2009, de 16 de octubre, por el que se regulan los productos sanitarios y del Real Decreto 1662/2000, de 29 de septiembre, sobre productos sanitarios para diagnóstico in vitro. Los productos sanitarios, al igual que los medicamentos, deben cumplir para su comercialización en la Unión Europea unas estrictas garantías sanitarias que están reguladas en las citadas disposiciones legislativas y que permiten garantizar su seguridad, calidad y eficacia en el diagnóstico, tratamiento y prevención de las enfermedades a las que van destinados. Con el fin de proteger el medio ambiente y la salud humana, cuando estos productos sanitarios se convierten en residuos, se depositan en unos envases específicos para su correcta contención, recogida y posterior destrucción. Estos envases son imprescindibles para garantizar la seguridad del personal sanitario que manipula los productos sanitarios de riesgo, como pueden ser bisturís, agujas y gasas contaminadas y que son utilizados en pacientes de riesgo. Según nuestra interpretación no tendría cabida que dicho impuesto se aplicara sobre estos envases que contienen residuos de productos sanitarios, puesto que la eliminación de los productos sanitarios forma parte de su ciclo de vida. Los medicamentos y los productos sanitarios están exentos de la aplicación de esta disposición ya que hay razones sanitarias que aconsejan el uso de los plásticos de cara a la conservación de las cualidades de estos. A los envases destinados a contener residuos de productos sanitarios les resultan de aplicación los mismos motivos, al ser relevante e imprescindible, la utilización de plástico en su fabricación, para conseguir la resistencia a la punción que demanda la normativa aplicable para su homologación, para evitar riesgos al personal sanitario, proteger la salud humana durante su manipulación, transporte y almacenamiento, evitando la contaminación microbiana y reduciendo el riesgo de infecciones. Esto es fundamental, por ejemplo, en circunstancias como la actual crisis sanitaria, donde es esencial mantener aislado y protegido el material sanitario una vez utilizado para evitar contagios".

Las enmiendas nº 422 y nº 436 del Grupo Parlamentario Popular en el Senado (GPP) también hacen referencia a los residuos, pero de una forma distinta, pues se incluyen en el ámbito de la exención y la devolución (respectivamente) los residuos de los productos sanitarios y no se hace referencia al carácter peligroso. La redacción propuesta era la siguiente: "medicamentos, productos sanitarios y de sus residuos, alimentos para usos médicos especiales o preparados para lactantes de uso hospitalario".

específicas para prevenir la propagación de enfermedades y garantizar la protección de la salud y seguridad de la ciudadanía"[374].

10. PACAS O BALAS PARA ENSILADO DE FORRAJES O CEREALES DE USO AGRÍCOLA O GANADERO

Finalmente, hemos de hacer referencia a la exención prevista en el artículo 75.c) para la "fabricación, importación o adquisición intracomunitaria de rollos de plástico empleados en las pacas o balas para ensilado de forrajes o cereales de uso agrícola o ganadero"[375]. La DGT ha aclarado que se incluyen en el ámbito de la exención los productos que, formando parte del ámbito objetivo del impuesto, se introduzcan en el territorio de aplicación de este ya incorporados en las pacas o balas, como pueden ser las cuerdas o flejes de plástico en las que se embalan aquellas (V1642-23).

El ensilado es una técnica de conservación y almacenaje anaerobio de los forrajes y cereales, que permite retener las cualidades del producto ensilado gracias a las características de opacidad, barrera al agua y la humedad, baja permeabilidad al oxígeno y a los gases provenientes de la contaminación atmosférica y buena reflexión de la luz para evitar el calentamiento del plástico y el aumento de la temperatura anterior, lo que en conjunto puede favorecer determinadas fermentaciones favorables para el producto e impedir las no deseadas[376].

---

[374] Siguiendo a PALAO BASTARDÉS, en este concepto se encuadrarían los residuos sanitarios o infecciosos, capaces de transmitir ciertas enfermedades infecciosas; cualquier resto anatómico humano que se pueda reconocer como tal; sangre y hemoderivados en forma líquida o recipientes que contengan sangre o hemoderivados, u otros líquidos biológicos (se trata siempre de líquidos, en ningún caso de materiales cerrados o que hayan absorbido estos líquidos); agujas y material punzante y cortante o cualquier objeto punzante o cortante utilizado en la actividad sanitaria, independientemente de su origen (agujas, pipetas, hojas de bisturí, portaobjetos, cubreobjetos, capilares y tubos de vidrio); vacunas vivas y atenuadas, PALAO BASTARDÉS, B.: *El impuesto sobre envases de plástico no reutilizables*, *op. cit.*, pág. 36.

[375] El precepto indica que la exención se aplicará en las condiciones que, en su caso, reglamentariamente se establezcan, no habiéndose producido tal desarrollo reglamentario.

[376] https://delagro.org/agricultura/ (último acceso. 28/04/2023).

Se trata de un beneficio fiscal que trata de evitar costes adicionales para el sector de la agricultura y la ganadería[377], pero que está exclusivamente dirigido a los contribuyentes del impuesto (fabricantes, importadores y adquirentes intracomunitarios) que en el momento de realizar el hecho imponible son conocedores del destino de los productos. En particular, no se regula, a diferencia de la exención para medicamentos y productos sanitarios, la declaración previa del adquirente manifestando el destino de los productos que da derecho a gozar de la exención del impuesto.

Tampoco se prevé la posibilidad de recuperar el impuesto, a través de algún supuesto de deducción o devolución, si, con posterioridad a la realización del hecho imponible y de ingreso del impuesto, se acredita que el destino efectivo de los productos gravados ha sido su empleo para los fines arriba descritos. Cabe entender que en tal caso los contribuyentes podrían solicitar la devolución de ingresos indebidos conforme al procedimiento previsto en la LGT y en su normativa de desarrollo.

Siguiendo a MENDO BUETAS, la exención se encuentra condiciona a que concurran dos circunstancias. En primer lugar, el plástico ha de estar presentado en rollos, no son admisibles otras formas de presentación. En segundo lugar, la exención alcanza exclusivamente al plástico empleado para envolver o cubrir las balas en el ensilado de forrajes o cereales, "descartando cualquier otro uso, aun cuando constituya una actividad agrícola o ganadera, como el propio envase de ensilado en zanja que no se entrega juntamente con la mercancía"[378].

Durante la tramitación parlamentaria se propuso introducir un nuevo beneficio fiscal para este sector, mediante una exención para "La fabricación,

---

377 En similar sentido, SALASSA BOIX señala que "esta exención se basa en motivos económicos, más específicamente vinculados a la actividad agrícola y ganadera, en el sentido de no perjudicar a ese sector productivo con los mayores costes que implica un nuevo gravamen", SALASSA BOIX, R.: "La compatibilidad de los ajustes fiscales en frontera ambientales con el GATT a partir del impuesto español sobre los plásticos no reutilizables", *op. cit.*, pág. 120. También alude ORTIZ CALLE a las referidas razones de política económica, ORTIZ CALLE, E.: "El impuesto especial sobre los envases de plástico no reutilizables", *op. cit.*

378 MENDO BUETAS, J.: "El impuesto especial sobre envases de plástico no reutilizables (arts. 67 a 83 Ley 7/2022, de 8 de abril). Parte II", *op. cit.*

importación o adquisición intracomunitaria de envases de plástico no reutilizables destinados al acondicionamiento primario de productos fitosanitarios y otros insumos agrarios" (enmienda nº 430 del Grupo Parlamentario Popular en el Senado) y un nuevo supuesto de deducción para "Los envases por los que, una vez satisfecho el impuesto correspondiente, se destinen al acondicionamiento primario de los productos fitosanitarios, siempre que dichas circunstancias queden acreditadas previo requerimiento de la Administración tributaria" (enmienda nº 434 del Grupo Parlamentario Popular en el Senado), pero estas propuestas no fructificaron.

Capítulo VIII

NORMAS GENERALES DE GESTIÓN Y RÉGIMEN SANCIONADOR

Los artículos 82 y 83 de la Ley 7/2022 regulan las normas generales de gestión y el régimen de infracciones y sanciones. Ambas cuestiones han sido parcialmente abordas en los capítulos anteriores, allí donde tenían incidencia. En ese capítulo realizaremos el análisis general, desde un enfoque conjunto de ambos preceptos, al estar estrechamente relacionados.

Sí es preciso aclarar que el régimen sancionador se encuentra integrado por el régimen ordinario previsto en la LGT y el régimen específico del artículo 83 de la Ley 7/2022 en relación con la infracción de determinadas obligaciones relacionadas con este impuesto, resumiéndose estas últimas en el siguiente cuadro.

Infracciones graves	Sanción
a) La falta de inscripción en el Registro territorial del impuesto especial sobre los envases de plástico no reutilizables.	Multa pecuniaria fija de 1.000 euros
b) La falta de nombramiento de un representante por los contribuyentes no establecidos en dicho territorio.	Multa pecuniaria fija de 1.000 euros
c) La falsa o incorrecta certificación por la entidad debidamente acreditada, de la cantidad de plástico reciclado, expresada en kilogramos, contenida en los productos que forman parte del ámbito objetivo del impuesto.	Multa pecuniaria proporcional del 50 por ciento del importe de las cuotas del impuesto que se hubiesen podido dejar de ingresar, con un importe mínimo de 1.000 euros. Se incrementará en el 25 por ciento si existe comisión repetida de infracciones tributarias. Esta circunstancia se apreciará cuando el infractor, dentro de los dos años anteriores a la comisión de la nueva infracción, hubiese sido sancionado por resolución firme en vía administrativa por la misma conducta
d) El disfrute indebido por parte de los adquirentes de los productos que forman parte del ámbito objetivo del impuesto de las exenciones recogidas en el artículo 75.a) y g) por no ser el destino efectivo de los productos el consignado en dichas letras.	Multa pecuniaria proporcional del 150 por ciento del beneficio fiscal indebidamente disfrutado, con un importe mínimo de 1.000 euros
e) La incorrecta consignación en la factura o en el certificado de los datos a los que se refiere el artículo 82.9.	Multa pecuniaria fija de 75 euros por cada factura o certificado emitido con la consignación incorrecta de los datos a los que se refiere el artículo 82.9

1. AUTOLIQUIDACIÓN E INGRESO DE LA DEUDA TRIBUTARIA

1.1. NORMAS DE GESTIÓN

Los fabricantes y los adquirentes intracomunitarios están obligados a autoliquidar el impuesto por medio del modelo 592, aprobado por la Orden HFP/1314/2022, y, en su caso, a ingresar el importe resultante de deuda tributaria. Esta obligación se realizará de la siguiente forma:

a) En el caso de fabricantes, la obligación de presentar el modelo 592 y, en su caso, de efectuar el pago de la deuda tributaria deberá cumplirse por cada uno de los establecimientos en que el fabricante desarrolle su actividad, haciendo constar su CIP en el apartado correspondiente de la cabecera del modelo. No obstante lo anterior, cuando sea titular de varios establecimientos, la oficina gestora podrá autorizar la presentación y el pago de una única autoliquidación centralizada en una entidad colaboradora autorizada, en cuyo caso no se cumplimentará el apartado CIP de la cabecera, sino que la autoliquidación contendrá tantas líneas como establecimientos se estén incluyendo en dicha declaración centralizada, identificándose en cada una de ellas el CIP correspondiente a cada establecimiento. Conforme se indica en el informador digital de la AEAT, la competencia para autorizar la centralización de las autoliquidaciones solicitadas por operadores con establecimientos en el ámbito territorial de más de una Delegación Especial de la Agencia corresponde a los servicios centrales del Departamento de Aduanas e Impuestos Especiales y, en concreto, a la Oficina Nacional de Gestión de Aduanas e Impuestos Especiales.

b) En el caso de adquirentes intracomunitarios, se presentará un único modelo 592. La obligación persiste incluso en los períodos impositivos en los que no resulte cuota a ingresar, como ha sido confirmado por la DGT (V0541-23, V1494-23, V3002-23) para el caso de adquirentes intracomunitarios de productos exentos (por ejemplo, medicamentos y productos sanitarios).

El periodo de liquidación (mensual o trimestral) coincidirá con el del IVA atendiendo al volumen de operaciones del contribuyente u otras circunstancias previstas en la normativa de dicho impuesto[379].

La presentación del modelo 592 y, en su caso, el pago simultáneo de la deuda tributaria en entidad colaboradora autorizada se efectuará ante la Administración tributaria competente por razón del territorio dentro de los veinte primeros días naturales siguientes a aquel en que finaliza el periodo de liquidación que corresponda. Se prevé la posibilidad de realizar la domiciliación bancaria del pago, en cuyo caso el plazo de presentación será desde el día 1 hasta el día 15 del mes siguiente a aquel en que finaliza el periodo de liquidación.

El modelo 592 se presentará de forma obligatoria por vía electrónica a través de Internet, de acuerdo con lo dispuesto en la Orden HAP/2194/2013, de 22 de noviembre, por la que se regulan los procedimientos y las condiciones generales para la presentación de determinadas autoliquidaciones, declaraciones informativas, declaraciones censales, comunicaciones y solicitudes de devolución de naturaleza tributaria.

El modelo de cuadro de liquidación que recoge la Orden es el siguiente:

CIP (1)	Cantidad (2)	Base imponible (3)	Tipo impositivo (4)	Cuota íntegra (5)	Deducción (6)	Compensación (7)	Cuota íntegra a ingresar, a compensar o a devolver (8)

379 La enmienda nº 606 del Grupo Parlamentario Popular en el Congreso y la enmienda nº 439 del Grupo Parlamentario Popular en el Senado proponían que el período de liquidación fuera anual, salvo que se tratara de contribuyentes cuyo periodo de liquidación en el ámbito del Impuesto sobre el Valor Añadido fuera mensual, atendiendo a su volumen de operaciones u otras circunstancias previstas en la normativa de dicho impuesto, en cuyo caso sería también mensual el período de liquidación de dicho impuesto. Por su parte, el Anteproyecto de ley disponía que los contribuyentes estarían obligados a autoliquidar e ingresar trimestralmente la deuda tributaria durante los veinte primeros días naturales del segundo mes posterior a cada trimestre natural. El impuesto italiano, en el que se inspiraba el Anteproyecto, estable también la declaración trimestral.

- CIP (1): código de identificación del plástico del contribuyente que debe cumplimentarse en caso de presentación centralizada.
- Cantidad (2): cantidad total de plástico contenida en los productos que forman parte del ámbito objetivo del impuesto que sea objeto de autoliquidación en el periodo de liquidación. La cantidad total debe expresarse en kilogramos con tres decimales, redondeado por defecto, si la cuarta cifra decimal es inferior a 5, o por exceso, en caso contrario.
- Base imponible (3): cantidad de plástico no reciclado contenido en la cantidad declarada en la casilla (2). La cantidad de plástico no reciclado que constituye la base imponible debe expresarse en kilogramos con tres decimales, redondeado por defecto, si la cuarta cifra decimal es inferior a 5, o por exceso, en caso contrario.
- Tipo impositivo (4): tipo impositivo aplicable conforme a lo dispuesto en el artículo 78 de la Ley 7/2022, de 8 de abril.
- Cuota íntegra (5): importe resultante de multiplicar la cantidad declarada en la casilla (3) por el tipo impositivo declarado en la casilla (4). El importe de la cuota íntegra debe expresarse en euros con dos decimales, redondeado por defecto, si la tercera cifra decimal es inferior a 5, o por exceso, en caso contrario.
- Deducción (6): importe del impuesto pagado en periodos de liquidación anteriores que minora el importe declarado en la casilla (5), al producirse en el periodo de liquidación alguna de las circunstancias dispuestas en los apartados 1 y 2 del artículo 80 de la Ley 7/2022, de 8 de abril. El importe de la deducción debe expresarse en euros con dos decimales, redondeado por defecto, si la tercera cifra decimal es inferior a 5, o por exceso, en caso contrario.
- Compensación (7): importe pendiente de compensación correspondiente a periodos de liquidación anteriores que minora el importe declarado en la casilla (5), conforme a lo dispuesto en el apartado 3 del artículo 80 de la Ley 7/2022, de 8 de abril. El importe objeto de compensación debe expresarse en euros con dos decimales, redondeado por defecto, si la tercera cifra decimal es inferior a 5, o por exceso, en caso contrario.

- Cuota íntegra a ingresar, a compensar o a devolver (8): importe resultante de minorar el importe declarado en la casilla (5) con la suma de los importes declarados en las casillas (6) y (7) que puede ser positivo si es a ingresar o negativo si es a compensar en periodos de liquidación posteriores o a devolver en el último periodo de liquidación del año natural conforme a lo dispuesto, respectivamente, en los apartados 3 y 4 del artículo 80 de la Ley 7/2022, de 8 de abril. El importe de la cuota íntegra a ingresar, a compensar o a devolver debe expresarse en euros con dos decimales, redondeado por defecto, si la tercera cifra decimal es inferior a 5, o por exceso, en caso contrario.

Las casillas deducción (6) y compensación (7) son específicas para el caso de adquisición intracomunitaria, por lo que no resultan de aplicación para la autoliquidación correspondiente al hecho imponible de fabricación.

Si al liquidar el impuesto resulta que la cuantía de las deducciones del artículo 80 de la Ley 7/2022 supera el importe de las cuotas devengadas en el periodo de liquidación, el exceso podrá ser compensado en las autoliquidaciones posteriores siempre que no hayan transcurrido cuatro años contados a partir de la finalización del periodo de liquidación en el que se produjo dicho exceso.

Cuando las cuantías de deducción superan el importe de las cuotas devengadas en el último periodo de liquidación del año natural, conforme a lo dispuesto en el apartado 4 del artículo 80 de la Ley 7/2022, los contribuyentes podrán solicitar la devolución del saldo existente a su favor en la autoliquidación correspondiente a dicho periodo de liquidación.

A diferencia del impuesto italiano, la Ley 7/2022 no prevé ninguna eximente para el caso de deudas tributarias de escasa cuantía. En aquel, como ya hemos tenido ocasión de indicar, no existe la obligación de pagar el impuesto ni de presentar la declaración cuando la cuota es inferior o igual a 25 euros[380].

---

380 Las enmiendas nº 153 del Sr. Bel i Accensi (Grupo Parlamentario Plural) y 590 del Grupo Parlamentario en el Congreso y la enmienda nº 424 del Grupo Parlamentario Popular en el Senado proponían incluir una exención para la fabricación, importación o adquisición intracomunitaria de "pequeños productores (los que paguen menos de 50€) para los que la carga administrativa sería totalmente desproporcionada en comparación con la cantidad de envases que pusieran en el mercado".

1.2. RÉGIMEN SANCIONADOR

La Ley 7/2022 no contempla un régimen sancionador específico en relación con los incumplimientos de las obligaciones referentes a las autoliquidaciones, por lo que será de aplicación el régimen de infracciones y sanciones de la LGT. Podemos distinguir los siguientes supuestos:

1.2.1. Infracción por la falta de ingreso o indebida obtención de devoluciones

De acuerdo con el artículo 191 de la LGT, constituye infracción tributaria dejar de ingresar dentro del plazo establecido en la normativa de cada tributo la totalidad o parte de la deuda tributaria que debiera resultar de la correcta autoliquidación del tributo, salvo que se regularice con arreglo al artículo 27 de la LGT[381] o proceda el inicio del período ejecutivo conforme al párrafo b) del apartado 1 del artículo 161 de la LGT[382]. La infracción se puede calificar como leve, grave o muy grave y la base de la sanción será la cuantía no ingresada en la autoliquidación como consecuencia de la comisión de la infracción:

Artículo 191. Infracción tributaria por dejar de ingresar la deuda tributaria que debiera resultar de una autoliquidación		
Calificación	**Condiciones**	**Sanción**
Leve	Cuando la base de la sanción sea inferior o igual a 3.000 euros o, siendo superior, no exista ocultación	Multa pecuniaria proporcional del 50 por ciento de la cuota no ingresada

[381] En este artículo se regulan los recargos por declaración extemporánea, que son prestaciones accesorias que deben satisfacer los obligados tributarios como consecuencia de la presentación de autoliquidaciones o declaraciones fuera de plazo sin requerimiento previo de la Administración tributaria. A los efectos de este artículo, se considera requerimiento previo cualquier actuación administrativa realizada con conocimiento formal del obligado tributario conducente al reconocimiento, regularización, comprobación, inspección, aseguramiento o liquidación de la deuda tributaria.

[382] Dicho precepto dispone que se inicia el período ejecutivo, en el caso de deudas a ingresar mediante autoliquidación presentada sin realizar el ingreso, al día siguiente de la finalización del plazo que establezca la normativa de cada tributo para dicho ingreso o, si éste ya hubiere concluido, el día siguiente a la presentación de la autoliquidación.

Artículo 191. Infracción tributaria por dejar de ingresar la deuda tributaria que debiera resultar de una autoliquidación		
Calificación	**Condiciones**	**Sanción**
Grave	Cuando la base de la sanción sea superior a 3.000 euros y exista ocultación. La infracción también será grave, cualquiera que sea la cuantía de la base de la sanción, en los siguientes supuestos: a) Cuando se hayan utilizado facturas, justificantes o documentos falsos o falseados, sin que ello sea constitutivo de medio fraudulento. b) Cuando la incidencia de la llevanza incorrecta de los libros o registros represente un porcentaje superior al 10 por ciento e inferior o igual al 50 por ciento de la base de la sanción	Multa pecuniaria proporcional del 50 al 100 por ciento de la cuota no ingresada y se graduará incrementando el porcentaje mínimo conforme a los criterios de comisión repetida de infracciones tributarias y de perjuicio económico para la Hacienda Pública, con los incrementos porcentuales previstos para cada caso en los párrafos a) y b) del apartado 1 del artículo 187 de la LGT
Muy grave	Cuando se hubieran utilizado medios fraudulentos	Multa pecuniaria proporcional del 100 al 150 al 100 por ciento de la cuota no ingresada y se graduará incrementando el porcentaje mínimo conforme a los criterios de comisión repetida de infracciones tributarias y de perjuicio económico para la Hacienda Pública, con los incrementos porcentuales previstos para cada caso en los párrafos a) y b) del apartado 1 del artículo 187 de la LGT

Siempre constituirá infracción leve la falta de ingreso en plazo de tributos o pagos a cuenta que hubieran sido incluidos o regularizados por el mismo obligado tributario en una autoliquidación presentada con posterioridad sin cumplir los requisitos establecidos en el apartado 4 del artículo 27 de la LGT para la aplicación de los recargos por declaración extemporánea sin requerimiento previo. Este párrafo no será aplicable cuando la autoliquidación presentada incluya ingresos correspondientes a conceptos y períodos impositivos respecto a los que se hubiera notificado previamente un requerimiento de la Administración tributaria.

Por otra parte, conforme al artículo 193 de la LGT, constituye infracción tributaria obtener indebidamente devoluciones derivadas de la normativa de cada tributo. La infracción se puede calificar como leve, grave o muy grave y la base de la sanción será la cantidad devuelta indebidamente como consecuencia de la comisión de la infracción:

Artículo 193. Infracción tributaria por obtener indebidamente devoluciones.		
Calificación	**Condiciones**	**Sanción**
Leve	Cuando la base de la sanción sea inferior o igual a 3.000 euros o, siendo superior, no exista ocultación	Multa pecuniaria proporcional del 50 por ciento a cantidad devuelta indebidamente
Grave	Cuando la base de la sanción sea superior a 3.000 euros y exista ocultación. La infracción también será grave, cualquiera que sea la cuantía de la base de la sanción, en los siguientes supuestos: a) Cuando se hayan utilizado facturas, justificantes o documentos falsos o falseados, sin que ello sea constitutivo de medio fraudulento. b) Cuando la incidencia de la llevanza incorrecta de los libros o registros represente un porcentaje superior al 10 por ciento e inferior o igual al 50 por ciento de la base de la sanción	Multa pecuniaria proporcional del 50 por ciento a cantidad devuelta indebidamente y se graduará incrementando el porcentaje mínimo conforme a los criterios de comisión repetida de infracciones tributarias y de perjuicio económico para la Hacienda Pública, con los incrementos porcentuales previstos para cada caso en los párrafos a) y b) del apartado 1 del artículo 187 de la LGT
Muy grave	Cuando se hubieran utilizado medios fraudulentos	Multa pecuniaria proporcional del 100 al 150 por ciento a cantidad devuelta indebidamente y se graduará incrementando el porcentaje mínimo conforme a los criterios de comisión repetida de infracciones tributarias y de perjuicio económico para la Hacienda Pública, con los incrementos porcentuales previstos para cada caso en los párrafos a) y b) del apartado 1 del artículo 187 de la LGT

El artículo 191.5 de la LGT dispone que cuando el obligado tributario hubiera obtenido indebidamente una devolución y como consecuencia de la regularización practicada procediera la imposición de una sanción de las reguladas en dicho artículo 191, se entenderá que la cuantía no ingresada es el resultado de adicionar al importe de la devolución obtenida indebidamente la cuantía total que hubiera debido ingresarse en la autoliquidación y que el perjuicio económico es del 100 por ciento. En estos supuestos, no será sancionable la infracción del artículo 193 de la LGT consistente en obtener indebidamente una devolución.

1.2.2. Infracción por acreditar improcedentemente créditos tributarios aparentes

El artículo 195 de la LGT regula la infracción tributaria por determinar o acreditar improcedentemente partidas positivas o negativas o créditos tributarios a compensar o deducir en la base o en la cuota de declaraciones futuras.

Podría incurrirse en esta infracción como consecuencia de la indebida acreditación de las deducciones del artículo 80 de la Ley 7/2022 en el modelo 592, cuando quedaran pendientes de compensación para períodos impositivos siguientes.

La infracción tributaria se califica como grave y se sanciona con multa pecuniaria proporcional del 50 por ciento del importe de las cantidades indebidamente determinadas o acreditadas.

1.2.3. Infracción por solicitar indebidamente devoluciones

El artículo 194 de la LGT dispone que constituye infracción tributaria solicitar indebidamente devoluciones derivadas de la normativa de cada tributo mediante la omisión de datos relevantes o la inclusión de datos falsos en autoliquidaciones, comunicaciones de datos o solicitudes, sin que las devoluciones se hayan obtenido.

Podría incurrirse en esta infracción al solicitarse en la autoliquidación correspondiente al último periodo impositivo del año natural la devolución de las deducciones del artículo 80 de la Ley 7/2022 que no hayan podido ser compensadas de forma efectiva.

La infracción se califica como grave y la sanción consistirá en multa pecuniaria proporcional del 15 por ciento de la cantidad indebidamente solicitada.

1.2.4. *Infracción por falta de presentación de declaraciones*

Conforme al artículo 198 de la LGT, constituye infracción tributaria leve no presentar en plazo autoliquidaciones o declaraciones, así como los documentos relacionados con las obligaciones aduaneras, siempre que no se haya producido o no se pueda producir perjuicio económico a la Hacienda Pública.

Esta infracción se sanciona con multa pecuniaria fija de 200 euros. No obstante, si las autoliquidaciones o declaraciones se presentan fuera de plazo sin requerimiento previo de la Administración tributaria, la sanción se reducirá a la mitad.

1.2.5. *Infracción tributaria por presentar incorrectamente declaraciones sin que se produzca perjuicio económico*

Conforme al artículo 199 de la LGT, constituye infracción tributaria grave:

a) Presentar autoliquidaciones de forma incompleta, inexacta o con datos falsos, siempre que no se haya producido o no se pueda producir perjuicio económico a la Hacienda Pública. La sanción consistirá en multa pecuniaria fija de 150 euros.

b) Presentar las autoliquidaciones por medios distintos a los electrónicos, informáticos y telemáticos en aquellos supuestos en que hubiera obligación de hacerlo por dichos medios, como es el caso del impuesto sobre envases de plástico no reutilizables. La sanción consistirá en multa pecuniaria fija de 250 euros.

2. LIQUIDACIÓN DE LA DEUDA ADUANERA EN CASO DE IMPORTACIÓN

2.1. NORMAS DE GESTIÓN

En las importaciones, el impuesto se liquidará en la forma prevista para la deuda aduanera según lo dispuesto en la normativa aduanera. En el apartado que proceda de la declaración aduanera de importación, se deberá consignar la cantidad de plástico no reciclado importado, expresado en kilogramos y si le resulta de aplicación la exención regulada en el artículo 75.f) de la Ley 7/2022 (importaciones con un peso inferior a 5 kilogramos en el mes natural).

2.2. RÉGIMEN SANCIONADOR

La Ley 7/2022 no contempla un régimen sancionador específico en relación con los incumplimientos de las obligaciones referentes a las obligaciones aduaneras, por lo que será de aplicación el régimen de infracciones y sanciones de la LGT. Podemos distinguir dos supuestos:

2.2.1. Infracción tributara por presentar de forma incompleta la documentación necesaria para practicar liquidaciones

En concreto, el artículo 192 regula la infracción tributaria por incumplir la obligación de presentar de forma completa y correcta declaraciones o documentos necesarios, incluidos los relacionados con las obligaciones aduaneras, para practicar liquidaciones.

La infracción se puede calificar como leve, grave o muy grave y la base de la sanción será la cuantía de la liquidación cuando no se hubiera presentado declaración, o la diferencia entre la cuantía que resulte de la adecuada liquidación del tributo y la que hubiera procedido de acuerdo con los datos declarados:

Calificación	Condiciones	Sanción
Leve	Cuando la base de la sanción sea inferior o igual a 3.000 euros o, siendo superior, no exista ocultación	Multa pecuniaria proporcional del 50 por ciento de la cuantía de la liquidación cuando no se hubiera presentado declaración, o la diferencia entre la cuantía que resulte de la adecuada liquidación del tributo y la que hubiera procedido de acuerdo con los datos declarados

Calificación	Condiciones	Sanción
Grave	Cuando la base de la sanción sea superior a 3.000 euros y exista ocultación. La infracción también será grave, cualquiera que sea la cuantía de la base de la sanción, en los siguientes supuestos: a) Cuando se hayan utilizado facturas, justificantes o documentos falsos o falseados, sin que ello sea constitutivo de medio fraudulento. b) Cuando la incidencia de la llevanza incorrecta de los libros o registros represente un porcentaje superior al 10 por ciento e inferior o igual al 50 por ciento de la base de la sanción	Multa pecuniaria proporcional del 50 por ciento de la cuantía de la liquidación cuando no se hubiera presentado declaración, o la diferencia entre la cuantía que resulte de la adecuada liquidación del tributo y la que hubiera procedido de acuerdo con los datos declarados y se graduará incrementando el porcentaje mínimo conforme a los criterios de comisión repetida de infracciones tributarias y de perjuicio económico para la Hacienda Pública, con los incrementos porcentuales previstos para cada caso en los párrafos a) y b) del apartado 1 del artículo 187 de la LGT
Muy grave	Cuando se hubieran utilizado medios fraudulentos	Multa pecuniaria proporcional del 100 al 150 por ciento de la cuantía de la liquidación cuando no se hubiera presentado declaración, o la diferencia entre la cuantía que resulte de la adecuada liquidación del tributo y la que hubiera procedido de acuerdo con los datos declarados y se graduará incrementando el porcentaje mínimo conforme a los criterios de comisión repetida de infracciones tributarias y de perjuicio económico para la Hacienda Pública, con los incrementos porcentuales previstos para cada caso en los párrafos a) y b) del apartado 1 del artículo 187 de la LGT

2.2.2. *Infracción tributaria por presentar incorrectamente declaraciones sin que se produzca perjuicio económico*

Conforme al artículo 199 de la LGT, constituye infracción tributaria grave:

a) Presentar declaraciones y documentos relacionados con las obligaciones aduaneras de forma incompleta, inexacta o con datos falsos, siempre que no se haya producido o no se pueda producir perjuicio económico a la Hacienda Pública. La sanción consistirá, con carácter general, en multa pecuniaria fija de 150 euros. Sin embargo, tratándose de declaraciones y documentos relacionados con las formalidades aduaneras presentados de forma incompleta, inexacta o con datos falsos, cuando no determinen el nacimiento de una deuda aduanera, la sanción consistirá en multa pecuniaria proporcional del uno por 1.000 del valor de las mercancías a las que las declaraciones y documentos se refieran, con un mínimo de 100 euros y un máximo de 6.000 euros. Este importe mínimo se elevará a 600 euros cuando la presentación incompleta, inexacta o con datos falsos se refiera a la declaración sumaria de entrada a la que alude el artículo 127 del Reglamento (UE) n.º 952/2013 del Parlamento Europeo y del Consejo, de 9 de octubre de 2013, por el que se establece el código aduanero de la Unión.

b) Presentar declaraciones, documentos relacionados con las obligaciones y formalidades aduaneras u otros documentos con trascendencia tributaria por medios distintos a los electrónicos, informáticos y telemáticos en aquellos supuestos en que hubiera obligación de hacerlo por dichos medios, como es el caso del impuesto sobre envases de plástico no reutilizables. La sanción consistirá en multa pecuniaria fija de 250 euros.

3. SOLICITUDES DE DEVOLUCIÓN DEL ARTÍCULO 81 DE LA LEY 7/2022

3.1. NORMAS DE GESTIÓN

Conforme a lo dispuesto en el artículo 81 de la Ley 7/2022, los importadores y los adquirentes no contribuyentes podrán solicitar la devolución del importe del impuesto pagado mediante la presentación del modelo A22, aprobado por la Orden HFP/1314/2022, cuando concurran las circunstancias previstas en dicho precepto.

La solicitud de devolución se presentará, obligatoriamente de forma electrónica a través de Internet[383], dentro de los veinte primeros días naturales siguientes a aquel en que finaliza el trimestre en que se produzcan los hechos que motivan la solicitud de devolución y deberá ir acompañada de los justificantes que acrediten los hechos en que se fundamenta, así como aquellos que acrediten el pago del impuesto.

3.2. RÉGIMEN SANCIONADOR

La Ley 7/2022 no contempla un régimen sancionador específico en relación con los incumplimientos de las obligaciones referentes a las solicitudes de devolución, por lo que será de aplicación el régimen de infracciones y sanciones de la LGT. Podemos distinguir dos supuestos:

3.2.1. Infracción tributaria por obtener indebidamente devoluciones

Conforme al artículo 193 de la LGT, constituye infracción tributaria obtener indebidamente devoluciones derivadas de la normativa de cada tributo. La infracción se puede calificar como leve, grave o muy grave y la base de la sanción será la cantidad devuelta indebidamente como consecuencia de la comisión de la infracción:

Calificación	Condiciones	Sanción
Leve	Cuando la base de la sanción sea inferior o igual a 3.000 euros o, siendo superior, no exista ocultación	Multa pecuniaria proporcional del 50 por ciento de la cantidad devuelta indebidamente

383 De acuerdo con lo dispuesto en los artículos 2.a), 6, 7, 8, 9, 11, 18, 19.a), 20 y 21 de la Orden HAP/2194/2013, de 22 de noviembre, por la que se regulan los procedimientos y las condiciones generales para la presentación de determinadas autoliquidaciones, declaraciones informativas, declaraciones censales, comunicaciones y solicitudes de devolución de naturaleza tributaria.

Calificación	Condiciones	Sanción
Grave	Cuando la base de la sanción sea superior a 3.000 euros y exista ocultación. La infracción también será grave, cualquiera que sea la cuantía de la base de la sanción, en los siguientes supuestos: a) Cuando se hayan utilizado facturas, justificantes o documentos falsos o falseados, sin que ello sea constitutivo de medio fraudulento. b) Cuando la incidencia de la llevanza incorrecta de los libros o registros represente un porcentaje superior al 10 por ciento e inferior o igual al 50 por ciento de la base de la sanción	Multa pecuniaria proporcional del 50 por ciento a cantidad devuelta indebidamente y se graduará incrementando el porcentaje mínimo conforme a los criterios de comisión repetida de infracciones tributarias y de perjuicio económico para la Hacienda Pública, con los incrementos porcentuales previstos para cada caso en los párrafos a) y b) del apartado 1 del artículo 187 de la LGT
Muy grave	Cuando se hubieran utilizado medios fraudulentos	Multa pecuniaria proporcional del 100 al 150 por ciento a cantidad devuelta indebidamente y se graduará incrementando el porcentaje mínimo conforme a los criterios de comisión repetida de infracciones tributarias y de perjuicio económico para la Hacienda Pública, con los incrementos porcentuales previstos para cada caso en los párrafos a) y b) del apartado 1 del artículo 187 de la LGT

3.2.2. *Infracción tributaria por solicitar indebidamente devoluciones*

El artículo 194 de la LGT dispone que constituye infracción tributaria solicitar indebidamente devoluciones derivadas de la normativa de cada tributo mediante la omisión de datos relevantes o la inclusión de datos falsos en autoliquidaciones, comunicaciones de datos o solicitudes, sin que las devoluciones se hayan obtenido.

La infracción se califica como grave y la sanción consistirá en multa pecuniaria proporcional del 15 por ciento de la cantidad indebidamente solicitada.

4. INSCRIPCIÓN EN EL REGISTRO TERRITORIAL

4.1. NORMAS DE GESTIÓN

4.1.1. Obligados a inscribirse

El artículo 82.3 estable, con carácter general, que los contribuyentes que realicen la fabricación, adquisición intracomunitaria o importación de productos objeto del impuesto están obligados a inscribirse, con anterioridad al inicio de su actividad, en el Registro territorial del Impuesto especial sobre los envases de plástico no reutilizables[384].

No obstante, el mismo precepto establece que, mediante Orden de la persona titular del Ministerio de Hacienda, podrá excepcionarse la obligación de inscripción. Igualmente se regulará mediante Orden el censo de obligados tributarios sometidos a este impuesto, así como el procedimiento para la inscripción de estos en el Registro territorial.

En desarrollo de la mencionada habilitación legal, se aprobó la Orden HFP/1314/2022 que, en lo que aquí nos interesa, regula la inscripción en el registro territorial del Impuesto especial sobre envases de plástico no reutilizables (artículo 5) y el Código de identificación del plástico (artículo 6).

Respecto a la de inscripción, se distinguen los siguientes supuestos:

---

384 Dicho Registro se ha creado por el Real Decreto 249/2023, de 4 de abril, por el que se modifican el Reglamento General de Desarrollo de la Ley 58/2003, de 17 de diciembre, General Tributaria, en materia de revisión en vía administrativa, aprobado por el Real Decreto 520/2005, de 13 de mayo; el Reglamento General de Recaudación, aprobado por el Real Decreto 939/2005, de 29 de julio; el Reglamento General de las actuaciones y los procedimientos de gestión e inspección tributaria y de desarrollo de las normas comunes de los procedimientos de aplicación de los tributos, aprobado por el Real Decreto 1065/2007, de 27 de julio; el Reglamento del Impuesto sobre Sucesiones y Donaciones, aprobado por el Real Decreto 1629/1991, de 8 de noviembre; el Reglamento del Impuesto sobre el Valor Añadido, aprobado por el Real Decreto 1624/1992, de 29 de diciembre; el Reglamento del Impuesto sobre la Renta de las Personas Físicas, aprobado por el Real Decreto 439/2007, de 30 de marzo, y el Reglamento del Impuesto sobre Sociedades, aprobado por el Real Decreto 634/2015, de 10 de julio.

- Los fabricantes de productos objeto del impuesto deberán solicitar la inscripción en el registro territorial correspondiente a la oficina gestora de impuestos especiales donde radique el establecimiento en el que ejerzan su actividad. Se exceptúa de la obligación de inscripción a aquellos cuya actividad no tenga la consideración de fabricación conforme a lo dispuesto en el artículo 71.1b) de la Ley 7/2022. Recordemos que, conforme a este precepto, la fabricación de envases definitivos a partir de productos semielaborados y de productos destinados a permitir el cierre, la comercialización o la presentación de envases no tendrá la consideración de fabricación, a efectos del impuesto, en tanto no se incorporen nuevos elementos de plástico para la obtención del envase definitivo.

- Los adquirentes intracomunitarios de productos objeto del impuesto deberán solicitar la inscripción en el registro territorial correspondiente a la oficina gestora de impuestos especiales donde radique su domicilio fiscal. Quedan exceptuados de la obligación de inscripción, los adquirentes intracomunitarios que realicen adquisiciones intracomunitarias en las que el peso total de plástico no reciclado no exceda de 5 kilogramos en un mes natural, resultando obligados en el momento en que las adquisiciones intracomunitarias que realicen excedan dicha cantidad. A estos efectos, se tendrán en cuenta tanto las adquisiciones intracomunitarias ya realizadas como aquellas que se prevén realizar en el mes natural. Esta es la única excepción, por lo que todo adquirente intracomunitario que supere dicho umbral cuantitativo estará obligado a inscribirse, con independencia de que no resulte cuota a ingresar por aplicación de cualquier otra exención, como pudiera ser la referente a medicamentos y productos sanitarios (V0541-23, V1494-23).

- Los importadores de productos objeto del impuesto, a pesar de ser sujetos pasivos del impuesto, no se encuentran comprendidos en el artículo 5 de la Orden HFP/1314/2022, por lo que no están obligados a inscribirse, como se indica en su preámbulo.

- Los representantes de los contribuyentes del Impuesto especial sobre envases de plástico no reutilizables no establecidos en territorio español deberán solicitar la inscripción en el registro territorial correspondiente a la oficina gestora de impuestos especiales donde radique su domicilio fiscal.

Por el contrario, el que tenga la condición de mero beneficio de las devoluciones que recoge el artículo 81 de la Ley 7/2022 no tiene la obligación de darse de alta en el Registro territorial en concepto de tal beneficiario (V0542-23) ni los adquirentes no contribuyentes (V2086-23).

4.1.2. Procedimiento de inscripción

Los obligados mencionados en los apartados anteriores (fabricantes, adquirentes intracomunitarios en determinadas circunstancias y representantes de no establecidos) deberán presentar una solicitud de inscripción en el registro territorial ante la Administración competente por razón del territorio. A la solicitud se acompañará la siguiente documentación:

a) Documentación acreditativa de la representación, cuando el obligado actúe mediante representante.
b) Identificación y descripción del establecimiento en el que los fabricantes desarrollen la actividad.
c) Indicación del epígrafe del Impuesto sobre Actividades Económicas que le corresponde.

La solicitud de inscripción en el registro territorial deberá efectuarse con carácter previo al inicio de la actividad por vía electrónica, a través de la Sede electrónica de la AEAT[385]. Los representantes de los contribuyentes del Impuesto especial sobre envases de plástico no reutilizables no establecidos en territorio español deberán haber sido nombrados y estar inscritos en el registro territorial con anterioridad a la realización de la primera operación que constituya hecho imponible del impuesto.

385 Tanto el artículo 82.8 de la Ley de Residuos como el artículo 5.7 de la Orden HFP/1314/2022incluyen una norma transitoria por la cual los contribuyentes y las personas físicas o jurídicas que representen a los contribuyentes no establecidos en el territorio español que deban inscribirse en el registro territorial del Impuesto especial sobre los envases de plástico no reutilizables deberán hacerlo durante los 30 días naturales siguientes a la entrada en vigor de la Orden HFP/1314/2022.

Recibida la solicitud, y tramitado el oportuno expediente, la oficina gestora, acordará la inscripción en el registro territorial del impuesto. El acuerdo de inscripción será notificado al interesado, junto con la tarjeta acreditativa de la inscripción que incluirá el código de identificación del plástico (CIP) que le corresponda.

4.1.3. La tarjeta de inscripción y el código de identificación del plástico

El código de identificación del plástico (CIP) es el código que identifica a los obligados inscritos en el Registro territorial del Impuesto especial sobre envases de plástico no reutilizables y que se hará constar en las relaciones con la Administración tributaria relativas a este impuesto (por ejemplo, en la autoliquidación)[386].

En el Anexo III de la Orden se recoge el modelo de tarjeta de inscripción incluyendo el CIP:

386 El código constará de trece caracteres, distribuidos en la forma siguiente:
a) Las letras ES configurarán los dos primeros caracteres.
b) En tanto la persona titular del Ministerio de Hacienda y la Función Pública no disponga su sustitución por otros caracteres, los caracteres tercero, cuarto y quinto serán ceros.
c) Los caracteres sexto y séptimo identifican a la oficina gestora en que se efectúa la inscripción en el registro territorial.
d) Los caracteres octavo y noveno identifican la actividad que se desarrolla:
FP: contribuyente por fabricar productos objeto del impuesto especial sobre los envases de plástico no reutilizables.
AP: contribuyente por realizar adquisiciones intracomunitarias de productos objeto del impuesto especial sobre los envases de plástico no reutilizables.
RP: representante de contribuyente no establecido en territorio español al que se refiere el artículo 82.7 de la ley 7/2022.
e) Los caracteres décimo, undécimo y duodécimo expresarán el número secuencial de inscripción, dentro de cada actividad, en el registro territorial de la oficina gestora.
f) El carácter decimotercero será una letra de control.

Agencia Tributaria

IMPUESTO ESPECIAL SOBRE LOS ENVASES DE PLÁSTICO NO REUTILIZABLES

TARJETA DE INSCRIPCIÓN EN EL REGISTRO TERRITORIAL

OFICINA GESTORA:

CÓDIGO DE IDENTIFICACIÓN DEL PLÁSTICO (CIP)

TITULAR :
NIF:

DOMICILIO DEL ESTABLECIMIENTO:

MUNICIPIO:
PROVINCIA:

ACTIVIDAD:
FECHA DE INSCRIPCIÓN:

La persona titular de la Jefatura de la Oficina Gestora

Los obligados tributarios deberán obtener tantos CIP como actividades. Es decir, un contribuyente que, además de fabricante, realiza adquisiciones intracomunitarias de productos objeto del impuesto, deberá obtener un CIP como fabricante (clave RP) y otro CIP como adquirente intracomunitario (clave AP). Además, los fabricantes, deberán tener tantos códigos como establecimientos en los que desarrollen su actividad. Así, por ejemplo, un fabricante que desarrolle su actividad en tres establecimientos obtendrá un CIP diferente para cada uno de ellos.

4.2. RÉGIMEN SANCIONADOR

El artículo 83 de la Ley 7/2022 regula de forma específica la infracción, que califica como grave, por la falta de inscripción en el Registro territorial del impuesto especial sobre los envases de plástico no reutilizables. La sanción correspondiente será multa pecuniaria fija de 1.000 euros.

Esta sanción es significativamente superior que la prevista en el artículo 198 de la LGT para las infracciones referentes a las declaraciones censales, que se establece en 400 euros, importe que se reducirá a la mitad cuando se presente la declaración fuera de plazo sin requerimiento previo de la Administración. Por otra parte, conforme al artículo 199 de la LGT, se sanciona con multa pecuniaria fija de 250 euros la presentación de declaraciones censales incompletas, inexactas o con datos falsos, cuantía que es nuevamente sensiblemente inferior a la prevista en la Ley 7/2022.

Finalmente, hemos de hacer mención al artículo 202 de la LGT, conforme al cual constituye infracción tributaria el incumplimiento de las obligaciones relativas a la utilización del número de identificación fiscal y de otros números o códigos establecidos por la normativa tributaria o aduanera, entre los que podría entenderse incluido el CIP. Se trata de una infracción calificada como leve que se sanciona con multa pecuniaria fija de 150 euros.

5. LLEVANZA DE CONTABILIDAD Y LIBROS REGISTRO

5.1. NORMAS DE GESTIÓN

Con una finalidad de adecuado control del impuesto por parte de la AEAT, se impone a los fabricantes y adquirentes intracomunitarios la obligación de llevar una contabilidad de existencias y un libro registro de existencias, respectivamente, con el contenido que a continuación se indicará. Se trata de una obligación especialmente exigente, pero necesaria y justificada desde un punto de vista ambiental. Los importadores no están obligados a llevar contabilidad ni libro registro de existencias. Tampoco los adquirentes no contribuyentes (V2086-23).

Si confluyera la condición de fabricante, adquirente intracomunitario e importador, habría de llevar una contabilidad de existencias por cada uno de los establecimientos en los que realizara la actividad de fabricación y un libro registro por la actividad de adquisición intracomunitaria. Las importaciones no habrían de consignarse ni en la contabilidad ni en el libro registro.

5.1.1. Contabilidad de existencias del fabricante

El artículo 82.4 de la Ley 7/2022 dispone que, sin perjuicio de las obligaciones contables establecidas en otras normas, los fabricantes que determine el Ministerio de Hacienda y Función Pública estarán obligados a llevar una contabilidad de los productos y, en su caso, de las materias primas necesarias para su obtención. El cumplimiento de esta obligación se realizará mediante un sistema contable en soporte informático, a través de la sede electrónica de la AEAT, con el suministro electrónico de los asientos contables conforme al procedimiento y en los plazos que se determinen por el Ministerio de Hacienda y Función Pública.

El desarrollo de esta obligación ha sido efectuado por la Orden HFP/1314/2022, cuyo artículo 7.1 establece que todos los fabricantes contribuyentes por el impuesto, en los términos definidos por la Ley 7/2022, están obligados a la llevanza de contabilidad de los productos objeto del impuesto conforme al formato electrónico que figura en el Anexo V de dicha orden. Es decir, la Orden finalmente no ha incorporado la obligación de llevar una contabilidad de las materias primas necesarias para la obtención de los productos gravados.

La disposición transitoria primera de la Orden añade además que los fabricantes deberán incluir en su contabilidad las existencias de productos objeto del Impuesto especial sobre los envases de plástico no reutilizables que tengan almacenadas a la entrada en vigor del impuesto.

Conforme al citado Anexo V, la contabilidad de los fabricantes debe incluir los siguientes campos con el siguiente contenido:

Número de asiento (1)	Concepto (2)	Clave de producto (3)	Descripción producto (4)	Fecha (5)	Justificante (6)	Kilogramo (7)	Kilogramos no reciclados (8)	Régimen fiscal (9)	Destinatario o proveedor (10)	Destinatario proveedor (11)

- Número de asiento (1): número del asiento contable que debe ser correlativo durante el periodo de liquidación al que se refiera, siendo los primeros los correspondientes a las existencias iniciales.

- Concepto (2): concepto que corresponde al hecho contabilizado diferenciando entre:
  - — Existencia inicial, al comienzo del periodo de liquidación, de productos que forman parte del ámbito objetivo del impuesto (identificado con el número 1).
  - — Fabricación, conforme a lo dispuesto en el artículo 71.1b) de la Ley 7/2022 de productos que forman parte del ámbito objetivo del impuesto (identificado con el número 2).
  - — Devolución de productos para su destrucción o para su reincorporación al proceso de fabricación que da derecho a la deducción del apartado 2 del artículo 80 de la Ley 7/2022, de 8 de abril (identificado con el número 3).
  - — Entrega o puesta a disposición de los productos contabilizados (identificado con el número 4).
  - — Demás bajas de los productos contabilizados diferentes de su entrega o puesta a disposición (identificado con el número 5).
- Clave producto (3): letra que identifica el producto contabilizado, diferenciando entre producto del apartado a) (identificado con la letra a), producto del apartado b) (identificado con la letra b) y producto del apartado c) (identificado con la letra c) del artículo 68.1 de la Ley 7/2022.

  La DGT (V1210-23), a la consulta de si debe asignarse una clave por los diferentes componentes que conforman el producto (por ejemplo, para el embalaje y el tapón del envase) o, al contrario, solo una clave por producto ha aclarado que debe identificarse cada uno de los distintos envases, esto es, diferenciando el embalaje (envase secundario o terciario) del envase primario, consignando en ambos casos en la clave del producto la letra a). Respecto del tapón, si únicamente fabrica tapones, deberá consignar la "clave producto" que corresponde a dichos tapones (letra c) del artículo 68.1 de la Ley 7/2022). No obstante si fabrica envases que llevan como elementos de cierre sus correspondientes tapones, al ser considerados éstos parte del producto al que van incorporados, se deberá consignar la "clave producto" que corresponde a los envases (letra a) del artículo 68.1 de la Ley 7/2022, de 8 de abril).

- Descripción producto (4): breve descripción del producto contabilizado que permite su identificación. La descripción en la contabilidad debe ser la misma para todos los productos de idénticas características.
- Fecha (5): fecha, con expresión del día, mes y año, correspondiente al hecho contabilizado.
- Justificante (6): número o referencia correspondiente al justificante del hecho contabilizado.
- Kilogramos (7): cantidad de plástico contenida en los productos que forman parte del ámbito objetivo del impuesto que sean objeto de contabilización que debe expresarse en kilogramos con tres decimales, redondeado por defecto, si la cuarta cifra decimal es inferior a 5, o por exceso, en caso contrario.
- Kilogramos no reciclados (8): cantidad de plástico no reciclado contenido en la cantidad de plástico contabilizada en la casilla (7) que debe expresarse en kilogramos con tres decimales, redondeado por defecto, si la cuarta cifra decimal es inferior a 5, o por exceso, en caso contrario.
- Régimen fiscal (9): de cumplimentación conforme a lo indicado en el anexo VII de esta orden, cuyo detalle abordaremos más adelante.

Régimen Fiscal	Código
Sujeción y no exención.	a
No sujeción artículo 73.a) Ley 7/2022, de 8 de abril.	b
No sujeción artículo 73.b) Ley 7/2022, de 8 de abril.	c
No sujeción artículo 73.c) Ley 7/2022, de 8 de abril.	d
No sujeción artículo 73.d) Ley 7/2022, de 8 de abril.	e
Exención artículo 75.a).1.° Ley 7/2022, de 8 de abril.	f
Exención artículo 75.a).2.° Ley 7/2022, de 8 de abril.	g
Exención artículo 75.a).3.° Ley 7/2022, de 8 de abril.	h
Exención artículo 75.c) Ley 7/2022, de 8 de abril.	i
Exención artículo 75.g).1.° Ley 7/2022, de 8 de abril.	j
Exención artículo 75.g).2.° Ley 7/2022, de 8 de abril.	k

- Destinatario o proveedor (10): Este campo debe cumplimentarse cuando el producto contabilizado es objeto de entrega o puesta a disposición, de envío fuera del territorio español o de devolución para su destrucción o reincorporación al proceso de fabricación, tras su entrega o puesta a disposición. Si es objeto de entrega o puesta a disposición debe cumplimentarse con el nombre o la razón social del destinatario. Si es objeto de envío fuera del territorio español con el nombre o razón social del destinatario. Y si es objeto de devolución con el nombre o la razón social del proveedor.
- Destinatario o proveedor (11): Este campo debe cumplimentarse con el NIF, NIF IVA o NIE correspondiente al destinatario o proveedor declarado en la casilla anterior.

Como preveía la ley, el cumplimiento de esta obligación se realizará mediante un sistema contable en soporte informático, a través de la Sede electrónica de la AEAT, con el suministro electrónico de los asientos contables. Dicho suministro deberá realizarse dentro del mes siguiente al periodo de liquidación (mensual o trimestral) al que se refiera. A estos efectos, el mes de agosto (en caso de período de liquidación mensual) se considera inhábil, por lo que los asientos contables del mes de julio se podrán presentar durante el mes de septiembre. Adviértase, que el carácter inhábil es exclusivamente a efectos de suministrar los asientos contables del mes de julio, pero no la autoliquidación correspondiente a dicho período. Este desacompasamiento no parece lógico, dado que la contabilidad sirve de soporte para los datos a consignar en la autoliquidación. Por lo tanto, si, con buen criterio, se ha considerado que el mes de agosto ha de ser inhábil para el suministro de los asientos contables correspondientes al mes de julio, hubiera resultado razonable que también se hubiera declarado inhábil a efectos de presentar la autoliquidación, haciendo coincidir así en el tiempo ambas obligaciones.

No obstante, con la finalidad de facilitar la adaptación de los sistemas informáticos, la disposición transitoria segunda de la Orden prevé que fabricantes obligados a la llevanza de contabilidad podrán realizar el suministro electrónico de los asientos contables correspondientes a los periodos de liquidación comprendidos en el primer semestre de 2023 dentro del mes de julio de 2023.

Finalmente conviene precisar que, a diferencia de la autoliquidación, no se prevé la posibilidad de llevar una contabilidad centralizada en el caso de existir varios establecimientos.

5.1.2. Libro registro de existencias del adquirente intracomunitario

El artículo 82.5 de la Ley 7/2022 dispone que los contribuyentes que realicen adquisiciones intracomunitarias de los productos que forman parte del ámbito objetivo del impuesto, salvo aquellos que se determine mediante Orden de la persona titular del Ministerio de Hacienda, llevarán un libro registro de existencias, que deberán presentar ante la oficina gestora conforme al procedimiento y en los plazos que se determinen por la persona titular de dicho Ministerio.

El desarrollo de esta obligación sea efectuado por la Orden HFP/1314/2022, cuyo artículo 7.2 establece que los adquirentes intracomunitarios de productos objeto del impuesto que estén obligados a inscribirse en el registro territorial deben llevar un libro registro de existencias, conforme al formato electrónico que figura en el Anexo V de la Orden. Se trata, como veremos a continuación, de una obligación más liviana que la exigida a los fabricantes respecto a su contenido. Además, a diferencia de estos últimos, no se deberá incluir en el libro registro las existencias de productos objeto del Impuesto especial sobre los envases de plástico no reutilizables que tengan almacenadas a la entrada en vigor del impuesto.

Los adquirentes intracomunitarios quedan eximidos de la obligación de suministrar los libros registro en los períodos en que no resulte cuota a ingresar (V0939-23). No obstante, la excepción de la obligación de presentar el libro registro de existencias, no exime de la obligación de llevar dicho libro (V0541-23, V1494-23), por ejemplo, en el caso de resultar de aplicación la exención por medicamentos y productos sanitarios.

Conforme al citado Anexo V, el libro registro de existencias de los adquirentes intracomunitarios debe incluir los siguientes campos con el siguiente contenido:

Número de asiento (1)	Concepto (2)	Clave de producto (3)	Fecha (4)	Justificante (5)	Kilogramo (6)	Kilogramos no reciclados (7)	Régimen fiscal (8)	Proveedor o destinatario (9)	Proveedor o destinatario (10)

- Número de asiento (1): número del asiento contable que debe ser correlativo durante el periodo de liquidación al que se refiera.
- Concepto (2): concepto que corresponde al hecho contabilizado diferenciando entre:
  — Adquisición intracomunitaria (identificado con el número 1).
  — Envío fuera del territorio español conforme a lo dispuesto en la letra a) del apartado 1 del artículo 80 de la Ley 7/2022, de 8 de abril (identificado con el número 2).
  — Inadecuación o destrucción conforme a lo dispuesto en la letra b) del apartado 1 del artículo 80 de la Ley 7/2022, de 8 de abril (identificado con el número 3).
  — Devolución para destrucción o reincorporación al proceso de fabricación conforme a lo dispuesto en la letra c) del apartado 1 del artículo 80 de la Ley 7/2022, de 8 de abril (identificado con el número 4).
- Clave producto (3): letra que identifica el producto contabilizado, diferenciando entre producto del apartado a) (identificado con la letra a), producto del apartado b) (identificado con la letra b) y producto del apartado c) (identificado con la letra c) del artículo 68.1 de la Ley 7/2022, de 8 de abril.

  Como en el caso de la contabilidad de existencias del fabricante, la DGT (V1210-23), a la consulta de si debe asignarse una clave por los diferentes componentes que conforman el producto (por ejemplo, para el embalaje y el tapón del envase) o, al contrario, solo una clave por producto ha aclarado que debe identificarse cada uno de los distintos envases, esto es, diferenciando el embalaje (envase secundario o terciario) del envase primario, consignando en ambos casos en la clave del producto la letra a). Respecto del tapón, si únicamente adquiere intracomunitariamente tapones, deberá consignar la "clave producto" que corresponde a dichos tapones (letra c) del artículo 68.1 de la Ley 7/2022). No obstante si realiza adquisiciones intracomunitarias de envases que llevan como elementos de cierre sus correspondientes tapones, al ser considerados éstos parte del producto al que van incorporados, se deberá consignar la "clave producto" que corresponde a los envases (letra a) del artículo 68.1 de la Ley 7/2022, de 8 de abril).

- Fecha (4): fecha, con expresión del día, mes y año, correspondiente al hecho contabilizado. La DGT ha aclarado que, en el supuesto de adquisiciones intracomunitarias, la fecha que se debe considerar como la de entrada de las mercancías en el almacén a los efectos del cumplimiento de la obligación de llevanza del libro registro de existencias es la del devengo del impuesto conforme a lo señalado en el apartado 3 del artículo 74 de la ley. En el supuesto de exportación, debe consignarse como fecha de salida de las mercancías la fecha del Documento Único Admirativo (DUA) de exportación, que es el momento en el que se entiende producida la salida del producto del territorio de aplicación del impuesto (V0315-23).
- Justificante (5): número o referencia correspondiente al justificante del hecho contabilizado.
- Kilogramos (6): cantidad de plástico contenida en los productos que forman parte del ámbito objetivo del impuesto que sean objeto de contabilización que debe expresarse en kilogramos con tres decimales, redondeado por defecto, si la cuarta cifra decimal es inferior a 5, o por exceso, en caso contrario.
- Kilogramos no reciclados (7): cantidad de plástico no reciclado contenida en la cantidad de plástico contabilizada en la casilla (6) que debe expresarse en kilogramos con tres decimales, redondeado por defecto, si la cuarta cifra decimal es inferior a 5, o por exceso, en caso contrario.
- Régimen fiscal (8): de cumplimentación conforme a lo indicado en el anexo VIII de la Orden, cuyo detalle abordaremos más adelante.

Régimen Fiscal	Código
Sujeción y no exención.	a
No sujeción artículo 73.c) Ley 7/2022, de 8 de abril.	b
No sujeción artículo 73.d) Ley 7/2022, de 8 de abril.	c
Exención artículo 75.a).1.° Ley 7/2022, de 8 de abril.	d
Exención artículo 75.a).2.° Ley 7/2022, de 8 de abril.	e
Exención artículo 75.a).3.° Ley 7/2022, de 8 de abril.	f
Exención artículo 75.b).3.° Ley 7/2022, de 8 de abril.	g
Exención artículo 75.c) Ley 7/2022, de 8 de abril.	h
Exención artículo 75.d) Ley 7/2022, de 8 de abril.	i
Exención artículo 75.e) Ley 7/2022, de 8 de abril.	j
Exención artículo 75.f) Ley 7/2022, de 8 de abril.	k
Exención artículo 75.g).1.° Ley 7/2022, de 8 de abril.	l
Exención artículo 75.g).2.° Ley 7/2022, de 8 de abril.	m

- Proveedor o destinatario (9): Este campo debe cumplimentarse cuando el producto contabilizado es objeto de adquisición intracomunitaria, de envío fuera de territorio español o de devolución, tras su entrega o puesta a disposición, para su destrucción o reincorporación al proceso de fabricación. Si es objeto de adquisición intracomunitaria debe cumplimentarse con el nombre o la razón social del proveedor. Si es objeto de envío fuera del territorio español debe cumplimentarse con el nombre o razón social del destinatario. Y si es objeto de devolución tras su entrega o puesta a disposición debe cumplimentarse con el nombre o razón social del proveedor.
- Proveedor o destinatario (10): Este campo debe cumplimentarse con el NIF, NIF IVA o NIE correspondiente al proveedor o destinatario declarado en la casilla anterior.

La DGT (V0131-23) ha señalado que, a la vista del contenido previsto en este Anexo V, no es posible realizar un único asiento resumen salvo que se trate del mismo producto (en los términos de la columna "clave de producto"), con la misma fecha de adquisición intracomunitaria (en los términos de la columna "fecha"), con el mismo justificante (en los términos de la columna "justificante"), con aplicación del mismo régimen fiscal (en los términos de la columna "régimen fiscal"), y procedente del mismo proveedor (en los términos de la columna "proveedor").

Como en el caso de los fabricantes, el cumplimiento de esta obligación se realizará a través de la Sede electrónica de la Agencia Estatal de Administración Tributaria dentro del mes siguiente al periodo de liquidación (mensual o trimestral) al que se refiera. A estos efectos, el mes de agosto (en caso de período de liquidación mensual) se considera inhábil, por lo que el libro registro del mes de julio se podrá presentar durante el mes de septiembre. Como advertíamos con anterioridad, el carácter inhábil es exclusivamente a efectos de suministrar el libro registro del mes de julio, pero no la autoliquidación correspondiente a dicho período. Hubiera resultado razonable que también se hubiera declarado inhábil el mes de julio a efectos de presentar la autoliquidación, haciendo coincidir así en el tiempo ambas obligaciones.

No obstante, como para el caso de los fabricantes, la disposición transitoria segunda de la Orden prevé que los adquirentes intracomunitarios obligados a llevar un libro registro de existencias podrán presentar el libro registro correspondiente a los periodos de liquidación comprendidos en el primer semestre de 2023 dentro del mes de julio de 2023.

Si confluyera la condición de fabricante y adquirente intracomunitario, habría de llevar una contabilidad de existencias por cada uno de los establecimientos en los que realizara la actividad de fabricación y un libro registro por la actividad de adquisición intracomunitaria.

5.2. RÉGIMEN SANCIONADOR

El artículo 83 de la Ley 7/2022 no regula de forma específica las infracciones por la defectuosa llevanza de la contabilidad o el libro registro de existencias, por lo que será aplicable el régimen sancionador previsto en la LGT para este tipo de incumplimientos.

El artículo 200 de la LGT regula la infracción tributaria por incumplir obligaciones contables y registrales, entre las que se incluye a efectos ejemplificativos:

a) La inexactitud u omisión de operaciones en la contabilidad o en los libros y registros exigidos por las normas tributarias.

b) La utilización de cuentas con significado distinto del que les corresponda, según su naturaleza, que dificulte la comprobación de la situación tributaria del obligado.

c) El incumplimiento de la obligación de llevar o conservar la contabilidad, los libros y registros establecidos por las normas tributarias, los programas y archivos informáticos que les sirvan de soporte y los sistemas de codificación utilizados.

d) La llevanza de contabilidades distintas referidas a una misma actividad y ejercicio económico que dificulten el conocimiento de la verdadera situación del obligado tributario.

e) El retraso en más de cuatro meses en la llevanza de la contabilidad o de los libros y registros establecidos por las normas tributarias.

f) La autorización de libros y registros sin haber sido diligenciados o habilitados por la Administración cuando la normativa tributaria o aduanera exija dicho requisito.

g) El retraso en la obligación de llevar los Libros Registro a través de la Sede electrónica de la AEAT mediante el suministro de los registros de facturación en los términos establecidos reglamentariamente.

Esta infracción, que se califica como grave, se sanciona con multa pecuniaria fija de 150 euros, salvo que sea de aplicación alguna de las sanciones específicas que se indican a continuación:

a) La inexactitud u omisión de operaciones o la utilización de cuentas con significado distinto del que les corresponda se sancionará con multa pecuniaria proporcional del uno por ciento de los cargos, abonos o anotaciones omitidos, inexactos, falseados o recogidos en cuentas con significado distinto del que les corresponda, con un mínimo de 150 y un máximo de 6.000 euros.

b) La no llevanza o conservación de la contabilidad, los libros y los registros exigidos por las normas tributarias, los programas y archivos informáticos que les sirvan de soporte y los sistemas de codificación utilizados se sancionará con multa pecuniaria proporcional del uno por ciento de la cifra de negocios del sujeto infractor en el ejercicio al que se refiere la infracción, con un mínimo de 600 euros.

c) La llevanza de contabilidades distintas referidas a una misma actividad y ejercicio económico que dificulten el conocimiento de la verdadera situación del obligado tributario se sancionará con multa pecuniaria fija de 600 euros por cada uno de los ejercicios económicos a los que alcance dicha llevanza.

d) El retraso en más de cuatro meses en la llevanza de la contabilidad o libros y registros exigidos por las normas tributarias se sancionará con multa pecuniaria fija de 300 euros.

e) El retraso en la obligación de llevar los Libros Registro a través de la Sede electrónica de la AEAT mediante el suministro de los registros de facturación en los términos establecidos reglamentariamente se sancionará con multa pecuniaria proporcional de un 0,5 por ciento del importe de la factura objeto del registro, con un mínimo trimestral de 300 euros y un máximo de 6.000 euros.

f) La utilización de libros y registros sin haber sido diligenciados o habilitados por la Administración cuando la normativa tributaria o aduanera lo exija se sancionará con multa pecuniaria fija de 300 euros.

6. NOMBRAMIENTO DE REPRESENTANTE FISCAL

6.1. NORMAS DE GESTIÓN

Conforme al artículo 82.7 de la Ley 7/2022, los contribuyentes no establecidos en territorio español estarán obligados a nombrar una persona física o jurídica para que les represente ante la Administración tributaria en relación con sus obligaciones por este impuesto, debiendo realizar dicho nombramiento con anterioridad a la realización de la primera operación que constituya hecho imponible de este impuesto[387].

---

[387] Obligación cuya compatibilidad con el Derecho de la Unión podría ofrecer dudas a la vista del dictamen motivado que, con fecha 25 de julio de 2019, la Comisión decidió enviar a España por obligar a los contribuyentes no residentes a designar, en determinados casos, un representante fiscal con domicilio en España, lo que puede dar lugar a costes adicionales y a obstáculos para los contribuyentes. Señala la nota de prensa que,

El representante está obligado a inscribirse, con anterioridad a la realización de la primera operación que constituya algún hecho imponible de este impuesto, en el Registro territorial del impuesto especial sobre los envases de plástico no reutilizables. Como norma transitoria, el apartado 8 del citado precepto establece que los representantes deben inscribirse durante los treinta días naturales siguientes a la entrada en vigor de la Orden. El representante deberá inscribirse en el registro territorial de la oficina gestora de impuestos especiales donde radique su domicilio fiscal. El representante fiscal tendrá que solicitar tantos CIP (clave de actividad RP) como representados tenga y, para cada uno de ellos, presentar las correspondientes autoliquidaciones y suministrar los libros registro de existencias.

La normativa reguladora del impuesto no define cuándo un contribuyente no está establecido en territorio español, lo que plantea la duda de si se ha de acudir al concepto de establecimiento permanente, ya sea a efectos del imposición directa o indirecta, o a un concepto distinto.

El Anteproyecto sí concretaba esta cuestión, haciendo referencia al artículo 358 de la Directiva 2006/112/CE del Consejo, de 28 de noviembre de 2006, relativa al sistema común del Impuesto sobre el Valor Añadido. Conforme a dicho precepto, se considera «sujeto pasivo no establecido» a todo sujeto pasivo que no haya situado la sede de su actividad económica en el territorio de la Comunidad ni posea en él un establecimiento permanente y que, por lo demás, no tenga la obligación de estar identificado a efectos fiscales conforme al artículo 214 de la referida Directiva. Por lo tanto, se considerarían establecidos aquellos contribuyentes que tuviera en territorio español

según la jurisprudencia del TJUE, esta obligación implica soportar el coste de la remuneración de dicho representante. Además, el hecho de que el representante deba residir en España obstaculiza la libre prestación de servicios de personas y empresas establecidas en otros Estados miembros de la UE y del EEE. Estas obligaciones legales quebrantan la libre circulación de los trabajadores, la libertad de establecimiento, la libre prestación de servicios y la libre circulación de capitales (artículos 45, 49 y 56 del TFUE), en la medida en que imponen costes adicionales a los contribuyentes no residentes que pueden disuadirlos de emprender actividades o realizar inversiones en España. La Comisión advierte que, si España no actuaba en el plazo de dos meses, podría optar por llevar el asunto ante el TJUE. Véase https://ec.europa.eu/commission/presscorner/detail/es/INF_19_4251 (consulta de 12 de junio de 2023).

la sede de su actividad o un establecimiento permanente, en el sentido de la imposición indirecta.

Sin embargo, el Proyecto de ley remitido a las Cortes eliminó está referencia, limitándose a indicar que los contribuyentes no establecidos en territorio español estarán obligados a nombrar una persona física o jurídica para que les represente ante la Administración tributaria en relación con sus obligaciones por este impuesto. Esta redacción fue la finalmente aprobada, sin mayores precisiones.

Ante este vacío interpretativo, la AEAT, en una Nota informativa fechada el 10 de marzo de 2023, ha señalado que los contribuyentes se consideran establecidos cuando tengan en territorio español su domicilio fiscal, un establecimiento permanente o la sede de su actividad económica. Este criterio es prácticamente equivalente al previsto en el Código Aduanero de la Unión. Conforme a su artículo 5, se considera una persona se encuentra establecida en el territorio aduanero de la Unión, cuando, siendo una persona física, tenga su domicilio habitual en dicho territorio o, en el caso de personas jurídicas y de asociaciones de personas, tenga su domicilio social, su sede o un establecimiento comercial permanente en el territorio aduanero de la Unión. A estos efectos, se define el "establecimiento comercial permanente" como un centro de actividades fijo, en el que se hallan disponibles permanentemente los recursos humanos y técnicos necesarios, y a través del cual se realizan, en parte o en su totalidad, las operaciones aduaneras de una persona.

La citada Nota añade que los representantes de los contribuyentes no establecidos deben estar establecidos en territorio español (pues la competencia de la Oficina Gestora para tramitar su inscripción se determina en función del domicilio fiscal del representante) y deben solicitar su inscripción en el registro territorial para obtener un código de identificación del plástico (o CIP) por representado. Para su inscripción, deben adjuntar a su solicitud de inscripción un poder suficiente otorgado por el contribuyente no establecido.

La siguiente cuestión que surge es si la inscripción del representante exonera al representado de esta obligación o si ambos deben inscribirse. La primera solución podría ser la razonable teniendo en cuenta que el representante operará con un CIP diferente para cada representado y esta es la conclusión que se desprendía de la información inicialmente publicada por la AEAT. No obstante, en la repetida Nota informativa de 10 de marzo de 2023, ha diferenciado los siguientes supuestos:

- Si el contribuyente no establecido es un adquirente intracomunitario que dispone de un NIF admitido por la AEAT para efectuar gestiones tributarias (por ejemplo, un NIF con letra N), resulta exigible la inscripción del contribuyente (al que le corresponde un CIP con clave de actividad AP) y del representante (al que le corresponde un CIP con clave de actividad RP). En este supuesto, para el cumplimiento de las obligaciones derivadas del impuesto (como la presentación de la autoliquidación o del libro registro de existencias), el representante debe emplear el NIF y CIP del contribuyente.
- Si el contribuyente no establecido es un adquirente intracomunitario que no dispone de un NIF admitido por la AEAT para efectuar gestiones tributarias (por ejemplo, un NIF con letra N) únicamente resulta exigible la inscripción del representante (al que le corresponde un CIP con clave de actividad RP). En este supuesto, para el cumplimiento de las obligaciones derivadas del impuesto, el representante debe emplear su NIF y CIP. A efectos de determinar si el período de liquidación es mensual o trimestral, deberá tenerse en cuenta el del representado.

Respecto a los importadores, con carácter general, no han de nombrar representante aun cuando no estén establecidos en territorio español. Ahora bien, si los importadores tuvieran obligaciones tributarias relacionadas con el impuesto, distintas de su liquidación, tendrán que de nombrar representante y este deberá inscribirse en el registro territorial de la oficina gestora de impuestos especiales donde radique su domicilio fiscal. Por ejemplo, si el importador quisiera solicitar la devolución del impuesto satisfecho, conforme a lo previsto en el artículo 81 de la Ley 7/2022.

En este caso, conforme a la Nota informativa de 10 de marzo de 2023 de la AEAT, únicamente es exigible la inscripción del representante (al que le corresponde un CIP con clave de actividad RP), no así la del representado. En este supuesto, para el cumplimiento de las obligaciones derivadas del impuesto, el representante debe emplear su NIF y CIP.

6.2. RÉGIMEN SANCIONADOR

El artículo 83 de la Ley 7/2022 regula de forma específica la infracción, que califica como grave, por la falta de nombramiento de un representante por los contribuyentes no establecidos en dicho territorio. La sanción correspondiente será multa pecuniaria fija de 1.000 euros.

Esta sanción es nuevamente muy superior a la prevista por el artículo 198 de la LGT, la cual sanciona con 400 euros la no presentación de la comunicación de la designación del representante de personas o entidades cuando así lo establezca la normativa. La sanción se reducirá a la mitad si se realiza fuera de plazo sin requerimiento previo de la Administración tributaria.

La DGT ha señalado "la Ley 7/2022, de 8 de abril, al margen de la infracción de la falta de inscripción en el registro territorial, no prevé ninguna responsabilidad especial del representante de un contribuyente no establecido en territorio español. Sí debe señalarse que conforme a los artículos 41, 42 y 43 de la Ley 58/2003, de 17 de diciembre, General Tributaria (BOE de 18 de diciembre), las actuaciones del representante podrían quedar incluidas en alguno de los supuestos de responsabilidad que en dichos artículos se regulan" (V0681-23).

7. OBLIGACIONES DE FACTURACIÓN

7.1. NORMAS DE GESTIÓN

El artículo 82.9 de la Ley 7/2022 establece la obligación de facilitar a los adquirentes determinada información, en factura o certificado, por parte que quien realice ventas o entregas de productos objeto del impuesto en el ámbito territorial de aplicación de este. Como hemos expuesto en capítulos anteriores, esta información será esencial para el adecuado ejercicio de los mecanismos de deducción y devolución[388].

---

388 A juicio de FERNÁNDEZ DE BUJÁN Y ARRANZ, A., se debería "instaurar un adecuado mecanismo de trazabilidad que justifique efectivamente que el impuesto ha sido satisfecho ya que, en relación con la repercusión en factura, elemento que podría ayudar

La obligación tiene distinto alcance en función de quién realice esta venta o entrega:

7.1.1. Primera venta o entrega realizada tras la fabricación de los productos en España

En la primera venta o entrega realizada tras la fabricación de los productos en el ámbito territorial del impuesto, los fabricantes deberán repercutir al adquirente el importe de las cuotas del impuesto que se devenguen al realizar dicha venta o entrega. El adquirente deberá soportar la repercusión de dicho impuesto (V1093-23). Esta obligación será de aplicación incluso en el case de ventas de productos a consumidores a través de máquinas automáticas cuando el vendedor tenga la condición de fabricante (V1555-23).

Nos encontramos ante un supuesto de repercusión jurídica que no se preveía ni en el Anteproyecto ni en la redacción inicial del Proyecto de ley[389]. Esta repercusión fue incorporada en la tramitación parlamentaria en el Congreso como consecuencia de una enmienda transaccional que se incorporó al Informe de la Ponencia[390].

---

a este refrendo, únicamente se establece en el apartado 9 del art. 82 del Proyecto, una vaga referencia a este mecanismo sin entrar en muchos detalles", FERNÁNDEZ DE BUJÁN Y ARRANZ, A.: "El nuevo impuesto especial sobre los envases de plástico no reutilizables", en Ribón Seisdedos, *op. cit.*

389 La plataforma EsPlásticos alertó que "La inexistencia de esta figura jurídica no garantiza a los fabricantes de envases y embalajes la traslación real del coste a sus clientes, más teniendo en cuenta que se trata de un sector formado en su práctica totalidad por Pymes y Micropymes (99%), que trabajan con contratos de largo plazo y con bajo poder de negociación para repercutir los costes del impuesto" (https://esplasticos.es/2021/11/04/el-impuesto-sobre-los-envases-plasticos-podria-poner-en-riesgo-de-quiebra-al-95-de-las-empresas-del-sector/) (último acceso: 08/07/2023).

390 La enmienda transaccional tomó como base la enmienda nº 220 en el Congreso del Grupo Parlamentario Vasco (EAJ-PNV), que proponía introducir la repercusión jurídica del impuesto con el fin de garantizar su finalidad. Conforme a esta enmienda, los contribuyentes (sin distinguir entre fabricantes, importadores y adquirentes intracomunitarias) deberían repercutir el importe de las cuotas devengadas sobre los adquirentes de los productos objeto del impuesto, quedando estos obligados a soportarlas. No procedería la repercusión de las cuotas resultantes en los supuestos de liquidación que

En la factura que expida, el fabricante deberá consignar separadamente:

- El importe de las cuotas devengadas.
- La cantidad de plástico no reciclado contenido en los productos, expresada en kilogramos.
- Si resulta de aplicación algún supuesto de exención, especificando el artículo en virtud del cual la venta o entrega resulta exenta.

Dado el carácter monofásico del impuesto, las posteriores ventas que realice el adquirente a sus clientes no están sujetas a tributación, como tampoco lo estarán las ventas de productos que han sido objeto de previa adquisición intracomunitaria o de importación, sin perjuicio de la obligación a que haremos referencia más adelante de facilitar la anterior información[391]. En definitiva, el único contribuyente que puede y debe repercutir jurídicamente el impuesto es el fabricante nacional.

La DGT ha abordado la cuestión de si es necesario aportar la información desglosada por cada tipo de producto incluido en la factura o es suficiente con indicar en cada factura el total de plástico no reciclado que contienen la

sean consecuencia de actas de inspección y en los de estimación indirecta de bases. La justificación de la enmienda es que el carácter indirecto del tributo obliga a establecer el mecanismo de la repercusión con el objeto de garantizar su finalidad, esto es, gravar el consumo específico de determinados productos y asegurar el derecho del contribuyente (fabricante u otro) de poder repercutir el importe del impuesto a su cliente. Por otra parte, la repercusión en factura facilita la trazabilidad de los productos sujetos, en aras de la eventual aplicación de un supuesto de deducción o devolución. Asimismo, la repercusión jurídica permitiría conseguir transparencia, la cual es primordial para evitar que se especule comercialmente con este impuesto.
En el Senado, la enmienda nº 440 del Grupo Parlamentario Popular en el Senado (GPP) propuso eliminar este supuesto de repercusión jurídica y su sustitución por la obligación de información a que nos referimos en el apartado siguiente previa solicitud del adquirente.

391 ESCOBAR LASALA señala que, aunque la Ley de Residuos no hace mención alguna al hecho de que el gravamen se produzca en «fase única», se puede alcanzar la conclusión de que se trata de un impuesto monofásico, a la vista de su configuración, que se exige solo una vez a lo largo del circuito de producción-comercialización-utilización de los envases gravados. El impuesto se exige en la primera fase del circuito y, a partir de ahí, las cuotas devengadas se incorporan, como un coste más, al precio del producto, recayendo finalmente así en la «utilización» de los envases gravados, ESCOBAR LASALA, J.J.: "El nuevo Impuesto especial sobre los envases de plástico no reutilizables", *op. cit.*

totalidad de los productos entregados. A su juicio, para poder disponer de una trazabilidad adecuada de los distintos productos incluidos en el ámbito objetivo del impuesto que son objeto de entrega, es necesario consignar de forma separada en la factura o en el certificado los datos relativos a cada producto. De lo contrario, en caso de que posteriormente el adquirente de la mercancía quiera aplicar alguno de los supuestos de deducción o devolución previstos en la ley, le será complicado probar el impuesto satisfecho por ese producto concreto por el que se solicita la deducción o devolución, lo que le impediría disfrutar del correspondiente beneficio fiscal (V0125-23)[392]. Asimismo, ha aclarado que, al no contemplarse en el artículo 82.9, no es necesario que en la factura figure el CIP.

7.1.2. Posteriores entregas

En los demás supuestos, los operadores no están autorizados a repercutir jurídicamente el impuesto con ocasión de las ventas o entregas de los productos objeto del impuesto en el ámbito territorial de aplicación de este. No obstante, como ya tuvimos ocasión de poner de manifiesto, la ausencia de repercusión jurídica no obsta a que se produzca la repercusión económica mediante el incremento del precio, lo que podría conllevar una detracción de la demanda de este tipo de productos para con ello cumplir con la finalidad ambiental que pretende el impuesto[393]. Ahora bien, esta repercusión económica no es obligatoria (V2086-23) y estará inevitablemente condicionada por los términos comerciales.

---

392 Este criterio se había anticipado en el documento de preguntas y respuestas del Ministerio de Hacienda y Función Pública, el cual advierte que si en la factura existen diferentes productos, se deberán consignar de forma separada los datos relativos a cada producto.

393 COBOS GÓMEZ, J.M.: "El impuesto sobre envases de plástico no reutilizables y otras medidas fiscales en el Anteproyecto de Ley de Residuos", *op. cit.*, pág. 43. Por su parte, GARCÍA NOVOA, en relación con el Anteproyecto, advirtió que la ausencia de un mecanismo de repercusión jurídica podía suscitar controversias si los proveedores decidían repercutir el impuesto, pues los adquirentes de los productos podían considerar que no estaban obligados a soportar la repercusión al no venir establecido en la ley tal deber, o bien abrirse un ámbito interesante a la negociación privada, sobre la posible inclusión en los contratos de cláusulas de asunción del coste del impuesto, GARCÍA NOVOA, C.: "El impuesto sobre envases de plástico no retornables", *op. cit.*

A pesar de lo anterior, conforme al artículo 89.2.b) de la Ley 7/2022, cuando dichos operadores distintos del fabricante nacional realicen la venta o entrega de los productos a sus clientes, y previa solicitud de estos, deberán consignar en un certificado o en las facturas que expidan con ocasión de dichas ventas o entregas:

- El importe del impuesto satisfecho por dichos productos o, si le resultó de aplicación algún supuesto de exención, especificando el artículo en virtud del cual se aplicó dicho beneficio fiscal.
- La cantidad de plástico no reciclado contenido en los productos, expresada en kilogramos.

Por tanto, el precepto establece únicamente la información que debe contener el certificado o factura, pero no la forma que deben adoptar los certificados o facturas (V1093-23). La información a facilitar se obtendrá de las menciones que deben constar en la factura que se recibiera en su día por la adquisición de los productos que forman parte del ámbito objetivo del Impuesto y deberá consignarse el importe del impuesto satisfecho por todos los componentes del envase objeto del impuesto que sea objeto de venta o entrega (V3066-23).

Ha de resaltarse que la obligación de suministrar esta información no depende de que se haya producido una efectiva repercusión económica. Así lo ha confirmado la DGT (V0653-23, V0973-23), según la cual "debe cumplir las formalidades recogidas en la letra b) del artículo 82.9 de la ley, con independencia de que realice o no una repercusión económica del impuesto, circunstancia que depende de su entera voluntad, consecuencia de su política y estructura de costes". La referida consulta añade que, "con independencia de que haya repercusión económica o no, debe consignar, si así se lo solicita su cliente, en la factura o en un certificado aparte" la información anteriormente indicada[394]. Como ha indicado la DGT (V0653-23), "esta información tiene por objeto comprobar que la cuantía de devolución del Impuesto solicitada por quiénes no ostenten

394 La consultante es una entidad cuya actividad económica consiste en la realización de actividades de ingeniería y suministro de servicios, maquinaria y equipos para la industria. La cuestión planteada es si debe cumplir las obligaciones formales de la letra b) del artículo 82.9 de la Ley 7/2022, con ocasión de las ventas o entregas posteriores de productos objeto del Impuesto especial sobre los envases de plástico no reutilizables, cuando no se repercute cantidad alguna por este concepto al adquirente.

la condición de contribuyentes del mismo ha sido previamente satisfecha por el contribuyente, y ello con independencia de que haya habido una repercusión jurídica o económica del Impuesto a lo largo de la cadena de distribución".

Como ha aclarado, la DGT, únicamente existirá obligación de incluir dicha información en la factura o, alternativamente, emitir un certificado si el adquirente de la mercancía así lo requiere (V0125-23, V0995-23). En tal caso, no será suficiente con indicar en cada factura o certificado el total de plástico no reciclado que contienen la totalidad de los productos entregados, sino que será necesario consignar de forma separada los datos relativos a cada producto para poder disponer de una trazabilidad adecuada de los distintos productos incluidos en el ámbito objetivo del impuesto que son objeto de entrega. De lo contrario, si posteriormente el adquirente de la mercancía quiera aplicar alguno de los supuestos de deducción o devolución previstos en la ley, le será complicado probar el impuesto satisfecho por ese producto concreto por el que se solicita la deducción o devolución y no podrá disfrutar de dicho beneficio fiscal. No es necesario que figure el CIP en la factura o certificado emitido por el contribuyente (V0125-23).

La DGT ha insistido en la obligación de un proveedor de indicar a sus clientes el contenido del plástico no reciclado y el importe del impuesto satisfecho, a pesar de que no sea contribuyente del impuesto, siempre que su cliente se lo solicite, salvo que resulte de aplicación la excepción prevista para el caso de que se expidan facturas simplificadas (V0427-23, V1093-23). Dicho de otra forma, cualquier cliente podrá solicitar a su proveedor, sea o no contribuyente del impuesto, que consigne en la factura o en un certificado la información requerida por el artículo 89.2.b) de la Ley 7/2022 (V2086-23).

Esta obligación debe cumplirse por cada una de las ventas o entregas realizadas de los productos que formen parte del ámbito objetivo del Impuesto, no siendo, por tanto, válida la emisión de un certificado de periodicidad mensual (V0666-23).

El referido Centro Directivo (V0969-23) ha analizado el caso de una empresa española envasadora de productos de higiene que adquiere envases de plástico no reutilizables vía adquisición intracomunitaria, importación o los adquiere a proveedores nacionales. Posteriormente, vende los productos envasados a diversos clientes. La empresa soporta el impuesto tanto de los envases de plástico que posteriormente llena y vende llenos de producto, como del tapón de plástico que cierra los envases, como de la cinta de plástico que sella las cajas donde vienen los envases. A la vista de los anteriores datos, la empresa envasadora, no es contribuyente del impuesto por las adquisiciones de productos sujetos al impuesto que realiza a proveedores nacionales, pero si tiene la consideración de contribuyente por las adquisiciones de productos sujetos al impuesto que realiza vía importación o vía adquisición intracomunitaria.

Así las cosas, en los supuestos en que la empresa envasadora adquiera los envases a un fabricante nacional, éste, como contribuyente del impuesto, deberá repercutir a la empresa envasadora el importe de las cuotas del impuesto que se devenguen al realizar dicha adquisición. Y, en la correspondiente factura que se expida, deberán figurar separadamente las menciones a que hace referencia la letra a) del apartado 9 del artículo 82: el importe de las cuotas devengadas, la cantidad de plástico no reciclado contenido en los productos, expresada en kilogramos y, si resulta de aplicación algún supuesto de exención, el artículo en virtud del cual la venta o entrega resulta exenta.

La empresa envasadora, a su vez, queda sometida a las obligaciones que recoge la letra b) de ese apartado 9 del artículo 82. Por consiguiente, cuando el adquirente de los productos envasados podrá requerir la información prevista en dicha letra, cosa que presumiblemente hará cuando prevea solicitar una posterior devolución. La empresa envasadora, por su parte, obtendrá dicha información de las menciones que deben constar en la factura que recibiera en su día por la adquisición de los productos que forman parte del ámbito objetivo del impuesto. En la factura o en el certificado deberá consignar el importe del impuesto satisfecho por todos los componentes del envase objeto del impuesto que sea objeto de venta o entrega.

Esta obligación es igualmente exigible a un fabricante de bandejas termoformadas a partir de bobinas de plástico adquiridas a proveedores españoles no tendrá la consideración de contribuyente en tanto que no incorpore plástico adicional, si vende la cantidad de merma sobrante (V2086-23).

El precepto establece como excepción que esta obligación no resultará exigible cuando se expidan facturas simplificadas con el contenido a que se refiere el artículo 7.1 del Reglamento de Facturación[395]. Ahora bien, podría

395 Los casos en que es posible emitir factura simplificada se encuentran regulados en el artículo 4 del Reglamento de Facturación. Conforme a dicho precepto, la obligación de expedir

ocurrir que, siendo habitual que en una actividad determinada se emitan facturan simplificadas, determinados clientes soliciten la emisión de factura completa. En tal caso, la DGT ha señalado que "únicamente si el adquirente del producto le solicita la emisión de factura no simplificada y, además, le requiere la aplicación de lo previsto en la citada letra b), deberá entonces incluir en la factura la información relativa al importe del Impuesto satisfecho, la cantidad de plástico no reciclado contenido en los productos y si se benefició de alguna exención". La DGT reitera que, alternativamente, estos datos se podrán consignar en un certificado en lugar de en la factura, pudiéndose evitar en este caso la necesidad de adaptar los sistemas de facturación. Todo

---

factura podrá ser cumplida mediante la expedición de factura simplificada y copia de esta cuando su importe no exceda de 400 euros, Impuesto sobre el Valor Añadido incluido, o cuando deba expedirse una factura rectificativa. Por otra parte, los empresarios o profesionales podrán igualmente expedir factura simplificada y copia de ésta cuando su importe no exceda de 3.000 euros, Impuesto sobre el Valor Añadido incluido, en las siguientes operaciones: a) ventas al por menor, incluso las realizadas por fabricantes o elaboradores de los productos entregados (a estos efectos, tendrán la consideración de ventas al por menor las entregas de bienes muebles corporales o semovientes en las que el destinatario de la operación no actúe como empresario o profesional, sino como consumidor final de aquellos; no se reputarán ventas al por menor las que tengan por objeto bienes que, por sus características objetivas, envasado, presentación o estado de conservación, sean principalmente de utilización empresarial o profesional); b) ventas o servicios en ambulancia; c) ventas o servicios a domicilio del consumidor; d) transportes de personas y sus equipajes; e) servicios de hostelería y restauración prestados por restaurantes, bares, cafeterías, horchaterías, chocolaterías y establecimientos similares, así como el suministro de bebidas o comidas para consumir en el acto; f) servicios prestados por salas de baile y discotecas; g) servicios telefónicos prestados mediante la utilización de cabinas telefónicas de uso público, así como mediante tarjetas que no permitan la identificación del portador; h) servicios de peluquería y los prestados por institutos de belleza; i) utilización de instalaciones deportivas; j) revelado de fotografías y servicios prestados por estudios fotográficos; k) aparcamiento y estacionamiento de vehículos; l) alquiler de películas; m) servicios de tintorería y lavandería; n) utilización de autopistas de peaje. Además, el Departamento de Gestión Tributaria de la Agencia Estatal de Administración Tributaria podrá autorizar la expedición de facturas simplificadas, en supuestos distintos de los señalados en los apartados anteriores, cuando las prácticas comerciales o administrativas del sector de actividad de que se trate, o bien las condiciones técnicas de expedición de las facturas, dificulten particularmente la inclusión en las mismas de la totalidad de los datos o requisitos exigidos finalmente para la factura completa. Finalmente, no podrá expedirse factura simplificada por determinadas operaciones recogidas en el apartado 4 de este artículo 4 del Reglamento de Facturación.

lo anterior resultará igualmente de aplicación en el caso de una donación de productos, en tanto que lo previsto en la letra b) del apartado 9 del artículo 82 de la ley debe cumplirse en cualquier supuesto de venta o entrega de los productos objeto del impuesto. En consecuencia, si el destinatario de la donación solicita que se le aporte la información relativa al Impuesto, ya sea en la factura o vía certificado, deberá atenderse su requerimiento (V0126-23). En relación con la venta de productos envasados a través de máquinas automáticas, los contribuyentes acogidos al régimen de recargo de equivalencia del IVA no están obligados a emitir factura y los que deban emitir factura podrán hacerlo en formato simplificado si el importe no excede de 400 euros (IVA incluido), por lo que solo estarán obligados a facilitar la información requerida por el precepto aquí comentado cuando así lo solicite el adquirente y expidan factura que no sea simplificada (V1555-23).

En la tramitación parlamentaria se propuso extender la excepción a los empresarios o profesionales que realicen operaciones de comercio al por menor y se encuentren dados de alta en el momento de realizar la operación de venta en cualquiera de las Actividades Económicas señaladas en el Real Decreto Legislativo 1175/1990, de 28 de septiembre, por el que se aprueban las tarifas y la instrucción del Impuesto sobre Actividades Económicas, que les habilita para realizar dicha operación de comercio al por menor y en el caso de las ventas que realicen otros empresarios o profesionales a los citados comerciantes cuando estos últimos hayan entregado previamente al vendedor un certificado de su condición de comerciante minorista. La justificación de la enmienda es que no tenía sentido incurrir en costes muy superiores a los beneficios que conlleva la trazabilidad plena de la operativa, dado el escaso número de operaciones en los que se pueda solicitar la devolución del impuesto en el caso en el que participen operadores que se dedican a la actividad de venta al por menor. No obstante, se incluía la obligación de emisión de certificados con los datos necesarios por parte de los operadores que quedan eximidos de la obligación de facturar el impuesto, para en caso necesario, poder solicitar la devolución del impuesto (por operaciones de exportación o de entregas intracomunitarias)[396].

---

396 Enmienda nº 157 del Sr. Bel i Accensi (Grupo Parlamentario Plural) en el Congreso y enmienda nº 607 del Grupo Parlamentario Popular en el Congreso.

7.2. RÉGIMEN SANCIONADOR

El artículo 83 de la Ley 7/2022 regula de forma específica la infracción, que califica como grave, por la incorrecta consignación en la factura o en el certificado de los datos a los que se refiere el artículo 82.9. La sanción correspondiente será multa pecuniaria fija de 75 euros por cada factura o certificado emitido con la consignación incorrecta de los datos a los que se refiere el referido artículo 82.9.

Esta sanción es, con carácter general, menos onerosa que la prevista en el artículo 201 de la LGT, el cual califica como infracción tributaria grave el incumplimiento de las obligaciones de facturación, entre otras, la de expedición, remisión, rectificación y conservación de facturas, justificantes o documentos sustitutivos, en los siguientes supuestos:

a) Cuando se incumplan los requisitos exigidos por la normativa reguladora de la obligación de facturación, salvo lo dispuesto en la letra siguiente. Entre otros, se considerarán incluidos en esta letra los incumplimientos relativos a la expedición, remisión, rectificación y conservación de facturas o documentos sustitutivos. La sanción consistirá en multa pecuniaria proporcional del uno por ciento del importe del conjunto de las operaciones que hayan originado la infracción.

b) Cuando el incumplimiento consista en la falta de expedición o en la falta de conservación de facturas, justificantes o documentos sustitutivos. La sanción consistirá en multa pecuniaria proporcional del dos por ciento del importe del conjunto de las operaciones que hayan originado la infracción. Cuando no sea posible conocer el importe de las operaciones a que se refiere la infracción, la sanción será de 300 euros por cada operación respecto de la que no se haya emitido o conservado la correspondiente factura o documento.

La infracción será muy grave cuando el incumplimiento consista en la expedición de facturas o documentos sustitutivos con datos falsos o falseados. En tal caso, la sanción consistirá en multa pecuniaria proporcional del 75 por ciento del importe del conjunto de las operaciones que hayan originado la infracción.

Las sanciones previstas en la LGT se graduarán incrementando la cuantía resultante en un 100 por ciento si se produce el incumplimiento sustancial de las obligaciones anteriores.

Como hemos señalado en capítulos anteriores, las obligaciones que imponen el artículo 82.9 de la Ley 7/2022 introducen una extraordinaria complejidad puesto que cualquier adquirente de envases o de productos envasados, aun cuando no prevea su envío fuera del territorio de aplicación del impuesto, puede verse requerido por su cliente para facilitar una información de la que es posible que no disponga si cualquier operador previo en la cadena no la facilitado. En tales casos, como se confirma en el documento de preguntas y respuestas del Ministerio de Hacienda y Función Pública, el operador intermedio de la cadena no podría ser sancionado por no suministrar la información cuando esta no ha sido previamente facilitada por su proveedor, al no estar tipificado ese supuesto de infracción.

8. OTRAS INFRACCIONES Y SANCIONES

8.1. INCORRECTA CERTIFICACIÓN DEL PLÁSTICO RECICLADO

Como indicamos en capítulos precedentes, el artículo 77 de la Ley 7/2022 dispone que la base imponible estará constituida por la cantidad de plástico no reciclado, expresada en kilogramos, contenida en los productos que forman parte del ámbito objetivo de este impuesto. Por ello, resulta esencial conocer la cantidad de plástico reciclado, que permitirá calcular, por diferencia, la cantidad de plástico no reciclado que determina la base imponible.

La acreditación del plástico reciclado se realizará por las siguientes vías:

a) En caso de utilizarse el método de reciclado mecánico, la cantidad de plástico reciclado deberá ser certificado mediante una entidad acreditada para emitir certificación al amparo de la norma UNE-EN 15343:2008 «Plásticos. Plásticos reciclados. Trazabilidad y evaluación de conformidad del reciclado de plásticos y contenido en reciclado» o las normas que las sustituyan.

b) En caso de utilizarse el reciclado químico, la cantidad de plástico reciclado se acreditará mediante el certificado emitido por la correspondiente entidad acreditada o habilitada a tales efectos.

En ambos tipos de reciclado, las entidades certificadoras deberán estar acreditadas por la ENAC o por el organismo nacional de acreditación de cualquier otro Estado miembro de la UE, designado de acuerdo con lo establecido en el Reglamento (CE) n.º 765/2008 del Parlamento Europeo y del Consejo, de 9 de julio de 2008, por el que se establecen los requisitos de acreditación y vigilancia del mercado relativos a la comercialización de los productos y por el que se deroga el Reglamento (CEE) n.º 339/93. En el caso de productos fabricados fuera de la Unión Europea, la certificación se podrá realizar por cualquier otro acreditador con quien la ENAC tenga un acuerdo de reconocimiento internacional.

Excepcionalmente, durante los primeros 12 meses siguientes a la aplicación del impuesto (esto es, durante 2023), la Disposición transitoria décima permite la acreditación de la cantidad de plástico no reciclado contenida en los productos que forman parte del ámbito objetivo del impuesto mediante una declaración responsable firmada por el fabricante, como alternativa a la certificación a que hacíamos referencia[397].

Dada la importancia que tiene la adecuada acreditación de la cantidad de plástico reciclado, el artículo 83 de la Ley 7/2022 regula específicamente como infracción tributaria grave la falsa o incorrecta certificación por la entidad debidamente acreditada, de la cantidad de plástico reciclado, expresada en kilogramos, contenida en los productos que forman parte del ámbito objetivo del impuesto. Parece que, por un olvido, no se ha previsto infracción para el caso de que el incumplimiento se realice por el fabricante durante el período transitorio.

Esta infracción se sanciona con una multa pecuniaria proporcional del 50 por ciento del importe de las cuotas del impuesto que se hubiesen podido dejar de ingresar, con el importe mínimo de 1.000 euros. La sanción se incrementará en el 25 por ciento si existe comisión repetida de infracciones tributarias. Esta circunstancia se apreciará cuando el infractor, dentro de los dos

---

397 La enmienda nº 163 del Sr. Bel i Accensi (Grupo Parlamentario Plural) y la enmienda nº 651 del Grupo Parlamentario Popular en el Congreso proponían admitir cualquier otra prueba admisible en derecho similar a la declaración responsable firmada por el fabricante, que incluyera la trazabilidad del plástico reciclado utilizado. Además, se requeriría un documento justificativo de la cantidad de plástico reciclado. La incorporación del plástico reciclado se demostraría por las obligaciones de declaración en registro del artículo 82 del Proyecto de ley.

años anteriores a la comisión de la nueva infracción, hubiese sido sancionado por resolución firme en vía administrativa por la misma conducta.

Por el contrario, no se tipifica como infracción tributaria la falta de presentación de la acreditación de la cantidad de plástico reciclado contenida en cada producto que forma parte del ámbito objetivo del Impuesto, puesto que dicha falta conlleva entender que el envase está fabricado en su totalidad con plástico no reciclado (V2383-23). En esta consulta, el consultante advertía que se trataba de un dato no facilitado por el proveedor intracomunitario, lo cual es ilustrativo de la dificultad de obtención de la información necesaria para el cumplimento de las obligaciones materiales y formales de este impuesto a que repetidamente hemos hecho de referencia.

8.2. INDEBIDO DISFRUTE DE EXENCIONES POR EL ADQUIRENTE

En el capítulo precedente expusimos que existen dos exenciones para los supuestos en que los productos objeto de gravamen son destinados a determinados usos que han de ser acreditados por el adquirente mediante una declaración previa. Se trata de:

- La exención regulada en la letra a) del artículo 75 para la fabricación, importación o adquisición intracomunitaria de productos destinados a contener medicamentos y productos sanitarios.
- La exención regulada en la letra g) del artículo 75 para la fabricación, importación o adquisición intracomunitaria de productos plásticos semielaborados que no se van a destinar a obtener envases y de productos que contengan plástico destinados a permitir el cierre, la comercialización o la presentación de envases no reutilizables cuando no se van a utilizar en dichos usos.

El artículo 83 de la Ley 7/2022 regula específicamente como infracción tributaria grave el disfrute indebido por parte de los adquirentes de los productos que forman parte del ámbito objetivo del impuesto de referidas exenciones recogidas en el artículo 75.a) y g) por no ser el destino efectivo de los productos el consignado en dichas letras.

Esta infracción se sanciona con una multa pecuniaria proporcional del 150 por ciento del beneficio fiscal indebidamente disfrutado, con un importe mínimo de 1.000 euros.

9. REDUCCIONES SOBRE LAS SANCIONES

Las sanciones impuestas, ya sean las reguladas en la LGT o las previstas con carácter específica en la Ley 7/2022, se podrán reducir conforme a lo dispuesto en el artículo 188 de la LGT. Dicho precepto contempla dos tipos de reducciones:

9.1. REDUCCIÓN POR CONFORMIDAD

En caso de conformidad con la regularización practicada por la Administración, se aplicarán las siguientes reducciones sobre la cuantía de las sanciones pecuniarias impuestas según los artículos 191 a 197 de la LGT:

a) En el caso de actas con acuerdo[398], la cuantía de la sanción se reducirá en un 65 por cierto. El importe de la reducción se exigirá sin más requisito que la notificación al interesado, cuando se haya interpuesto contra la regularización o la sanción el correspondiente recurso contencioso-administrativo o, en el supuesto de haberse presentado aval o certificado de seguro de caución en sustitución del depósito, cuando no se ingresen las cantidades derivadas del acta con acuerdo en el plazo del apartado 2 del artículo 62 de la LGT o en los plazos fijados en el acuerdo de aplazamiento o fraccionamiento que se hubiera concedido

398 El artículo 155 de la LGT dispone que "Cuando para la elaboración de la propuesta de regularización deba concretarse la aplicación de conceptos jurídicos indeterminados, cuando resulte necesaria la apreciación de los hechos determinantes para la correcta aplicación de la norma al caso concreto, o cuando sea preciso realizar estimaciones, valoraciones o mediciones de datos, elementos o características relevantes para la obligación tributaria que no puedan cuantificarse de forma cierta, la Administración tributaria, con carácter previo a la liquidación de la deuda tributaria, podrá concretar dicha aplicación, la apreciación de aquellos hechos o la estimación, valoración o medición mediante un acuerdo con el obligado tributario en los términos previstos en este artículo".

por la Administración tributaria con garantía de aval o certificado de seguro de caución.

b) En el caso de actas de conformidad, la cuantía de la sanción se reducirá en un 30 por ciento. El importe de la reducción practicada se exigirá sin más requisito que la notificación al interesado cuando se haya interpuesto recurso o reclamación contra la regularización.

9.2. REDUCCIÓN POR PRONTO PAGO DE LA SANCIÓN

El importe de la sanción que deba ingresarse por la comisión de cualquier infracción, una vez aplicada, en su caso, la reducción por conformidad a la que nos acabamos de referir se reducirá en el 40 por ciento si concurren las siguientes circunstancias:

a) Que se realice el ingreso total del importe restante de dicha sanción en el plazo del apartado 2 del artículo 62 de la LGT o en el plazo o plazos fijados en el acuerdo de aplazamiento o fraccionamiento que la Administración Tributaria hubiera concedido con garantía de aval o certificado de seguro de caución y que el obligado al pago hubiera solicitado con anterioridad a la finalización del plazo del apartado 2 del artículo 62.

b) Que no se interponga recurso o reclamación contra la liquidación o sanción.

El importe de esta reducción se exigirá sin más requisito que la notificación al interesado, cuando se haya interpuesto recurso o reclamación en plazo contra la liquidación o la sanción. Esta reducción no es de aplicación a las actas con acuerdo.

Capítulo IX

POSIBLES INCENTIVOS PARA LA ADAPTACIÓN Y MEJORA TECNOLÓGICA

1. LA AUSENCIA DE INCENTIVOS FISCALES EN LA LEY 7/2022

Como indica la OCDE[399], los beneficios fiscales pueden utilizarse para fomentar comportamientos más sostenibles, por ejemplo, apoyando a los productos, alternativas, procesos de producción y actividades de I+D con un impacto ambiental más positivo.

En este sentido, la Estrategia Española de Economía Circular remarca la importancia de impulsar la financiación pública de la investigación, la colaboración público-privada y favorecer la inversión empresarial en I+D+i, el acceso directo a instrumentos financieros como préstamos, subvenciones y capital riesgo que impulse la creación de empresas de base tecnológica y la compra pública de innovación. Por lo que se refiere a las medidas de colaboración público-privadas en materia de innovación, se resalta que esta se puede potenciar incentivando la innovación a través de la fiscalidad, así como la conveniencia de orientar dichas medidas hacia las pequeñas y medianas empresas para incrementar el número de ellas que apuestan por la ecoinnovación.

Sin embargo, la Ley 7/2022 carece de incentivos específicos para fomentar la transición hacia la producción de plásticos biodegradables, ya sea para la determinación de la cuota tributaria del impuesto sobre envases de plástico no reutilizables o en la de otros impuestos (por ejemplo, el IS).

En esta línea, en la fase de consulta pública se presentaron observaciones en relación con la introducción de bonificaciones por reducción de sustancias peligrosas y de microplásticos vírgenes, por introducción de nuevos diseños que faciliten (y no impidan la reparación de los productos de plástico) y por el aumento en el uso de plásticos reciclados en los nuevos productos, a lo que la Memoria contesta que la definición del hecho imponible en función de las categorías de materiales utilizados y la configuración de determinados beneficios fiscales en función de las categorías de plástico complicaría enormemente la gestión y el control del impuesto. Asimismo, en otro bloque de observaciones se sugirió instaurar deducciones en el IS por actividades

399 OCDE: "Policy approaches to incentivise sustainable plastic design", *op. cit.* pág. 30.

medioambientales y aplicar bonificaciones en el IBI y en el ICIO, en relación con lo cual se indica que no se han contemplado en este estado inicial de adopción de la medida por considerarse que las medidas fiscales introducidas son las más eficaces.

Esta situación contrasta con la que se recoge en la norma italiana, la cual prevé que, de conformidad con los objetivos que se detallarán en el Plan Nacional de Plásticos Sostenibles, los fabricantes de artículos de un solo uso destinados a contener, proteger, manipular o entregar bienes o productos alimenticios disfrutarán de un crédito fiscal en el IS del 10 por ciento de los gastos incurridos entre el 1 de enero de 2020 y el 31 de diciembre de 2020 para la adaptación tecnológica destinada a la producción de artículos compostables conforme a la norma UNE EN 13432: 2002. Además, los gastos en actividades de formación realizadas para adquirir o consolidar los conocimientos relacionados con la referida adaptación tecnológica, incurridos entre el 1 de enero de 2020 hasta el 31 de diciembre de 2020, podrán beneficiarse, en la medida en que sean compatibles, del crédito fiscal por gastos de formación de los trabajadores que prevé la normativa fiscal italiana.

La adopción de una medida de este tipo permitiría afrontar desde una perspectiva integral la ambientalización de nuestro sistema tributario. Como apunta SOTO MOYA, sería conveniente la incorporación de beneficios fiscales a las empresas que se orienten a la ecoinnovación, en la búsqueda de soluciones sostenibles que hagan un mejor uso de los recursos, desde el propio diseño del producto, y que ayuden a las empresas a un funcionamiento más circular[400]. Así, por ejemplo, de cara a promover la economía circular, reiteramos la propuesta de recuperar la deducción por inversiones medioambientales que se contemplaba en el artículo 39 del Texto Refundido de la Ley del Impuesto sobre Sociedades y que desapareció con la vigente Ley del Impuesto sobre Sociedades. Dicho beneficio fiscal incluía en su ámbito objetivo las inversiones realizadas para la reducción, recuperación o tratamiento de residuos industriales propios, en relación con el cual consideramos que "sería deseable, bien ampliar esa deducción, bien fijar deducciones nuevas con la finalidad de crear incentivos económicos en las empresas que, por ejemplo,

---

400 SOTO MOYA, M. del M., *Objetivos de Desarrollo Sostenible y Economía Circular. Desafíos en el ámbito fiscal*, Comares, Granada, 2019, pág. 122.

pongan productos ecológicos en el mercado, apoyen o pongan en marcha sistema de recuperación y reciclado, desarrollen políticas activas a favor de la demanda del compost, del mercado de segundo uso, etc."[401]. También se han identificado, como principales actividades a fomentar, el uso de energía más limpia, "el uso eficiente de los recursos (incluido el tratamiento y reutilización del agua) y la implementación de modelos de negocio basados en la economía del uso o de la funcionalidad[402]". Dicho razonamiento es plenamente trasladable a la potenciación de las deducciones por actividades de I+D y de innovación tecnológica orientadas al diseño, fabricación y utilización de materiales menos contaminantes y a favorecer su recuperación, reutilización y reciclaje.

2. LAS TECNOLOGÍAS LIMPIAS Y LA ECO-INNOVACIÓN COMO EJES PARA UNA TRANSICIÓN A LA ECONOMÍA CIRCULAR

Una tecnología limpia es aquella que promueve el desarrollo sostenible al reducir el riesgo, mejorar la rentabilidad, mejorar la eficiencia del proceso y crear productos y procesos que son beneficiosos o benignos para el medio ambiente[403]. Por lo tanto, una práctica, producto o industria de tecnología limpia es típicamente aquella que combina los tres componentes esenciales de eficiencia, resultados ambientales y rentabilidad[404]. De forma similar, se ha afirmado que las tecnologías limpias representan productos y servicios innovadores que son superiores en términos de rendimiento, reducen los im-

---

401 GARCÍA CARRETERO, B.: "La fiscalidad ambiental en materia de residuos en el nuevo marco de una economía circular", Crónica Tributaria núm. 170/2019, pág. 62.

402 SEDEÑO LÓPEZ, F. J.: *Fiscalidad de la economía circular. Situación actual y propuestas de reforma*, *op. cit.*, pág. 250.

403 NSTC, *The road to sustainable development*, 1997.

404 KINNEAR, S. and BRICKNELL, L., "Linkages Between Clean Technology Development and Environmental Health Outcomes in Regional Australia", in Oosthuizen, Jacques, *Environmental Health-Emerging Issues and Practice*, IntechOpen, 2012, pág. 199.

pactos ecológicos negativos y contribuyen a un uso más productivo y responsable de los recursos[405].

En este contexto, la innovación para lograr o desarrollar tecnologías limpias es esencial, tanto desde una perspectiva "aguas arriba" (fase de producción) como "aguas abajo" (fase de final de uso del producto). Por ello, se deben realizar esfuerzos para encontrar y utilizar nuevos materiales con un mejor comportamiento ambiental, nuevos productos que provoquen menores impactos en el medio ambiente cuando se utilizan y nuevos procesos y tecnologías que permitan fabricar productos teniendo en cuenta la protección del medio ambiente (por ejemplo, reducir las emisiones de gases, reducir la contaminación del agua, reducir los residuos y fomentar el reciclaje).

De la importancia de la innovación (conceptuada en términos amplios) se hace eco la Estrategia Española de Economía Circular "España 2030", aprobada por el Consejo de Ministros de 2 de junio de 2020, cuando identifica cuatro pilares básicos para la transición hacia la economía circular: la investigación, el desarrollo tecnológico, la innovación (que incluye su aplicación al tejido productivo) y la adaptación de un marco regulatorio inteligente para la consecución de los objetivos de la economía circular. Por ello, se afirma que el fomento de la I+D+i es un elemento crucial en el proceso de transición, permitiendo, al mismo tiempo, contribuir a la modernización, desarrollo, crecimiento y competitividad empresarial que contribuirá también a la competitividad y modernización de la industria europea y española.

Este objetivo de encontrar nuevos productos, nuevos procesos y nuevas tecnologías que reduzcan el impacto de la actividad económica en el medio ambiente se puede alcanzar mediante la "eco-innovación" o la "innovación ecológica". Este concepto no es novedoso. En el ámbito comunitario, la Decisión nº 1639/2006/CE del Parlamento Europeo y del Consejo de 24 de octubre de 2006 por la que se establece un programa marco para la innovación y la competitividad (2007-2013) hace una amplia referencia a la innovación ecológica, definida como "cualquier forma de innovación que persiga un avance significativo y demostrable respecto del objetivo del desarrollo sos-

[405] PROBST et al:, *Clean Technologies. Closed-loop waste management*, Case study 29, Business Innovation Observatory, European Commission, 2014, pág. 3.

tenible, mediante la reducción de las repercusiones negativas sobre el medio ambiente o la consecución de un aprovechamiento más eficiente y responsable de los recursos naturales, entre ellos la energía"[406]. Se resalta además la estrecha relación entre innovación ecológica y tecnologías ambientales, al destacar que el fomento de la innovación ecológica debe tener como objetivo contribuir a la ejecución del plan de actuación a favor de las tecnologías ambientales. Y, en este contexto, partiendo de que las tecnologías limpias son vitales para aprovechar plenamente las sinergias entre la empresa y el medio ambiente, la promoción de la innovación ecológica (que incluye tecnologías limpias innovadoras), puede ayudar a aprovechar su potencial. Ahora bien, los obstáculos a la penetración de las tecnologías de la innovación en el mercado afectan especialmente a las tecnologías medioambientales. En efecto, los precios del mercado a menudo no reflejan plenamente los costes ambientales de los productos y servicios, de tal forma que la parte de los costes no reflejados en los precios de mercado recae normalmente sobre la sociedad en su conjunto, en lugar de sobre los contaminadores. Esta deficiencia del mercado, así como el interés comunitario en preservar los recursos naturales, evitar la contaminación y proteger el medio ambiente de manera más rentable, justifica la intensificación del apoyo a la innovación ecológica. Por ello, se identifican distintas acciones relativas a la innovación ecológica, entre las que se incluyen el apoyo a la adopción de tecnologías medioambientales y actividades de innovación ecológica, la promoción de colaboraciones público-privadas en innovación ecológica y el desarrollo de servicios empresariales innovadores que faciliten o promuevan la innovación ecológica, así como la promoción de enfoques nuevos e integrados de la innovación ecológica en campos tales como la gestión medioambiental y el diseño de productos, procesos y servicios respetuosos con el medio ambiente, teniendo en cuenta su ciclo vital completo.

---

406 La "ecoinnovación" también se ha definido como el "desarrollo tecnológico que genera productos, equipos o procesos productivos que reducen el riesgo ambiental o minimizan la contaminación y los recursos", EEA: *Environmental tax reform in Europe: opportunities for eco-innovation*, EEA Technical Report N0 17/2011, European Environment Agency, Copenhagen, pág. 10.

Asimismo, la Comisión Europea destacó en 2011 que la ecoinnovación debe acelerarse de forma que fomente la productividad, la eficiencia y la competitividad y contribuya a preservar el medio ambiente. La gravedad de los problemas ambientales y las limitaciones de los recursos han provocado una creciente demanda mundial de tecnologías, productos y servicios medioambientales y la penetración acelerada en el mercado y la difusión de la innovación ecológica comportarán una mejora del comportamiento y de la resistencia medioambientales en toda la economía, siendo tanto eficientes desde el punto de vista del coste como positivas para los negocios y la sociedad en su conjunto. Además se resalta que la ecoinnovación está estrechamente vinculada a la forma en que utilizamos nuestros recursos naturales y a la forma en que producimos y consumimos, así como los posibles beneficios medioambientales, sociales y comerciales de la difusión generalizada de la ecoinnovación[407].

En este mismo sentido, el Pacto Verde Europeo considera que las nuevas tecnologías, las soluciones sostenibles y la innovación disruptiva son elementos esenciales para alcanzar los objetivos definidos en aquel, siendo necesario que la Unión Europea mantenga su ventaja competitiva en tecnologías limpias construyendo nuevas cadenas de valor innovadoras[408].

De forma similar, la Comunicación de la Comisión "Un nuevo EEI para la investigación y la innovación" reitera la importancia de alinear las inversiones y las reformas en innovación para acelerar la transformación ecológica de la sociedad y de la economía, de cara al cumplimiento de los objetivos prioritarios de la UE en materia de transición hacia una energía limpia, descarbonización y modernización de la industria, movilidad inteligente y sostenible y economía circular. Por ello, la aceleración de la investigación y la innovación y la mejora de la colaboración entre los sectores privado y público para la pronta implantación en el mercado de soluciones de tecnología limpia son vitales para alcanzar estos objetivos. Se resalta además la importancia de desarrollar cadenas estratégicas de suministro de capacidades industriales en tecnologías

---

407 Comunicación de la Comisión al Parlamento Europeo, al Consejo, al Comité Económico y Social Europeo y al Comité de las Regiones "Innovación para un futuro sostenible. Plan de Acción sobre Ecoinnovación (Eco-AP)", COM/2011/899 Final.

408 Comunicación de la Comisión "El Pacto Verde Europeo", COM(2019) 640 final.

limpias (entre ellas, paneles fotovoltaicos, baterías, hidrógeno renovable, energía eólica y oceánica, redes eléctricas y componentes electrónicos)[409].

Ahora bien, ¿cómo determinar si una actividad innovadora se puede calificar como "ecoinnovación"? La identificación de factores tecnológicos ambientales es indudablemente una tarea que recae en el ámbito científico, pero puede ser útil acudir al Reglamento de la Unión Europea de Taxonomía de inversiones sostenibles[410] como orientación para identificar objetivos de innovación ambiental. La Taxonomía se ha configurado partiendo de la premisa de que, por una parte, la sostenibilidad y la transición hacia una economía segura, sin efectos sobre el clima y resiliente a este, más eficiente en el uso de los recursos y circular, son claves para garantizar la competitividad a largo plazo de la economía de la Unión, y, por otra parte, de la necesidad de aumentar la contribución del sector privado a la financiación de los gastos medioambientales y relacionados con el cambio climático, en particular a través del establecimiento de incentivos y métodos que alienten a las empresas a medir los costes medioambientales de su negocio y los beneficios derivados de la utilización de servicios medioambientales. Con el fin de determinar la sostenibilidad medioambiental de una actividad económica precisa, se confecciona una lista exhaustiva de los objetivos medioambientales, que se concretan en seis: la mitigación del cambio climático; la adaptación al cambio climático; el uso sostenible y la protección de los recursos hídricos y marinos; la transición hacia una economía circular; la prevención y control de la contaminación; y la protección y restauración de la biodiversidad y los ecosistemas.

En particular, por lo que se refiere a la economía circular, se considerará que una actividad económica contribuye de forma sustancial a la transición hacia una economía circular, en particular a la prevención, la reutilización y el reciclaje de residuos, cuando dicha actividad cumpla determinadas condicio-

---

409 Comunicación de la Comisión al Parlamento Europeo, al Consejo, al Comité Económico y Social Europeo y al Comité de las Regiones "Un nuevo EEI para la investigación y la innovación", COM/2020/628 final.

410 Reglamento (UE) 2020/852 del Parlamento Europeo y del Consejo de 18 de junio de 2020 relativo al establecimiento de un marco para facilitar las inversiones sostenibles y por el que se modifica el Reglamento (UE) 2019/2088.

nes: a) use los recursos naturales, especialmente materiales sostenibles de origen biológico y otras materias primas, en la producción de modo más eficiente, mediante, entre otras acciones, la reducción del uso de materias primas primarias o el aumento del uso de subproductos y de materias primas secundarias o medidas de eficiencia energética y de los recursos; b) aumente la durabilidad, la reparabilidad o las posibilidades de actualización o reutilización de los productos, especialmente en las actividades de diseño y fabricación; c) aumente la reciclabilidad de los productos, así como la reciclabilidad de los distintos materiales contenidos en dichos productos, entre otras maneras mediante la sustitución de los productos y materiales no reciclables o su menor utilización, especialmente en las actividades de diseño y fabricación; d) reduzca de forma sustancial el contenido de sustancias peligrosas y sustituya las sustancias extremadamente preocupantes en materiales y productos a lo largo de todo su ciclo de vida, de conformidad con los objetivos establecidos en el Derecho de la Unión, en particular sustituyendo dichas sustancias por alternativas más seguras y garantizando su trazabilidad; e) prolongue el uso de productos, concretamente por medio de la reutilización, el diseño para su durabilidad, nuevas orientaciones, el desmontaje, actualizaciones, la reparación y el uso compartido; e) aumente el uso de materias primas secundarias y la calidad de estas, en particular mediante un reciclado de residuos de alta calidad; f) prevenga o reduzca la generación de residuos, especialmente la procedente de la extracción de minerales y los residuos de la construcción y demolición de edificios; g) incremente la preparación para la reutilización y el reciclado de residuos; h) aumente el desarrollo de la infraestructura de gestión de residuos necesaria para la prevención, para la preparación para la reutilización y para el reciclado, al tiempo que se garantiza que los materiales recuperados resultantes se reciclan como materias primas secundarias de alta calidad en la producción, evitando el ciclo de degradación; i) reduzca al mínimo la incineración y evite el vertido de los residuos, incluida la descarga en vertederos, de conformidad con los principios de la jerarquía de residuos; j) evite y reduzca la dispersión de residuos en el medio ambiente; k) facilite las actividades mencionadas en los apartados anteriores, siempre y cuando no conlleve la retención de activos que socaven los objetivos medioambientales a largo plazo, teniendo en cuenta la vida económica de dichos activos, y tenga un efecto medioambiental sustancialmente positivo, teniendo en cuenta el ciclo de vida.

A la vista de dicha relación, consideramos oportuno traer a colación las palabras de ALENZA GARCÍA sobre la configuración instrumental o mediato del concepto de economía circular para la consecución de un fin mediato en los textos oficiales comunitarios: la economía circular no es un fin en sí mismo, sino un medio para lograr "una economía sostenible, hipocarbónica, eficiente en el uso de los recursos y competitiva"[411].

En esta línea, la Comunicación de la Comisión relativa al Marco sobre las ayudas estatales de investigación, desarrollo e innovación (2022/C 414/01), reconoce que "se necesitan inversiones tanto públicas como privadas para apoyar y acelerar las actividades de I+D+i y transformarlas en tecnologías esenciales que, al implantarse en el mercado, facilitarían la transformación digital de la industria de la Unión y la transición de la Unión a una economía con cero emisiones de carbono o hipocarbónica, así como a una economía circular y de contaminación cero en la que se proteja el capital natural". Por ello, la Comunicación continúa señalado que "la Comisión es favorable a las actividades de I+D+i apoyadas por los Estados miembros que se ajustan al Reglamento (UE) 2020/852 del Parlamento Europeo y del Consejo, que constituye una de las posibles metodologías para identificar actividades de I+D+i para tecnologías, productos u otras soluciones destinadas a actividades económicas sostenibles desde el punto de vista ambiental".

3. UNA OPORTUNIDAD PARA UNA REFORMA FISCAL VERDE BASADA EN LA INNOVACIÓN Y LAS TECNOLOGÍAS LIMPIAS

Tras esta descripción general, la pregunta que surge es cómo se puede utilizar la fiscalidad ambiental para promover la innovación y las tecnologías limpias. En el contexto actual de crisis económica y la necesidad de un compromiso con el desarrollo sostenible para frenar las consecuencias del cambio climático, no cabe duda de que la tributación medioambiental puede ser una herramienta útil para abordar ambos temas, considerando que los incentivos

411 ALENZA GARCÍA, J. F.: "La economía circular en el Derecho ambiental", Actualidad Jurídica Ambiental, núm. 102/2, junio 2020, pág. 207.

económicos para provocar cambios tecnológicos (ambientales) suelen ser más fuertes cuando se utilizan instrumentos de mercado[412].

Dicha finalidad se puede alcanzar de forma indirecta mediante el establecimiento de cargas fiscales que desincentiven la producción, vertido y deshechos de residuos, como son los impuestos sobre residuos o los impuestos sobre productos no recuperables o no reutilizables (como el que se analiza en esta obra).

No obstante, existe también la posibilidad de actuar mediante instrumentos de fiscalidad positiva, que operen al inicio de la cadena fomentando el diseño y la producción de bienes con un menor impacto contaminante en las distintas fases de su ciclo de vida (fabricación, uso y retirada del producto), incentivando a través de beneficios fiscales en los impuestos "tradicionales" la recuperación, la reutilización y el reciclaje como apoyo a la economía circular. Los incentivos fiscales (ampliamente utilizados y eficaces para apoyar el desarrollo y una difusión más rápida de nuevas tecnologías más limpias)[413], en contraste con el uso tradicional de la tributación, podrían ser una forma eficiente de promover un cambio en el comportamiento de los actores empresariales hacia un compromiso con el desarrollo sostenible y, en particular, conciliar la recuperación económica con la sostenibilidad.

Para hacer realidad este objetivo, es necesaria una apuesta decidida por la investigación y el desarrollo (I+D) y la innovación tecnológica, orientándolas a una recuperación respetuosa con el medio ambiente. En este contexto, tenemos la oportunidad perfecta de "reverdecer" los sistemas fiscales, impulsando los incentivos fiscales a la innovación para fomentar la ecoinnovación, las inversiones medioambientales y las tecnologías limpias en pos de la economía circular. Como resalta el Pacto Europeo Verde, "el eficaz diseño de las reformas fiscales puede impulsar el crecimiento económico y la resiliencia frente a las perturbaciones climáticas y contribuir a una sociedad más equitativa y a una transición justa"[414]. En el mismo sentido, el Plan de acción de la Comisión Europea para una fiscalidad equitativa y sencilla que apoye la estrategia de recupe-

---

412 OCDE: Impacts of Environmental Policy Instruments on Technological Change, Paris, 2007.

413 EEA: *Using the market for cost-effective environmental policy. Market-based instruments in Europe*, EEA Report No 1/2006, European Environment Agency, Copenhagen, pág. 7.

414 Comunicación de la Comisión "El Pacto Verde Europeo", COM (2019) 640 final.

ración se encuentra plenamente alineado con este objetivo, destacando que un sistema fiscal bien diseñado desempeña un papel importante en el apoyo a la transición verde, en tanto que la utilización de la fiscalidad como instrumento político ayudará a lograr el objetivo de neutralidad climática de aquí a 2050, así como a los demás objetivos medioambientales del Pacto Verde Europeo, y aportará además a los presupuestos públicos unos ingresos fiscales adicionales que propiciarán inversiones inteligentes en favor de una transición verde[415].

La utilización de incentivos fiscales para la protección del medio ambiente no es nueva en el ámbito de la OCDE, consistiendo generalmente en sistemas de amortización acelerada o créditos fiscales para inversiones destinadas a proteger el medio ambiente[416]. Además, un análisis de la información proporcionada por la base de datos de incentivos fiscales al I+D de la OCDE muestra que los estados a menudo optan por combinar diferentes instrumentos para apoyar la I+D empresarial. La financiación directa a través de subvenciones y las desgravaciones fiscales son las medidas de apoyo más habituales, pero difieren tanto en sus mecanismos de aplicación como en sus objetivos. Por un lado, las medidas de apoyo directo permiten orientar los fondos hacia proyectos específicos con un alto retorno social, aunque con un mayor coste administrativo. Por otro lado, los incentivos fiscales a la I+D buscan reducir el coste de las actividades innovadoras para las empresas dejando a su discreción qué proyectos desarrollar. Así, los incentivos fiscales a la I+D se han convertido en un instrumento clave para promover estas actividades[417].

---

415 Comunicación de la Comisión al Parlamento Europeo y al Consejo "Plan de acción para una fiscalidad equitativa y sencilla que apoye la estrategia de recuperación", COM (2020) 312 final. Recuerda también que los impuestos medioambientales contribuyen a proporcionar las señales de precios correctas y los incentivos adecuados a los productores, los usuarios y los consumidores para fomentar un consumo menos contaminante y contribuir al crecimiento sostenible. También pueden ofrecer oportunidades para la reducción de impuestos en otros ámbitos (por ejemplo, sobre el trabajo) y, si los ingresos para una protección social adecuada están protegidos, pueden ser una opción beneficiosa para todos a la hora de hacer frente a los problemas medioambientales y de empleo.

416 Se pueden encontrar múltiples ejemplos en la base de datos de la OCDE sobre impuestos relacionados con el medio ambiente, accesible a través de este link: http://www2.oecd.org/ecoinst/queries/index.htm

417 APPELT, S., GALINDO-RUEDA, F. Y GONZÁLEZ CABRAL, A.: "Measuring R&D tax support: Findings from the new OECD R&D Tax Incentives Database",

Por tanto, es necesario realizar una reevaluación de los incentivos fiscales existentes desde una perspectiva ambiental, que debe incluir, al menos, las siguientes acciones:

a) Mejorar el tratamiento fiscal de las actividades que tengan como objetivo la mitigación del cambio climático, la ecoinnovación, las energías renovables, la eficiencia energética y la sostenibilidad, la movilidad sostenible o la economía circular.

b) Revisar los incentivos fiscales generales (no enfocados a la protección ambiental) para asegurarse de que las actividades incentivadas no tengan un impacto negativo en el medio ambiente.

En definitiva, nos encontramos ante una inmejorable oportunidad para apostar decididamente por la innovación y las inversiones ambientales mediante un "reverdecimiento" de los sistemas tributarios, orientando los incentivos fiscales al I+D+i para que fomenten la eco-innovación, las inversiones ambientales y la economía circular.

4. INCENTIVOS FISCALES A LAS TECNOLOGÍAS LIMPIAS EN EL IMPUESTO SOBRE SOCIEDADES

La normativa del IS contiene escasas y fragmentadas medidas para fomentar las inversiones medioambientales y las tecnologías limpias. Resumidamente, los incentivos más significativos son los siguientes.

4.1. LIBERTAD DE AMORTIZACIÓN Y AMORTIZACIÓN ACELERADA

La normativa de territorio común prevé escasos supuestos de libertad de amortización. Si bien merecen destacarse los previstos para los elementos del inmovilizado material e intangible, excluidos los edificios (que podrán amortizarse linealmente en un plazo de 10 años), afectos a las actividades de I+D y para los gastos de I+D activados como inmovilizado intangible (excluidas las

---

OECD Science, Technology and Industry Working Papers, No. 2019/06, OECD Publishing, Paris, https://doi.org/10.1787/d16e6072-en

amortizaciones de los elementos que disfruten de libertad de amortización), apenas se contemplan especialidades para las inversiones en innovación tecnológica (como concepto diferenciado de la I+D) o para las inversiones ambientales. Únicamente encontramos tres supuestos:

Los incentivos en el marco del Plan de Impulso de la Cadena de Valor de la Industria de la Automoción, entre los que se encontraba la posibilidad de amortizar libremente las inversiones realizadas en la cadena de valor de movilidad eléctrica, sostenible o conectada en los períodos impositivos que concluyan entre el 2 de abril de 2020 y el 30 de junio de 2021 (además de una mejora de la deducción por innovación tecnológica)[418].

Los incentivos en el marco del Plan +SE, que contemplan la libertad de amortización de las inversiones que utilicen energía procedente de fuentes renovables y la amortización acelerada de determinados vehículos eléctricos y de las nuevas infraestructuras de recarga de vehículos eléctricos[419].

Los incentivos en los territorios forales vascos, que permiten amortizar libremente los elementos del inmovilizado material nuevos afectos directamente a la reducción y corrección del impacto contaminante de la actividad de la empresa correspondiente, así como los elementos del inmovilizado material e intangible relacionados directamente con la limpieza de suelos contaminados para aquellos proyectos que hayan sido aprobados por organismos oficiales del País Vasco.

4.2. RESERVA PARA INVERSIONES (MEDIOAMBIENTALES)

La Reserva para Inversiones en Canarias (RIC) incorpora un componente ambiental al permitir que las dotaciones se puedan materializar en determinados tipos de activos para la protección y mejora del medio ambiente, lo que permite atribuir a este beneficio fiscal un carácter preventivo. Además, en los territorios forales vascos, existe la reserva especial para el fomento del

[418] Real Decreto-ley 23/2020, de 23 de junio, y Real Decreto-ley 34/2020, de 17 de noviembre.

[419] Real Decreto-ley 18/2022; Ley 31/2022, de 23 de diciembre, de Presupuestos Generales del Estado para el año 2023; Real Decreto-ley 5/2023 y Real Decreto-ley 8/2023.

emprendimiento y el reforzamiento de la actividad productiva, que permite reducir la base imponible en el 65 por ciento del importe del resultado contable positivo que se destine a la dotación de esta reserva especial. Las cantidades dotadas a la reserva especial deberán destinarse a determinadas finalidades, entre las que se encuentran, la adquisición de activos nuevos del inmovilizado material y los gastos incurridos en la limpieza de suelos contaminados para la realización de aquellos proyectos que hayan sido aprobados por organismos oficiales del País Vasco y las inversiones realizadas en activos nuevos del inmovilizado material necesarios en la ejecución aplicada de proyectos que tengan como objeto alguno o algunos de los que se indican seguidamente, dentro del ámbito del desarrollo sostenible y de la protección y mejora medioambiental: (i) minimización, reutilización y valorización de residuos; (ii) movilidad y transporte sostenible, (iii) regeneración medioambiental de espacios naturales consecuencia de la ejecución de medidas compensatorias o de otro tipo de actuaciones voluntarias, (iv) minimización del consumo de agua y su depuración; (v) empleo de energías renovables y eficiencia energética.

4.3. DEDUCCIONES POR INVERSIONES MEDIOAMBIENTALES

Como hemos señalado anteriormente, la normativa actualmente vigente en territorio común no contempla esta deducción, que estuvo vigente hasta 2014 y resultó ser un incentivo efectivo para alcanzar el doble objetivo de reducir el impacto contaminante de las empresas y de promover los acuerdos voluntarios con las autoridades ambientales.

Sin embargo, sí se pueden encontrar algunos incentivos en los regímenes forales. Así, en los territorios forales vascos se regula la deducción por inversiones y gastos vinculados a proyectos que procuren el desarrollo sostenible, la conservación y mejora del medio ambiente y el aprovechamiento más eficiente de fuentes de energía. Se divide en dos incentivos: una deducción del 30 por ciento del importe de las inversiones realizadas en los equipos completos definidos en la Orden del Departamento correspondiente del Gobierno Vasco por la que se aprueba el Listado Vasco de Tecnologías Limpias y otra deducción del 15 por ciento del importe de las siguientes inversiones: (i) las inversiones realizadas en activos nuevos del inmovilizado material y los gastos incurridos en la limpieza de suelos contaminados en el ejercicio para la realización de aquellos proyectos que hayan sido aprobados por organismos oficiales del País Vasco; (ii) las inversiones realizadas en activos nuevos del inmovilizado material necesarios en la ejecución aplicada de proyectos que, dentro del ámbito del desarrollo sostenible y de la protección y mejora medioambiental, tengan como objeto alguno o algunos de los siguientes: minimización, reutilización y valorización de residuos; movilidad y transporte sostenible; regeneración medioambiental de espacios naturales consecuencia de la ejecución de medidas compensatorias o de otro tipo de actuaciones voluntarias; minimización del consumo de agua y su depuración; empleo de energías renovables y eficiencia energética.

Por su parte, la normativa foral navarra recoge dos deducciones por inversiones en instalaciones de energías renovables y en movilidad eléctrica. La primera de ellas consiste en la posibilidad de deducir el 15 por ciento (incrementable hasta el 30 por ciento en ciertos casos) de las inversiones realizadas en instalaciones que utilicen energía procedente de fuentes renovables para uso térmico y generación de electricidad y en microrredes alimentadas fundamentalmente a través de fuentes de generación renovable. La segunda deducción es por inversiones en movilidad eléctrica, de la cual se pueden beneficiar dos tipologías de inversiones: (i) las realizadas en vehículos eléctricos (deducción del 30 por ciento) y en vehículos híbridos enchufables (deducción del 5 por ciento); y (ii) las realizadas en sistemas de recarga. Adicionalmente, existe una deducción del 15 por ciento de las inversiones que se realicen en elementos nuevos del inmovilizado material necesarios en la ejecución aplicada de proyectos para el desarrollo sostenible y la protección y mejora del medio ambiente, que tengan por objeto la reutilización y reciclado de componentes de energía eólica, fotovoltaica y baterías, generados por otras empresas; la producción de hidrógeno renovable; y la fabricación de componentes de la cadena de valor del hidrógeno renovable.

5. INCENTIVOS FISCALES A LA INNOVACIÓN

Por lo que se refiere a los incentivos fiscales a la innovación, la normativa española ofrece un generoso sistema que combina la posibilidad de amortizar libremente las inversiones afectas a actividades de I+D, una reducción en la base imponibles sobre las rentas generadas por la cesión de intangibles (patent-box) y deducciones en la cuota para las actividades de I+D y de innovación tecnológica. Estas últimas son las más relevantes y, probablemente, el incentivo fiscal más importante en el IS tras la progresiva eliminación de beneficios fiscales iniciada a partir de la reforma de 2006 y continuada en la reforma de 2014.

No obstante, el régimen actualmente vigente no contempla ninguna especialidad para las actividades dirigidas a la ecoinnovación o el fomento de la economía circular[420], siendo factible la posibilidad de incrementar la inten-

---

420 Ya comentamos que, en el marco del Plan de Impulso de la Cadena de Valor de la Industria de la Automoción, el Real Decreto-ley 23/2020, de 23 de junio, introdujo una mejora de la deducción por actividades de innovación tecnológica consiste en un incremento del porcentaje del tipo de la deducción para los períodos impositivos que se inicien dentro de los años 2020 y 2021. Afectaba a los gastos efectuados en proyectos iniciados a partir del 25 de junio de 2020 consistentes en la realización de actividades de innovación tecnológica cuyo resultado sea un avance tecnológico en la obtención de nuevos procesos de producción en la cadena de valor de la industria de la automoción o mejoras sustanciales de los ya existentes. El importe de la deducción que se corresponda con este incremento no podía ser superior a 7,5 millones de euros por cada proyecto desarrollado por el contribuyente La aplicación de esta mejora requería la obtención de un informe motivado que califique favorablemente la actividad. El incremento del tipo era del 12% al 50% para aquellos contribuyentes que tuvieran la consideración de pequeñas y medianas empresas de acuerdo con lo dispuesto en el anexo I del Reglamento (UE) n.º 651/2014. El importe de la deducción, conjuntamente con el resto de ayudas percibidas por el contribuyente, no podía superar el 50% del coste del proyecto que haya sido objeto de subvención.

Para el resto de contribuyentes el incremento era del 12% al 15%, si bien el importe de la deducción, conjuntamente con el resto de ayudas percibidas por el contribuyente, no podía superar el 15% del coste del proyecto que hubiera sido objeto de subvención. Además, habían de cumplirse los siguientes requisitos:

a) Que colaboraran de manera efectiva con una pequeña o mediana empresa no vinculada en la realización de las actividades objeto de esta deducción, para el intercambio de conocimientos o tecnología o bien para alcanzar un objetivo común sobre la base de la división del trabajo, definiendo conjuntamente las partes implicadas el ámbito del proyecto en colaboración, contribuyendo a su aplicación y compartiendo sus riesgos y sus resultados.

b) Que las pequeñas y medianas empresas con las que colaboraran asumieran, al menos, el 30% de los gastos del proyecto que formasen parte de la base de esta deducción.

sidad del incentivo en estos casos respetando los límites establecidos por el Reglamento comunitario de compatibilidad de ayudas estatales[421].

En esta línea, el Instituto de Estudios Económicos identifica como una de las áreas de mejora la "ecoinnovación o innovación ecoeficiente" (I+D+i sostenible y eficiente), categoría en la que se encuadrarían las inversiones relacionadas con el desarrollo y posterior implementación de tecnologías innovadoras para prevenir o actuar sobre la contaminación generada, consideradas fundamentales para tratar de minimizar el impacto de la actividad económica sobre el medio ambiente y lograr una economía más eficiente y sostenible. Por ello, propone que estas actividades se incorporen al concepto de innovación tecnológica y puedan optar a la correspondiente deducción fiscal, así como permitir la aplicación de una deducción del 8 por ciento sobre las inversiones de inmovilizado material e intangible asociadas a este tipo de actividades, en las mismas condiciones que las ya existentes para este tipo de inversiones en el ámbito de la investigación y el desarrollo[422].

No está de más recordar que la continuidad de este incentivo no ha estado exenta de discusión, ante las dudas sobre su eficiencia frente a su coste fiscal[423]. Ahora bien, dichas dudas parecen haber quedado favorablemente despejadas por la AIREF[424]. En efecto, en el marco de la evaluación de los principales beneficios fiscales del sistema tributario español, dicho organismo ha concluido que los incentivos fiscales al I+D+i sí alcanzan el objetivo de fomentar la inversión en I+D+i, que se incrementa en 1,5 euros por cada euro que la administración destina al incentivo fiscal[425]. El informe de la AIREF

---

421 Reglamento (UE) Nº 651/2014 de la Comisión, de 17 de junio de 2014, por el que se declaran determinadas categorías de ayudas compatibles con el mercado interior en aplicación de los artículos 107 y 108 del Tratado.

422 Instituto de Estudios Económicos, *Una propuesta de mejora para los incentivos fiscales a la I+D+i*, Informe de Opinión, noviembre 2020, pág. 38.

423 Informe de la Comisión para la reforma del sistema tributario (febrero de 2014).

424 AIREF, "Beneficio Fiscal: Deducción por I+D+i en el Impuesto sobre Sociedades", 2000.

425 Este resultado se encuentra en línea con las conclusiones alcanzadas en el marco de la OCDE, según las cuales por cada euro de apoyo fiscal al I+D se traduce en otro euro adicional de inversión privada, OECD, "The effects of R&D tax incentives and their role in the innovation policy mix: Findings from the OECD microBeRD project, 2016-

destaca además el distanciamiento entre la eficacia potencial y la eficacia real de este beneficio como consecuencia de los límites a la aplicación de las deducciones. Aunque en términos comparativos con otros países, el incentivo presenta una eficacia potencial destacada, los límites máximos de deducción ejercen un papel limitador que reducen la posibilidad de aplicar la deducción de forma completa en cada ejercicio generando importantes créditos fiscales a futuro y, por tanto, reduciendo el atractivo el incentivo. La posibilidad de monetizar las deducciones que no se pueden aplicar por insuficiencia de cuota no se ha mostrado todo lo eficaz que se esperaba al tenerse que cumplir para su aplicación una serie de requisitos que limitan su atractivo.

Por ello, las propuestas realizadas por la AIREF, lejos de propugnar la derogación o restricción de este incentivo, apuestan por eliminar algunos de los requisitos que se exigen para acogerse al régimen opcional de monetización[426] y de esta forma aproximar paulatinamente la eficacia potencial a la eficacia real del beneficio fiscal y mejorar el atractivo del incentivo entre las pequeñas y medianas empresas, así como establecer un mecanismo de acreditación de la I+D+i rápido y semiautomático para empresas cuya inversión por I+D+i no supere un cierto límite.

Un ejemplo lo podemos encontrar en la enmienda que se presentó al Proyecto de Ley de cambio climático y transición energética, dirigida a extender la mejora de la deducción por innovación tecnológica a la industria de las tecnologías de aprovechamiento de las energías renovables[427]. Dicha enmienda, que finalmente no fue aprobada, proponía incrementar la deducción al 25 por ciento para los gastos efectuados en la realización de actividades de innovación tecnológica cuyo resultado fuera un avance tecnológico, o la innovación de los procesos de producción de la industria auxiliar para adaptarlos a los requerimientos productivos de su cliente final, en la obtención de nuevos

---

19", OECD Science, Technology and Industry Policy Papers, No. 92, OECD Publishing, Paris, 2020, https://doi.org/10.1787/65234003-en, pág. 66.

426 Se trata de los requisitos que exigen que transcurra un año desde la generación de la deducción para poder solicitar la monetización y el mantenimiento de la plantilla media general, o alternativamente la adscrita a actividades de I+D+i, durante 24 meses.

427 Enmienda nº 464 del Grupo Parlamentario Popular en el Congreso (Boletín Oficial de las Cortes Generales, Congreso de los Diputados, de 28 de octubre de 2000).

procesos de producción en la cadena de valor de la industria de automoción y de las tecnologías de aprovechamiento de las energías renovables o de las tecnologías hipocarbónicas, o mejoras sustanciales de los ya existentes. Para la aplicación de esta deducción incrementada sería necesaria la obtención de un Informe motivado sobre la calificación de la actividad como innovación tecnológica en los términos anteriormente definidos.

Capítulo X
REFLEXIONES FINALES

1. EL PLÁSTICO, UN MATERIAL CONTROVERTIDO

El plástico, en general, y los envases fabricados con este material, en particular, generan una indudable preocupación por el impacto ambiental que producen tanto sus residuos (gran parte de los cuales van a parar a los océanos) como por las emisiones de gases de efecto invernadero. Pero, por otra parte, los plásticos son una realidad importante de nuestra economía que, por sus propiedades físicas (ligereza, resistencia, durabilidad y eficiencia energética), se traducen en beneficios ambientales a lo largo del ciclo de vida de los productos fabricados con este material. Nos encontramos, por tanto, ante un controvertido material del que en algunos casos resulta difícil prescindir, en particular cuando no existe un material alternativo con un menor impacto ambiental. La economía circular, cuyo objetivo se alcanza mediante el incremento de las tasas de reutilización y reciclaje, juega un importante papel en la difícil tarea de conciliar las vertientes económicas, sociales, ambientales y técnicas del plástico, permitiendo maximizar sus bondades y limitar sus perjuicios ambientales.

2. ES NECESARIA LA ADOPCIÓN DE MEDIDAS PARA PROFUNDIZAR EN LA ECONOMÍA CIRCULAR

Las medidas que se pueden adoptar son de muy diversa índole. Siguiendo la teoría tradicional, se contraponen las de carácter jurídico-regulatorio (autorizaciones, licencias, sanciones,..) y las medidas de carácter económico (derechos de emisión, subvenciones, impuestos,...). La utilización de uno u otro tipo de medida o incluso una combinación de ambos tipos dependerá del problema ambiental concreto que se pretende atajar. Las actuaciones en torno al plástico pueden articularse, y así lo vemos en la práctica, en torno a todas estas alternativas, pudiendo extenderse desde la prohibición directa de la comercialización de determinados productos plásticos y la fabricación de los productos plásticos con determinadas características que permitan o faciliten la reutilización y el reciclaje, hasta la obligatoriedad de exigir un precio al consumidor o la utilización de instrumentos fiscales que permitan aplicar el principio quien contamina paga.

3. ES PRECISO DEFINIR LA FASE DE LA VIDA DEL PRODUCTO PLÁSTICO SOBRE LA QUE SE QUIERE ACTUAR

La elección del sujeto sobre el que opere la medida de economía circular puede ser esencial para que esta resulte plenamente efectiva. A este respecto, se puede actuar sobre el productor o sobre el consumidor. Ambas alternativas tienen ventajas e inconvenientes. El enfoque sobre el productor puede incidir en la búsqueda de materiales alternativos o de ecodiseños que faciliten la reutilización o reciclaje (como medida preventiva) y, desde el punto de vista tributario, simplifica el control administrativo. Sin embargo, supone obviar que el principal impacto ambiental de los envases de plástico se produce cuando se convierten en residuo, lo cual depende en buena medida del comportamiento del consumidor al desechar el producto y de si opta o no por las alternativas con las que cuenta para reciclar. Por ello, desde el punto de vista regulatorio, se ha incidido sobre el consumidor, por ejemplo, al establecer la obligatoriedad de cobrar un precio por cada uno de los productos de plástico, diferenciándolo en el ticket de venta (véase el artículo 55.2 de la Ley 7/2022). Desde el punto de vista tributario, los impuestos autonómicos sobre bolsas de plástico también han actuado sobre el consumidor, con la finalidad de potenciar la labor concienciadora del tributo. El impuesto sobre envases de plástico no reutilizables, alejado completamente del consumidor final, carece de esta finalidad concienciadora sobre el consumidor final, lo cual puede debilitar su función ambiental.

4. NOS ENCONTRAMOS ANTE UN AUTÉNTICO IMPUESTO AMBIENTAL

Con independencia de la anterior discusión sobre si el foco ha de ponerse en el productor o el consumidor, la estructura del impuesto responde a la de un auténtico impuesto ambiental. La definición del objeto de gravamen, la determinación de la base imponible en función del peso de los envases y la toma en consideración del plástico reciclado nos permite concluir que, al menos teóricamente, el impuesto persigue una clara finalidad ambiental, dirigida a disuadir el uso de envases de plástico no reutilizables, fomentar el reciclaje y alentar la investigación hacía nuevos diseños y materiales. Dicho lo cual, también se observan carencias cuya corrección permitirían profundizar aún más en su carácter medioambiental. Así, la normativa del impuesto no considera factores como la mayor o menor facilidad para el reciclaje o el carácter compostable o biodegradable del material plástico utilizado para modular la carga tributaria, ya fuera encareciendo los productos con peor comportamiento ambiental o premiando (mediante supuestos de no sujeción, exenciones, reducciones de la base imponible o tipos de gravamen diferenciados) los productos que, aun incorporando plásticos, originen un menor impacto sobre el medio ambiente.

5. PERO LA UTILIDAD PRÁCTICA DEL IMPUESTO QUEDA EN ENTREDICHO POR SUS COSTES DE GESTIÓN

El problema que origina el impuesto es que, pese a su indudable carácter ambiental, presenta una elevadísima complejidad tanto para su gestión por el contribuyente como para su control por la Administración tributaria. La opción elegida por el legislador de hacer tributar cualquier producto que cumpla la función de envase, con independencia de su funcionalidad, destino y procedencia, y en función de su contenido de plástico no reciclado, es muy ambiciosa desde el punto de vista ambiental y, sin duda, lanza una señal clara para fomentar la reutilización, la reciclabilidad y, en definitiva, la economía circular.

Pero, al mismo tiempo, desata una serie de obligaciones, tanto materiales como formales, cuyo cumplimiento es extraordinariamente complejo, hasta el punto de que hace dudar sobre si se están respetando adecuadamente los principios de aplicación del sistema tributario recogidos en el artículo 3.2 de la LGT, cuando dispone que dicha aplicación se basará en los principios de proporcionalidad, eficiencia y limitación de costes indirectos derivados del cumplimiento de obligaciones formales y asegurará el respeto de los derechos y garantías de los obligados tributarios. Es más, lo que se observa en este caso concreto es que, a medida que se profundiza en el carácter ambiental del impuesto, se incrementan exponencialmente las dificultades para su aplicación práctica, lo cual puede convertirse en sí mismo en un desincentivo. En consecuencia, es urgente la adopción de medidas simplificadoras o se correrá el riesgo de que el impuesto deje de ser una medida eficaz para el objetivo que persigue.

6. ES CONVENIENTE LA REDEFINICIÓN DEL ÁMBITO OBJETIVO DEL IMPUESTO

El primer factor a considerar es la conveniencia de la redefinición del ámbito objetivo del impuesto. Como hemos tenido ocasión de exponer, el legislador ha optado por combinar la definición de envase que se desprende de la normativa regulatoria, con la inclusión de cualquier otro producto que, no teniendo cabida en dicha definición, cumpla la misma función. El recurso a la normativa sectorial, técnicamente impecable, es una de las principales fuentes de complejidad del impuesto, puesto que no siempre queda claro cuándo un producto, conforme a la normativa sectorial, cumple la función de envase, hasta el punto de que la propia Directiva y el RD de Envases incluyen anexos ejemplificativos de productos que tienen o no la consideración de envases. La expansión de la definición a efectos tributarios, más allá de lo previsto por la normativa sectorial, incrementa esta complejidad.

Como muestra de lo anterior basta con comprobar que la Administración tributaria, con carácter previo a la entrada en vigor del impuesto, facilitó un listado ejemplificativo en su documento de preguntas y respuestas, pese a lo cual la mayoría de las consultas tributarias contestadas por la DGT en el primer año de vigencia del impuesto abordan cuestiones sobre el ámbito objetivo del impuesto.

Por tanto, frente a la fórmula abierta que, como hemos apuntado, es técnicamente apropiada desde un punto de vista teórico, creemos conveniente que se valore la simplificación del ámbito objetivo, limitándose a un listado de productos concretos que se puede ir ampliando a medida que se gane experiencia con el impuesto.

7. SERÍA ACONSEJABLE UNA RECONFIGURACIÓN DE LA BASE IMPONIBLE

El segundo tema que, en nuestra opinión, resulta imprescindible abordar es la reconfiguración de la base imponible. Su determinación, mediante el régimen de estimación directa, en función del peso del plástico no reciclado es apropiada exclusivamente para el hecho imponible de fabricación. Sin embargo, para la adquisición intracomunitaria y la importación puede resultar extraordinariamente complejo para el contribuyente obtener la información necesaria para una cuestión, tan sencilla en apariencia, como determinar la base imponible. La dificultad se acrecienta por la inclusión en el ámbito objetivo del impuesto no solo de los envases primarios, sino también de los secundarios y, particularmente, de los terciarios. Como se puede entender, especialmente en caso de proveedores extranjeros que no se encuentran obligados por la Ley 7/2022, el contribuyente puede encontrarse en una situación de imposibilidad práctica de calcular la base imponible. La solución, si bien imperfecta, podría encontrarse en el régimen de estimación objetiva, cuya utilización, al menos como alternativa a la estimación directa, no es ajena a la experiencia que tenemos con otros tributos ambientales.

8. ¿ES VIABLE LA EXCLUSIÓN DEL PLÁSTICO RECICLADO PARA DETERMINAR LA BASE IMPONIBLE?

Un elemento esencial para justificar la medioambientalidad del impuesto, como instrumento de fomento del reciclaje, es la exclusión del plástico reciclado de la base imponible. Ahora bien, la viabilidad de esta medida vendrá condicionada, al menos, por tres circunstancias: por una parte, por la disponibilidad de plástico reciclado para atender a la demanda que se pueda producir, la cual vendrá a su vez condicionada por las tasas de reciclaje; por otra parte, por las limitaciones legales al uso de materiales reciclados (por ejemplo, las establecidas por la legislación sobre materiales en contacto con alimentos o medicamentos); y, en tercer lugar, a las limitaciones tecnológicas que puedan existir para la reutilización del plástico, que pueden requerir la adaptación de los procesos industriales. Por tanto, la efectividad de esta exención vendrá determinada por la viabilidad técnica, económica y ambiental del reciclaje.

La realidad es que nos encontramos ante una de las cuestiones cruciales en relación con este impuesto y es un nuevo exponente de su complejidad práctica. Si bien es loable, conforme a su finalidad ambiental, la exención del plástico reciclado, así como que se establezcan medidas que permitan controlar que no se trata de plástico virgen, la realidad es que, en la práctica, es posible que sea una medida de muy difícil o casi imposible cumplimiento, en particular cuando el proveedor es extranjero (supuesto en el que nos encontraremos normalmente ante los hechos imponibles de adquisición intracomunitaria y de importación), dado que dependerá, en buena medida, de la voluntad del proveedor extranjero para facilitar una información cuya generación le supondrá un coste adicional. La situación puede resultar aún más compleja en el caso de que los productos se adquieran a un distribuidor no fabricante, en cuyo caso es posible que dicho distribuidor no disponga de la información, al estar en manos del fabricante que le ha suministrado los productos que luego distribuye. Por lo tanto, podría ocurrir que productos íntegramente fabricados con plástico reciclado quedaran sujetos a tributación por la imposibilidad práctica de acreditar el material con el que se han fabricado. Obsérvese que, incluso en el periodo transitorio en el que se admite la acreditación mediante una declaración responsable, esta ha de ser emitida por el fabricante, por lo que si el proveedor es un distribuidor no bastará con su mera declaración, sino que será preciso que este recabe la información del fabricante último. La norma no precisa, además, cuál es el grado de trazabilidad que se habrá de mantener para verificar la información recibida. El problema previsiblemente se extenderá hasta límites insospechados cuando a partir de 2024 no sea suficiente con la mera declaración responsable del fabricante, sino que sea precisa la certificación emitida por una entidad acreditada conforme a la norma UNE. En la práctica, es posible que se convierta en una condición de imposible cumplimiento, lo que obligará a tributar por la totalidad del plástico ante la incapacidad de acreditar el porcentaje de plástico reciclado.

9. NO PARECE HABERSE VALORADO ADECUADAMENTE EL PROBLEMA DE LA TRAZABILIDAD DEL PLÁSTICO Y SU IMPACTO EXPANSIVO EN OTROS OPERADORES QUE NO TIENEN LA CONDICIÓN DE CONTRIBUYENTE

El impuesto no se limita a imponer al contribuyente la obligación de ingresar el impuesto y las restantes obligaciones formales asociadas (inscripción, presentación de autoliquidación o DUA de importación, llevanza y suministro de contabilidad y libros-registro de existencia), sino que además ha de contar con los sistemas adecuados para poder acreditar frente a los destinatarios de los productos gravados el contenido de plástico no reciclado y el impuesto satisfecho. Esta obligación se traslada a los subsiguientes operadores a lo largo de la cadena, aun cuando estos no tengan la condición de contribuyentes. Aquí es donde surge el espinoso asunto sobre la trazabilidad de los productos, especialmente complejo cuando en el almacén se puedan confundir partidas adquiridas en distintas fechas, a distintos proveedores y con distintas procedencias geográficas (nacionales, UE, países terceros), que se pondrá de manifiesto principalmente en el momento en que los productos sean objetos de una exportación o entrega intracomunitaria. En tales casos puede resultar muy difícil o incluso imposible, en función de la naturaleza del producto, identificar con exactitud el proveedor y la factura o certificado que corresponde a los concretos productos que están siendo enviados fuera del territorio de aplicación del impuesto.

10. ES PRECISA LA ADECUADA COORDINACIÓN CON OTROS IMPUESTOS INDIRECTOS

La gestión de un impuesto se complica y origina costes adicionales cuando no se encuentra plenamente integrado con el resto de figuras del sistema tributario. En este caso concreto, al optarse por enfocar el impuesto en el productor (entendido en sentido amplio) frente al consumidor, el impuesto incide de forma directa en los flujos internacionales, lo que aconseja su máxima integración con el resto de impuestos indirectos. En el caso de las importaciones, la situación se ha paliado haciendo coincidir el devengo y las formalidades del impuesto con las correspondientes a la deuda aduanera. Pero, para el resto de operaciones potencialmente afectadas por el impuesto, se observan demasiadas desconexiones con el régimen aplicable a efectos de IVA, lo cual no resulta en modo alguno deseable. Basten dos ejemplos con plena incidencia en los flujos internacionales: por una parte, el distinto tratamiento de los incoterms en los dos impuestos para determinar si nos encontramos ante una entrega intracomunitaria o una exportación; por otra parte, la inexistencia de un régimen simplificado para las ventas en consigna, a diferencia de lo que ocurre al definirse las adquisiciones intracomunitarias en el ámbito del IVA.

11. LA IMPORTANCIA DEL ÁMBITO TEMPORAL EN EL PROCESO DE APROBACIÓN DE LA NORMA TRIBUTARIA

A lo anterior se añade que, si bien la Ley de Residuos se aprobó el 8 de abril de 2022, casi nueve meses antes de su entrada en vigor, los contribuyentes han sufrido un entorno de absoluta incertidumbre derivado de los múltiples retrasos y modificaciones que ha tenido el mismo proyecto de ley hasta su aprobación definitiva; la ausencia de un desarrollo reglamentario, pese a estar previsto en varios de los preceptos reguladores del impuesto; y la tardía aprobación de la Orden reguladora de los modelos de declaración del impuesto y de las obligaciones contables, esta aprobación no se produjo hasta el viernes 30 de diciembre de 2022 (esto es, dos días antes de su entrada en vigor) con modificaciones respecto al borrador de Orden sometido a trámite de información pública el 19 de abril de dicho año como consecuencia, entre otros motivos, del dictamen del Consejo de Estado sobre dicho instrumento reglamentario.

Todo lo anterior conllevó una incertidumbre que obligó a la AEAT a realizar una loable labor de divulgación, adelantando a través de su página web determinada información, pero de la que se desconocía su soporte legal, que incluía una serie de notas sobre el proceso de inscripción y las obligaciones formales y aduaneras, la publicación de una guía de suministro de información contable a través de la cual se conocieron algunos cambios que previsiblemente incorporaría la Orden y un listado de preguntas-respuestas con algunas aclaraciones. Por el contrario, la contestación de las consultas tributarias se demoró hasta la entrada en vigor del impuesto, con la indeseable consecuencia de que los contribuyentes consultantes no tenían a dicha fecha la certeza deseable sobre la forma de aplicar el impuesto o, incluso en muchos casos, los productos que estaban sometidos a tributación.

En definitiva, el conjunto de todos los factores anteriores condujo a una situación en la que, a efectos prácticos, los contribuyentes no pudieron contar con un período de tiempo mínimamente razonable para analizar e implementar las medidas necesarias para la aplicación de un impuesto cuya gestión se realiza, en dos de sus tres hechos imponibles, por el régimen de autoliquidación. En consecuencia, queda en entredicho la Orden cuando en su preámbulo afirma que, "respecto al principio de seguridad jurídica, se ha garantizado la coherencia del texto con el resto del ordenamiento jurídico, generando un marco normativo estable, predecible, integrado, claro y de certidumbre, que facilita su conocimiento y comprensión y, en consecuencia, la actuación y toma de decisiones de los diferentes sujetos afectados, sin introducción de cargas administrativas innecesarias".

En este contexto, no es de extrañar el clamor que se extendió en el ámbito empresarial para el retraso de la entrada en vigor hasta el 1 de enero de 2024, tomando particularmente en consideración la espiral inflacionista de la segunda mitad del año 2022 y el retraso de la entrada en vigor del impuesto italiano, lo que conlleva que, en la actualidad, España sea el único país de la UE con un impuesto de este tipo.

12. ¿FOMENTA EL IMPUESTO LA INVESTIGACIÓN EN ECODISEÑO Y NUEVOS MATERIALES?

Si atendemos a la teoría de la imposición ambiental, el impuesto sobre envases de plástico podría fomentar la investigación orientada hacia la utilización de materiales distintos del plástico o, en caso de no ser posible técnica o económicamente, el incremento de la reutilización y el reciclaje, donde juega un importante papel el ecodiseño. Ahora bien, frente a esa deseable consecuencia, el impuesto produce un efecto inmediato de drenaje de recursos de la empresa (ya no solo por el coste propiamente fiscal, si no por los costes indirectos mencionados anteriormente) que precisamente puede limitar esa investigación. Se podría argumentar que se prevé el mecanismo de repercusión jurídica, por lo que parte del coste es trasladado en la primera fase de la cadena, pero cabe recordar que dicha repercusión solo está prevista para el fabricante establecido en España y que, ni siquiera en ese caso, queda garantizado que sea efectiva, puesto que el cliente podría exigir que, vía descuento en el precio, el impuesto fuera soportado económicamente por el proveedor. El resto de contribuyentes (importadores, adquirentes intracomunitarios) y sujetos afectados por el impuesto (distribuidores intermedios entre el fabricante y el consumidor) únicamente tiene la opción de intentar realizar una repercusión económica, la cual dependerá de las condiciones comerciales y de la capacidad de negociación. La ausencia de incentivos fiscales específicos para la adaptación tecnológica y la investigación, más allá del esquema de deducciones por actividades de I+D+i que, con carácter general, se prevén en el IS, ahonda en este problema.

13. ¿CABRÍA LA SUSTITUCIÓN DEL IMPUESTO POR UNA TARIFA PLANA?

Como hemos venido repitiendo, nos encontramos con un impuesto que, para la mayoría de contribuyentes, genera un coste de gestión que puede ser superior al coste fiscal en sentido estricto (las cuotas a ingresar). Obsérvese que cualquier empresa, con independencia de su forma jurídica y de la actividad a que se dedique, es susceptible de convertirse en sujeto pasivo o, de forma indirecta, verse afectado por las obligaciones derivadas de este de facilitar información a los subsiguientes operadores en la cadena, pero probablemente la cuota a ingresar no sea significativa. En las páginas anteriores, hemos planteado la posibilidad de simplificar el impuesto, a riesgo de ser menos perfecto desde un punto de vista ambiental, mediante la utilización del régimen de estimación objetiva. Llegados a este punto, cabe plantearse si habría de abordarse este problema con soluciones más drásticas. Ilustrémoslo con un ejemplo: una empresa que se vea obligada a ingresar por este impuesto unas cuantas decenas o incluso centenas de euros mensual o trimestralmente, probablemente incurrirá en costes muy superiores simplemente para determinar ese importe a ingresar y atender las restantes obligaciones formales, lo cual posiblemente conllevará costes en inversiones informáticas que drenan recursos para sus actividades ordinarias o incluso, como apuntábamos anteriormente, para investigar soluciones alternativas a la utilización del plástico. Esa misma empresa, probablemente, preferiría multiplicar varias veces el importe que ha de ingresar, a modo de tarifa plana, si con ello evita todos los costes indirectos derivados de la gestión del impuesto.

14. ¿RESULTA COMPATIBLE EL IMPUESTO CON LA RESPONSABILIDAD AMPLIADA DEL PRODUCTOR?

La anterior reflexión nos lleva a esta última pregunta. En realidad, cada figura opera de forma distinta, el impuesto como elemento de disuasión a la utilización de envases de plástico no reutilizables, mientras que los sistemas de responsabilidad ampliada del producto pretender atender los costes que generan los residuos generados por dichos envases. No obstante, la percepción social es que, por los mismos envases, se asumen dos cargas distintas. Lógicamente no nos encontramos ante una situación de doble imposición, ni siquiera de sobreimposición, pero desde un punto de vista económico resulta cuando menos llamativo y podría dar la sensación de descoordinación entre las distintas políticas para atajar un mismo problema ambiental.

15. LA OPORTUNIDAD DE LOS INCENTIVOS FISCALES PARA FACILITAR LA INTRODUCCIÓN DE LAS TECNOLOGÍAS LIMPIAS

Como se ha expuesto, la normativa del IS contiene un generoso régimen de incentivos fiscales para las actividades de I+D e innovación tecnológica, pero no contienen medidas específicas en relación con las tecnologías limpias, la transición ecológica o la economía circular. Tampoco contiene otras medidas fiscales para promover las inversiones ambientales y tecnologías limpias con incidencia directa en la economía circular, excepto algunos incentivos regionales y, por tanto, geográficamente limitados. Su extensión a todo el ámbito nacional podría ser un buen punto de partida. Para "ecologizar" los incentivos fiscales es fundamental, en nuestra opinión, orientarlos hacia la "ecoinnovación". En el caso de España, la recuperación de la deducción por inversiones medioambientales, focalizándola en los objetivos medioambientales identificados por la Taxonomía de inversiones sostenibles de la Unión Europea, junto con una modificación de las deducciones fiscales por actividades de I+D e innovación tecnológica con el fin de incrementar su intensidad cuando persigan la ecoinnovación, facilitaría la transición ecológica. Si bien en los últimos años se han producido tímidos avances con las últimas modificaciones en la normativa del IS, es urgente un mayor desarrollo para facilitar la "ecologización" del IS. Este camino, a su vez, permitiría la introducción gradual de una reforma tributaria verde: en primer lugar, eliminando de los impuestos existentes los elementos distorsionadores que promueven comportamientos degradadores del medio ambiente; en segundo lugar, "reverdeciendo" los impuestos existentes (un ejemplo podrían ser los incentivos fiscales descritos en este documento); y, finalmente, mediante la introducción de nuevos impuestos ambientales.

16. LA CONSIDERACIÓN DEL IMPUESTO COMO UN OBSTÁCULO AL COMERCIO INTERNACIONAL

Las dificultades de gestión a que anteriormente nos hemos referido pueden suponer un obstáculo para el comercio internacionales y la introducción en territorio español de envases procedentes de otros Estados, lo cual ha sido denunciado por AEDAF ante la Comisión Europea por la posible existencia de diversas infracciones del Derecho de la Unión. En primer lugar, siguiendo el documento publicado por AEDAF, el impuesto podría considerarse como una carga pecuniaria impuesta unilateralmente por el legislador español que grava las adquisiciones intracomunitarias de los envases por el mero hecho de cruzar la frontera, constituyendo una exacción de efecto equivalente prohibida por los artículos 28 y 30 del TFUE. En segundo lugar, de no calificarse como exacción de efecto equivalente, la Ley 7/2022 establecería un trato discriminatorio favorable a los fabricantes nacionales en detrimento de los productos originarios de otros Estados miembros o de terceros países, infringiendo el artículo 110 del TFUE. En tercer lugar, de no apreciarse las anteriores infracciones, el impuesto daría lugar a una serie de obligaciones para los sujetos pasivos que son de difícil o imposible cumplimiento para los empresarios residentes en otros Estados miembros, favoreciendo de forma indirecta el consumo de envases de fabricación nacional, por lo que estaríamos ante una media de efectivo equivalente a una restricción cuantitativa, prohibida por el artículo 34 del TFUE. Finalmente, AEDAF denuncia que nos encontramos ante un impuesto no armonizado que infringiría las limitaciones previstas en las Directivas 2020/262 y 2006/112/CE, al establecer formalidades prohibidas en los cruces de fronteras[428].

---

428 Véase el detallado análisis realizado por PALAO BASTARDÉS, B.: *El impuesto sobre envases de plástico no reutilizables*, *op. cit.*, págs. 76 y siguientes.

BIBLIOGRAFÍA

AA.VV.: "Cambio Climático, Mercado de Emisiones y Reformas Fiscales Verdes", en *Los Nuevos Retos de la Fiscalidad*, Dirigida por ALARCON GARCIA, G. y RUIZ-HUERTA CARBONELL, J., Editorial Thomson-Civitas, 2006.

AEDAF: AEDAF denuncia ante la Comisión Europea el impuesto especial sobre los envases de plástico no reutilizables, Documentos-Gabinete de Estudios, 27 de marzo de 2023.

AEMA.: https://www.eea.europa.eu/es/publications/92-9167-000-6-sum/page001.html

AERESS, *Fiscalidad Ambiental aplicada a la jerarquía de residuos*, 2018.

AINIA.: Guía técnica AINIA de envase y embalaje, disponible en http://www.guiaenvase.com/bases/guiaenvase.nsf/V02wp/08C43DD73CF6FBE0C1256F250063FA94?Opendocument

AIREF.: "Beneficio Fiscal: Deducción por I+D+i en el Impuesto sobre Sociedades", 2020.

ALBIÑANA GARCÍA-QUINTANA, C.: "Los impuestos de ordenamiento económico", *Hacienda Pública Española*, núm. 71, 1981.

ALENZA GARCÍA, J. F.: "La economía circular en el Derecho ambiental", *Actualidad Jurídica Ambiental*, núm. 102/2, junio 2020.

ALONSO GONZÁLEZ, M.: "El impuesto catalán sobre las bolsas de plástico: ¿un tributo nonato?", *Noticias de la Unión Europea*, núm. 308, 2010.

APPELT, S., GALINDO-RUEDA, F. Y GONZÁLEZ CABRAL, A.: "Measuring R&D tax support: Findings from the new OECD R&D Tax Incentives Database", *OECD Science, Technology and Industry Working Papers*, No. 2019/06, OECD Publishing, Paris, 2019, https://doi.org/10.1787/d16e6072-en

BETANCOR RODRÍGUEZ, A.: *Instituciones de Derecho Ambiental*, La Ley, Las Rozas Madrid, 2001.

BUÑUEL GONZÁLEZ, M.: "Recomendaciones para la implantación exitosa de tributos medioambientales y propuestas para España", en Buñuel González. M. (dir.): *Tributación medioambiental: Teoría, Práctica y Propuestas*, Thomson-Civitas, Madrid, 2004.

BUÑUEL GONZÁLEZ, M.: "Viabilidad y efectos del uso de instrumentos fiscales en la política de residuos en España", *Documentos de Trabajo del Instituto de Estudios Fiscales*, núm. 5, 2009.

CALVO VÉRGEZ, J.: "A vueltas con la creación de un gravamen medioambiental sobre el plástico: situación actual y perspectivas de futuro a nivel comunitario (y estatal)", *Unión Europea Aranzadi*, núm. 3, 2021.

CANO MONTEJANO, J.C.: *Perspectivas de economía circular: tendencias y experiencias regulatorias,* Europa Ciudadana, https://www.europaciudadana.org/wp-content/uploads/2022/04/INFORME-ECONOM%C3%8DA-CIRCULAR-EUROPA-CIUDADANA.pdf

CASANA MERINO, F.: "El impuesto sobre Envases de Plástico no Reutilizables. Dudas y problemas en su aplicación", *Gaceta Fiscal*, núm. 442, 2023.

CASAS RONDONÍ, M.: "El futuro impuesto especial sobre los envases de plástico no reutilizables. Principales características y algunas dudas acerca de su compatibilidad con el Derecho de la UE", *Diario La Ley*, núm. 9658, Sección Tribuna, 22 de Junio de 2020.

COBOS GÓMEZ, J.M.: "El impuesto sobre envases de plástico no reutilizables y otras medidas fiscales en el Anteproyecto de Ley de Residuos", *Crónica Tributaria*, núm. 178, 2021.

COMITÉ DE PERSONAS EXPERTAS: *Libro Blanco sobre la Reforma Tributaria*, Instituto de Estudios Fiscales, Madrid, 2022.

CRUZ AMORÓS, M.: "Impuestos medioambientales", *Actum Fiscal*, núm. 157, 2020.

ECOPLAS: *Manual Los Plásticos en la Economía Circular*, Buenos Aires, 6ª Edición mejorada, 2020.

EEA.: *Using the market for cost-effective environmental policy. Market-based instruments in Europe*, EEA Report No 1/2006, European Environment Agency, Copenhagen.

EEA.: E*nvironmental tax reform in Europe: opportunities for eco-innovation*, EEA Technical Report No 17/2011, European Environment Agency, Copenhagen.

ELLEN MACARTHUR FOUNDATION: *Towards the circular economy,* 2013: Ellen-MacArthur-Foundation-Towards-the-Circular-Economy-vol.1.pdf.

ESCOBAR LASALA, J.J.: "El nuevo Impuesto especial sobre los envases de plástico no reutilizables", *Carta Tributaria. Revista de Opinión*, núm. 92, 2022.

ESPLÁSTICOS: https://esplasticos.es/wp-content/uploads/2021/02/Folleto_Estudio Caracterizacio%CC%81n-VF.pdf

ESPLÁSTICOS: (https://esplasticos.es/2021/11/04/el-impuesto-sobre-los-envases-plasticos-podria-poner-en-riesgo-de-quiebra-al-95-de-las-empresas-del-sector/)

FERNÁNDEZ DE BUJÁN Y ARRANZ, A.: *Fiscalidad de los productos sometidos a Impuestos Especiales*, Aranzadi, Cizur Menor, 2016.

FERNÁNDEZ DE BUJÁN Y ARRANZ, A.: "El nuevo impuesto especial sobre los envases de plástico no reutilizables", en Ribón Seisdedos, E. (coord.), *Anuario Jurídico Secciones del ICAM 2021*, Sepín, Madrid, 2021.

FERNÁNDEZ DE BUJÁN Y ARRANZ, A.: "Aspectos medioambientales del nuevo impuesto especial sobre envases de plástico no reutilizables", en García Carretero, B. (coord.), *II Jornadas sobre la Reforma Ambiental de las Haciendas Locales: La reforma en el marco jurídico europeo, estatal y autonómico, Documentos de Trabajo del Instituto de Estudios Fiscales*, núm. 3, 2023.

FERNÁNDEZ DE GATTA SÁNCHEZ, D.: "Avances en la economía circular: nueva legislación sobre residuos y plásticos", *Actualidad Jurídica Ambiental*, núm. 108, 2020.

FORÉTICA: *La realidad de los plásticos: mitos y verdades*, 2020, URL: https://foretica.org/publicacion/la-realidad-de-los-plasticos-mitos-y-verdades/

FUNDACIÓN COTEC: *Situación y evolución de la economía circular en España*, Madrid, 2017.

FUEST, C. y PISANI-FERRY, J.: "Financing the European Union: new context, new responses", *Policy Contribution* 2020/16, Bruegel.

GAGO RODRIGUEZ, A y LABANDEIRA VILLOT, X.: *La reforma fiscal verde, Teoría y práctica de los impuestos ambientales*, Ediciones Mundi-Prensa, Madrid, 1999.

GALAPERO FLORES, R.: *La fiscalidad como instrumento tributario en la gestión del medio ambiente*, Dykinson, Madrid, 2022.

GARCÍA CARRETERO, B.: "La fiscalidad ambiental en materia de residuos en el nuevo marco de una economía circular", *Crónica Tributaria*, núm. 170, 2019.

GARCÍA CARRETERO, B.: "Hacia una circularidad de los plásticos. Análisis del impuesto sobre envases de plástico no reutilizables desde una perspectiva medioambiental", en Cazorla Prieto, L. M. (Dir.), *Los gravámenes temporales al sector eléctrico y bancario. Sostenibilidad ambiental y fiscalidad para la economía circular*, Aranzadi, Cizur Menor, 2023.

GARCÍA CARRETERO, B. y PATÓN GARCÍA, G.: "La fiscalidad de los envases y vertidos e incineración en el proyecto de ley de residuos y suelos contaminados", en García Calvente, Y. y Sedeño López, J.F. (coords.), *Desarrollo urbano sostenible y economía circular en perspectiva jurídica*, Aranzadi, Cizur Menor, 2021.

GARCÍA NOVOA, C.: "El impuesto sobre envases de plástico no retornables", en Torres Carlos, M. R. y otros (dirs.), *Digitalización, inteligencia artificial y economía circular*, Thomson Reuters Aranzadi, Cizur Menor, 2021.

GARCÍA DE PABLOS, J. F.: "Los nuevos impuestos sobre residuos y envases de plástico", Quincena Fiscal, núm. 11, 2021.

GONZALEZ-GAGGERO, P.: "El nuevo impuesto especial sobre envases de plástico no reutilizables", *Economist&Jurist*, 6 de febrero de 2022.

GONZÁLEZ MENÉNDEZ, A.: "La configuración y determinación de la base imponible de los impuestos sobre las emisiones atmosféricas contaminantes y la medida del daño ambiental", *Impuestos*, 2000, Ref. D-104, tomo 2.

GONZÁLEZ VÁZQUEZ, P.: "El devengo del impuesto especial sobre envases de plástico no reutilizables en los anticipos o pagos anticipados", *Taxlandia, Blog Fiscal y de Opinión Tributaria*, 11 de mayo de 2023, https://www.politicafiscal.es/equipo/pablo-gonzalez-vazquez/el-devengo-del-impuesto-especial-sobre-envases-plasticos

HERRERA MOLINA, P.: *Derecho Tributario Ambiental*, Marcial Pons, Madrid, 2000.

HERRERA MOLINA, P.: "Elementos cuantitativos", en A. Yábar Sterling (dir.): *La protección fiscal del medio ambiente. Aspectos económicos y jurídicos*, Marcial Pons, Madrid, 2002.

INSTITUTO DE ESTUDIOS ECONÓMICOS: *Una propuesta de mejora para los incentivos fiscales a la I+D+i*, Informe de Opinión, noviembre 2020.

JIMÉNEZ HERNÁNDEZ, J.: *El tributo como instrumento de protección ambiental*, Comares, Granada, 1998.

KINNEAR, S. and BRICKNELL, L.: "Linkages Between Clean Technology Development and Environmental Health Outcomes in Regional Australia", in Oosthuizen, Jacques, *Environmental Health-Emerging Issues and Practice*, IntechOpen, 2012.

LÓPEZ ESPADAFOR, C. M.: "Visión crítica de la Ley de Impuestos Especiales", en A. Cubero Truyo (dir.): *Evaluación del sistema tributario vigente. Propuestas de mejora en la regulación de los distintos impuestos*, Aranzadi, Cizur Menor, 2013.

LÓPEZ FERRO, A.: "A vueltas con el concepto de envase reutilizable", Blog Terraqui, disponible en https://www.terraqui.com/blog/actualidad/envase-reutilizable-impuesto/

MANZANO SILVA, E.: "El impuesto especial sobre envases de plástico no reutilizables", en Pernas García, J. J. y Sánchez González, J. (eds.), *Estudio sistemático sobre la Ley de Residuos y Suelos Contaminados para una Economía Circular (Ley 7/2022, de 8 de abril)*, Monografías de la Revista Aragonesa de Administración Pública, XXI, Zaragoza, 2022.

MARTÍN JIMÉNEZ, F. J.: "Los fines de los tributos", en *Comentarios a la LGT y líneas para su reforma*, vol. I, Madrid, IEF, 1991.

MENDO BUETAS, J.: "El impuesto especial sobre envases de plástico no reutilizables (arts. 67 a 83 Ley 7/2022, de 8 de abril). Parte I", *Carta tributaria. Revista de opinión*, núm. 96, 2023.

MENDO BUETAS, J.: "El impuesto especial sobre envases de plástico no reutilizables (arts. 67 a 83 Ley 7/2022, de 8 de abril). Parte II", *Carta tributaria. Revista de opinión*, núm. 97, 2023.

MONREAL, A.: "Así será el nuevo Impuesto especial sobre los envases de plástico no reutilizables", noticia publicada en *Expansión* de 18 de junio de 2020.

NSTC: *The road to sustainable development*, 1997.

OCDE.: *La fiscalidad y el medio ambiente. Políticas complementarias*, OCDE, Madrid, 1994.

OCDE.: *Impacts of environmental policy instruments on technological change*, París, 2007.

OCDE.: "Policy approaches to incentivise sustainable plastic design", *Environment Working Paper*, núm. 149, 2019.

OCDE.: "The effects of R&D tax incentives and their role in the innovation policy mix: Findings from the OECD microBeRD project, 2016-19", OECD Science, Technology and Industry Policy Papers, No. 92, OECD Publishing, Paris, 2020, https://doi.org/10.1787/65234003-en

OCDE.: *Global Plastics Outlook*, 2022, *Economic Drivers, Environmental Impacts and Policy Options*. https://www.oecd-ilibrary.org/sites/de747aef-en/1/1/index.html?itemId=/content/publication/de747aef-en&_csp_=e9020c542dd024467e760066b0abe328&itemIGO=oecd&itemContentType=book

OCDE.: *Environmental Outlook to 2030*. https://www.oecd.org/env/indicators-modelling-outlooks/40224072.pdf

ONU.: https://www.unep.org/news-and-stories/press-release/historic-day-campaign-beat-plastic-pollution-nations-commit-develop

ORTIZ CALLE, E.: "El impuesto especial sobre los envases de plástico no reutilizables", en Descalzo González, A. y Palomar Olmeda, A. (dirs.), *Estudios sobre la Ley de residuos y suelos contaminados para una economía circular*, Aranzadi, Cizur Menor, 2022.

PALAO BASTARDÉS, B.: *El impuesto sobre envases de plástico no reutilizables*, AEDAF, Paper núm.

20, 2023.

PATÓN GARCÍA, G.: "Impulso a la estrategia de la economía circular mediante la imposición sobre plásticos", en González-Cuéllar Serrano, M. L. y Ortiz Calle, E. (Dirs.), *La transición energética en el cumplimiento de los objetivos de desarrollo sostenible y la justicia fiscal*, Tirant lo Blanch, Valencia, 2021: 289-332.

PATÓN GARCÍA, G.: *Fiscalidad de residuos orientada a una economía circular. Análisis tras la Ley 7/2022, de 8 de abril, de Residuos y Suelos Contaminados para una economía circular*, Aranzadi, Cizur Menor, 2022.

PEARCE, D.W, y TURNER, R.K.: *Economía de los Recursos Naturales y del Medio Ambiente,* Traducción al español del Colegio de Economistas de Madrid, Celeste Ediciones, Madrid, 1995.

PERTE en Economía Circular, Marzo 2022.

PLASTICS EUROPE.: *La economía circular de los plásticos. Una visión europea*, https://plasticseurope.org/es/wp-content/uploads/sites/4/2021/11/Economia_Circular_Plasticos-June2020_Spanish.pdf

PLASTIC EUROPE.: *Plastics the Facts 2020. An analysis of European plastics production, demand and waste data,* https://plasticseurope.org/es/wp-content/uploads/sites/4/2021/11/Plastics_the_facts-WEB-2020_versionJun21_final-1.pdf

PLASTIC EUROPE.: *Plásticos. Situación en 2022,* octubre de 2022.

PLASTIC EUROPE.: Compromiso Voluntario Plastics 2030 https://www.plasticseurope.org/en/newsroom/press-releases/archive-press-releases-2018/plastics-2030-voluntary-commitment

POWELL, D.: "The prices is righ or is it? The case for taxing plastic", *Rethink Plastic,* 2018, URL: https://zerowasteeurope.eu/wp-content/uploads/2018/09/Plastics-Tax_FINAL.pdf.

PROBST et al, *Clean Technologies. Closed-loop waste management,* Case study 29, Business Innovation Observatory, European Commission, 2014.

PUCHOL TUR, T.: "El futuro impuesto sobre plásticos no reutilizables", *Quincena Fiscal,* núm. 4, 2021.

PUIG VENTOSA, I.: *Research paper on a European tax on plastics,* Zero Waste Europe, 2018.

RAMOS PRIETO, J.: "El Impuesto de las Bolsas de Plástico de un Solo Uso (IBPSU) de Andalucía", *Noticias de la Unión Europea,* núm. 327, 2012.

RENIEBLAS DORADO, P.: "Análisis del borrador del Impuesto Especial sobre los envases de plástico no reutilizables", *Carta Tributaria. Revista de Opinión,* núm. 64, 2000.

RODRÍGUEZ MÉNDEZ, M.E.: "El doble dividendo de la imposición ambiental. Una puesta al día", *Papeles de trabajo,* núm. 23, 2005.

ROMERO ABOLAFIO, J. J.: "Últimos avances de la UE contra las bolsas de plástico desde una perspectiva tributaria", *Quincena Fiscal,* núm. 12, junio de 2016 (versión electrónica).

ROSEMBUJ, T.: *El Impuesto Ambiental,* El Fisco, Barcelona, 2009.

SAINZ DE BUJANDA, F.: "El derecho instrumento de política económica", en *Hacienda y Derecho: estudios de derecho financiero,* Vol. II, Instituto de Estudios Políticos, Madrid, 1962.

SALASSA BOIX, R.: "La compatibilidad de los ajustes fiscales en frontera ambientales con el GATT a partir del impuesto español sobre los plásticos no reutilizables", *Crónica Tributaria,* núm. 181, 2021.

SALASSA BOIX, R.: Marco normativo nacional, comunitario e internacional de la imposición sobre la entrada a España de plásticos no reciclados, *Nueva Fiscalidad,* núm 4, 2021.

SASTRE SANZ, S.: "Instrumentos fiscales para una Economía Circular en España", *Documentos de Trabajo del* Instituto de Estudios Fiscales, núm. 10, 2019.

SEDEÑO LÓPEZ, F. J.: "¿Hacia una economía circular en España? Situación actual y posibles líneas de acción", en A. García Martínez *et al.* (dir.): *Desafíos fiscales de actualidad, Documentos de Trabajo del Instituto de Estudios Fiscales*, núm. 5, 2020.

SEDEÑO LÓPEZ, F. J.: *Fiscalidad de la economía circular. Situación actual y propuestas de reforma*, Tirant lo Blanch, Valencia, 2022.

SIMONE, M. R. de.: "La Directiva sobre el plástico de un solo uso", *Revista Aranzadi de Derecho Ambiental*, núm. 46 (Mayo-Agosto), 2020.

SOTO MOYA, M. M.: *Objetivos de Desarrollo Sostenible y Economía Circular. Desafíos en el ámbito fiscal*, Comares, Granada, 2019.

TERKLA, D.: "The Efficiency Value of Effluent Tax Revenues" *Journal of Environmental Economics and Management*, núm. 11, 1984.

VAQUERA GARCÍA, A.: "La utilización de instrumentos fiscales para conseguir los objetivos de la economía circular: aspectos generales", en Patón García, G (Dir.), *Tendencias actuales en economía circular: instrumentos financieros y tributarios*, Aranzadi, Cizur Menor, 2021.

VARONA ALABERN, J.E.: *Extrafiscalidad y dogmática tributaria*. Marcial Pons, Madrid, 2009.

VILLAR EZCURRA, M.: "Desarrollo sostenible y tributos ambientales", Crónica Tributaria, núm. 107, 2003.

VILLAR EZCURRA, M. y BISOGNO, M.: "The New 'EU Plastic Contribution': Lights and Shadows under Scrutiny", *Kluwer International Tax Blog*, 31 de enero de 2022, URL: https://kluwertaxblog.com/2022/01/31/the-new-eu-plastic-contribution-lights-and-shadows-under-scrutiny/

ANEXO

1. LEY 7/2002, DE 8 DE ABRIL, DE RESIDUOS Y SUELOS CONTAMINADOS PARA UNA ECONOMÍA CIRCULAR (EXTRACTO)

FELIPE VI
REY DE ESPAÑA

A todos los que la presente vieren y entendieren.

Sabed: Que las Cortes Generales han aprobado y Yo vengo en sancionar la siguiente ley:

PREÁMBULO

[...]

XII

El título VII de la ley lleva por rúbrica «Medidas fiscales para incentivar la economía circular» y desarrolla dos instrumentos económicos en el marco de los residuos cuya finalidad es reducir la generación de residuos y mejorar la gestión de aquellos residuos cuya generación no se pueda evitar, mediante la imposición sobre los tratamientos situados en posiciones inferiores de la jerarquía de residuos (depósito en vertedero, incineración y coincineración), con el objeto de disminuir estas opciones de gestión menos favorables desde el punto de vista del principio de jerarquía de residuos. Este título se ha organizado en dos capítulos dedicados, el primero de ellos, al impuesto especial sobre los envases de plástico no reutilizables, y, el segundo, al impuesto sobre el depósito de residuos en vertederos, la incineración y la coincineración de residuos.

El Impuesto especial sobre los envases de plástico no reutilizables tiene por objeto la prevención de residuos, y se articula como un tributo de naturaleza indirecta que recae sobre la utilización en el territorio español de envases que, conteniendo plástico, no son reutilizables. A efectos de este impuesto tienen la consideración de envase todo producto destinado a prestar la función de contener, proteger, manipular, distribuir y presentar mercancías, como pueden ser los vasos de plástico o los rollos de plástico para embalar y evitar roturas en el transporte de productos, además de todos los productos contenidos en la definición del artículo 2 de esta ley.

Se sujetarán al impuesto los envases, tanto vacíos como si estuvieran conteniendo, protegiendo, manipulando, distribuyendo y presentando mercancías.

Aquellos envases que, estando compuestos de más de un material, contengan plástico, se gravarán por la cantidad de plástico que contengan.

El hecho imponible del impuesto recae sobre la fabricación, la importación o la adquisición intracomunitaria de los envases que, conteniendo plástico, son no reutilizables.

No obstante, considerando que, en ocasiones, en la fabricación de estos envases, participan diferentes agentes económicos, o que, incluso, determinadas partes de los mismos, como pueden ser los cierres, son fabricados por sujetos distintos, al objeto de reducir, en la medida de lo posible, el mayor número de obligados tributarios y, por ende, facilitar la gestión del impuesto y, al mismo tiempo minorar las cargas administrativas de los sujetos concernidos, resultará gravada la fabricación, importación o adquisición intracomunitaria de los productos plásticos semielaborados destinados a la fabricación de los envases, tales como las preformas o las láminas de termoplástico, así como aquellos otros productos plásticos que permitan su cierre, su comercialización o la presentación de los mismos. Por tanto, no tendrá la condición de fabricante y, por consiguiente, de contribuyente del impuesto, quien a partir de los productos semielaborados le confiera la forma definitiva al envase o incorpore al mismo otros elementos de plástico que hayan resultado gravados por el impuesto, como pueden ser los cierres.

Por otra parte, al objeto de fomentar el reciclado de productos plásticos, no se gravará la cantidad de plástico reciclado contenida en productos que forman parte del ámbito objetivo del impuesto.

En este sentido, la base imponible estará constituida por la cantidad de plástico no reciclado, expresada en kilogramos, contenida en los productos objeto del impuesto. El tipo impositivo es de 0,45 euros por kilogramo.

No estarán sujetos al impuesto las pinturas, las tintas, las lacas y los adhesivos concebidos para ser incorporados a los productos destinados a tener la función de contener, proteger, manipular o entregar bienes o productos. Tampoco resultarán gravadas por el impuesto, al resultar exentas, las pequeñas importaciones o adquisiciones intracomunitarias de envases. Tendrán dicha consideración aquellas cuya cantidad total del plástico no reciclado contenido en los envases objeto de la importación o adquisición intracomunitaria no exceda de 5 kilogramos. Asimismo, se ha considerado oportuno dejar exentos del impuesto aquellos productos que se destinan a prestar la función de contención, protección, manipulación, distribución y presentación de medicamentos, productos sanitarios, alimentos para usos médicos especiales, preparados para lactantes de uso hospitalario o residuos peligrosos de origen sanitario, así como los rollos de plástico para ensilados de uso agrícola y ganadero.

[...]

XV

[...]

Se establecen regímenes transitorios en relación con los subproductos y el fin de la condición de residuo, los sistemas de responsabilidad ampliada del productor, las garantías financieras vigentes, las autorizaciones y comunicaciones, y para el compost inscrito en el Registro de productos fertilizantes. En relación al impuesto sobre el depósito de residuos en vertederos, la incineración y la coincineración de residuos, se prevén regímenes transitorios para determinados residuos industriales, para la cesión del rendimiento y la atribución de competencias normativas, así como para la atribución de competencias de gestión. Por último, se prevé también un régimen transitorio para el cálculo de los objetivos previstos en la ley, en tanto no estén articuladas y disponibles las memorias de gestores previstas en la norma; así como en relación con la acreditación exigible en el ámbito del impuesto especial de envases de plástico no reutilizables, y la reglamentación en materia de envases y residuos de envases.

[...]

Finalmente, se fija como entrada en vigor de la ley, el día siguiente al de su publicación en el «Boletín Oficial del Estado», para dar cumplimiento al plazo de transposición de las dos directivas citadas en párrafos anteriores, de acuerdo con lo previsto en el segundo párrafo del artículo 23 de la Ley 50/1997, de 27 de noviembre, del Gobierno, si bien para el título VII, se prevé la entrada en vigor el 1 de enero de 2023.

[...]

TÍTULO PRELIMINAR

Disposiciones y principios generales

CAPÍTULO I

Disposiciones generales

Artículo 2. Definiciones.

A los efectos de esta ley se entenderá por:

[...]

m) «Envase»: un envase, tal y como se define en el artículo 2.1 de la Ley 11/1997, del 24 de abril, de envases y residuos de envases.

[...]

u) «Plástico»: el material compuesto por un polímero tal como se define en el artículo 3.5 del Reglamento (CE) n.º 1907/2006 del Parlamento Europeo y del Consejo, de 18 de diciembre de 2006, relativo al registro, la evaluación, la autorización y la restricción de las sustancias y preparados químicos (REACH), por el que se crea la Agencia Europea de Sustancias y Preparados Químicos, se modifica la Directiva 1999/45/CE y se derogan el Reglamento (CEE) n.º 793/93 del Consejo y el Reglamento (CE) n.º 1488/94 de la Comisión así como la Directiva 76/769/CEE del Consejo y las Directivas 91/155/CEE, 93/67/CEE, 93/105/CE y 2000/21/CE de la Comisión, al que pueden haberse añadido aditivos u otras sustancias, y que puede funcionar como principal componente estructural de los productos finales, con la excepción de los polímeros naturales que no han sido modificados químicamente. Las pinturas, tintas y adhesivos que sean materiales poliméricos no están incluidos.

TÍTULO VII
Medidas fiscales para incentivar la economía circular

CAPÍTULO I
Impuesto especial sobre los envases de plástico no reutilizables

Artículo 67. Naturaleza y finalidad.

1. El impuesto especial sobre los envases de plástico no reutilizables es un tributo de naturaleza indirecta que recae sobre la utilización, en el territorio de aplicación del impuesto, de envases no reutilizables que contengan plástico, tanto si se presentan vacíos, como si se presentan conteniendo, protegiendo, manipulando, distribuyendo y presentando mercancías.

2. La finalidad del impuesto es el fomento de la prevención de la generación de residuos de envases de plástico no reutilizables, así como el fomento del reciclado de los residuos plásticos, contribuyendo a la circularidad de este material.

Artículo 68. Ámbito objetivo.

1. Se incluyen en el ámbito objetivo de este impuesto:

a) Los envases no reutilizables que contengan plástico.

A estos efectos tienen la consideración de envases todos los artículos diseñados para contener, proteger, manipular, distribuir y presentar mercancías, incluyéndose dentro de estos tanto los definidos en el artículo 2.m) de esta ley, como cualesquiera otros que, no encontrando encaje en dicha definición, estén destinados a cumplir las mismas funciones y que puedan ser objeto de utilización en los mismos términos, salvo que dichos artículos formen parte integrante de un producto y sean necesarios para contener, sustentar o preservar dicho producto durante toda su vida útil y todos sus elementos estén destinados a ser usados, consumidos o eliminados conjuntamente.

Se considera que los envases son no reutilizables cuando no han sido concebidos, diseñados y comercializados para realizar múltiples circuitos o rotaciones a lo largo de su ciclo de vida, o para ser rellenados o reutilizados con el mismo fin para el que fueron diseñados.

b) Los productos plásticos semielaborados destinados a la obtención de los envases a los que hace referencia la letra a), tales como las preformas o las láminas de termoplástico.

c) Los productos que contengan plástico destinados a permitir el cierre, la comercialización o la presentación de envases no reutilizables.

2. A los efectos del apartado anterior, tiene la consideración de plástico el material definido en el artículo 2.u) de esta ley.

3. Aquellos productos a los que se hace referencia en el apartado 1 de este artículo que, estando compuestos de más de un material, contengan plástico, se gravarán por la cantidad de plástico que contengan.

Artículo 69. Ámbito de aplicación.

1. El impuesto se aplicará en todo el territorio español.

2. Lo dispuesto en el apartado anterior se entenderá sin perjuicio de los regímenes tributarios forales de concierto y convenio económico en vigor, respectivamente, en los Territorios Históricos del País Vasco y en la Comunidad Foral de Navarra.

Artículo 70. Tratados y Convenios.

Lo establecido en este capítulo I se entenderá sin perjuicio de lo dispuesto en los tratados y convenios internacionales que hayan pasado a formar parte del ordenamiento interno, de conformidad con el artículo 96 de la Constitución Española.

Artículo 71. Definiciones.

1. A efectos de este impuesto se entenderá por:

a) «Adquisición intracomunitaria»: La obtención del poder de disposición sobre los productos objeto del impuesto expedidos o transportados al territorio de aplicación del impuesto, excepto Canarias, Ceuta y Melilla, con destino al adquirente, desde otro Estado miembro de la Unión Europea, por el transmitente, el propio adquirente o un tercero en nombre y por cuenta de cualquiera de los anteriores.

Se considerarán, asimismo, operaciones asimiladas a las adquisiciones intracomunitarias la recepción de envases objeto del impuesto por su propietario en el territorio de aplicación del impuesto, excepto Canarias, Ceuta y Melilla, cuyo envío haya realizado él mismo desde otro Estado miembro.

b) «Fabricación»: La elaboración de productos objeto de este Impuesto.

No obstante, no tendrá la consideración de fabricación la elaboración de envases a partir, exclusivamente, de los productos sujetos al impuesto comprendidos en el artículo 68.1.b) y c) de esta ley o, además de los anteriores, de otros productos que no contengan plástico.

Asimismo, tendrá la consideración de fabricación la incorporación a los envases de otros elementos de plástico que, no constituyendo por sí mismos, de manera individualizada, parte del ámbito objetivo del impuesto, tras su incorporación a los envases pasen a formar parte de los mismos.

c) «Importación»: tendrán esta consideración las siguientes operaciones:

1.º La entrada en el territorio de aplicación del impuesto distinto de Ceuta y Melilla de los productos objeto del mismo procedentes de territorios no comprendidos en el territorio aduanero de la Unión, cuando dé lugar al despacho a libre práctica de los mismos de conformidad con el artículo 201 del Reglamento (UE) n.º 952/2013 del Parlamento Europeo y del Consejo, de 9 de octubre de 2013, por el que se establece el código aduanero de la Unión.

2.º La entrada en Canarias de los productos objeto del impuesto procedentes de territorios comprendidos en el territorio aduanero de la Unión que no formen parte del territorio de aplicación del impuesto, cuando dicha entrada hubiese dado lugar a un despacho a libre práctica si los productos objeto del impuesto procedieran de territorios no comprendidos en el territorio aduanero de la Unión.

3.º La entrada en Ceuta y Melilla de los productos objeto del impuesto procedentes de territorios que no formen parte del territorio de aplicación del impuesto, cuando dicha entrada hubiese dado lugar a un despacho a libre práctica si en dichas ciudades resultara de aplicación el Reglamento (UE) n.º 952/2013, de 9 de octubre de 2013.

d) «Oficina gestora»: el órgano que, de acuerdo con las normas de estructura orgánica de la Agencia Estatal de Administración Tributaria, sea competente en materia de gestión del Impuesto sobre los envases de plástico no reutilizables.

e) «Productos semielaborados»: aquellos productos intermedios obtenidos a partir de materias primas que han sido sometidas a una o varias operaciones de transformación y que requieren de una o varias fases de transformación posteriores para poder ser destinados a su función como envase.

f) «Residuos peligrosos de origen sanitario»: Aquellos residuos que requieren su depósito en contenedores sanitarios cuya gestión está sujeta a requisitos y normativas específicas para prevenir la propagación de enfermedades y garantizar la protección de la salud y seguridad de la ciudadanía.

2. Respecto a los conceptos y términos con sustantividad propia que aparecen en este capítulo, salvo los definidos en este artículo, se estará a lo dispuesto en la normativa de la Unión Europea y de carácter estatal relativa a los productos incluidos en el ámbito objetivo del impuesto.

Artículo 72. Hecho imponible.

1. Están sujetas al impuesto la fabricación, la importación o la adquisición intracomunitaria de los productos que forman parte del ámbito objetivo del impuesto.

2. También está sujeta al impuesto la introducción irregular en el territorio de aplicación del impuesto de los productos que forman parte del ámbito objetivo del impuesto.

Se entenderá que se ha producido una introducción irregular de dichos productos en el territorio de aplicación del impuesto en el supuesto de que quien los posea, comercialice, transporte o utilice, no acredite haber realizado su fabricación, importación o adquisición intracomunitaria, o cuando no justifique que los productos han sido objeto de adquisición en el territorio español.

Artículo 73. Supuestos de no sujeción.

No estarán sujetas al impuesto:

a) La fabricación de los productos que forman parte del ámbito objetivo del impuesto cuando, con anterioridad al devengo del impuesto, hayan dejado de ser adecuados para su utilización o hayan sido destruidos, siempre que la existencia de dichos hechos haya sido probada ante la Agencia Estatal de Administración Tributaria, por cualquiera de los medios de prueba admisibles en derecho.

b) La fabricación de aquellos productos que, formando parte del ámbito objetivo del impuesto, se destinen a ser enviados directamente por el fabricante, o por un tercero en su nombre o por su cuenta, a un territorio distinto al de aplicación del impuesto.

La efectividad de este supuesto de no sujeción quedará condicionada a que se acredite la realidad de la salida efectiva de los mismos del territorio de aplicación del impuesto.

c) La fabricación, importación o adquisición intracomunitaria de las pinturas, las tintas, las lacas y los adhesivos, concebidos para ser incorporados a los productos que forman parte del ámbito objetivo del impuesto.

d) La fabricación, importación o adquisición intracomunitaria de productos a los que hace referencia el artículo 68.1.a) que, pudiendo desempeñar las funciones de contención, protección y manipulación de mercancías, no están diseñados para ser entregados conjuntamente con dichas mercancías.

Artículo 74. Devengo.

1. En los supuestos de fabricación, el devengo del impuesto se producirá en el momento en que se realice la primera entrega o puesta a disposición a favor del adquirente, en el territorio de aplicación del impuesto, de los productos que forman parte del ámbito objetivo del impuesto por el fabricante. Se presumirá, salvo prueba en contrario, que la diferencia en menos de existencias de productos fabricados se debe a que los mismos han sido objeto de entrega o puesta a disposición por parte del fabricante.

No obstante lo dispuesto en el párrafo anterior, si se realizan pagos anticipados anteriores a la realización del hecho imponible, el impuesto se devengará en el momento del cobro total o parcial del precio por los importes efectivamente percibidos.

2. En los supuestos de importación, el devengo del impuesto se producirá en el momento en que hubiera tenido lugar el devengo de los derechos de importación, de acuerdo con la legislación aduanera, independientemente

de que dichas importaciones estén o no sujetas a los mencionados derechos de importación.

3. En los supuestos de adquisiciones intracomunitarias, el devengo del impuesto se producirá el día 15 del mes siguiente a aquel en el que se inicie la expedición o el transporte de los productos que forman parte del ámbito objetivo del impuesto con destino al adquirente, salvo que con anterioridad a dicha fecha se expida la factura por dichas operaciones, en cuyo caso el devengo del impuesto tendrá lugar en la fecha de expedición de la misma.

4. En los supuestos a los que se refiere el artículo 72.2, el devengo del impuesto se producirá en el momento de la introducción irregular en el territorio de aplicación del impuesto de los productos que forman parte del ámbito objetivo del impuesto y, de no conocerse dicho momento, se considerará que la introducción irregular se ha realizado en el periodo de liquidación más antiguo de entre los no prescritos, excepto que el contribuyente pruebe que corresponde a otro.

Artículo 75. Exenciones.

Estarán exentas, en las condiciones que, en su caso, reglamentariamente se establezcan:

a) La fabricación, importación o adquisición intracomunitaria de:

1.º Los envases a los que se refiere el artículo 68.1.a) que se destinen a prestar la función de contención, protección, manipulación, distribución y presentación de medicamentos, productos sanitarios, alimentos para usos médicos especiales, preparados para lactantes de uso hospitalario o residuos peligrosos de origen sanitario.

2.º Los productos plásticos semielaborados, a los que se hace referencia en el artículo 68.1.b), que se destinen a obtener envases para medicamentos, productos sanitarios, alimentos para usos médicos especiales, preparados para lactantes de uso hospitalario o residuos peligrosos de origen sanitario.

3.º Los productos que contengan plástico destinados a permitir el cierre, la comercialización o la presentación de envases no reutilizables, cuando estos se utilicen para contener, proteger, manipular, distribuir y presentar medicamentos, productos sanitarios, alimentos para usos médicos especiales, preparados para lactantes de uso hospitalario o residuos peligrosos de origen sanitario.

La efectividad de esta exención quedará condicionada a que se acredite el destino efectivo de los productos recogidos en los apartados anteriores a los usos que en ellos se recogen. En concreto, los contribuyentes que realicen la primera entrega o puesta a disposición de los productos a favor de aquellos adquirentes que los destinen a tales usos, deberán recabar de estos una declaración previa en la que manifiesten el destino de los productos que da derecho a gozar de la exención del impuesto. Dicha declaración se deberá conservar durante los plazos de prescripción relativos al impuesto a que se refiere el artículo 66 de la Ley 58/2003, de 17 de diciembre, General Tributaria.

b) La importación o adquisición intracomunitaria de envases a los que se refiere el artículo 68.1.a) que se introduzcan en el territorio de aplicación del impuesto prestando la función de contención, protección, manipulación, distribución y presentación de medicamentos, productos sanitarios, alimentos para usos médicos especiales, preparados para lactantes de uso hospitalario o residuos peligrosos de origen sanitario.

c) La fabricación, importación o adquisición intracomunitaria de rollos de plástico empleados en las pacas o balas para ensilado de forrajes o cereales de uso agrícola o ganadero.

d) La adquisición intracomunitaria de los productos que forman parte del ámbito objetivo del impuesto y que, con anterioridad a la finalización del plazo de presentación de la autoliquidación del impuesto correspondiente a dicho hecho imponible, se destinen a ser enviados directamente por el adquirente intracomunitario, o por un tercero en su nombre o por su cuenta, a un territorio distinto al de aplicación del impuesto.

La efectividad de esta exención quedará condicionada a que se acredite la realidad de la salida efectiva de los productos del territorio de aplicación del impuesto.

e) La adquisición intracomunitaria de los productos que forman parte del ámbito objetivo del impuesto y que, con anterioridad a la finalización del plazo de presentación de la autoliquidación del impuesto correspondiente a dicho hecho imponible, hayan dejado de ser adecuados para su utilización o hayan sido destruidos, siempre que la existencia de dichos hechos haya sido probada ante la Agencia Estatal de Administración Tributaria, por cualquiera de los medios de prueba admisibles en derecho.

f) La importación o adquisición intracomunitaria de los envases a los que se refiere el artículo 68.1.a), tanto si se introducen vacíos, como si se introducen prestando la función de contención, protección, manipulación, distribución y presentación de otros bienes o productos, siempre que el peso total del plástico no reciclado contenido en dichos envases objeto de la importación o adquisición intracomunitaria no exceda de 5 kilogramos en un mes.

g) La fabricación, importación o adquisición intracomunitaria de:

1.º Los productos plásticos semielaborados, a los que hace referencia el artículo 68.1.b), cuando no se vayan a destinar a obtener los envases que forman parte del ámbito objetivo del impuesto.

2.º Los productos que contengan plástico destinados a permitir el cierre, la comercialización o la presentación de envases no reutilizables cuando no se vayan a utilizar en dichos usos.

La efectividad de esta exención quedará condicionada a que se acredite el destino efectivo dado a dichos productos. En concreto, los contribuyentes que realicen la primera entrega o puesta a disposición de los mismos a favor de los adquirentes, deberán recabar de estos una declaración previa en la que manifiesten el destino de dichos productos. Dicha declaración se deberá conservar durante los plazos de prescripción relativos al impuesto a que se refiere el artículo 66 de la Ley 58/2003, de 17 de diciembre, General Tributaria.

Artículo 76. Contribuyentes.

En los supuestos comprendidos en el artículo 72.1, son contribuyentes del impuesto las personas físicas o jurídicas y entidades a las que se refiere el apartado 4 del artículo 35 de la Ley 58/2003, de 17 de diciembre, General Tributaria, que realicen la fabricación, importación o adquisición intracomunitaria de los productos que forman parte del ámbito objetivo del impuesto.

En los casos de introducción irregular en el territorio de aplicación del impuesto de los productos que forman parte del ámbito objetivo del impuesto, a que hace referencia el artículo 72.2, será contribuyente quien posea, comercialice, transporte o utilice dichos productos.

En los supuestos de irregularidades en relación con la justificación del uso o destino dado a los productos objeto del impuesto que se han beneficiado de una exención en razón de su destino, estarán obligados al pago del impuesto y de las sanciones que pudieran imponerse los contribuyentes, en tanto no justifiquen la recepción de los productos por el adquirente facultado para recibirlos mediante la aportación de la declaración previa a la que se refiere el artículo anterior; a partir de tal recepción, la obligación recaerá sobre los adquirentes.

Artículo 77. Base imponible.

1. La base imponible estará constituida por la cantidad de plástico no reciclado, expresada en kilogramos, contenida en los productos que forman parte del ámbito objetivo del impuesto.

En el supuesto de que a los productos que forman parte del ámbito objetivo del impuesto, por los que previamente se hubiera devengado el impuesto, se incorporen otros elementos de plástico, de forma tal que tras su incorporación formen parte del producto al que van incorporados, la base imponible estará constituida exclusivamente por la cantidad de plástico no reciclado, expresada en kilogramos, incorporada a dichos productos.

2. Tendrá la consideración de plástico reciclado el material definido en el artículo 2.u) de esta ley obtenido a partir de operaciones de valorización a las que hace referencia el artículo 2.bc) de esta ley.

3. A efectos de este artículo, la cantidad de plástico reciclado contenida en los productos que forman parte del ámbito objetivo del impuesto deberá ser certificada mediante una entidad acreditada para emitir certificación al amparo de la norma UNE-EN 15343:2008 «Plásticos. Plásticos reciclados. Trazabilidad y evaluación de conformidad del reciclado de plásticos y contenido en reciclado» o las normas que las sustituyan. En el supuesto de plástico reciclado químicamente, dicha cantidad se acreditará mediante el certificado emitido por la correspondiente entidad acreditada o habilitada a tales efectos.

Las entidades certificadoras deberán estar acreditadas por la Entidad Nacional de Acreditación (ENAC) o por el organismo nacional de acreditación de cualquier otro Estado miembro de la Unión Europea, designado de acuerdo con lo establecido en el Reglamento (CE) n.º 765/2008 del Parlamento Europeo y del Consejo, de 9 de julio de 2008, por el que se establecen los requisitos de acreditación y vigilancia del mercado relativos a la comercialización de los productos y por el que se deroga el Reglamento (CEE) n.º

339/93, o en el caso de productos fabricados fuera de la Unión Europea, cualquier otro acreditador con quien la ENAC tenga un acuerdo de reconocimiento internacional.

Artículo 78. Tipo impositivo.

El tipo impositivo será de 0,45 euros por kilogramo.

Artículo 79. Cuota íntegra.

La cuota íntegra es la cantidad resultante de aplicar a la base imponible el tipo impositivo establecido en el artículo anterior.

Artículo 80. Deducciones.

1. En la autoliquidación correspondiente a cada periodo de liquidación en que se produzcan las circunstancias siguientes, y en las condiciones que, en su caso, reglamentariamente se establezcan, el contribuyente que realice adquisiciones intracomunitarias de los productos que forman parte del ámbito objetivo del impuesto podrá minorar de las cuotas devengadas del impuesto en dicho periodo, el importe del impuesto pagado respecto de:

a) Los productos que hayan sido enviados por el contribuyente, o por un tercero en su nombre o por su cuenta, fuera del territorio de aplicación del impuesto.

b) Los productos que, con anterioridad a su primera entrega o puesta a disposición del adquirente en el territorio de aplicación del impuesto, hayan dejado de ser adecuados para su utilización o hayan sido destruidos.

c) Los productos que, tras su entrega o puesta a disposición del adquirente, hayan sido objeto de devolución para su destrucción o reincorporación al proceso de fabricación, previo reintegro del importe de los mismos al adquirente.

La aplicación de las deducciones recogidas en este apartado quedará condicionada a que la existencia de los hechos enumerados pueda ser probada ante la Agencia Estatal de Administración Tributaria por cualquiera de los medios de prueba admisibles en derecho, así como a la acreditación del pago del impuesto mediante el correspondiente documento justificativo del mismo.

2. En las condiciones que, en su caso, reglamentariamente se establezcan, el contribuyente que realice la fabricación de los productos que forman parte del ámbito objetivo del impuesto y que sean objeto de devolución para su destrucción o para su reincorporación al proceso de fabricación, en la autoliquidación correspondiente al periodo en que se produzcan dichas circunstancias, podrá minorar, de las cuotas devengadas del impuesto en dicho periodo, el importe del impuesto pagado respecto de dichos productos que tras la primera entrega o puesta a disposición del adquirente hayan sido objeto de devolución, previo reintegro del importe de los mismos al adquirente.

La aplicación de la deducción quedará condicionada a que la existencia de dichos hechos pueda ser probada ante la Agencia Estatal de Administración Tributaria por cualquiera de los medios de prueba admisibles en derecho, así como a la acreditación del pago del impuesto mediante el correspondiente documento justificativo del mismo.

3. Cuando la cuantía de las deducciones procedentes conforme a los dos apartados anteriores supere el importe de las cuotas devengadas en un periodo de liquidación, el exceso podrá ser compensado en las autoliquidaciones posteriores, siempre que no hayan transcurrido cuatro años contados a partir de la finalización del periodo de liquidación en el que se produjo dicho exceso.

4. Los contribuyentes cuyas cuantías de deducción superen el importe de las cuotas devengadas en el último período de liquidación del año natural tendrán derecho a solicitar la devolución del saldo existente a su favor en la autoliquidación correspondiente a dicho período de liquidación.

Artículo 81. Devoluciones.

1. Tendrán derecho a solicitar la devolución del importe del impuesto pagado en las condiciones que, en su caso, reglamentariamente se establezcan:

a) Los importadores de los productos que, formando parte del ámbito objetivo del impuesto, hayan sido enviados por ellos, o por un tercero en su nombre o por su cuenta, fuera del territorio de aplicación del impuesto.

b) Los importadores de los productos que forman parte del ámbito objetivo del impuesto y que, con anterioridad a su primera entrega o puesta a disposición del adquirente en el territorio de aplicación del impuesto, hayan dejado de ser adecuados para su utilización o hayan sido destruidos.

c) Los importadores de los productos que forman parte del ámbito objetivo del impuesto y que, tras su entrega o puesta a disposición del adquirente, hayan sido objeto de devolución para su destrucción o para su reincorporación al proceso de fabricación, previo reintegro del importe de los mismos al adquirente.

d) Los adquirentes de los productos que forman parte del ámbito objetivo del impuesto que, no ostentando la condición de contribuyentes, acrediten el envío de los mismos fuera del territorio de aplicación de aquel.

e) Los adquirentes de los productos que forman parte del ámbito objetivo del impuesto y que, no ostentando la condición de contribuyentes, acrediten que el destino de dichos productos es el de envases de medicamentos, productos sanitarios, alimentos para usos médicos especiales, preparados para lactantes de uso hospitalario o residuos peligrosos de origen sanitario, o el de la obtención de envases para tales usos o el de permitir el cierre, la comercialización o la presentación de los envases para medicamentos, productos sanitarios, alimentos para usos médicos especiales, preparados para lactantes de uso hospitalario o residuos peligrosos de origen sanitario.

f) Los adquirentes de los productos que, formando parte del ámbito objetivo del impuesto, hayan resultado sujetos al mismo por haber sido concebidos, diseñados y comercializados para ser no reutilizables, cuando acrediten que, en su caso, tras la realización de alguna modificación en los mismos, puedan ser reutilizados.

g) Los adquirentes de:

1.º Los productos plásticos semielaborados, a los que hace referencia el artículo 68.1.b), cuando no se vayan a destinar a obtener los envases que forman parte del ámbito objetivo del impuesto.

2.º Los productos que contengan plástico destinados a permitir el cierre, la comercialización o la presentación de envases no reutilizables cuando no se vayan a utilizar en dichos usos.

2. La efectividad de las devoluciones recogidas en el apartado anterior quedará condicionada a que la existencia de los hechos enumerados en las mismas pueda ser probada ante la Agencia Estatal de Administración Tributaria por cualquiera de los medios de prueba admisibles en derecho, así como a la acreditación del pago del impuesto.

Artículo 82. Normas generales de gestión.

1. En los supuestos de fabricación o adquisición intracomunitaria, los contribuyentes estarán obligados a autoliquidar e ingresar el importe de la deuda tributaria.

El periodo de liquidación coincidirá con el trimestre natural, salvo que se trate de contribuyentes cuyo período de liquidación en el ámbito del Impuesto sobre el Valor Añadido fuera mensual, atendiendo a su volumen de operaciones u otras circunstancias previstas en la normativa de dicho impuesto, en cuyo caso será también mensual el periodo de liquidación de este impuesto.

En las importaciones, el impuesto se liquidará en la forma prevista para la deuda aduanera según lo dispuesto en la normativa aduanera.

2. La persona titular del Ministerio de Hacienda establecerá los modelos, plazos y condiciones para la presentación de las autoliquidaciones a que se refiere el número anterior y, en su caso, para la solicitud de las devoluciones del impuesto.

3. Los contribuyentes que realicen las actividades señaladas en el artículo 72.1 de esta ley, salvo aquellos que se determine mediante Orden de la persona titular del Ministerio de Hacienda, estarán obligados a inscribirse, con anterioridad al inicio de su actividad, en el Registro territorial del Impuesto especial sobre los envases de plástico no reutilizables.

El censo de obligados tributarios sometidos a este impuesto, así como el procedimiento para la inscripción de estos en el Registro territorial se regularán por Orden de la persona titular del Ministerio de Hacienda.

4. Sin perjuicio de las obligaciones contables establecidas en otras normas, los fabricantes que mediante Orden de la persona titular del Ministerio de Hacienda se determine, deberán llevar una contabilidad de los productos que forman parte del ámbito objetivo del impuesto, y, en su caso, de las materias primas necesarias para su obtención. El cumplimiento de la obligación de llevanza de la contabilidad se realizará mediante un sistema contable en soporte informático, a través de la sede electrónica de la Agencia Estatal de Administración Tributaria, con el suministro electrónico de los asientos contables conforme al procedimiento y en los plazos que se determinen por la persona titular del Ministerio de Hacienda.

5. Los contribuyentes que realicen adquisiciones intracomunitarias de los productos que forman parte del ámbito objetivo del impuesto, salvo aquellos que se determine mediante Orden de la persona titular del Ministerio de Hacienda, llevarán un libro registro de existencias, que deberán presentar ante la oficina gestora conforme al procedimiento y en los plazos que se determinen por la persona titular del Ministerio de Hacienda.

6. En las importaciones de los productos que forman parte del ámbito objetivo del impuesto se deberá consignar la cantidad de plástico no reciclado importado, expresado en kilogramos y si le resulta de aplicación la exención regulada en el artículo 75.f), en el apartado que proceda de la declaración aduanera de importación.

7. Los contribuyentes no establecidos en territorio español estarán obligados a nombrar una persona física o jurídica para que les represente ante la Administración tributaria en relación con sus obligaciones por este impuesto, debiendo realizar dicho nombramiento con anterioridad a la realización de la primera operación que constituya hecho imponible de este impuesto.

La persona física o jurídica que represente a los contribuyentes no establecidos en el territorio español estará obligada a inscribirse, con anterioridad a la realización de la primera operación que constituya algún hecho imponible de este impuesto, en el Registro territorial del impuesto especial sobre los envases de plástico no reutilizables.

8. Los contribuyentes y las personas físicas o jurídicas que representen a los contribuyentes no establecidos en el territorio español que, de acuerdo con lo establecido en los apartados anteriores de este artículo, deban inscribirse en el Registro territorial del impuesto especial sobre los envases de plástico no reutilizables, deberán hacerlo durante los treinta días naturales siguientes a la entrada en vigor de la Orden reguladora del citado registro.

9. Con ocasión de las ventas o entregas de los productos objeto del impuesto en el ámbito territorial de aplicación del mismo, se deberán cumplir las siguientes obligaciones:

a) En la primera venta o entrega realizada tras la fabricación de los productos en el ámbito territorial del impuesto, los fabricantes deberán repercutir al adquirente el importe de las cuotas del impuesto que se devenguen al realizar dicha venta o entrega. En la factura que expidan deberán consignar separadamente:

1.º El importe de las cuotas devengadas.

2.º La cantidad de plástico no reciclado contenido en los productos, expresada en kilogramos.

3.º Si resulta de aplicación algún supuesto de exención, especificando el artículo en virtud del cual la venta o entrega resulta exenta.

b) En los demás supuestos, previa solicitud del adquirente, quienes realicen las ventas o entregas de los productos objeto del impuesto deberán consignar en un certificado, o en las facturas que expidan con ocasión de dichas ventas o entregas:

1.º El importe del impuesto satisfecho por dichos productos o, si le resultó de aplicación algún supuesto de exención, especificando el artículo en virtud del cual se aplicó dicho beneficio fiscal.

2.º La cantidad de plástico no reciclado contenido en los productos, expresada en kilogramos.

Lo establecido en esta letra no resultará de aplicación cuando se expidan facturas simplificadas con el contenido a que se refiere el artículo 7.1 del Reglamento por el que se regulan las obligaciones de facturación, aprobado por el Real Decreto 1619/2012, de 30 de noviembre.

Artículo 83. Infracciones y sanciones.

1. Sin perjuicio de las disposiciones especiales previstas en este artículo, las infracciones tributarias en este impuesto se calificarán y sancionarán conforme a lo establecido en la Ley 58/2003, de 17 de diciembre, General Tributaria y demás normas de desarrollo.

2. Constituirán infracciones tributarias:

a) La falta de inscripción en el Registro territorial del impuesto especial sobre los envases de plástico no reutilizables.

b) La falta de nombramiento de un representante por los contribuyentes no establecidos en dicho territorio.

c) La falsa o incorrecta certificación por la entidad debidamente acreditada, de la cantidad de plástico reciclado, expresada en kilogramos, contenida en los productos que forman parte del ámbito objetivo del impuesto.

d) El disfrute indebido por parte de los adquirentes de los productos que forman parte del ámbito objetivo del impuesto de las exenciones recogidas en el artículo 75.a) y g) por no ser el destino efectivo de los productos el consignado en dichas letras.

e) La incorrecta consignación en la factura o en el certificado de los datos a los que se refiere el artículo 82.9.

3. Las infracciones contenidas en el apartado 2 de este artículo serán graves y se sancionarán con arreglo a las siguientes normas:

a) Las establecidas en las letras a) y b) del apartado anterior, con una multa pecuniaria fija de 1.000 euros.

b) La establecida en la letra c) del apartado anterior, con una multa pecuniaria proporcional del 50 por ciento del importe de las cuotas del impuesto que se hubiesen podido dejar de ingresar, con un importe mínimo de 1.000 euros.

La sanción que corresponda conforme a lo señalado en esta letra b) se incrementará en el 25 por ciento si existe comisión repetida de infracciones tributarias. Esta circunstancia se apreciará cuando el infractor, dentro de los dos años anteriores a la comisión de la nueva infracción, hubiese sido sancionado por resolución firme en vía administrativa por la misma conducta.

c) La establecida en la letra d) del apartado anterior, con una multa pecuniaria proporcional del 150 por ciento del beneficio fiscal indebidamente disfrutado, con un importe mínimo de 1.000 euros.

d) La establecida en la letra e) con multa pecuniaria fija de 75 euros por cada factura o certificado emitido con la consignación incorrecta de los datos a los que se refiere el artículo 82.9.

4. En los supuestos recogidos en el apartado anterior resultará de aplicación lo dispuesto en el artículo 188 de la Ley 58/2003, de 17 de diciembre, General Tributaria.

[...]

Disposición transitoria décima. Acreditación de la cantidad de plástico reciclado contenida en los productos que forman parte del ámbito objetivo del impuesto.

Durante los primeros 12 meses siguientes a la aplicación del impuesto, alternativamente a lo dispuesto en el apartado 3 del artículo 77 de esta ley, se podrá acreditar la cantidad de plástico no reciclado contenida en los productos que forman parte del ámbito objetivo del impuesto mediante una declaración responsable firmada por el fabricante.

[...]

Disposición final decimotercera. Entrada en vigor.

La presente ley entrará en vigor el día siguiente al de su publicación en el «Boletín Oficial del Estado». No obstante lo anterior, la entrada en vigor del Título VII de esta ley se producirá el 1 de enero de 2023.

Por tanto,

Mando a todos los españoles, particulares y autoridades, que guarden y hagan guardar esta ley.

Madrid, 8 de abril de 2022.

FELIPE R.

El Presidente del Gobierno,
PEDRO SÁNCHEZ PÉREZ-CASTEJÓN

2. ORDEN HFP/1314/2022, DE 28 DE DICIEMBRE, POR LA QUE SE APRUEBAN EL MODELO 592 "IMPUESTO ESPECIAL SOBRE LOS ENVASES DE PLÁSTICO NO REUTILIZABLES. AUTOLIQUIDACIÓN" Y EL MODELO A22 "IMPUESTO ESPECIAL SOBRE LOS ENVASES DE PLÁSTICO NO REUTILIZABLES. SOLICITUD DE DEVOLUCIÓN", SE DETERMINAN LA FORMA Y PROCEDIMIENTO PARA SU PRESENTACIÓN, Y SE REGULAN LA INSCRIPCIÓN EN EL REGISTRO TERRITORIAL, LA LLEVANZA DE LA CONTABILIDAD Y LA PRESENTACIÓN DEL LIBRO REGISTRO DE EXISTENCIAS

La Ley 7/2022, de 8 de abril, de residuos y suelos contaminados para una economía circular, creó, con efectos 1 de enero de 2023, entre las medidas fiscales para incentivar la economía circular, el Impuesto especial sobre los envases de plástico no reutilizables.

El impuesto se configura como un instrumento económico para proteger el medio ambiente, al incentivar comportamientos respetuosos con el entorno natural, corregir externalidades ambientales y prevenir la generación de residuos haciendo efectivo el principio de que el mejor residuo es el que no se genera. Este impuesto se articula como un tributo de naturaleza indirecta que recae sobre la utilización en territorio español de envases que, conteniendo plástico, no son reutilizables.

Constituye hecho imponible del impuesto, conforme a lo dispuesto en el artículo 72 de la Ley 7/2022, de 8 de abril, la fabricación, importación o adquisición intracomunitaria de los productos que forman parte del ámbito objetivo del impuesto siendo los contribuyentes, conforme a lo dispuesto en el artículo 76 de dicha ley, respectivamente, los fabricantes, importadores o adquirentes intracomunitarios.

Constituye, asimismo, hecho imponible del impuesto, la introducción irregular en territorio español de productos que forman parte del ámbito objetivo del impuesto siendo los contribuyentes quienes posean, comercialicen, transporten o utilicen los productos objeto de introducción irregular.

El artículo 82 de la Ley 7/2022, de 8 de abril, dispone para los fabricantes y los adquirentes intracomunitarios obligaciones de inscripción en el registro territorial, de autoliquidación y de, respectivamente, llevar una contabilidad o de presentar un libro registro de existencias.

Conforme a lo dispuesto en la presente Orden, los adquirentes intracomunitarios que realicen adquisiciones intracomunitarias en las que el peso total de plástico no reciclado no exceda de 5 kilogramos en un mes natural, estarán exceptuados de la obligación de inscripción. Además, estarán exceptuados de la obligación de presentar un libro registro de existencias en aquellos periodos de liquidación en los que no resulte cuota a ingresar.

Por otra parte, conforme a lo dispuesto en el artículo 82 de la Ley 7/2022, de 8 de abril, los importadores quedan exceptuados de las obligaciones de inscripción y de llevanza de contabilidad o de presentación de libro registro de existencias. En este caso, el impuesto se liquidará en la forma prevista para la deuda aduanera, según lo dispuesto por la legislación aduanera. Tendrán, además, la obligación de consignar la cantidad de plástico no reciclado importado, expresado en kilogramos, en la declaración aduanera de importación y si le resulta de aplicación la exención regulada en el artículo 75.f) de la Ley 7/2022, de 8 de abril.

En relación con el censo de obligados tributarios, también estarán obligados a inscribirse en el registro territorial los representantes de los contribuyentes del Impuesto especial sobre envases de plástico no reutilizables no establecidos en territorio español.

La presente orden, para facilitar el cumplimiento de las referidas obligaciones a través de la Sede electrónica de la Agencia Estatal de Administración Tributaria, aprueba un formato electrónico de la solicitud de inscripción en el registro territorial regulando el censo de los obligados tributarios sometidos a este impuesto. Además, aprueba un formato electrónico del modelo de autoliquidación, del modelo de solicitud de devolución, de la contabilidad y del libro registro de existencias.

Las disposiciones finales primera a cuarta de la presente orden introducen modificaciones en diversas órdenes ministeriales, con la finalidad de incluir en estas disposiciones, una mención a los nuevos modelos 592 y A22.

El artículo 82 de la mencionada Ley 7/2022, de 8 de abril, dispone normas generales para la gestión del impuesto, habilitando a la persona titular del Ministerio de Hacienda y Función Pública para regular el censo de obligados tributarios sometidos a este impuesto y el procedimiento para su inscripción en el Registro territorial, los modelos, plazos y condiciones para la presentación de autoliquidación y de solicitud de devolución del impuesto y el procedimiento y plazos para el cumplimiento de la obligación de llevanza de contabilidad de los productos incluidos en el ámbito objetivo del impuesto o de presentación de libro registro de existencias. En desarrollo de la mencionada habilitación legal se aprueba la presente orden.

Por otra parte, señalar que el artículo 98.4 de la Ley 58/2003, de 17 de diciembre, General Tributaria, habilita, de acuerdo con el Real Decreto 2/2020, de 12 de enero, por el que se reestructuran los departamentos ministeriales, a la persona titular del Ministerio de Hacienda y Función Pública para determinar los supuestos y condiciones en que los obligados tributarios deben presentar por medios telemáticos sus autoliquidaciones, comunicaciones, solicitudes y cualquier otro documento con trascendencia tributaria.

El ejercicio de la potestad reglamentaria desarrollada mediante esta orden se ajusta a los principios de buena regulación previstos en el artículo 129 de la Ley 39/2015, de 1 de octubre, del Procedimiento Administrativo Común de las Administraciones Públicas.

Así, se cumple con los principios de necesidad, eficacia, y proporcionalidad por cuanto que el desarrollo de las normas contenidas en la Ley 7/2022, de 8 de abril, precisan de su incorporación al ordenamiento jurídico a través de una norma de rango adecuado que debe contener la regulación de los aspectos necesarios para el cumplimiento de las obligaciones derivadas del impuesto especial sobre envases de plástico no reutilizables.

Respecto al principio de seguridad jurídica, se ha garantizado la coherencia del texto con el resto del ordenamiento jurídico, generando un marco normativo estable, predecible, integrado, claro y de certidumbre, que facilita su conocimiento y comprensión y, en consecuencia, la actuación y toma de decisiones de los diferentes sujetos afectados, sin introducción de cargas administrativas innecesarias.

El principio de transparencia se ha garantizado mediante la publicación del proyecto de orden, así como de su Memoria del Análisis de Impacto Normativo, en el portal web del Ministerio de Hacienda y Función Pública, a efectos de que pudieran ser conocidos dichos textos en el trámite de audiencia e información pública por todos los ciudadanos. Todo ello, sin perjuicio de su publicación oficial en el «Boletín Oficial del Estado».

Por último, en relación con el principio de eficiencia, se ha procurado que la norma genere las menores cargas administrativas y costes indirectos para los ciudadanos, fomentando el uso racional de los recursos públicos.

En su virtud, de acuerdo con el Consejo de Estado, dispongo:

Artículo 1. Aprobación de los modelos 592 y A22.

1. Se aprueba el modelo 592, «Impuesto especial sobre los envases de plástico no reutilizables. Autoliquidación», cuyo formato electrónico figura en el anexo I de la presente orden.

2. Se aprueba el modelo A22, «Impuesto especial sobre los envases de plástico no reutilizables. Solicitud de devolución», cuyo formato electrónico figura en el anexo II de la presente orden.

Artículo 2. Obligados y plazos para la presentación del modelo 592.

1. Conforme a lo dispuesto en el apartado 1 del artículo 82 de la Ley 7/2022, de 8 de abril, de residuos y suelos contaminados para una economía circular, los fabricantes y los adquirentes intracomunitarios de productos incluidos en el ámbito objetivo del impuesto están obligados a la presentación del modelo 592 y, en su caso, a ingresar el importe de la deuda tributaria resultante del mismo.

2. La presentación del modelo 592 y, en su caso, el pago de la deuda tributaria se efectuará dentro de los veinte primeros días naturales siguientes a aquel en que finaliza el periodo de liquidación que corresponda. En caso de domiciliación bancaria del pago, el plazo será desde el día 1 hasta el día 15 del mes siguiente a aquel en que finaliza el periodo de liquidación que corresponda.

Conforme a lo dispuesto en el apartado 1 del artículo 82 de la Ley 7/2022, de 8 de abril, el periodo de liquidación coincidirá con el trimestre natural, salvo que se trate de contribuyentes cuyo periodo de liquidación en el ámbito del Impuesto sobre el Valor Añadido fuera mensual, atendiendo al volumen de operaciones u otras circunstancias previstas en la normativa de dicho impuesto, en cuyo caso será también mensual el periodo de liquidación de este impuesto.

3. Si al liquidar el impuesto resulta que la cuantía de las deducciones supera el importe de las cuotas devengadas en el periodo de liquidación, el exceso podrá ser compensado, conforme a lo dispuesto en el apartado 3 del artículo 80 de la Ley 7/2022, de 8 de abril, en las autoliquidaciones posteriores siempre que no hayan transcurrido cuatro años contados a partir de la finalización del periodo de liquidación en el que se produjo dicho exceso.

4. Cuando las cuantías de deducción superan el importe de las cuotas devengadas en el último periodo de liquidación del año natural, conforme a lo dispuesto en el apartado 4 del artículo 80 de la Ley 7/2022, de 8 de abril, los contribuyentes podrán solicitar la devolución del saldo existente a su favor en la autoliquidación correspondiente a dicho periodo de liquidación.

Artículo 3. Sujetos y plazos para la presentación del modelo A22.

1. Conforme a lo dispuesto en el artículo 81 de la Ley 7/2022, de 8 de abril, los importadores y los adquirentes a los que se refiere el artículo 81.1 de la Ley 7/2022, de 8 de abril, podrán solicitar la devolución del importe del impuesto pagado mediante la presentación del modelo A22.

2. Conforme a lo dispuesto en el apartado 2 del artículo 81 de la Ley 7/2022, de 8 de abril, la solicitud de devolución deberá ir acompañada de los justificantes que acrediten los hechos en que se fundamenta, así como aquellos que acrediten el pago del impuesto.

3. La presentación del modelo A22 se efectuará dentro de los veinte primeros días naturales siguientes a aquel en que finaliza el trimestre en que se produzcan los hechos que motivan la solicitud de devolución.

Artículo 4. Forma, condiciones generales y procedimiento para la presentación de los modelos 592 y A22.

1. Los modelos 592 y A22 se presentarán de forma obligatoria por vía electrónica a través de Internet, de acuerdo con lo dispuesto en los artículos 2.a), 6, 7, 8, 9, 11, 18, 19.a), 20 y 21 de la Orden HAP/2194/2013, de 22 de

noviembre, por la que se regulan los procedimientos y las condiciones generales para la presentación de determinadas autoliquidaciones, declaraciones informativas, declaraciones censales, comunicaciones y solicitudes de devolución de naturaleza tributaria.

2. La presentación del modelo 592 y, en su caso, el pago simultáneo de las cuotas se efectuará, con carácter general, por cada uno de los sujetos pasivos, en entidad colaboradora autorizada.

3. La obligación de presentar el modelo 592 y, en su caso, de efectuar el pago de la deuda tributaria deberá cumplirse por cada uno de los establecimientos en que el fabricante desarrolle su actividad. Cuando sea titular de varios establecimientos, la oficina gestora podrá autorizar la presentación y el pago de una única autoliquidación centralizada en una entidad colaboradora autorizada. En el caso de los adquirentes intracomunitarios, la obligación de presentar el modelo 592 y, en su caso, de efectuar el pago de la deuda tributaria deberá cumplirse ante la oficina gestora correspondiente al domicilio fiscal.

Artículo 5. Inscripción en el registro territorial del Impuesto especial sobre envases de plástico no reutilizables.

1. Conforme a lo dispuesto en el apartado 2 del artículo 82 de la Ley 7/2022, de 8 de abril, los fabricantes de productos objeto del impuesto deberán solicitar la inscripción en el registro territorial correspondiente a la oficina gestora de impuestos especiales donde radique el establecimiento en el que ejerzan su actividad.

No están obligados a inscribirse aquellos cuya actividad no tenga la consideración de fabricación conforme a lo dispuesto en el artículo 71.1b) de la Ley 7/2022, de 8 de abril.

2. Conforme a lo dispuesto en el apartado 2 del artículo 82 de la Ley 7/2022, de 8 de abril, los adquirentes intracomunitarios de productos objeto del impuesto deberán solicitar la inscripción en el registro territorial correspondiente a la oficina gestora de impuestos especiales donde radique su domicilio fiscal.

Quedan exceptuados de la obligación de inscripción, los adquirentes intracomunitarios que realicen adquisiciones intracomunitarias en las que el peso total de plástico no reciclado no exceda de 5 kilogramos en un mes natural, resultando obligados en el momento en que las adquisiciones intracomunitarias que realicen excedan dicha cantidad. A estos efectos, se tendrán en cuenta tanto las adquisiciones intracomunitarias ya realizadas como aquellas que se prevén realizar en el mes natural.

3. Conforme a lo dispuesto en el apartado 2 del artículo 82 de la Ley 7/2022, de 8 de abril, los representantes de los contribuyentes del Impuesto especial sobre envases de plástico no reutilizables no establecidos en territorio español deberán solicitar la inscripción en el registro territorial correspondiente a la oficina gestora de impuestos especiales donde radique su domicilio fiscal.

4. Los obligados mencionados en los apartados anteriores deberán presentar una solicitud de inscripción, acompañada de la siguiente documentación:

a) Documentación acreditativa de la representación, cuando el obligado actúe mediante representante.

b) Identificación y descripción del establecimiento en el que los fabricantes desarrollen la actividad.

c) Indicación del epígrafe del Impuesto sobre Actividades Económicas que le corresponde.

5. La solicitud de inscripción en el registro territorial deberá efectuarse con carácter previo al inicio de la actividad por vía electrónica, a través de la Sede electrónica de la Agencia Estatal de Administración Tributaria. Recibida la solicitud, y tramitado el oportuno expediente, la oficina gestora, acordará la inscripción en el registro territorial del impuesto.

El acuerdo de inscripción será notificado al interesado, junto con la tarjeta acreditativa de la inscripción que incluirá el código de identificación del plástico (CIP), regulado en el artículo 6 de esta orden, que le corresponde.

6. Los representantes de los contribuyentes del Impuesto especial sobre envases de plástico no reutilizables no establecidos en territorio español, conforme al artículo 82.7 de la Ley 7/2022, de 8 de abril, deberán haber sido nombrados y estar inscritos en el registro territorial con anterioridad a la realización de la primera operación que constituya hecho imponible del impuesto.

7. De acuerdo con lo previsto en el artículo 82.8 de la Ley 7/2022, de 8 de abril, los contribuyentes y las personas físicas o jurídicas que representen a los contribuyentes no establecidos en el territorio español que deban inscribirse en el registro territorial del Impuesto especial sobre los envases de plástico no reutilizables deberán hacerlo durante los 30 días naturales siguientes a la entrada en vigor de la presente orden.

8. Se aprueba el modelo de tarjeta de inscripción en el registro territorial, que figura como Anexo III en la presente orden.

Artículo 6. Código de identificación del plástico.

1. El código de identificación del plástico (CIP) es el código, configurado en la forma en la que se establece en el apartado 2 de este artículo, que identifica a los obligados inscritos en el registro territorial del Impuesto especial sobre envases de plástico no reutilizables.

2. El código constará de trece caracteres, distribuidos en la forma siguiente:

a) Las letras ES configurarán los dos primeros caracteres.

b) En tanto la persona titular del Ministerio de Hacienda y la Función Pública no disponga su sustitución por otros caracteres, los caracteres tercero, cuarto y quinto serán ceros.

c) Los caracteres sexto y séptimo identifican a la oficina gestora en que se efectúa la inscripción en el registro territorial.

d) Los caracteres octavo y noveno identifican la actividad que se desarrolla.

e) Los caracteres décimo, undécimo y duodécimo expresarán el número secuencial de inscripción, dentro de cada actividad, en el registro territorial de la oficina gestora.

f) El carácter decimotercero será una letra de control.

3. Los obligados tributarios deberán obtener tantos CIP como actividades. Los fabricantes, además, deberán tener tantos códigos como establecimientos en los que desarrollen su actividad.

4. Los contribuyentes deberán solicitar la inscripción en el registro territorial y presentar, en su caso, la correspondiente autoliquidación ante la Administración tributaria competente por razón del territorio.

5. Se aprueban las claves de actividad del Impuesto especial sobre los envases de plástico no reutilizables previstas en el apartado 2.d) de este artículo, que figura como anexo IV en la presente orden.

Artículo 7. Contabilidad y libro registro de existencias.

1. Todos los fabricantes contribuyentes por el impuesto en los términos definidos por la Ley 7/2022, de 8 de abril, están obligados a la llevanza de contabilidad de los productos objeto del impuesto conforme al formato electrónico que figura en el Anexo V de la presente orden.

El cumplimiento de esta obligación se realizará mediante un sistema contable en soporte informático, a través de la Sede electrónica de la Agencia Estatal de Administración Tributaria, con el suministro electrónico de los asientos contables dentro del mes siguiente al periodo de liquidación al que se refiera. A estos efectos, el mes de agosto se considera inhábil.

2. Los adquirentes intracomunitarios de productos objeto del impuesto que estén obligados a inscribirse en el registro territorial deben llevar un libro registro de existencias, conforme al formato electrónico que figura en el anexo V de esta orden.

El cumplimiento de esta obligación se realizará a través de la Sede electrónica de la Agencia Estatal de Administración Tributaria dentro del mes siguiente al periodo de liquidación al que se refiera. A estos efectos, el mes de agosto se considera inhábil.

3. Los adquirentes intracomunitarios quedan exceptuados de la obligación de presentar el libro registro de existencias en aquellos periodos de liquidación en los que no resulte cuota a ingresar.

Disposición adicional única. Tratamiento de datos personales.

Los datos personales aportados por el obligado tributario en el cumplimiento de sus derechos y obligaciones tributarias serán tratados con la finalidad de la aplicación del sistema tributario y aduanero. Este tratamiento se ajustará al Reglamento (UE) 2016/679 del Parlamento Europeo y del Consejo de 27 de abril de 2016 y a la Ley Orgánica 3/2018, de 5 de diciembre, de Protección de Datos Personales y garantía de los derechos digitales. En la Sede electrónica de la Agencia Estatal de Administración Tributaria se facilitará la información que exige el artículo 13 del Reglamento relativa a los posibles tratamientos y el ejercicio de los derechos sobre los mismos.

Disposición transitoria primera. Obligaciones contables por existencias anteriores a la entrada en vigor del capítulo I del título VII de la Ley 7/2022, de 8 de abril, de residuos y suelos contaminados para una economía circular.

Los fabricantes deberán incluir en su contabilidad las existencias de productos objeto del Impuesto especial sobre los envases de plástico no reutilizables que tengan almacenadas a la entrada en vigor del impuesto.

Disposición transitoria segunda. Obligaciones de llevanza de contabilidad de existencias y de presentación de libro registro de existencias correspondientes a 2023.

1. Los fabricantes obligados a la llevanza de contabilidad conforme a lo dispuesto en el artículo 7 de esta orden, podrán realizar el suministro electrónico de los asientos contables correspondientes a los periodos de liquidación comprendidos en el primer semestre de 2023, dentro del mes de julio de 2023.

2. Los adquirentes intracomunitarios obligados a llevar un libro registro de existencias conforme a lo dispuesto en el artículo 7 de esta orden, podrán presentar el libro registro correspondiente a los periodos de liquidación comprendidos en el primer semestre de 2023, dentro del mes de julio de 2023.

Disposición final primera. Modificación de la Orden HAC/1398/2003, de 27 de mayo, por la que se establecen los supuestos y condiciones en que podrá hacerse efectiva la colaboración social en la gestión de los tributos, y se extiende ésta expresamente a la presentación telemática de determinados modelos de declaración y otros documentos tributarios.

La Orden HAC/1398/2003, de 27 de mayo, por la que se establecen los supuestos y condiciones en que podrá hacerse efectiva la colaboración social en la gestión de los tributos, y se extiende ésta expresamente a la presentación telemática de determinados modelos de declaración y otros documentos tributarios, queda modificada como sigue:

Uno. En el apartado 2 de la disposición adicional única se añaden los siguientes modelos:

«Modelo 592. Impuesto especial sobre los envases de plástico no reutilizables. Autoliquidación».

«Modelo A22. Impuesto especial sobre los envases de plástico no reutilizables. Solicitud de devolución».

Dos. En el apartado 2 de la disposición adicional única se añade la siguiente declaración:

«Suministro electrónico de asientos contables a través de la Sede electrónica de la Agencia Estatal de Administración Tributaria previsto en el artículo 82.4 de la Ley 7/2022, de 8 de abril, de residuos y suelos contaminados para una economía circular.»

Disposición final segunda. Modificación de la Orden EHA/2027/2007, de 28 de junio, por la que se desarrolla parcialmente el Real Decreto 939/2005, de 29 de julio, por el que se aprueba el Reglamento General de Recaudación, en relación con las Entidades de crédito que actúan como colaboradoras en la gestión recaudatoria de la Agencia Tributaria.

La Orden EHA/2027/2007, de 28 de junio, por la que se desarrolla parcialmente el Real Decreto 939/2005, de 29 de julio, por el que se aprueba el Reglamento General de Recaudación, en relación con las entidades de crédito que actúan como colaboradoras en la gestión recaudatoria de la Agencia Tributaria, queda modificada como sigue.

Uno. En el anexo II, «Código 022-Autoliquidaciones especiales», se añade el siguiente modelo:

«Modelo: 592.

Denominación: "Impuesto especial sobre los envases de plástico no reutilizables. Autoliquidación".

Período de ingreso: M-T.»

Disposición final tercera. Modificación de la Orden EHA/1658/2009, de 12 de junio, por la que se establecen el procedimiento y las condiciones para la domiciliación del pago de determinadas deudas cuya gestión tiene atribuida la Agencia Estatal de Administración Tributaria.

La Orden EHA/1658/2009, de 12 de junio, por la que se establecen el procedimiento y las condiciones para la domiciliación del pago de determinadas deudas cuya gestión tiene atribuida la Agencia Estatal de Administración Tributaria, queda modificada como sigue:

Uno. En el anexo I, «Relación de modelos de autoliquidaciones cuyo ingreso puede ser domiciliado a través de las Entidades Colaboradoras de la Agencia Estatal de Administración Tributaria», se añade el siguiente modelo:

«Modelo: 592.

Denominación: "Impuesto especial sobre los envases de plástico no reutilizables Autoliquidación".»

Dos. En el anexo II, «Plazos generales de presentación telemática de autoliquidaciones con domiciliación de pago», se añade el siguiente modelo y plazo:

«Modelo: 592.

Plazo: el plazo será desde el día 1 hasta el día 15 del mes siguiente a aquel en que finaliza el periodo de liquidación que corresponda.»

Disposición final cuarta. Modificación de la Orden HAP/2194/2013, de 22 de noviembre, por la que se regulan los procedimientos y las condiciones generales para la presentación de determinadas autoliquidaciones, declaraciones informativas, declaraciones censales, comunicaciones y solicitudes de devolución de naturaleza tributaria.

La Orden HAP/2194/2013, de 22 de noviembre, por la que se regulan los procedimientos y las condiciones generales para la presentación de determinadas autoliquidaciones, declaraciones informativas, declaraciones censales, comunicaciones y solicitudes de devolución de naturaleza tributaria, queda modificada como sigue:

Uno. En el artículo 1.2 de la Orden HAP/2194/2013, de 22 de noviembre, se añade el siguiente modelo:

«Modelo 592. Impuesto especial sobre los envases de plástico no reutilizables. Autoliquidación.»

Dos. En el artículo 1.4 de la Orden HAP/2194/2013, de 22 de noviembre, se añade el siguiente modelo:

«Modelo A22. Impuesto especial sobre los envases de plástico no reutilizables. Solicitud de devolución.»

Disposición final quinta. Títulos competenciales.

Conforme a lo dispuesto en apartado 1.e) de la disposición final undécima de la ley 7/2022, de 8 de abril, la presente orden se dicta al amparo de la competencia exclusiva del Estado en materia de Hacienda General prevista en el artículo 149.1.14.ª de la Constitución Española.

Disposición final sexta. Entrada en vigor.

La presente orden entrará en vigor el día 1 de enero de 2023.

Madrid, 28 de diciembre de 2022.—La Ministra de Hacienda y Función Pública, María Jesús Montero Cuadrado.

ANEXO I
Modelo de autoliquidación

Formato electrónico modelo 592. Impuesto especial sobre los envases de plástico no reutilizables. Autoliquidación

Contenido de la declaración

A. Datos de cabecera.

Oficina gestora

Se indicará el código identificativo de la oficina gestora de impuestos especiales de acuerdo con la tabla de códigos contenida en el anexo VI de la presente Orden.

Identificación

El campo NIF debe cumplimentarse con el número de identificación fiscal del obligado tributario. En el apartado CIP se hará constar el código de identificación del plástico del establecimiento al que se refiere la autoliquidación. Si se trata de una autoliquidación centralizada, no se cumplimentará el apartado CIP.

Periodo de liquidación

Ejercicio: Deberán consignarse las cuatro cifras del año al que corresponde el período por el que se efectúa la declaración.

Período: En función del periodo de liquidación que corresponda debe consignarse lo siguiente:

— Si el periodo de liquidación es mensual: 1 por mes de enero, 2 por mes de febrero, 3 por mes de marzo, 4 por mes de abril, 5 por mes de mayo, 6 por mes de junio, 7 por mes de julio, 8 por mes de agosto, 9 por mes de septiembre, 10 por mes de octubre, 11 por mes de noviembre y 12 por mes de diciembre.

— Si el periodo de liquidación es trimestral: 1T por meses de enero, febrero y marzo, 2T por meses de abril, mayo y junio, 3T por meses de julio, agosto y septiembre y 4T por meses de octubre, noviembre y diciembre.

NRC: Número de referencia completo suministrado por la entidad colaboradora.

— En el caso de ingresos con domiciliación de pago, no se consignará este dato y sí el de la cuenta de domiciliación.

— En el caso de ingresos parciales, se consignarán tantos NRC como importes ingresados a que correspondan.

— En los casos de reconocimiento de deuda sin ningún tipo de ingreso, incluidos los supuestos de solicitud de aplazamiento o de compensación, así como en las autoliquidaciones con cuota cero, no se consignará este dato.

Importe ingresado:

— Se consignará el importe efectivamente ingresado, en euros con dos decimales.

— En el caso de ingresos con domiciliación de pago, figurará el importe a domiciliar.

— En el caso de ingresos parciales, se consignarán los importes ingresados correspondientes a los NRC referenciados.

— En el caso de ingreso y reconocimiento de deuda, se hará constar adicionalmente el importe no ingresado por el que se reconozca la deuda, incluso en los casos de solicitud de aplazamiento o compensación.

— En los casos de reconocimiento de deuda sin ningún tipo de ingreso, incluidos los supuestos de solicitud de aplazamiento o de compensación, así como en las autoliquidaciones con cuota cero, no se consignará este dato.

Importe a devolver:

— Se consignará el importe cuya devolución se solicita, en euros con dos decimales, conforme a lo dispuesto en el artículo 80.4 de la Ley 7/2022, de 8 de abril. La devolución se podrá solicitar por cheque o por transferencia bancaria en cuyo caso deberá indicarse el Código IBAN.

B. Datos de contacto.

El campo persona de contacto será de cumplimentación obligatoria. Podrán añadirse datos relativos a teléfono, fax o dirección de correo electrónico de contacto.

C. Liquidación.

Conforme al artículo 82 de la Ley 7/2022, de 8 de abril, deben ser objeto de autoliquidación las cuotas devengadas por el Impuesto especial sobre los envases de plástico no reutilizables en los supuestos de fabricación o adquisición intracomunitaria. Quedan exceptuadas de esta obligación las cuotas devengadas con motivo de la importación de productos objeto del impuesto que se liquidaran en la forma prevista para la deuda aduanera.

El artículo 80 de dicha Ley, por su parte, regula las deducciones, compensaciones y solicitudes de devolución que, en su caso, se pueden ejercer en el modelo de autoliquidación.

Para dar cumplimiento a lo dispuesto en ambos preceptos, debe cumplimentarse el cuadro de «liquidación» adjunto siendo el contenido de sus casillas el siguiente:

Liquidación

CIP (1)	Cantidad (2)	Base imponible (3)	Tipo impositivo (4)	Cuota íntegra (5)	Deducción (6)	Compensación (7)	Cuota íntegra a ingresar, a compensar o a devolver (8)

CIP (1): código de identificación del plástico del contribuyente que debe cumplimentarse en caso de presentación centralizada.

Cantidad (2): cantidad total de plástico contenida en los productos que forman parte del ámbito objetivo del impuesto que sea objeto de autoliquidación en el periodo de liquidación.

La cantidad total debe expresarse en kilogramos con tres decimales, redondeado por defecto, si la cuarta cifra decimal es inferior a 5, o por exceso, en caso contrario.

Base imponible (3): cantidad de plástico no reciclado contenido en la cantidad declarada en la casilla (2).

La cantidad de plástico no reciclado que constituye la base imponible debe expresarse en kilogramos con tres decimales, redondeado por defecto, si la cuarta cifra decimal es inferior a 5, o por exceso, en caso contrario.

Tipo impositivo (4): tipo impositivo aplicable conforme a lo dispuesto en el artículo 78 de la Ley 7/2022, de 8 de abril.

Cuota íntegra (5): importe resultante de multiplicar la cantidad declarada en la casilla (3) por el tipo impositivo declarado en la casilla (4).

El importe de la cuota íntegra debe expresarse en euros con dos decimales, redondeado por defecto, si la tercera cifra decimal es inferior a 5, o por exceso, en caso contrario.

Deducción (6): importe del impuesto pagado en periodos de liquidación anteriores que minora el importe declarado en la casilla (5), al producirse en el periodo de liquidación alguna de las circunstancias dispuestas en los apartados 1 y 2 del artículo 80 de la Ley 7/2022, de 8 de abril.

El importe de la deducción debe expresarse en euros con dos decimales, redondeado por defecto, si la tercera cifra decimal es inferior a 5, o por exceso, en caso contrario.

Compensación (7): importe pendiente de compensación correspondiente a periodos de liquidación anteriores que minora el importe declarado en la casilla (5), conforme a lo dispuesto en el apartado 3 del artículo 80 de la Ley 7/2022, de 8 de abril.

El importe objeto de compensación debe expresarse en euros con dos decimales, redondeado por defecto, si la tercera cifra decimal es inferior a 5, o por exceso, en caso contrario.

Cuota íntegra a ingresar, a compensar o a devolver (8): importe resultante de minorar el importe declarado en la casilla (5) con la suma de los importes declarados en las casillas (6) y (7) que puede ser positivo si es a ingresar o negativo si es a compensar en periodos de liquidación posteriores o a devolver en el último periodo e liquidación del año natural conforme a lo dispuesto, respectivamente, en los apartados 3 y 4 del artículo 80 de la Ley 7/2022, de 8 de abril.

El importe de la cuota íntegra a ingresar, a compensar o a devolver debe expresarse en euros con dos decimales, redondeado por defecto, si la tercera cifra decimal es inferior a 5, o por exceso, en caso contrario.

ANEXO II

Modelo de solicitud de devolución

Formato electrónico modelo A22. Impuesto Especial sobre los envases de plástico

no reutilizables. Solicitud de devolución

Contenido de la solicitud

A. Datos de cabecera.

Oficina gestora

Se indicará el código identificativo de la oficina gestora de impuestos especiales de acuerdo con la tabla de códigos contenida en el anexo VI de la presente orden.

Identificación

El campo NIF debe cumplimentarse con el número de identificación fiscal del obligado tributario.

Importe solicitud

Importe a devolver:

— Se consignará el importe cuya devolución se solicita, en euros con dos decimales, redondeado por defecto, si la tercera cifra decimal es inferior a 5, o por exceso, en caso contrario, conforme a lo dispuesto en el artículo 81 de la Ley 7/2022, de 8 de abril. La devolución se podrá solicitar por cheque o por transferencia bancaria en cuyo caso deberá indicarse el Código IBAN.

B. Datos de contacto.

El campo persona de contacto será de cumplimentación obligatoria. Podrán añadirse datos relativos a teléfono, fax o dirección de correo electrónico de contacto.

C. Solicitud.

Estos datos se presentarán con arreglo al siguiente cuadro:

Solicitud de devolución

Artículo 81.1 Ley 7/2022 (1)	**Importe solicitado (2)**
Importe total solicitado (3)	

El artículo 81 de la Ley 7/2022, de 8 de abril, enumera los hechos que facultan para solicitar la devolución del impuesto especial previamente pagado y quienes tienen derecho a solicitarlo. Para poder dar cumplimiento a lo dispuesto en dicho precepto, en esta orden se aprueba un cuadro de «solicitud de devolución». El contenido de las casillas es el siguiente:

(1) Artículo 81.1 Ley 7/2022: debe cumplimentarse con la letra del apartado 1 del artículo 81 de la Ley 7/2022, de 8 de abril, que permita determinar el hecho en que se fundamenta la solicitud de devolución.

Si se solicita la devolución del importe del impuesto pagado en la importación, debe cumplimentarse con la letra a (envío fuera del territorio de aplicación del impuesto), la letra b (inadecuación o destrucción) o la letra c (devolución de producto).

Si se solicita la devolución del importe del impuesto pagado en la adquisición, debe cumplimentarse con la letra d (envío fuera del territorio de aplicación del impuesto), la letra e (envases de medicamentos, productos sanitarios, alimentos para usos médicos especiales, preparados para lactantes de uso hospitalario o residuos peligrosos de origen sanitario), la letra f (modificación y reutilización) o la letra g (no destinados a obtener o permitir el cierre, comercialización o presentación de envases).

(2) Importe solicitado: debe indicarse el importe cuya devolución se solicita. El importe debe expresarse en euros con dos decimales, redondeado por defecto, si la tercera cifra decimal es inferior a 5, o por exceso, en caso contrario.

(3) Importe total solicitado: debe indicarse el importe total cuya devolución se solicita. El importe, que resulta de la suma de las cantidades indicadas en la casilla (2), debe expresarse en euros con dos decimales, redondeado por defecto, si la tercera cifra decimal es inferior a 5, o por exceso, en caso contrario.

ANEXO III
Tarjeta de inscripción

IMPUESTO ESPECIAL SOBRE LOS ENVASES DE PLÁSTICO NO REUTILIZABLES

TARJETA DE INSCRIPCIÓN EN EL REGISTRO TERRITORIAL

Agencia Tributaria

OFICINA GESTORA:

CÓDIGO DE IDENTIFICACIÓN DEL PLÁSTICO (CIP)

TITULAR:
NIF:

DOMICILIO DEL ESTABLECIMIENTO:

MUNICIPIO:
PROVINCIA:

ACTIVIDAD:

FECHA DE INSCRIPCIÓN:

La persona titular de la Jefatura de la Oficina Gestora

ANEXO IV
Claves de actividad

Conforme a lo dispuesto en el apartado 2d) del artículo 2 de esta orden, los caracteres identificativos de la actividad que desarrolla la persona o entidad inscrita en el registro territorial son los siguientes:

FP: Contribuyente por fabricar productos objeto del Impuesto especial sobre los envases de plástico no reutilizables.

AP: Contribuyente por realizar adquisiciones intracomunitarias de productos objeto del Impuesto especial sobre los envases de plástico no reutilizables.

RP: Representante de contribuyente no establecido en territorio español al que se refiere el artículo 82.7 de la Ley 7/2022, de 8 de abril.

ANEXO V
Contabilidad y libro registro de existencias

La contabilidad de los fabricantes dispuesta en al artículo 82 de la Ley 7/2022, de 8 de abril, y en el artículo 7 de esta Orden debe incluir los siguientes campos con el siguiente contenido:

Número de asiento (1)	Concepto (2)	Clave producto (3)	Descripción producto (4)	Fecha (5)	Justificante (6)	Kilogramos (7)	Kilogramos no reciclados (8)	Régimen fiscal (9)	Destinatario o proveedor (10)	Destinatario o proveedor (11)

Número de asiento (1): número del asiento contable que debe ser correlativo durante el periodo de liquidación al que se refiera, siendo los primeros los correspondientes a las existencias iniciales.

Concepto (2): concepto que corresponde al hecho contabilizado diferenciando entre:

— Existencia inicial, al comienzo del periodo de liquidación, de productos que forman parte del ámbito objetivo del impuesto (identificado con el número 1).

— Fabricación, conforme a lo dispuesto en el artículo 71.1b) de la Ley 7/2022, de 8 de abril, de productos que forman parte del ámbito objetivo del impuesto (identificado con el número 2).

— Devolución de productos para su destrucción o para su reincorporación al proceso de fabricación que da derecho a la deducción del apartado 2 del artículo 80 de la Ley 7/2022, de 8 de abril (identificado con el número 3).

— Entrega o puesta a disposición de los productos contabilizados (identificado con el número 4).

— Demás bajas de los productos contabilizados diferentes de su entrega o puesta a disposición (identificado con el número 5).

Clave producto (3): letra que identifica el producto contabilizado, diferenciando entre producto del apartado a) (identificado con la letra a), producto del apartado b) (identificado con la letra b) y producto del apartado c) (identificado con la letra c) del artículo 68.1 de la Ley 7/2022, de 8 de abril.

Descripción producto (4): breve descripción del producto contabilizado que permite su identificación. La descripción en la contabilidad debe ser la misma para todos los productos de idénticas características.

Fecha (5): fecha, con expresión del día, mes y año, correspondiente al hecho contabilizado.

Justificante (6): número o referencia correspondiente al justificante del hecho contabilizado.

Kilogramos (7): cantidad de plástico contenida en los productos que forman parte del ámbito objetivo del impuesto que sean objeto de contabilización que debe expresarse en kilogramos con tres decimales, redondeado por defecto, si la cuarta cifra decimal es inferior a 5, o por exceso, en caso contrario.

Kilogramos no reciclados (8): cantidad de plástico no reciclado contenido en la cantidad de plástico contabilizada en la casilla (7) que debe expresarse en kilogramos con tres decimales, redondeado por defecto, si la cuarta cifra decimal es inferior a 5, o por exceso, en caso contrario.

Régimen fiscal (9): de cumplimentación conforme a lo indicado en el anexo VII de esta orden.

Destinatario o proveedor (10): Este campo debe cumplimentarse cuando el producto contabilizado es objeto de entrega o puesta a disposición, de envío fuera del territorio español o de devolución para su destrucción o reincorporación al proceso de fabricación, tras su entrega o puesta a disposición.

Si es objeto de entrega o puesta a disposición debe cumplimentarse con el nombre o la razón social del destinatario. Si es objeto de envío fuera del territorio español con el nombre o razón social del destinatario. Y si es objeto de devolución con el nombre o la razón social del proveedor.

Destinatario o proveedor (11): Este campo debe cumplimentarse con el NIF, NIF IVA o NIE correspondiente al destinatario o proveedor declarado en la casilla anterior.

El libro registro de existencias de los adquirentes intracomunitarios dispuesto en al artículo 82 de la Ley 7/2022, de 8 de abril, y en el artículo 7 de esta Orden debe incluir los siguientes campos con el siguiente contenido:

Número de asiento (1)	Concepto (2)	Clave producto (3)	Fecha (4)	Justificante (5)	Kilogramos (6)	Kilogramos no reciclados (7)	Régimen fiscal (8)	Proveedor o destinatario (9)	Proveedor o destinatario (10)

Número de asiento (1): número del asiento contable que debe ser correlativo durante el periodo de liquidación al que se refiera.

Concepto (2): concepto que corresponde al hecho contabilizado diferenciando entre:

— Adquisición intracomunitaria (identificado con el número 1).

— Envío fuera del territorio español conforme a lo dispuesto en la letra a) del apartado 1 del artículo 80 de la Ley 7/2022, de 8 de abril (identificado con el número 2).

— Inadecuación o destrucción conforme a lo dispuesto en la letra b) del apartado 1 del artículo 80 de la Ley 7/2022, de 8 de abril (identificado con el número 3).

— Devolución para destrucción o reincorporación al proceso de fabricación conforme a lo dispuesto en la letra c) del apartado 1 del artículo 80 de la Ley 7/2022, de 8 de abril (identificado con el número 4).

Clave producto (3): letra que identifica el producto contabilizado, diferenciando entre producto del apartado a) (identificado con la letra a), producto del apartado b) (identificado con la letra b) y producto del apartado c) (identificado con la letra c) del artículo 68.1 de la Ley 7/2022, de 8 de abril.

Fecha (4): fecha, con expresión del día, mes y año, correspondiente al hecho contabilizado.

Justificante (5): número o referencia correspondiente al justificante del hecho contabilizado.

Kilogramos (6): cantidad de plástico contenida en los productos que forman parte del ámbito objetivo del impuesto que sean objeto de contabilización que debe expresarse en kilogramos con tres decimales, redondeado por defecto, si la cuarta cifra decimal es inferior a 5, o por exceso, en caso contrario.

Kilogramos no reciclados (7): cantidad de plástico no reciclado contenida en la cantidad de plástico contabilizada en la casilla (6) que debe expresarse en kilogramos con tres decimales, redondeado por defecto, si la cuarta cifra decimal es inferior a 5, o por exceso, en caso contrario.

Régimen fiscal (8): de cumplimentación conforme a lo indicado en el anexo VIII de esta orden.

Proveedor o destinatario (9): Este campo debe cumplimentarse cuando el producto contabilizado es objeto de adquisición intracomunitaria, de envío fuera de territorio español o de devolución, tras su entrega o puesta a disposición, para su destrucción o reincorporación al proceso de fabricación.

Si es objeto de adquisición intracomunitaria debe cumplimentarse con el nombre o la razón social del proveedor. Si es objeto de envío fuera del territorio español debe cumplimentarse con el nombre o razón social del destinatario. Y si es objeto de devolución tras su entrega o puesta a disposición debe cumplimentarse con el nombre o razón social del proveedor.

Proveedor o destinatario (10): Este campo debe cumplimentarse con el NIF, NIF IVA o NIE correspondiente al proveedor o destinatario declarado en la casilla anterior.

ANEXO VI
Códigos oficinas gestoras de impuestos especiales

D01600	Álava.	D29200	Málaga.
D02200	Albacete.	D30200	Murcia.
D03200	Alicante.	D31600	Navarra.
D04200	Almería.	D32200	Ourense.
D05200	Ávila.	D33200	Oviedo.
D06200	Badajoz.	D34200	Palencia.
D07200	Illes Balears.	D35200	Las Palmas.
D08200	Barcelona.	D36200	Pontevedra.
D09200	Burgos.	D37200	Salamanca.
D10200	Cáceres.	D38200	Santa Cruz de Tenerife.
D11200	Cádiz.	D39200	Santander.
D12200	Castellón.	D40200	Segovia.
D13200	Ciudad Real.	D41200	Sevilla.
D14200	Córdoba.	D42200	Soria.
D15200	A Coruña.	D43200	Tarragona.
D16200	Cuenca.	D44200	Teruel.
D17200	Girona.	D45200	Toledo.
D18200	Granada.	D46200	Valencia.
D19200	Guadalajara.	D47200	Valladolid.
D20600	Guipúzcoa.	D48600	Vizcaya.
D21200	Huelva.	D49200	Zamora.
D22600	Huesca.	D50200	Zaragoza.
D23200	Jaén.	D51200	Cartagena.

D24200	León.	D52200	Gijón.
D25200	Lleida.	D53200	Jerez de la Frontera.
D26200	La Rioja.	D54200	Vigo.
D27200	Lugo.	D55200	Ceuta.
D28200	Madrid.	D56200	Melilla.

ANEXO VII
Contabilidad. Campo régimen fiscal

Régimen Fiscal	Código
Sujeción y no exención.	a
No sujeción artículo 73.a) Ley 7/2022, de 8 de abril.	b
No sujeción artículo 73.b) Ley 7/2022, de 8 de abril.	c
No sujeción artículo 73.c) Ley 7/2022, de 8 de abril.	d
No sujeción artículo 73.d) Ley 7/2022, de 8 de abril.	e
Exención artículo 75.a).1. Ley 7/2022, de 8 de abril.	f
Exención artículo 75.a).2. Ley 7/2022, de 8 de abril.	g
Exención artículo 75.a).3. Ley 7/2022, de 8 de abril.	h
Exención artículo 75.c) Ley 7/2022, de 8 de abril.	i
Exención artículo 75.g).1. Ley 7/2022, de 8 de abril.	j
Exención artículo 75.g).2. Ley 7/2022, de 8 de abril.	k

ANEXO VIII
Libro registro de existencias. Campo régimen fiscal

Régimen Fiscal	Código
Sujeción y no exención Ley 7/2022, de 8 de abril.	a
No sujeción artículo 73.c) Ley 7/2022, de 8 de abril.	b

Régimen Fiscal	Código
No sujeción artículo 73.d) Ley 7/2022, de 8 de abril.	c
Exención artículo 75.a).1. Ley 7/2022, de 8 de abril.	d
Exención artículo 75.a).2. Ley 7/2022, de 8 de abril.	e
Exención artículo 75.a).3. Ley 7/2022, de 8 de abril.	f
Exención artículo 75.b) Ley 7/2022, de 8 de abril.	g
Exención artículo 75.c) Ley 7/2022, de 8 de abril.	h
Exención artículo 75.d) Ley 7/2022, de 8 de abril.	i
Exención artículo 75.e) Ley 7/2022, de 8 de abril.	j
Exención artículo 75.f) Ley 7/2022, de 8 de abril.	k
Exención artículo 75.g).1. Ley 7/2022, de 8 de abril.	l
Exención artículo 75.g).2. Ley 7/2022, de 8 de abril.	m